# DE SS. TRINITATE

## IN SE ET IN NOBIS

AUCTORE

**PAULO GALTIER S. J.**

**EDITIO ALTERA**

**ROMAE**

APUD AEDES UNIVERSITATIS GREGORIANAE

1953

IMPRIMI POTEST

Romae, 14 dec. 1952.

P. Petrus M. Abellán S. I.
*Rector Universitatis*

———

IMPRIMATUR

Ex Vicariatu Urbis, die 4 augusti 1953.

† Aloysius Traglia
*Archiep. Caesarien., Vicesgerens*

## PROLOQUIUM

Deum sicuti est cognoscere, est trinum agnoscere. Theologiae, sicut et fidei, objectum hoc est primarium. Quod, quia longe est a mentis humanae captu, haud mirum est multis manere admirationi majori quam considerationi.

Locum tamen habet in religione christiana, qui cognitionem sui exigat accuratam simul et vulgatam magis.

Quae nos enim tantopere transcendit SS. Trinitas, ea non longe est ab unoquoque nostrum. Ad singulos, econtra, si velimus, ipsa venit, quae se nobis infundat atque donet non tantum velut in templo sibi electo adorandam sed etiam amore mutuo possidendam. Via ea est, qua Deus homines a se creatos ipse sibi conformat et ad se revocat atque perducit.

Quod quis non miretur aut in eo credendo non delectetur!

Sed quo magis quis defigitur in contemplatione SS. Trinitatis sibi inhabitantis sibique donatae, eo magis ei curae esse debet de illa recte sapere. Imaginationi, sane, in devotione fovenda, suus permittendus est locus ; non ita tamen ut intra dogmatis et sanae scientiae non contineatur limites. Secus enim qui colitur trinus Deus, vix jam servetur unicus.

Aliunde vero, quae theologia de SS. Trinitate docet, quaestionem haud paucis movent quo fundamento nitantur. Mysterium, quo magis altum est, eo magis, ut credatur, constare debet esse revelatum.

Prae omnibus igitur statuendum est factum istius revelationis ; at haud minori cura determinandum est quo usque humana ratio pertingere possit in eis scrutandis et enucleandis quae sit Dei solius enarrare. Secus enim, vel dogma catholicum habeatur ut inventum mere humanum, quo Ecclesia, titulo haereditatis, absque ullo fructu, maneat etiam nunc onusta ; vel doctorum de mysteriis expositiones proponantur et excipiantur ut dogmata quibus fides communis evadat obruta.

Sanae theologiae non ea ratio est.

Quod credendum docet, illud sedulo inquirit cur et quanto jure habeatur ut ab ipso Deo dictum : sic occurrit perversis opinionibus de dogmatis evolutione, quae ortum habuerit a meris loquendi figuris. Revelationi quidem haud pauca addit ; at ea sunt quae vel cum dogmate adeo connectuntur ut illi nequeat adhaereri quin conclusiones hujusmodi admittantur, vel valorem non excedunt argumentorum aut analogiarum, quibus mysterii ipsius enunciationes demonstrentur mentis humanae legibus non inferre vim evidentem.

Sic via aperitur tum ad depositum fidei penitius introspiciendum, tum ad obsequium Deo praestandum, quod, etsi rationabile, oriatur ex voluntaria animae, prae illius auctoritate, captivatione.

Scopus is est eaque methodus hujusce tractatus.

Prae oculis erant quaestiones ac difficultates quae mentibus hodiernis oriri solent de revelatione mysterii et de illius in Ecclesia constanti traditione ac apprehensione. Respiciebatur etiam agnosticismus tum apertus, quo dogmatis negatur valor esse ullus objectivus, tum larvatus ille et ubique serpens, quo mysteriorum expositio theologica reputatur esse vana. Credere satis sit. Credenti dogmatis historia sit inutilis, sin minus periculosa. Scholasticae autem de Trinitate disquisitiones, cum totae sint de verbis, quid ad religionem conferant ?

Jejuna sic obtinetur et sine intellectu fides, quae rudibus sane laudi esse potest atque saluti, at fidelium pastoribus et magistris certe sit opprobrio et Ecclesiae detrimento gravissimo.

Non sic edocti sumus, nec ea sane est Ecclesiae mens et traditio.

Argumento igitur tum historico tum rationali suus sedulo servatus est locus. Doctrina exponitur, qualem Christi et Apostolorum auditores acceperint, concilia contra haereticos definierint, Patres et doctores Ecclesiae propugnaverint et determinaverint. Fontes ipsi aperiuntur ex quibus haustae sunt hodiernae de processionibus, de relationibus, de personis divinis tritissimae theses.

Nec propterea theses ipsae simpliciter exscribuntur. Psittacismi non nescitur dari, hac in re, periculum. Quod ut praecaveretur, cura fuit assidua inquirendi et declarandi quae sub formulis lateant res eximiae.

Spes igitur esse potest ut exinde plures juventur sanctissimum hoc mysterium recte apprehendere et pie meditari. Hoc unum erat in votis.

Angiae Belgarum.
In die festo SS. Trinitatis, 1933.

Cum hujus tractatus de SS. Trinitate iterata editio visa est expeti, non ideo visa est illius retractatio expedire.

Doctrina ea est, per tot multa saecula, tanto studio a tot ac tantis theologis elaborata ut ex novo ullo speculandi modo possit illi expectari ullum emolumentum.

Quo magis proficitur in colenda et meditanda SS. Trinitate ; quo magis in specie fovetur devotio erga singulas personas, eo magis constat non posse quemquam de illis « recta sapere », qui non sedulo respiciat ad Ecclesiae Patres et doctores, per quos solos innotescit quidquid scire est de illarum relationibus aut proprietatibus.

Haud aliud nobis in mente fuit, ubi primum de altissimo illo mysterio in schola legimus aut in libro scripsimus. In hujusmodi studio magis ac magis visa est prae oculis habenda saluberrima illa S. Hilarii admonitio : « Qui sibi conscius est divinae se naturae participem effectum fuisse, Dei naturam non naturae suae legibus intueatur, sed divinas professiones secundum magnificentiam divinae de se protestationis expendat (*De Trinitate* I, 18 ; PL 10. 38).

Romae

in die festo SS. Trinitatis, 1953.

# SIGLA

## abbreviationum saepius occurrentium

C     = CAVALLERA : *Thesaurus doctrinae catholicae.*
DAFC = d'ALÈS : *Dictionn. apologét. de la foi catholique.*
D-B   = DENZINGER-BANNWART : *Enchiridion symbolorum.*
DTC   = VACANT-MANGENOT : *Dictionnaire de théologie catholique.*
PG    = *Patrologia graeco-latina* (ed. Migne).
PL    = *Patrologia latina* (ed. Migne).
RHE   = *Revue d'histoire ecclésiastique* (Louvain).
RSR   = *Recherches de science religieuse.*
ZSKT = *Zeitschrift für katholische Theologie.*

# EJUSDEM AUCTORIS

*In Universitate Gregoriana*:

**De Paenitentia**: Tractatus dogmatico-historicus. Editio nova. In-8° VIII-575 pp.

**Aux origines du sacrement de pénitence** (Analecta Gregoriana) in-8° IV-221 pp.

**L'habitation en nous des trois Personnes: Le fait - Le mode.** *Editio nova et aucta.* In-8°, XIII-249 pp.

**Le Saint Esprit en nous d'après les Pères grecs.** In-8°, 290 pp.

*Apud Beauchesne* (Paris).

**De incarnatione ac Redemptione.** *Editio nova.* In-8°, VI-514 pp.

**L'Eglise et la rémission des péchés aux premiers siècles: L'absolution - La pénitence privée.** In-8°, XX-512 pp.

**L'unité du Christ: Être ... Personne ... Conscience.** In-8°, XX-375 pp.

**Les deux Adam.** In-8° 134 pp.

*Apud Desclée, De Brouwer* (Paris)

**Le Sacré-Coeur: textes pontificaux traduits et commentés** (*Collection Cathedra Petri*), In-8° XIV-225 pp. (Epuisé).

*Apud Bloud et Gay*: *Bibliothèque des sciences religieuses* (Paris)

**Le péché et la pénitence** In-8°, 216 pp. (Epuisé) - Versio italica: **Il peccato e la penitenza.** (*Edizioni paoline*).

# DE SANCTISSIMA TRINITATE

# INTRODUCTIO

---

**1. De nomine.** — Trinitas, graece τριάς, vox est collectiva, qua designantur simul tres numero distincti. Dicit igitur trium collectionem numericam, quin quidquam aperiat de reali, quae vigeat inter eos, unitate. Arbitraria proinde etymologia Trinitas, subingesta notione unitatis, explicetur esse « trium unitas ». — Apud christianos, occurrit primum, saeculo II⁰, apud Theophilum Antiochenum, qui tres dies Geneseos creationi solis praepositos dicit esse « typos Trinitatis, Dei, Verbi ejus et Sapientiae ejus » (*Ad Autolycum*, II, 15 : PG 6. 1077 B).

**2. Summa mysterii.** — Mysterium est unius Dei, qui sit Pater, Filius et Spiritus Sanctus, ita ut unica Dei essentia seu natura sit realiter identica cum tribus realiter inter se distinctis personis. Quod ut constet non esse contradictorium, haec notentur :

1° **De notionibus :** A) *Essentia*, in genere, intellegitur id quo res aliqua est id quod est seu constituitur in specie determinata : sic Petrus est homo et lupus est lupus per suam essentiam — (Distinguitur quidem *essentia prima* seu *concreta*, quae apud entia singula est singularis ac datur in rerum natura antecedenter ad omnem mentis nostrae considerationem, et *essentia secunda* seu *abstracta*, quae ab intellectu nostro apprehenditur ut pluribus communis proptereaque praedicatur de multis ; sed essentia, de qua hic agitur, est prima seu concreta.) — Eadem dicitur « natura » (φύσις), quatenus intellegitur et est principium *quo* operationis, seu principium *quo* subjectum operatur ; dicitur etiam « substantia » (ὑπόστασις), quatenus intellegitur et est in se stans et non, ad modum accidentis, alii inhaerens.

B) *Subjectum* porro, cujus est essentia, vocatur « suppositum », et, si agitur de natura rationali, « persona » (πρόσωπον). Vocatur etiam

« hypostasis », nam, inde saltem a 4° saeculo, ubi agitur de Trinitate, vox graeca ὑπόστασις translata est ad significandum personam divinam, prout distinguitur a natura.

2° **De distinctione personae a natura.** — Personam a natura sua distingui *saltem ratione* omnibus obvium est. Omnibus enim obvium est aliud intellegi subjectum, cujus est natura seu essentia, aliud eam ipsam essentiam seu naturam : Petrus non est suum corpus, sua anima, sua humanitas. Hinc est cur sine contradictione possit aliquid praedicari de Petro quod non possit de ejus essentia. Hinc etiam intellegitur non esse contradictionem in terminis Deum seu Dei essentiam dici unicam et personas tamen, quarum est unica illa essentia, dici tres.

**3.** Ratio mysterii. — Mysterium exsurgit ex eo quod, ubi agitur de Deo, unica illa essentia concreta affirmatur esse trium personarum. Non ita inter homines, nam illi non intelleguntur habere naturam communem nisi abstractam. Igitur, dum singulae personae humanae sunt « homo » per suam concretam et distinctam naturam, proptereaque non sunt « unus et unicus homo » sed tot homines quot personae, divinae econtra personae sunt « Deus » singulae per eamdem et unicam naturam, ita ut non sint omnes simul nisi « unus et unicus Deus ». Aliis verbis, apud homines, personae distinguuntur inter se sua etiam natura concreta ; apud Deum, personae non distinguuntur ullatenus sua natura. Mysterium proinde est : 1° quomodo possint esse tres numero personae, quae habeant eamdem numero naturam ; 2° quomodo non sint tres numero dii, cum sint tres numero personae, quarum est vere natura divina.

*Mysterium propterea est proprie dictum,* vires humanae rationis adeo transcendens ut, nisi a Deo revelatum esset, nos penitus lateret. De eo igitur non est ratiocinandum nisi praehabita fide ; immo de eo non est cogitandum pro humano captu sed pro Dei ipsius ineffabili essentia prout ab ipso revelata est. Eos propterea, quos « fidei calor » et « veritatis studium » incitet ad legendum aut audiendum de Trinitate, s. Hilarius hortatur ut, abjectis terrenae mentis opinionibus, paratos se exhibeant Deum audire, qui solus de seipso pro dignitate loqui possit :

« Meminisse oportet terrenarum mentium infirmas atque imbecilles opiniones esse abjiciendas, et omnes imperfectae sententiae angustias religiosa discendi expectatione laxandas. Novis enim regenerati ingenii sensibus opus est, ut unumquemque conscientia sua, secundum caelestis originis munus, illuminet. Standum itaque per fidem ante est in substantia Dei, ut, de substantia Dei auditurus, sensum suum ad ea quae Dei substantia sint digna moderetur ; moderetur autem, non aliquo modo intellegendi, sed infinitate. Quin etiam, conscius sibi divinae se naturae participem effectum fuisse, Dei naturam non naturae suae legibus metiatur, sed divinas professiones secundum magnificentiam divinae de se protestationis expendat. Cum itaque de rebus Dei erit sermo, concedamus cognitionem sui Deo, dictisque ejus pia veneratione famulemur. Idoneus enim sibi testis est, qui nisi per se cognitus non est» (*De Trinitate*, I. 18 ; PL 10. 37-38).

**4. MYSTERII PRAESTANTIA ET MOMENTUM.** — Doctrina de Trinitate est : 1° *In se* nobilissima et altissima, nam revelat nobis « profunda Dei» et vitam ejus intimam. — 2° *Quoad nos* :A) Fundamentum mysterii Incarnationis et Redemptionis, quo tota vertitur oeconomia salutis nostrae. — B) Objectum primarium professionis fidei, ita ut ea sit tessera christianorum credere in Patrem et Filium et Spiritum Sanctum. — C) Rationem sola dat tum cultus, qualis in religione christiana Deo exhibetur, tum ordinis supernaturalis a Deo constituti : filiationis enim divinae non intellegitur posse dari participatio per adoptionem realem, si non detur realis in Deo filiatio naturalis. — D) Juvat etiam ad recte sentiendum de Deo in ordine naturali, nam, docendo Deum qualis in se est et vivit, praecavet tum notionem Dei, qui, quia unicus, sit etiam « solitarius »[1], tum errores pantheisticos de necessaria rerum a Deo emanatione. (I, q. 32, a. 1, ad 3m; cf. Scheeben : *Dogmatik.* I, § 127).

**5. ERRORES.** — 1° **Origo.** — Omnes orti sunt ex neglecto consilio s. Hilarii, ex temeritate scilicet ac praesumptione accommodandi ad ingenium humanum ea quae Dei sunt :

« Potentem Dei naturam naturae suae infirmitate [haeretici] moderati [sunt]. Neque ut ipsi usque ad infinitatem opinandi de infinitis rebus emergerent, sed intra finem sensus sui indefinita concluderent » (*De Trinitate*, I. 15 ; PL 10. 36 B).

Haereseon de Trinitate omnium origo invenitur re vera in falsa persuasione quod, sicut accidit in creatis, in Deo haud

[1] De qua notione, cf. MADOZ : *El simbolo del VI concilio de Toledo*, apud *Gregorianum*, XIX (1938) p. 168-170.

plures esse possint personae quam naturae concretae, seu tot admitti debeant naturae concretae quot agnoscantur personae distinctae. Abjecta scilicet distinctione inter naturam et personam, jam omnino tolli debet vel trinitas personarum vel unitas naturae divinae.

*Tollitur porro trinitas personarum* divinarum, quatenus negatur *vel* earum distinctio realis : — ita monarchianismus qui dicitur — ; *vel* duarum simpliciter divinitas : — ita aperte socinianismus et fucate arianismus.

*Tollitur econtra unitas naturae* divinae, quatenus *vel* ita exaggeratur personarum distinctio ut jam non unus sed plures inducantur dii : — ita tritheismus proprie dictus ; — *vel* ita extenuatur duarum divinitas ut aliae aliam naturam participent : — ita subordinatianismus, arianismus, macedonianismus.

Statuitur ergo error negando personarum vel distinctionem vel divinitatem doceri in Scriptura aut traditione. Et quia persona, quae clarius in medium procedit, est ea quae manifestata est in Christo, de ea imprimis decertatum est, utrum in illo agnoscenda sit persona proprio sensu divina, et, hoc admisso, utrum ea persona sit a Patre realiter distincta. Hinc factum est ut haereses de Trinitate sint plerumque haereses etiam de Christo.

## 6. 2° Series chronologica :

A) *Aetate apostolica et subapostolica.* — Praeter Judaeos et Gentiles, qui noluerunt agnoscere in Christo nisi hominem, sectae etiam christianae aliquae **judaïzantes** negaverunt secundam in Deo personam, quatenus Christum docuerunt esse merum hominem, in quo et per quem ens caeleste, eoque sensu divinum, mirabilia operatum esset. — Ita forte haeretici, ad quos alludit *I Jo.* 2. 23 ; 4. 2-3 et 15 ; ita certe Cerinthus, de quo cf. S. Irenaeum : *Haer.* I. 26.

B) *Saeculo* 2° et sqq. : a) **Gnostici,** in genere, Deum verum et supremum adeo tenent esse unicum ut nullam in eo agnoscant personarum distinctionem. Trinitatem, si quam dicunt, intellegunt esse entium seu aeonum a Deo emanatorum et inter ipsum ac mundum sensibilem mediantium. Christus sit merus homo, realis aut apparens, — (*docetismus*) — quem unum ex illis entibus subierit ut homines per gnosim ad Deum verum reduceret. — b) **Marcion,** *dualismum simul et docetismum professus,* Deo duro ac crudeli, qui fuerit mundi creator et Veteris Testamenti legislator, opponit Deum bonum, priori superiorem, qui se manifestaverit in Christo. Christus igitur fuerit « Spiritus caelestis » seu bonus ille Deus, qui, sub specie humana latitans, docuerit homines doctrinam qua liberarentur a servitute carnis et Dei Legis ac prophetarum.

**7.** C) *Saeculo 2º exeunte et 3º*, **monarchianismus** qui dicitur, ortus est ex cura tuendi quam maxime unitatem principii primi. Hoc enim nomine designantur haud paucae sectae christianae, quae, negata Patris et Filii et Spir. S. distinctione reali, docuerunt eas esse meras denominationes unius ejusdemque personae aliter et aliter se manifestantis aut alio et alio munere fungentis.

Eminent inter fautores earum Praxeas, Noetus et praesertim Sabellius, a quo haeresis sumpsit postea nomen *Sabellianismi*. Vocatur etiam *modalismus*, quatenus nomina Trinitatis personalia censentur non significare nisi tres modos, quibus ad homines se habet unica divina persona. Ratione doctrinae christologicae consequentis, quatenus Christus habetur ut merus homo a Deo in filium adoptatus, vocatur etiam *adoptianismus* : Monarchiani enim, seclusis forte iis qui dicti sunt Patripassiani, non possunt esse nisi adoptianistae[2].

Eodem saeculo (268), damnatus est, in concilio Antiocheno, Paulus Samosatensis, episcopus Antiochenus, qui, etsi non proprie modalista, tamen Verbum Dei, in creatione prolatum, negabat esse vere subsistens et genitum : Filium enim Dei non agnoscebat nisi hominem ex Maria natum. Propterea, saeculis sequentibus, habitus est tanquam dux et antesignanus eorum omnium qui negaverunt divinitatem Christi[3].

Monarchianismo, excessu contrario, opponitur **subordinatianismus,** quo, exaggerata personarum distinctione, 2ª aut 3ª admittitur esse 1ae inferior seu subordinata. In eum errorem impegerunt nonnulli monarchianismi impugnatores, Hippolytus in specie et Novatianus ; Dionysius Alexandrinus de eo quidem suspectus fuit, sed apud Dionysium Romanum se purgavit.

---

[2] Monarchianismo iterum indulsisse, saeculis 4º-6º, Priscillianistas constat saltem professionibus fidei et decretis conciliorum quae contra eos edita sunt : D-B. 22-24 ; 231. Cf. DAVIDS : *De Orosio et S. Augustino Priscillianistarum adversariis*, p. 69-74 et 139-140 et d'ALÈS : RSR 1933, p. 131 sqq.

[3] Cf. BARDY: *Paul de Samosate*, l. III, cp. I.

**8.** D) *Saeculo* 4º, ortae sunt duae praecipuae haereses de Trinitate : Arianismus et Macedonianismus.

**Arianismus,** etsi forte a Luciano presbytero Antiocheno praedoctus erat, nomen habuit ab Ario, presbytero Alexandrino. Verbum negavit esse proprie Deum. Eum docuit esse ante saecula a Deo ex non ente factum, nec proinde esse Filium Dei naturalem. Eumdem, admixto errore de Christo, tenuit esse unitum humanae carni, cui inesset pro anima. Haeresis damnata est in concilio Nicaeno, anno 325. Mox tamen, concitato odio contra vocem ὁμοούσιος (consubstantialis), quasi Sabellianismum instauraret, iterum invaluit et, indutis variis formis, perturbavit Ecclesiam praesertim graecam ad finem usque saeculi 4i. Post Arium, magister praecipuus fuit Aetius, diaconus, damnatus in concilio Sirmiensi (358), sed quem Julianus apostata voluit ab arianis fieri episcopum. Dux etiam fuit Eunomius, Aetii discipulus, et Cysiensis episcopus (360), a quo factio nomen habuit *Eunomianorum.* Eadem dicitur etiam *Anomaeorum,* quia Filium Patri ne similem quidem esse voluit [4].

**Macedonianismus,** ex Macedonio episcopo Constantinopolitano sic denominatus, negat Spiritus Sancti divinitatem. Dicitur etiam propterea haeresis **Pneumatomachorum.** Orta est ex arianismo, qui jam de Spiritu haud melius sentiebat quam de Verbo : eum docebat esse a Verbo, mandante Patre, creatum. Idem, inde ab anno circa 360, professi sunt certi Arianorum adversarii, qui, etsi Verbum admittebant esse sensu proprio Deum, hoc tamen negabant de Spiritu Sancto. Haec haeresis damnata est in concilio praesertim Constantinopolitano 1º (381), et postea vix est ab arianismo distincta.

**9.** E) *Errores doctorum in scholis.* — Post Arianismum et Macedonianismum, de Trinitate haeresis jam non fuit ulla, quae christianis Ecclesiis schismata induceret. In scholis tantummodo, apud doctores, erratum est, ubi tentatum est mysterii rationem dare philosophicam.

*a)* Ita, jam saeculo 6º, apud Monophysitas, in schola Edessena, Alexandrina et Constantinopolitana, sub influxu Aristotelis, excogitatus est **tritheismus** qui dicitur. Posita enim, ut

---

[4] De Arianismo et variis ejus factionibus, cf. Le Bachelet, art. *Arianisme,* apud DTC, t. I, p. 1779.

vult Aristoteles, identitate reali hypostasis et individui seu naturae concretae, doctores sibi visi sunt invenisse viam pronam, qua demonstrarent unicam esse naturam in Christi unica hypostasi. At eadem via deducti sunt ad profitendas in Deo tot naturas concretas quot hypostases : secus enim, aiebant, hypostases essent vacua nomina et Sabellianismus instauraretur. Tres igitur inducebantur dii, quorum, sicut totidem hominum, unitas esset mere specifica. — Ea porro doctrina, etsi doctos non parum exagitasse videtur, tamen parum influxit in ipsas Ecclesias [5].

**10.** *b*) Scholasticorum ineunte aetate, in errores oppositos abducti sunt Roscelinus suo nominalismo, Abaelardus suo conceptualismo, Gilbertus Porretanus suo realismo.

**Roscelinus** enim, quia universalia putabat esse mera nomina communia, naturam negavit realem quae tribus esset communis. Secus enim, aiebat, instauraretur Sabellianismus et tres personae dici deberent incarnatae. Docuit propterea tres agnoscendas esse substantias divinas singulares ab invicem distinctas, ita ut personarum divinarum haud alia esset ac humanarum trinitas aut unitas [6]. Damnatus in concilio Suessonensi anni 1092.

**Abaelardus,** ex eo quod una eademque res potest apprehendi conceptibus formaliter distinctis, visus est Trinitatem intellegere unam naturam singularem sub tribus conceptibus potentiae, sapientiae et benignitatis manifestatam atque apprehensam. Tres igitur personae haud aliter inter se distinguerentur ac tria illa divina attributa : quae esset tum vera Sabellianismi instauratio, tum potius mysterii ipsius evacuatio [7]. Doctrina propterea, a S. Bernardo impugnata, damnata est in concilio Senonensi et ab Innocentio II anno 1141 (D-B. 368 ; 381 ; C. 595).

---

[5] DUCHESNE : *L'Eglise au IV⁰ siècle*, pp. 342-46 ; 348 ; 356-57. — Tritheismi fautor nominatissimus est Johannes, scholasticus Alexandrinus, vulgo dictus Philoponus, ut videre est apud ejus *opuscula* I. 23 et VI. 4 (edita a Sanda) p. 57-58 et 175. — Contra quem edicta ab episcopis monophysitis videas apud CHABOT, in C. S. Or., *Scriptores syri*, ser. 2ª, t. XXXVII, p. 107 ; 109 ; 111-112 ; 118 ; 121-122 ; 134-135 ; 222-223.
[6] Doctrinam ejus videas in ejus epist. ad Abaelardum (PL 178. 357-69) et apud S. ANSELMUM : *De fide Trinitatis* (PL 158. 259 sqq.) ; cf. DE RÉGNON : *Etudes sur la S. Trinité*, t. III, p. 51-65.
[7] Cf. DE RÉGNON, *op. cit.*, p. 65-87 ; PORTALIÉ, art. *Abélard*, in DTC, p. 45 ; ibid. VERNET : art. *Gilbert de la Porrée*, p. 135. — Utrum tamen ea vere fuerit mens Abaelardi, cf. *Gregorianum*, 1931, p. 191.

**Gilbertus Porretanus,** episcopus Pictaviensis, distinctione nimia inducta, etiam apud Deum, inter id quod est et id quo est, personas ab essentia divina ita distinctas asserere visus est ut aliqualem induceret in deo quaternitatem. Doctrinae illius sic intellectae opponitur professio fidei, in concilio Remensi anni 1148, sancita ab Eugenio III (D-B. 389-392 ; C. 596-597) [8].

**11.** C) *Errores recentioris aetatis.*

*a)* **Unitarianismus.** — Inde a saeculo XVI⁰, abjecta traditionis auctoritate et inducto principio liberae Scripturarum interpretationis, ortus est error, qui, per oppositionem ad trinitarismum, dictus est unitarianismus. Haud pauci enim doctores negaverunt Scripturis doceri tres in Deo personas et Christum esse Deum. Ita jam, inter alios, Michael Servet († 1553) ; ita praesertim Socinus Faustus († 1604), a quo *Socinianorum* est secta, quae, saeculo XVII⁰, multum invaluit in Transylvania et in Polonia. Exinde vero unitarianismus praevaluit praesertim in Anglia, ubi, contraponentibus Anglicanis, fautores praecipuos habuit Locke († 1704), Priestley († 1804), Linesdy († 1808). — Eumdem, in America Septentrionali, foverunt, inter alios, Freeman († 1833), Channing († 1842), Parker († 1860) [9].

*b)* **Nova Theologia,** quae dicitur, jam vix nomine tenus manet christiana. Derivata ab unitarianismo, mysteria specifice christiana Trinitatis et Incarnationis penitus abjicit, nec Christum habet nisi ut virum eximium, qui, sua in Deum et homines devotione, manet omnibus exemplum quo ducantur in eamdem Dei et hominum dilectionem. Jam igitur de antiqua Trinitatis fide non est cur quidquam curetur praeter historiam ipsam : quomodo scilicet hujusmodi doctrina orta sit in Ecclesia antiqua, et sub quo influxu sancita fuerit tanquam dogma divinitus revelatum.

Nec dissentit **Modernismus** qui dicitur. Putat enim mysterium Trinitatis, quale in Ecclesia catholica docetur, fuisse tum Apostolis tum ipsi Christo prorsus ignotum. Illud propterea cen-

---

[8] De Régnon, *op. cit.*, p. 87 sqq. ; Vernet : art. *Gilbert de la Porrée*, apud DTC. col. 1351 : — Doctrinam eamdem videtur resumpsisse abbas Joachim, de quo cf. Vernet, *loc. cit.*, col. 1356 (D-B. 431 : C. 600).

[9] Carpentier : art. *Unitarianism*, apud Hastings : *Encyclop. of religion and ethics*, vol. 12, col. 519-527.

set non esse profitendum nisi ut quo foveatur affectus ad Deum et ad Christum religiosus. (D-B. 2026-2031 ; 2078-2079 ; 2088-89).

**12.** Fontes theologici. — 1º **Symbola et professiones fidei authenticae :**

A) *Symbola in genere* : a) Baptismale, Romanum imprimis, sub utraque forma, antiqua scilicet (R) et recepta, quae dicitur (T) : de forma primaeva, cf. Lebreton : *Les origines du symbole baptismal* apud RSR 1930, p. 97-124 et de Ghellinck : *Les recherches sur les origines du symbole des apôtres* (1940). — b) Nicaenum (D-B. 54). — c) Nicaeno-Constantinopolitanum, quod dicitur (D-B. 86) : in concilio Chalcedonensi, nemine contradicente, propositum est tanquam ab ipso concilio anni 381 editum [10]. — d) Pseudo-Athanasianum seu « *Quicumque* », quod expositio potius est doctrinalis fidei catholicae. Auctoris incerti, quem plerique putant esse saeculi Vi exeuntis, nonnulli vero S. Ambrosium [11].

B) *Professiones fidei certis erroribus oppositae* : a) Contra monarchianismum simul et subordinatianismum : rescriptum S. Dionysii Rom. (D-B. 48-51). — b) Contra Arianos simul et Macedonianos : anathematismi S. Damasi (D-B. 58-82) et concilii Cp[lani] (381) decretum contra haereticos (D-B. 85). — c) Occasione Priscillianismi et Arianismi in Hispania vigentis : *symbolum* concilii Toletani anni 400 (D-B. 19-38 ) et concilia Toletana 11. 15. 16 (D-B. 275.285.294.296). — d) Condemnationes errorum recentiorum : Abaelardi, in concilio Senonensi anni 1141 (D-B. 368-381 et cf. 387) ; Gilberti Porretani, in concilio Remensi anni 1148 (D-B. 389-392) ; abbatis Joachim, in concilio Lateranensi anni 1215 (D-B. 431-432) ; Socinianorum a Paulo IV (D-B. 993).

---

[10] Attamen, quia jam legitur in *Ancorato*, quod opus est S. Epiphanii anni 374 (PG 43. 232-33), multi putant illud a concilio esse tantummodo approbatum aut confirmatum. Alii respondent : a) eam hypothesim excludi affirmatione facta in concilio Chalcedonensi, ubi certe reclamatum esset, si fuisset dubium ullum de illius origine ; b) eam symboli formam, quia jam erat in usu, fuisse potius a scribis postea substitutam formae Nicaenae, quam, re vera, solam S. Epiphanius, in subsequentibus, commentatur, quasi eam ipse recitaverit.

[11] Brewer : *Das sogenannte athanasianische Glaubensbekenntnis, ein Werk des heil. Ambrosius* (1909). Consentit R. Seeberg : *Lehrbuch der Dogmengesch.*, t. II, § 25. 6 (p. 165).

C) *Confessiones fidei generaliores resumentes antiquas*, impositae Waldensibus (D-B. 420), Albigensibus (428), Graecis, in concilio Lugdunensi (460-63), in concilio Florentino (691) ; omnibus in concilio Tridentino (994), Graecis a Gregorio XIII (1084), Orientalibus a Benedicto XIV (1460).

**13.** 2° **Scriptorum ecclesiasticorum de Trinitate opera:**

*Saeculo* 2° :

S. Justinus : *Dialogus contra Tryphonem Judaeum*, quo probatur existentia 2ae in Deo personae (PG 6).
S. Theophilus Antiochenus : *ad Autolycum.* I, 7 ; II, 10. 15. 18. 22 (PG 6).
S. Irenaeus : *Adversus haereses* (PG 7) ; *Demonstratio praedicationis apostolicae* (Versio gallica ex Armenica, apud RSR, t. VI, 1916, p. 368 sqq.).

*Saeculo* 3° :

Tertullianus : *adversus Praxeam.*
S. Hippolytus : *contra Noetum* (PG 10. 803) ; *Philosophumena*, l. IX, cp. 11-12 (PG 16³ et editio Wendland, in editione Patrum Berolinensi).
Novatianus : *De Trinitate*, quae est prima et optima de Trinitate expositio latina, sed subordinatianismum sapiens (PL 3).
S. Dionysius Alexandrinus : fragmenta varia contra Sabellianos servata apud S. Athanasium : *De sententia Dionysii Alexandrini* (PG 25. 478) ; collectio fragmentorum apud Feltoe : *The letters and other remains of Dionysius Alex.*
S. Gregorius Thaumaturgus : *Expositio fidei* (PG 10. 983).

**14.** *Saeculo* 4° :

A) Exoriente Arianismo : S. Alexander Alexandrinus, cujus duae epistolae denunciant errorem Arii et doctrinam catholicam proferunt, qualis exponebatur ante concilium Nicaenum (PG 18. 523).
B) Prima series scriptorum contra Arianismum :
S. Athanasius : *Contra Arianos orationes tres* (PG 26. 11) : quarta est dubia ; — *De decretis Nicaenae synodi* ; *De sententia Dionysii Alexandrini* (PG 25) ; *Ad Serapionem epistolae quatuor* ; *De synodis* ; *Tomus ad Antiochenos* (PG 26).

S. Hilarius : *De Trinitate libri XII* ; *Liber de synodis*, seu *de fide Orientalium* et *Apologetica ad reprehensores libri de synodis responsa* ; *Contra Arianos* seu *contra Auxentium* (PL 10).

S. Cyrillus Hierosolymitanus : *Catecheses*, praesertim 4. 7. 11. 16. 17 (PG 33).

C) Secunda series scriptorum contra Arianismum :

S. Basilius Caesariensis : *Adversus Eunomium libri tres* (PG 29) ; *De Spiritu Sancto* (PG 32) ; *Homilia contra Sabellianos et Arium atque Anomaeos* (PG 31) ; *Epistolae*, imprimis 9. 38. 52. 105. 113. 114. 125. 159. 175. 189 (quae tamen potius putatur esse S. Gregorii Nysseni). 210. 215. 226. 236. 351 (PG 32).

S. Gregorius Nazianzenus : *Orationes theologicae quinque*, id est, 27a - 31a (PG 36) ; *Epistola 248, ad Evagrium* (PG 3).

S. Gregorius Nyssenus : *Adversus Eunomium* ; *Ad Eustathium, de Trinitate* ; *Ad Abladium, quod non sint tres dii* ; *Ad Simplicium, de fide* ; *Oratio catechetica magna* (PG 45).

Didymus Alexandrinus : *De Trinitate libri tres* (PG 39) ; *Adversus Arium et Sabellium* (inter opp. S. Gregorii Nyss. ; PG 45. 1281).

S. Ambrosius : *De fide libri quinque* ; *De Spiritu Sancto* (PL 16).

S. Epiphanius : *Ancoratus* (PG 43) ; *Panarion* seu *de haeresibus* (PG 41 et 42).

**15.** *Saeculo* 5⁰ :

S. Augustinus : *De Trinitate* ; *Liber contra sermonem Arianorum* ; *Collatio cum Maximino Arianorum episcopo* et *libri duo contra eumdem* (PL 42) ; *Epist.* 120. 169. 170. 238-242.

S. Hieronymus : *Epist.* 15-17 (PL 22. 355).

S. Joannes Chrysostomus : *De incomprehensibili hom.* 5a (PG 48) ; *Hom. in Jo.* 5. 19 contra Anomaeos (PG 56. 245) ; *In Jo. hom.* passim (PG 59).

S. Cyrillus Alexandrinus : *In Joannis evangelium*, passim (PG 73 et 74) ; *Thesaurus de SS. et consubstantiali Trinitate* ; *De Trinitate dialogi septem* (PG 75).

*Saeculo* 6⁰ :

S. Fulgentius : *Liber contra Arianos* ; *Liber de Trinitate* ; *Liber de fide, ad Petrum* ; *Epist.* 8. 14 (PL 65).

Vigilius Tapsensis : *Dialogus contra Arianos et Sabellianos*
(PL 62).

Boethius : *De Trinitate* ; *Utrum Pater et Filius et Sp. S.
substantialiter de divinitate praedicentur* (PL 64).

*Saeculo* 8º :

S. Joannes Damascenus : *Fidei orthodoxae expositio accurata*, l. I, cp. 6-14 et l. III, cp. 10 (PG 94).

**16.** 3º Recentiorum opera in subsidium adhibenda :

A) Quoad dogmatum historiam et demonstrationem positivam :

Petavius : *Dogmata theologica* : *De Trinitate.*
Thomassinus : *Dogmata theologica* : *De SS. Trinitate.*
Tixeront : *Histoire des dogmes.*
Lebreton : *Les origines du dogme de la Trinité.*
Articuli : *Arianisme* ; *Athanase* ; *Monarchianisme* ; *Nicée*,
apud DTC.
d'Alès : *Le dogme de Nicée.*

B) Quoad mysterii theologiam :

S. Thomas : *Summa theologica.* I, 27-43 ; *Summa contra
Gentes*, IV, 1-26 ; *De potentia*, q. 2 et 8-10.
Suárez : *De SS. Trinitatis mysterio libri* 12.
Franzelin : *De Deo trino secundum personas.*
Billot : *De Deo trino.*
De Régnon : *Etudes de théologie positive.*
Schmaus : *Die psychologische Trinitatslehre des hl. Augus-
tinus* ; *Der liber propugnatorius des Thomas anglicus und die
Lehrunterschiede zwischen Thomas von Aquin und Duns Scotus* :
II *Teil* : *Die trinitarischen Lehrdifferenzen.*
Galtier : *L'habitation en nous des trois personnes.*

C) Quoad Trinitatis theologiam mysticam :

Schwickavius (Gisbertus) : *De augustissima et SS. Trinitate
cognoscenda, amanda, laudanda, libri tredecim* (Moguntiae 1619).
de Bugis : *Tractatus de adorandae Trinitatis mysterio* (Lug-
duni 1671).
Nadasi : *Spirationes theologicae ad unum et trinum Deum in
52 hebdomadas distributae* (Augustae Vendelicorum 1756).

van den Abeele : *Introduction à l'amour égal envers les trois personnes divines* (saeculi 18[1]) ; editum iterum a P. Vanderspeeten in *Petite Bibliothèque chrétienne* sub titulo : *La plus auguste des dévotions* (1875) et *La très sainte Trinité et l'esprit chrétien* (1883).

[Nouet] : *La grandeur du chrétien dans ses rapports avec la sainte Trinité, d'après le P. Nouet* (1874).

Froget : *De l'habitation du Saint-Esprit dans les âmes justes* (1898).

Laborde : *La dévotion à la très sainte Trinité* (1922).

**17.** DIVISIO TRACTATUS. — Cum tractatus scopus sit aperire tum altissimum mysterium quod Trinitas in se est, tum ineffabile donum, quo ipsa ad nos venire et apud nos manere dignatur, duae erunt illius partes. Prior aget de SS. Trinitate in se, posterior erit de illius apud nos adventu seu praesentia et inhabitatione.

# PARS PRIOR

## DE SS. TRINITATE IN SE

Duae sectiones : prior de Trinitatis cognitione seu existentia ; altera mysterii expositio theologica.

### SECTIO PRIMA

### DE TRINITATIS COGNITIONE SEU EXISTENTIA

**18.** Ecclesia catholica tenet Trinitatem esse mysterium a Deo revelatum et quidem per Christum aut post Christum, ita ut ea sit Novi Testamenti doctrina propria. Tenet praeterea eam doctrinam fuisse ab initio sibi cognitam et, in concilio Nicaeno, expresse definitam, conservari a se immutatam. Tenet tandem doctrinam hujusmodi non innotuisse nec innotescere potuisse nisi post revelationem.

Quae omnia ita statuenda veniunt ut simul constet tum quo processu mens humana deducta sit ad credendam Trinitatis existentiam, tum quo usque ipsa in illius cognitionem pervenire possit. Hinc quatuor capitula. 1º De Trinitatis insinuatione in Veteri Testamento. — 2º De Trinitatis revelatione in Novo Testamento. — 3º De Trinitatis in Ecclesia fide constanti. — 4º De rationis ad mysterium Trinitatis improportione.

### Caput primum

### DE TRINITATIS INSINUATIONE
### IN VETERI TESTAMENTO

**THESIS I. — In Veteri Testamento, monotheismus adeo solus inculcatur ut Trinitatis mysterium dici nequeat**

**ante Christum revelatum; attamen haud desunt jam indicia, ex quibus, praelucente revelatione christiana, secunda saltem in Deo persona dignosci possit jam aliquatenus insinuata.**

**19.** Pars prima theseos implicat duo : 1º mysterium Trinitatis non innotuisse, de facto, Judaeis ante Christum ; 2º illud non ita aperte proponi in Veteri Testamento ut, sine ulteriori revelatione, potuerit certo innotescere.

**Prius** aperte constat ; per ipsam enim Christi et christianae praedicationis historiam patet Judaeos non tantum non expectare Messiam qui esset Deus, sed etiam abhorruisse, tanquam ab inaudita blasphemia, a secunda, apud Deum, admittenda persona.

**Posterius** autem pertinet ad communem, ab initio, Ecclesiae catholicae doctrinam. Patres enim semper ac doctores tenuerunt revelationem positivam fuisse progressivam, ita ut proprium fuerit oeconomiae mosaïcae tueri et inculcare strictum monotheismum, christianae vero manifestare Deum trinum : haec autem manifestatio sic processerit ut, manifestata in ipso et ab ipso Christo secunda persona, tertia ab ipso doceretur aperte et, post ipsum, tum in signis manifestaretur tum ab apostolis praedicaretur.

**20.** Ita jam aliquatenus *epistola ad Hebraeos* (1. 1-2), quatenus « multiformi » locutioni Dei, quae fuit olim « in prophetis », opponit locutionem quae « novissime, diebus istis » fuit « in Filio ». — Ergo non prius in Filio.

Ita explicite S. Irenaeus, qui dicit « fidem, quae est ad Deum, auctam esse in Novo Testamento », quatenus « additamentum accepit Filium Dei » (*Haer.* IV. 28. 2).

Ita Tertullianus, qui monarchianis excludentibus tres personas opponit judaïcae et christianae fidei differentiam in hoc esse quod Judaei

« sic unum Deum credant ut Filium [nolint] adnumerare ei et, post Filium, Spiritum. Quid enim erit inter nos et illos nisi differentia ista ? ... Sic enim Deus voluit novare sacramentum ut nove unus crederetur per Filium et Spiritum, ut coram jam Deus in suis propriis nominibus et personis cognosceretur, qui et retro per Filium et Spiritum praedicatus non intellegebatur » (*adv. Praxeam.* 31 : PL 2. 196 A-B).

Item S. Hilarius :

« Judaei, sacramentum mysterii nescientes, et, per hoc, Filium DEI ignorantes, Deum tantum, non et Patrem, venerabantur » (*De Trinitate*. 5. 27 et cf. 3. 17).

Item, et ex professo, S. GREGORIUS NAZIANZENUS, ubi exponit, in patefacienda divinitatis doctrina,

« deventum esse ad perfectionem ex accessione et incremento », nam « Vetus Testamentum Patrem aperte praedicabat, Filium obscurius ; Novum autem nobis Filium perspicue ostendit, et Spiritus divinitatem subobscure quodammodo indicavit. Nunc vero Spiritus nobiscum versatur, seseque nobis apertius declarat. Neque enim tutum erat, Patris divinitate nondum confessa, Filium aperte praedicari nec, Filii divinitate nondum admissa, Spiritum Sanctum, velut graviorem quamdam, si ita loqui fas est, sarcinam nobis ingeri »[1].

Consentit S. THOMAS, ubi assignat tres

« distinctiones temporum, secundum quas crevit revelatio, in quantum ordinatur ad fidem deitatis : scilicet ante Legem, sub Lege et sub gratia. Nam, ante Legem, Abraham et alii Patres prophetice sunt instructi de his quae pertinent ad fidem deitatis ... Sub Lege autem, facta est revelatio prophetica de his quae pertinent ad fidem deitatis excellentius quam ante, quia jam oportebat circa hoc institui non solum speciales personas aut quasdam familias, sed totum populum ... Postmodum vero, tempore gratiae, ab ipso Filio revelatum est mysterium Trinitatis » (II. II, q. 174, a. 6c ; cf. q. 1, a. 7).

**21.** N. B. 1º. Dicunt quidem aliqui Patres Trinitatem innotuisse patriarchis et prophetis, etsi eam non aperte multitudini praedicaverint[2]. — At: *a*) ea est privata eorum doctrina, quam non ex traditione Ecclesiae habent sed ipsi ducunt ex indiciis Trinitatis, quae sibi videntur, sub lumine revelationis christianae, agnoscere in Veteri Testamento ; *b*) ceterum facile intellegeretur sanctis illis, quia Christum habebant praenun-

---

[1] *Or.* 31 (*theol.* 5), 26 (PG 36. 101 C) — Cf., eodem sensu, EUSEBIUM : *Cont. Marcel.* 1 (PG 24. 716 C) ; S. BASILIUM : *adv. Eunom.* 2. 22 (PG 29. 620) ; S. EPIPHANIUM : *Haer.* 74 et *Ancor.* 73 (PG 42. 493 et 43. 153 B) ; S. J. CHRYSOST. : *de incomprehensibili,* 5. 3 (PG 48. 740 A) ; S. CYRILLUM ALEX. : *in Joan.* 12. 20 (PG 74. 84 A).

[2] S. EPIPHANIUS : *Haer.* 8. 5 (PG 41. 212 C) ; S. CYRILLUS AL. : *cont. Jul.* 1 (PG 76. 532-540 : S. GREGOR. M. *in Ezech.* 2. 4. PL 76. 979 D).

tiandum aut praefigurandum, specialem esse concessam mysterii cognitionem ...

2º. Patres etiam non pauci, ad demonstrandum contra
Judaeos divinitatem Christi, ita arguunt ex Veteri Testamento
ut Judaeos dicant inexcusabiles quia non crediderint[3]. — At
haec eorum argumentatio non supponit necessario revelationem
mysterii fuisse in libris Judaeorum apertam ; supponit tantummodo in Veteri Testamento certa asserta, quae, praecognita jam
revelatione Christi, agnosci possint aut debeant tanquam praevia jam mysterii insinuatio.

**22.** PARS SECUNDA significat pluralitatem personarum, **existentiam saltem secundae personae, esse jam in Veteri
Testamento vere insinuatam.** Hoc, immo, viro catholico non
potest esse dubium, nam aperte supponitur non tantum a Patribus sed etiam ab Apostolis ipsis, ubi ex Veteri Testamento
arguunt ad doctrinam trinitariam statuendam aut confirman-
dam. Ita jam S. Petrus, in Pentecoste (*Act.* 2. 17) de promissa
apud *Joel* (3. 1-6) effusione Spiritus Sancti ; ita latius et ex professo *epist. ad Hebraeos* (1-2) de divina Christi filiatione. Christus imo ipse psalmum 109 invocat ut quo sua divinitas suggeratur
(*Mt.* 22. 43-45)[4].

**Sensus** tamen theseos **non est** hoc posse constare ei qui,
soli Veteri Testamento intentus, conetur dictorum ejus eruere
sensum litteralem independenter ab ulteriori revelationis christianae lumine : hoc enim supponat Trinitatem aut saltem dualitatem personarum jam alicubi ante Christum esse aperte revelatam, proindeque contradicat priori theseos parti. — Dicitur propterea doctrinam de pluralitate personarum *a*) non inveniri ibi nisi insinuatam ; *b*) nec posse ut talem agnosci nisi
ab eo qui jam noverit plures dari, re vera, in Deo personas.

**Sensus** igitur **est** dari in Veteri Testamento facta vel dicta,
quae, etsi, in seipsis tantum considerata, intellegi possunt sensu
suo litterali quin agnoscantur enunciare pluralitatem personarum,
tamen, accedente lumine revelationis christianae, agnosci possint
aut debeant ut illam doctrinam eodem sensu suo litterali vere
insinuantia.

---

[3] Cf. v. gr. S. JUSTINUM : *Dial.* ; THEODORETUM : *Graec. aff. cur.* (PG 83. 844).
[4] Cf. apud PETAVIUM (*de Trinit.* II. 7) varia loca Vet. Test., quae solent, apud
Patres, invocari. — De tota quaestione, cf. etiam FRANZELIN : *De Deo trino, thes.* 6.

**23.** Quod ne videatur ingerere Sacrae Scripturae duplicem sensum litteralem, unum, quem Judaei olim et lectores hodie non credentes Christo, alterum, quem soli credentes Christo agnoscere possint, considerandum est, in Veteri Testamento, alia esse quae auctores proferant ut mere inspirati et alia quae proferant ut sibi a Deo revelata.

Prior dictorum series eum totum sensum litteralem censenda est habere, quem auditores aut lectores, dato verborum et circumstantiarum contextu, percipere valebant. — Alteri non videtur cur non potuerit subesse aliquando sensus, quem Deus revelans intenderet ipse, quin auditores, imo et ipsi scriptores, eum adhuc plene perciperent : verba enim sunt magistri praegnantia, quae discipulus nunc sensu vero at partiali intellegeret. Qui sensus plenior non potest sane contradicere sensui priori, nisi admittatur Deus prophetas aut eorum discipulos immediatos voluisse decipere ; at bene potest eum complere ac perficere, ita ut, accedente uberiore revelatione, possit quis prophetiam melius intellegere quam ipse propheta :

Omnis prophetia, ait S. Irenaeus, priusquam habeat effectum, aenigma et ambiguitas est hominibus. Cum autem venit tempus et evenit quod prophetatum est, tunc prophetiae habent liquidam et certam expositionem » (*Haer.* IV. 26, 1 : PG 7. 1051-53).

Et rationem dat S. Thomas :

« Quia mens eorum est instrumentum deficiens, etiam veri prophetae non omnia cognoscunt quae in eorum visis aut verbis aut etiam factis Spiritus Sanctus intendit » (II. II, q. 173, a. 4).

Exinde sequitur tantummodo multa, in Vet. Test., jam patere christianis quae prius latere debebant Judaeos. Eadem imo, etiam nunc, lateant eos omnes qui, non, cum doctrina catholica, admittant eumdem esse Deum qui revelationem sui, apud Judaeos initiatam, in Christo et per Christum compleverit. At iidem, si modo attendere velint facta et dicta in thesi proferenda, ultro fateantur multa dari, in Vet. Test., quae pleniorem, re vera, rationem sui habeant, si, ut vult doctrina catholica, plures dentur in Deo personae, quarum una sit in Christo incarnata et manifestata.

# I

## DE INSINUATIONE PLURIUM IN GENERE PERSONARUM

**24.** I. INSINUATIONES CUM MINORE FUNDAMENTO A PA-
TRIBUS AGNITAE. — Ut jam dictum est, Patres olim, innixi
auctoritate Apostolorum Christique ipsius, tenebant personas
divinas in Vet. Test. insinuari multifariam multisque modis.
At haec eorum persuasio et praxis, quae valorem theologicum
habet magnum, sedulo distinguenda est ab argumentis, quorum
ope insinuationes hujusmodi sibi videbantur demonstrare. Haec
enim tantum valent quantum exegesis qua nituntur, proptereaque haud raro manent jamdiu antiquata. Hinc est cur insinuationes quaedam a Patribus admissae jamdiu, textu Scripturae
sedulius in se considerato, vix aut ne vix quidem agnoscantur.
— De his igitur prius agendum est historice.

1° **Forma pluralis** qua Deus inducitur sibi loquens, — v. gr. in
decernenda hominis creatione (*Gen.* 1. 26), in condemnando Adami
peccato (*Gen.* 3. 22), in confundendis hominum linguis (*Gen.* 11. 7),
in quaerendo propheta qui mittatur (*Is.* 6. 3), — de se quidem optime
intellegitur cum plures noscantur esse in Deo personae, proptereaque
a Patribus et theologis saepissime inducitur ut eas insinuans [5]. — At,
cum hebraïci scriptores et prophetae solerent Deum describere seden-
tem super solium suum in medio exercitus caelestis — seu, ut aiunt,
« filiorum Dei » [6] — sibi assistentis, cum eo conversantem et aliquatenus consiliantem [7], forma illa pluralis aptius aut saltem satis explicatur de figura loquendi, qua Deus inducatur cum « filiis Dei » seu
angelis suis deliberans aut consilium suum aperiens. Non igitur est
cur Deus dicatur, per formam loquendi hujusmodi, voluisse insinuare
mysterium apertius postea manifestandum.

2° **Triplex «Sanctus»,** quo exercitus ille caelestis seu « Seraphim »
apud *Is.* 6. 37, clamant alter ad alterum, haud majorem habet vim,
nam triplex hujusmodi repetitio occurrit apud prophetas, ubi profertur mera affirmatio magni alicujus momenti : cf., v. gr., *Jer.* 7. 4 :
« *Templum Domini* » ; *Jer.* 22. 28 : « *Terra* » ; *Ezecjh.* 21. 27 : « *Ini-
quitatem* » [8].

---

[5] De quo, cf. LEBRETON : *Hist. du dogme de la Trinité.* I[7], note B, p. 552 sqq.
[6] *Job.* 1. 6 ; 2. 1 ; Ps. 88. 6-7 ; 28. 1. — Cf. LAGRANGE, in *Rev. bibl.* 1908,
p. 491-493.
[7] Cf. v. gr. 3 *Reg.* 22. 19 sqq. cum *Is.* 6. 1-3 et 8. — Cf. CONDAMIN : *Le livre
d'Isaïe,* p. 43.
[8] CONDAMIN, *op. cit.,* p. 42.

**25.** 3º — **Theophaniae,** quae dicuntur, seu Dei manifestationes sensibiles, quales in Vet. Test. referuntur aut qualis etiam dici possit Incarnatio. Notissimae sunt apparitiones ad Abraham, ubi Dominus ei promittit filium et praenunciat Sodomorum eversionem (*Gen.* 18), quam re vera operatur (*Gen.* 19. 24-25) ; ad Moïsen, in medio rubi (*Ex.* 3) ; ad Isaïam, ubi vocatur ad missionem propheticam (*Is.* 6).

Patribus multis eae fuere solemni argumento sive de tribus personis, sive et praesertim de secunda, quae se ante Christum sub specie Angeli manifestasset. Duplici via exinde arguere solebant :

A) *Interpretatio symbolica* : Tres personas insinuatas agnoverunt aliqui recentiorum Patrum non tantum, ut dictum est, apud *Is.* 6, sed etiam et imprimis in apparitione ad Abraham (*Gen.* 18). Dominus enim ibi dicitur apparuisse sub specie trium virorum, quos Abraham excepit hospitio. Jamvero recentiorum Patrum fuit communis opinio, cum lex dicatur per angelos ordinata (*Gal.* 3. 19), Verbum, ante Incarnationem, non se fecisse visibilem nec proinde ullam Trinitatis personam esse sensibiliter manifestatam. Tres igitur illi viri, aut potius tres sub specie humana angeli, ideo locuti fuerint nomine Domini quia erant ab illo in ministerium missi et illum repraesentabant [9].

Quia vero, etsi tres erant aequales, tamen unus tantum inducitur loquens nomine Domini et Abraham eos adorat et alloquitur nomine singulari (v. 3 et cf. 10 ; 13-15 ; 17-33), isti PP. admiserunt tribus illis, tanquam symbolo seu typo, significatas esse tres personas, quarum una sit operatio, majestas et natura.

« Cum tres viri visi sunt, nec quisquam in eis vel forma, vel aetate, vel potestate major ceteris dictus est, cur non hic accipiamus visibiliter insinuatam, per creaturam vicibilem, Trinitatis aequalitatem atque in tribus personis unam eamdemque substantiam?»[10].

---

[9] Ita S. Hieronymus : *in Gal.* 3. 14 (PL 26. 366 BC) ; item S. August. : *de Trinit.* III. 11 et *Sermo* 7 ; cf. S. Gregor. M. : *Moral.* 281. 7 (PL 76. 450 B).

[10] Augustinus : *de Trinit.* II. 11, 20 (PL 42. 858) ; item S. Ambrosius : *de excessu Satyri*, 2. 96 : « Trinitatem in typo vidit, tres suscipiens, unum adorans, et, personarum distinctione servata, unum tamen Dominum nominabat, tribus honorificentiam muneris deferens et unam significans potestatem ... Et melius credebat ille quod non didicerat quam nos qui didicimus. Nemo enim typum falsaverat veritatis, et ideo tres videt sed unitatem veneratur» (PL 16. 1342 C) ; item S. Cyrillus Alex. : *cont. Jul.* 2 (PG 76. 532-33).

**26.** B) *Interpretatio realis* : Solum Verbum econtra plerique agnoverunt in theophaniis illis manifestatum. Ratio fuit appellatio « *Angelus Testamenti* », apud *Mal.* 3. 1, de futuro Christo usurpata, et praesertim nomen « *Magni Consilii Angelus* » quod, in *Is.* 9. 6, apud Septuaginta, legebatur pro nomine « *Deus Fortis* ». Advertebant enim Patres, eum, in theophaniis antiquis, qui apparet ac dicitur esse ipse Deus, vocari etiam « *angelum Domini* » [11]. Aliunde sciebant « *Deum neminem vidisse unquam nisi Unigenitum ejus Filium* », cujus propterea solius sit « *Deum enarrare* ». Cum igitur « *Angelus Domini* », in theophaniis, revelet Deum quis sit et praenunciet semen Abrahae futurum, ita ut aliquatenus initiet « *magnum consilium* » revelationis Dei et restaurationis generis humani per Filium, existimaverunt eum angelum esse Dei Filium, cujus sit proprium sese visibiliter manifestare et qui, jam apud Judaeos, praeluserit suae missioni Patrem invisibilem « enarrandi » [12]. Trium proinde virorum seu potius angelorum, quos Abraham excepit hospitio, unum tantum admittebant fuisse personam divinam, Verbi scilicet, quem propterea Abraham, *etsi tres vidit, unum adoraverit* [13]. Eum porro esse Deum legebant aperte in Scriptura assertum ; personam autem eam esse a Patre distinctam existimabant ibidem insinuari tum in genere quia dicitur angelus, tum in specie quia, in eversione Sodomorum, Dominus, id est, Angelus ille Domini, legitur « *pluisse sulphur et ignem a Domino de caelo* » (*Gen.* 19. 24) : locum enim sic intellegebant quasi « *Dominus* » [ille qui in terris

---

[11] Sic. v. gr. *Gen.* 16, 7-12, ad Agar apparet « Angelus Domini» et dicitur esse Deus (v. 13) ; *Gen.* 18, apparent tres et unus loquitur, cui Abraham respondet tanquam ipsi Domino : item *Gen.* 19, ubi angelos, quos excepit hospitio (v. 1 et 15-18), Lot alloquitur quasi unus sit Dominus ipse (v. 18-19). Item *Gen.* 31. 11-13, angelus Dei dicit Jacobo se esse Deum Bethel ; *Ex.* 3. 2, in apparitione in medio rubi tum in hebraïco textu, tum apud Septuaginta, « Angelus Dominus» est qui apparet Moïsi et se definit Deum ipsum (Cf. S. HILARIUM : *De Trinit.* IV. 32. PL 10. 120 A).

[12] Sic, v. gr. S. JUSTINUS : *Dial.* 56 (PG 6. 597-605) ; S. IRENAEUS : *Haer.* IV. 5, 2-4 ; 19, 8-1 (PG 7. 984-86 ; 1038-1040) ; TERTULLIANUS : *adv. Marcionem*, II. 6 ; 27 ; IV. 19 (PL 2. 317, 328, 519) ; S. HILAR. : *De Trinit.* IV. 23-31 (PL 10. 113-118). — Quam multi eamdem doctrinam professi sint videre possis apud LEGEAY : *L'Ange et les théophanies de l'Écriture Sainte*, apud *Rev. thom.* X (1902), 138-158 ; 405-416 ; XI (1903), 46-69 ; 125-154.

[13] Primaevus is sensus est hujus effati « Tres vidit, unum adoravit». Cf. v. gr. S. HILARIUM : « Abraham, tribus conspectis, unum adorat et confitetur ... Toto igitur sermone Abraham ... Dominum suum ex tribus agnitum et solum adoratum confessus est» (*De Trinit.* IV. 25 et 27 : PL 10. 115 A et 118 A).

apparuit] ab eo qui in caelis est « *Domino* » accepisset ut haec infligeret Sodomis »[14].

**27.** C) *Conclusio de theophaniis* : *a*) Neutra interpretatio dici potest ex auctoritate Patrum certa ; ipsa enim illa diversitas excludit ullam de hoc fuisse traditionem dogmaticam. Et, re vera, quod plerique Patres affirmant de Verbo personaliter et immediate sub specie angeli apparente, hoc S. Augustinus saltem dubium habuit ubi statuit verorum angelorum ministerio factas esse apparitiones Dei in Vet. Test. (*De Trinit.* II, 13 et III, 11). Quam sententiam S. Gregorius M. ratam habuit[15] et S. Thomas secutus est, ubi assumpsit immediatam nullius personae divinae fuisse missionem visibilem aut apparitionem ante Incarnationem[16].

*b*) Et, re vera, communis opinio de personali Verbi apparitione caret fundamento exegetico, nam : χ) Male, apud *Is.* 9. 6, in versione graeca et veteri latina, positum est Messiam vocatum iri « *Magni Consilii Angelum* », ubi dicebatur vocandus « *Deus Fortis* ».

β) Locis quibus apparuisse dicitur « Angelus Domini », qui postea se exhibet Dominum ipsum, critica textualis suadet eam esse formulam recentiori aetate codicibus inductam ne « Dominus » ipse diceretur sensibiliter apparuisse. (Cf. LAGRANGE : *L'Ange de Iahve*, apud *Rev. Bibl.* XII (1903), p. 214-225 ; (1908), p. 212-225 ; LEBRETON: *Op. cit.*, p. 205 sqq.

γ) Apud *Gen.* 19, 24, male intellegitur « *Dominus* » qui « *pluit super Sodomam* », distingui a « *Domino* », qui « *de caelo* » sit, nam probabilius est expressiones « a Domino » et « de caelo » esse synonymas : cf. « ἐκ Διός » et « *sub Iove* ». Similes habet *Mich.* 5. 7 : « *Quasi ros a Domino et quasi stillae super terram* ».

δ) Incaute saltem assumitur, uti fit in hac opinione, Verbi proprium esse fungi ministerio, esse Patris angelum seu missum, et in hoc a Patre differre quod se possit exhibere visibilem. Haud parva praebetur ansa malignis conclusionibus eorum omnium qui subordinatianismum aliquem Trinitati inducant ; nec, re vera, ab hujusmodi suspicione immunes sunt nonnulli qui interpretationem illam proferunt : sic, v. gr., S. Justinus ; Tertullianus ; Novatianus. — Ariani saltem ea delectabantur ; et semiarianum est concilium Sirmiense anni 351, quod vult esse definitum verba « *Faciamus hominem* » dirigi ad Filium;

---

[14] S. JUSTINUS : *Dial.* 56 (PG 6. 606 A). — Cf. S. IRENAEUM : *Demonstr. praed. evang.* 44, apud RSR, 1916, p. 398-99.

[15] *Moral. praef.* 1. 3 et l. 28. 7 (PL 75. 517 D et 76. 450 B).

[16] *In* 1, *dist.* 16, q. 1, a.1, ad 4ᵐ ; a. 2 ; a. 3, *ad ultimum* ; a. 4 ; I. II, q. 98, a. 3.

Filium ipsum se manifestasse [17] in Mambre ad Abraham ; Filium Dominum a Domino Patre distingui apud *Gen.* 19. 24.

**28. II.** INSINUATIONES FIRMIORES. — 1° **Sapientiae Dei personificatio,** quae, in antiquioribus quidem Scripturis, dici potest aut debet mere metaphorica seu poetica, at, in recentioribus adeo vivida est ut ab eo qui jam cognoscit Verbum Dei personale vix possit negari esse realis aliqua virtus hypostatica.

A) In antiquioribus libris, v. gr. *Job.* 15. 7-8 et 28. 20-28, Sapientia dicitur investigabilis, soli Deo cognita et hominibus atque collibus, id est, omnibus creaturis, praeeixstens. — Cf. *Baruch.* 3. 12-38.

B) In *Proverbiorum* libro, cp. 8-9 : *a)* Sapientia inducitur homines ad se invitans (8. 1-21), aedificans sibi domum, ancillas mittens, quae ad convivium suum omnes invitent (9. 1 sqq.). — *b)* Eadem dicitur a Domino (8. 22) formata in initio viarum suarum, ita ut illi adstiterit non tam ut exemplar operum quam ut cooperatrix, aut potius ut Filia dilecta (τιθηνουμένη, ut vertebat Aquila, v. 30), quae coram eo, per singulos dies, ludebat in orbe terrarum.

Nec obstat ad *a)* quod, 9. 13, in textu hebraïco, etiam stultitia inducitur ad modum personae, nam ea est personificatio mere transitoria et quae suggeritur oppositione instituenda cum Sapientia ; haec, econtra, inducitur persona ratione sui et per duo integra capitula. — Nec ad *b)* obstat quod Sapientia, 8. 22, dicatur a Domino « *possessa* » aut, ut apud Septuaginta legebatur, « *creata* », (ἔϰτισε). Nam vox hebraïca (*kanani*), quam Septuaginta sic verterunt, S. Hieronymus autem vertit quasi graece verti posset ἐϰτήσατο, non significat praecise « *creare* » sed simpliciter « *statuere* » seu originem dare : cf. v. gr. *ps.* 138, 13. Jamvero eadem Sapientia, versiculis sequentibus, dicitur a Deo « constituta » immo ab eo genita (« *parturiebar* », v. 25) : quod sane haud parum quadret cum aeterna jam aliunde cognita generatione Verbi.

---

[17] Textum dant S. ATHANASIUS (*De synodis.* 27 ; PG 26. 737) et S. HILARIUS : *de synodis.* 38. *Can.* 16-17 : « Si quis « *pluit Dominus a Domino* » non de Filio et Patre intellegat, sed ipsum dicat a se pluisse, anathema sit : pluit enim Dominus Filius a Domino. — Si quis Dominum et Dominum, Patrem et Filium (quia Dominus a Domino pluit) duos dicat deos, anathema sit. Non enim exaequamus vel comparamus Filium Patri sed subjectum intellegimus. Neque enim descendit in Sodomam sine voluntate Patris ; neque pluit ex se, sed a Domino, aucroritate scilicet Patris » (PL 10. 511 A-B). Cf. ibid. *can.* 50-51 (517-519), quomodo S. Hilarius haec conetur benignius interpretari.

**29.** C) In *Ecclesiastico* (24. 1-34), prodit ac de se loquitur quasi « *ex ore Altissimi prodiens* » (5), ab eo praeceptum habens in Jacob haereditare (12-13), et in sanctuario coram ipso ministerio functa (14) : quae, ad modum dicendorum de Filio apud *Hebr.* 1. 3, insinuant eam a Deo distingui simul et tamen ei inesse.

D) In libro *Sapientiae* dicitur Dei sedi « *assistrix* » (πάρεδρος: 9. 4), qua Deus hominem constituit (9. 2) et quae, ut omnium artifex, (τεχνίτης : 7. 21 ; 8. 6), omnia possit (7. 27) et omnia disponat (8. 1) : quae haud male conferantur cum *Jo.* 1. 1-3 et *Col.* 1. 16 [18].

**30.** 2° **Spiritus Dei** etiam saepe inducitur ut quo, tanquam immediato principio, Deus vivificet, illuminet et sanctificet. Notanda in primis est Spiritus effusio, quae promittitur fieri tum in « *Servum Dei* » apud *Is.* 11. 2 ; 32. 15 sqq. ; 42. 1 sqq.; 44. 3 sqq. ; 61. 1, tum in novum populum Dei apud *Ezechiel* 11. 19 ; 36. 27 ; 37. 14 et apud *Joel* 2. 28-29, quod recitatur in *Act.* 2. 16-17. In his enim, etsi personificatio sit de se minus aperta quam ubi agitur de Sapientia, tamen, accedente cognitione personarum divinarum, haud immerito agnoscatur aliqua illarum insinuatio.

**31.** COROLLARIUM. — Ei qui, in praemissis, nolit agnoscere personas apud Deum insinuatas esse plures, notanda saltem haec sunt tanquam ex quibus christiana Trinitatis doctrina potuerit aliquatenus effluere. Haec enim obvium est potuisse influere tum in judaeum Philonem tum in S. Joannem et S. Paulum, tum etiam postea in apologetas christianos. In assignanda igitur origine dogmatis christiani, ratio habenda erit dictorum praemissorum, potius quam placitorum philosophiae hellenicae : haec enim, si quando noverunt viri in litteris hebraïcis eruditi, ideo imprimis approbata habuerunt quia agnoverunt quadrare cum assertis librorum suorum sacrorum. Illegitime igitur et arbitrarie facta et dicta praemissa seponantur aut parvi pendantur ab eis qui velint dogmatis christiani de SS. Trinitate inquirere fontem et assignare rationem.

---

[18] De his omnibus plura apud LEBRETON, *op. cit.*, I[7], p. 111-133, apud quem etiam (p. 162-65) videas quam vivide soleat, apud Judaeos, *verbum* (*memra*) Dei induci ad modum alicujus quo in mundum misso opera Dei perficiantur : cf. v. gr. *Sap.* 9 1 cum 18. 14. — De personificatione Sapientiae, cf. etiam CALÈS (RSR, 1922, p. 110-114) ; BOTTE in *Rev. des sc. philos. et théol.*, 1932, p. 51-67 et LAGRANGE, in *Rev. ibl.* 1936, p. 14-16.

## II

### DE INSINUATA SECUNDA PERSONA

**32.** Praeter praemissa de personalitate Sapientiae divinae,
quae traditio christiana jamdiu solet audire de Verbo, insinuatio
illius agnoscitur ante omnia in prophetiis quae Messiam prae-
nunciarunt fore Deum. Quo non significatur ex solis prophetarum dictis potuisse agnosci Messiae divinitatem proprie dictam
proindeque existentiam in Deo secundae personae : hoc enim,
ex praedictis initio theseos, excluditur ; et, re vera, per ipsum
evangelium (*Mt.* 16. 13-17 et 22. 42-46) constare videtur Judaeos non expectasse unquam Messiam fore Deum. Insinuatio
igitur, etiam hic, non intellegitur agnoscenda nisi sub praelucente lumine revelationis christianae. — Notanda inprimis dicta *Ps.* 109 de Messia futuro David « domino » et ad dexteram Iahve
sessuro, et nomen « *Deus fortis* » illi datum apud *Is.* 9. 6. —
Sed de his in tractatu *De Incarnatione.*

### CAPUT SECUNDUM

## DE REVELATIONE TRINITATIS

**33. Progressiva revelatio.** — Revelatio Trinitatis facta est,
quatenus per Christum patuit tres dari, qui, etsi ab invicem distincti, unus tamen Deus sint seu non labefactent Dei veri unitatem numericam. Hoc autem non patuit per explicitam aliquam
assertionem, qua mysterium ex toto proferretur ac declararetur :
non sic veritas religiosa solet mentibus humanis patefieri. Progressiva econtra fuit manifestatio, et quidem factorum haud
minus quam dictorum ope.

Christus enim incepit actis et dictis suis facere fidem se esse
Deum proindeque secundam dari in Deo personam ; postea vero
suggessit et asseruit Spiritum Sanctum haud minus esse a se et
a Patre distinctum tertiamque proinde esse personam. Eum vero
Spiritum sibi a Christo promissum et immissum Apostoli prae-
dicaverunt ut cujus influxu et virtute perficeretur tum in univer-
so orbe tum apud fideles singulos opus a Christo instauratum,
ita ut genuinus Christi discipulus non esset qui, Deum professus
unicum, Patrem tamen et Filium et Spiritum Sanctum non teneret esse Deum.

Haec igitur duo statuenda veniunt : 1º Christum ita se significasse Deum ut ipse sit secunda vere divina persona. — 2º Spiritum Sanctum, quamvis Patris sit atque Filii, tamen ab utroque ita distingui ut tertia vere sit et ipse persona. Hinc duo articuli : I. De divinitate Christi seu Filii Dei. — II. De distincta Spiritus Sancti personalitate.

## Articulus I

### DE DIVINITATE CHRISTI

**34.** In adstruenda Christi divinitate seu secundae in Deo personae existentia, supponitur jam alibi statuta divini illius legatio. Supponitur scilicet historice constare eum fuisse verum hominem a Deo, quem vocat sibi Patrem, personaliter distinctum, qui auctoritate vere divina loquatur, ita ut quidquid ipse docuerit sit eo ipso tanquam Dei verbum habendum.

Jam igitur quaeritur utrum historice seu exegetice constet illum Dei legatum se docuisse Deum. Hoc enim si constet, eo ipso constabit revelatam, proindeque credendam, esse secundam in Deo personam.

Quaestioni porro respondent negative critici et dogmatum historici, quibus pro dogmate historico est Christum non tantum non docuisse at ne cogitasse quidem se esse Deum. Negant praeterea iidem divinitatem illius fuisse agnitam ab initio apud christianos ; asserunt econtra illam non esse mentibus inductam nisi ex Christi contemplatione, quam « fidei » dicunt. Quae est modernistarum, ut dicitur, doctrina a Pio X damnata (D-B 2023-2031). — Contra quos videas demonstrationem divinitatis Christi in tractatu nostro *De incarnatione*, p. 9-54.

## Articulus II

### DE SPIRITUS SANCTI PERSONALITATE DISTINCTA

**35. Processus demonstrationis.** — Qui nesciret Christum esse Deum seu secundam dari in Deo personam, difficile sane perciperet Spiritum Dei seu Sanctum esse personam in Deo distinctam. At, qui Filium jam novit aut de Filio saltem jam novit fidem ab initio viguisse in Ecclesia tanquam de secunda

persona divina, is sane minus abhorrebit ab agnoscenda tertia,
faciliusque proinde admittet fidem mox viguisse in Ecclesia de
Spiritus Sancti personalitate distincta.

Jam igitur articulus primus viam aliquatenus aperuit dis-
quisitioni nunc instituendae. Iisdem ceterum adversariis occurrendum est ; difficultas tantummodo jam non movetur contra
divinitatem sed contra personalitatem. Sicut enim Filii personalitas propria, ita Spiritus divinitas ab omnibus agnoscitur :
Spiritus scilicet, de quo toties in Nov. Test., agnoscitur esse quid
proprie divinum, vis scilicet et virtus, qua Deus, sicut olim
Christum, ita discipulos Christi, moverit et informaverit sensu
filiali. At divinum illud principium vitae spiritualis non habitum fuerit ab initio tanquam persona a Deo Patre aut Christo
seu Filio distincta. Evolutione tantummodo ejusdem rationis
ac ea qua Christus divinizatus sit, Spiritus quoque personifica-
tus sit. Primaeva igitur Ecclesia, quamvis Spiritui Sancto in oeconomia et vita christiana partes attribuerit multas, tamen non
habuerit illum ut personam, Trinitatemque proinde proprie dictam prorsus ignoraverit.

Quae cum ita sint, processus demonstrationis idem esse
debet ac in praecedenti articulo. Per primaeva scilicet aetatis
apostolicae documenta ostendetur fidem ab initio viguisse Spiritus Sancti, qui cum Patre et Filio Trinitatem vere compleret.
Hoc autem statuto facto, ratio illius inquiretur in evangelicis
Christi factis aut dictis, quibus personalitatem Spiritus Sancti,
ideoque Trinitatem, aperte manifestaverit. Hinc duo paragra-
phi : 1º de Scriptorum apostolicorum testimonio ; 2º de Christi
ipsius doctrina.

§ 1

### De scriptis apostolicis

**THESIS II.** — **Per apostolica scripta constat Spiritum
Sanctum in Ecclesia habitum esse ab initio ut personam a
Patre Filioque distinctam.**

**36.** Praenotanda. — 1º **Apostolica** hic intelleguntur non
tantum apostolorum sed etiam evangelistarum scripta. Evangelia enim, in locis ubi auctores suo ipsi nomine loquuntur, testantur et ipsa quae fuerit de Spiritu Sancto mens Ecclesiae ea

aetate qua scripta sunt. Ordine igitur chronologico consideranda
venirent 1º epistolae S. Pauli saltem priores, 2º evangelia synop-
tica, 3º Acta Apostolorum, 4º evangelium S. Joannis. Attamen,
quia *Acta Apostolorum* historiam Ecclesiae referunt ab initio
primo, consideratio ab eis incipiet. Testimonia ceterum e quadruplici fonte illo deprompta, etsi singillatim proferentur, complexive tamen apprehendi et ponderari debent ut Spiritus Sancti, qualis ab Ecclesia primaeva agnitus sit, notio habeatur recta
et plena.

2º **Persona distincta** agnosci solet ubi dignoscitur principium agendi rationale, id est, cum cognitione et libertate agens,
ab omni alio principio ejusdem rationis realiter distinctum.
Sensus igitur theseos est Spiritum apparere in scriptis apostolicis tanquam principium agendi liberum, quod tum ab hominibus tum a Deo Patre et a Christo seu Filio realiter distinguatur.

## I. Ex Actis Apostolorum.

**37.** In *Actis*, praeter loca, in quibus voce πνεῦμα exprimitur
vel in genere ens spirituale, vel in specie principium vitale humanum aut mens humana, prout agit sub influxu et ex impulsu
virtutis alicujus supernaturalis (sic, v. gr. 18. 25, de Apollo ;
19. 21 et 20. 22 de Paulo), saepissime sermo habetur de aliquo
alio « Spiritu », qui a Deo immittatur Christi discipulis et in illis
aut per illos agat. Quinque distingui possunt formulae, quibus
designari solet. Frequentior est formula πνεῦμα ἅγιον : 18ies
sine ullo articulo[1] ; 18ies cum duplici articulo (τὸ πνεῦμα τὸ
ἅγιον)[2] ; 6ies cum uno tantum articulo (τὸ ἅγιον πνεῦμα)[3]. Alias
dicitur simpliciter τὸ πνεῦμα : (8ies)[4] ; bis legitur τὸ πνεῦμα vel
πνεῦμα Κυρίου (5. 9 et 8. 39) ; semel τὸ πνεῦμα ᾽Ιησοῦ (16. 7).

Nulli illarum formularum agnosci potest significatio prorsus exclusiva[5]. Notari tantummodo potest formulam πνεῦμα

---

[1] 1. 2 et 5 ; 2. 4 ; 4. 8 et 25 ; 6. 3 et 5 ; 7. 55 ; 8. 15, 17 et 19 ; 9. 17 ; 10.
38 ; 11. 16 et 24 ; 13. 9 et 52 ; 19. 2.
[2] 1. 16 ; 2. 33 ; 5. 3 et 32 ; 7. 51 ; 8. 18 ; 10. 44 et 47 ; 11. 15 ; 13. 2 et 4 ?
15. 8 et 28 ; 19. 6 ; 20. 23 et 28 ; 21. 11 ; 21. 11 ; 28. 25.
[3] 1. 8 ; 2. 38 ; 4. 31 ; 9. 31 ; 10. 45 ; 16. 6.
[4] 2. 4 et 17-18 ; 6. 10 ; 8. 18 et 28 ; 10. 19 ; 11. 12 et 28 ; 21. 4.
[5] Formula in specie πνεῦμα ἅγιον, sine ullo articulo, etsi aliquando dici possit
deduci ad sensum valde specialem, tamen usurpatur etiam eodem sensu quo aliae.
Sic. v. gr., ubi agitur de prophetis : David dicitur locutus διὰ πνεύματος ἁγίου

ἅγιον, sine ullo articulo, non usurpari unquam ut subjectum ullius sententiae ; non usurpatur fere nisi casibus obliquis (dativo et praesertim genitivo) ; saepe connotare videtur dispositionem in homine permanentem, cujus Spiritus a Deo immissus principium sit et auctor [6]. Formula tunc forte dici possit metaphora, qua effectus exprimitur nomine causae ejus. Quae figura loquendi, sicut in Vet. Test., ubi agebatur de Spiritu Dei, saepissime occurrebat, ita, in Novo Test. et in lingua ecclesiastica aut theologica, adeo perseveravit ut etiam nunc haud raro de Spiritu Sancto dicatur id quod intellegitur de motu animi ab illo excitato. Nec aliter, re vera, Sp. S. unquam manifestatus est ; eaque ex multis una causa est cur personalitas ejus sit nobis multo minus perspicua.

Abstractione igitur facta ab illa formularum diversitate, nec tamen ratione habita illius quae aliquando forte sit metaphora, Spiritus Sanctus, de quo toties in *Actis Apostolorum*, exhibetur ut persona ab aliis distincta.

**38.** I. **Ut persona,** quia *ad modum rectoris seu impulsoris interni et permanentis*, qui Christi discipulos juvet et excitet ad divinum opus eorum exsequendum [7] :

1º Ab initio, promittitur ut quo « *superveniente* » accipiant virtutem, unde possint esse Christo « *testes* » usque ad ultimum terrae (1. 8) [8]. Promissio agnoscitur adimpleta die Pentecostes, ubi Christus dicitur de caelo misisse Spiritum promissum (2. 33) et discipuli, Spiritu « *repleti,* coeperunt loqui variis linguis, *prout Spiritus dabat eloqui illis* » (2. 4).

---

(4. 25) ; Agabus et fideles διὰ τοῦ πνεύματος (11. 28 et 21. 14); et tamen τὸ πνεῦμα τὸ ἅγιον dicitur locutum per David (1. 16), per Agabum (22. 21), per Isaïam (28. 25). — De Spiritu recipiendo: δωρεὰν τοῦ ἁγίου πνεύματος (2. 38); τὸ πνεῦμα τὸ ἅγιον (10. 47); et tamen, occasione Samaritanorum, ter πνεῦμα ἅγιον (8. 15. 17. 19) etsi, ibid. 18, δίδοται τὸ πνεῦμα. — Cum verbo « repleri» : discipuli replentur πνεύματος ἁγίου et tamen loquuntur prout τὸ πνεῦμα dat illis (24). Communius dicuntur repleri πνεύματος ἁγίου ; attamen, 4. 31 : ἐπλήσθησαν τοῦ ἁγίου πνεύματος.

[6] Sic Jesus dicitur, unctus πνεύματι ἁγίῳ (10. 38); futuri diaconi pleni πνεύματος καὶ σοφίας (6. 3) ; Stephanus plenus πίστεως καὶ πνεύματος ἁγίου (6. 5) ; plenus πνεύματος ἁγίου (7. 55); discipuli repleti χαρᾶς καὶ πνεύματος ἁγίου (13. 52).

[7] Cf. Boudou : *Les Actes des Apôtres,* introduction, p. XLVII.

[8] In illo versiculo: λήμψεσθε δυναμιν, ἐπελθοντος τοῦ ἁγίου πνεύματος ἐφ'ὑμᾶς, genitivus agnosci debet potius absolutus ; deest enim ante δύναμιν articulus, quo determinetur esse Spiritus Sancti virtus. Sensus igitur est : « Accipietis virrutem, superveniente Spiritu Sancto super vos», seu « cum supervenerit Sp. S. super vos». Cf. Jacquier : *Les Actes des Apôtres,* p. 17.

2º Exinde vero apud Apostolos *manet tanquam regendi et
agendi verus auctor*, ita ut « *mentiri Petro sit mentiri Spiritui
Sancto* » (5. 3 et 9) ; ille dicatur, una cum Apostolis, « *testis* »
(5. 32) ; ipse Philippum impellat et reducat (8. 29 et 39) ; Petro
sit auctor ut Cornelium adeat (10. 19-20 ; 11. 12) ; ipse sibi assu-
mat Paulum et Barnabam (13. 2) eosdemque mittat (13. 4) ;
una cum Apostolis, decretum ferat (15. 28) ; pro suo libitu moveat,
jubeat, prohibeat loqui aut praedicare (2. 4 ; 13. 4 ; 16. 6-7 ;
20. 23) ; ipsi ascribatur « *posuisse episcopos regere Ecclesiam ...,
quam [Deus, Christus[ acquisivit sanguine suo* » (20. 28).

3º Jamvero patet eum, cui munera et operationes hujusmodi adscribuntur, intellegi ut principium agendi rationale et
liberum, proindeque ut personam.

**39. II. Distincta.** — Patet quidem eam distingui ab hominibus quos movet. At apparet etiam distincta a Deo Patre
et a Christo seu Filio, nam :

1º *Eis juxtaponitur tanquam alter* :  A) dicitur esse eorum :
Spiritus Domini aut Jesu, non ipse Dominus aut Jesus. — B) Ille inducitur ut veniens ad discipulos, eis immanens, prosequens
adimpletionem consilii eorum, dum ii exhibentur ut absentes,
quorum voluntas adimpletur illius praesentia et assistentia. —
C) Ecclesia, in qua posuit episcopos, non est ejus sed Christi
Ecclesia.

2º *Ad utrumque relationem dependentiae habet* :  A) Promittitur a Christo (1. 5 et 8 ; cf. Lc. 24. 49) et datur a Deo Patre
(5. 32), — B) Tres ad invicem relativi apparent ubi a S. Petro
describitur illius missio (2. 33) : Christus enim a Deo exaltatus
dicitur Spiritum promissum ⁰ accepisse a Patre et effudisse.
Spiritus igitur distinguitur a Patre, cujus est et a quo est, qui
dat eum per Christum, quin tamen ipse dicatur venire. Distinguitur autem a Christo, qui eum tanquam alium a se promisit,
qui eum ab alio accipit dandum, qui eum effundit in eos a quibus
ipse jam exaltatus recessit ¹⁰.

---

⁹ Ibi τὴν ἐπαγγελίαν τοῦ πνεύματος τοῦ ἁγίου est pro τὸ ἐπηγγελμένον πνεῦμα
cf. *Gal.* 3. 14. Promissio vero quae dicitur tunc adimpleri est ea quae facta sive a
Christo abeunte (1. 4 et 8 ; *Lc.* 24. 49) sive ab ipso Deo (*Joël.* 2. 28-30 et cf. *Act.*
2. 16-21). De eadem Petrus ad Judaeos (2. 38-39).

¹⁰ Nec obstat quod Judaei dicuntur videre et audire id quod effusum est: ἐξέχεεν
τοῦτο ὃ ὑμεῖς βλέπετε καὶ ἀκούετε : nam pronomina illa, τοῦτο ὅ, stare quidem
possunt pro praemisso substantivo πνεῦμα, ita ut, juxta grammaticae leges, recte
in Vulgata vertatur « *hunc quem* » ; at, etiamsi intelleguntur sensu suo indefinito
« *hoc quod* », patet Spiritum Sanctum ipsum intellegi effusum. Ipse enim est principium

3º *Spiritus S. est objectum doctrinae specialis*, ita ut qui ejus existentiam ignorent, etsi Patrem et Christum jam norunt, eo ipso dignoscantur non esse genuini Christi discipuli.

Ephesi enim (19. 1-7), S. Paulus, quia discipuli fatentur se « *ne audivisse quidem utrum Spiritus Sanctus sit*», judicat eos non esse rite baptizatos. « *In quo ergo baptizati estis?*» interrogat, adeo pro comperto habet eos qui recte baptizati sint non posse Spiritus Sancti existentiam ignorare. Hoc autem non supponit quidem, una cum baptismo, dari semper Spiritum S. ; — supponit econtra S. Paulus posse esse recte baptizatos qui eum nondum acceperint, et, re vera, eos ipse primo baptizat et postea dat eis, impositione manuum, Spiritum S. ; — at omnino supponit vel in ipso ritu baptismali Spiritum ipsum nominari vel ad baptismum non admitti nisi qui professus sit se credere etiam in Spiritum Sanctum : quo duplici sensu notum est potuisse intellegi et, re vera, intellectam esse formulam : baptizari in aliquem. Porro, in utroque casu, Spiritus intellegitur doceri et cognosci ut altera persona ac Patris aut Christi ; nec enim interrogatio Pauli et responsum discipulorum intellegi potest de mero attributo divino, id est, de mente aut de mera virtute agendi spirituali, quae Deo aut Christo competeret. Ergo Spiritus, cujus existentiam discipuli nesciunt, est vera et tertia persona.

## II. Ex Epistolis S. Pauli.

**40.** DISTINCTIO AB EIS QUIBUS INEST. — S. Paulus Spiritui Sancto partes adscribit primarias in interna hominum justificatione aut supernaturali vivificatione. Influxum illius in christianorum sensa et affectus tenet esse adeo intimum ut eos qui illius impulsu efficaciter moventur dicat esse « *in Spiritu*» et opponat eis quos, quia sequuntur impulsum solis humanae rationis aut sensus, dicit esse « *in carne*» (cf. *Rom.* 8. 5-8). Vox « spiritus » propterea saepe apud eum usurpatur vel de illo ipso supernaturali influxu in animum humanum vel de animo ipso quatenus influxui illi subjacet et obedit.

At, haud minus manifestum est influxum illum seu « spiritum » eo sensu intellectum consequi ad missionem seu praesentiam et inhabitationem in christianis alicujus, qui dicitur et ipse Spiritus Sanctus atque ex toto distinguitur ab illis in quos influxus ejus exseritur. Hoc clare apparet loco jam citato, ubi

---

mirabilium illorum effectuum, quos solos Judaei materialiter vident et audiunt, at in quibus jure dici possunt videre et audire Spiritum ispum.

illi soli dicuntur esse « *non in carne* » sed « *in Spiritu* », qui habeant
sibi inhabitantem « *Spiritum Dei* », « *Spiritum Christi* », « *Spiritum ejus qui suscitavit Jesum a mortuis* », et qui, sicut « *suscitavit
Jesum a mortuis* », potens est, « *propter* [suum] *inhabitantem Spiritum, vivificare et mortalia corpora nostra* » (*Rom.* 8. 9-11 ; item
8. 15 coll. cum 16).

**41.** DISTINCTIO A PATRE ET A FILIO. — Eum porro, quem
ita influentem in christianos distinguit tum ab ipsis tum a suo
in eos influxu, S. Paulus haud minus distinguit et supponit cognosci distinctum a Patre et a Filio. Quod probatur positive et
negative.

**I. Positive.** — 1º *Illum qua nobis inhabitantem distinguit
a Patre et a Filio atque illum exhibet ut principium internum relationum, quas ad utrumque habemus.*

A) Sicut est « *Spiritus Dei* » seu Patris, ita est etiam « *Spiritus Christi* » (*Rom.* 8. 9) seu Filii (*Gal.* 4. 6) : quo jam significatur non esse Pater neque Filius. Praeterea, insinuatur esse
propter quem inhabitantem Pater suscitavit Christum a mortuis sicut vivificaturus est mortalia corpora nostra (*Rom.* 8. 11) :
quod implicat illum distingui tum a Christo suscitato tum a
Patre suscitante aut vivificante quidem at non inhabitante.

B) Inhabitans autem nobis : a) « *adjuvat infirmitatem nostram* » ad orandum seu ipse « *postulat pro nobis* » (*Rom.* 8. 26) ;
b) « *spiritui nostro* », vel « *una cum spiritu nostro, testimonium reddit quod sumus filii Dei ... et haeredes* [*atque*] *cohaeredes Christi* »
(*ibid.* 16-17). Porro alius est qui orat seu cujus ope oratur et alius
ad quem oratur ; alii sunt ii quorum quis filius et haeres aut
cohaeres est, alius qui, ut Spiritus, filiationem et haereditatem
illam tantummodo testatur : Sancti Spiritus nullibi dicimur
filii aut haeredes vel cohaeredes.

**42.** 2º *Distinctio apparet imprimis in formulis, ubi Spiritus
juxtaponitur, tanquam tertius quis, Patri et Filio.* Sic, in specie :
A) *Formula salutationis*, qua concluditur secunda ad Corinthios (13. 13) : « *Gratia Domini Jesu Christi et charitas Dei et
communicatio Sancti Spiritus sit cum omnibus vobis* ». Haec enim
formula : *a*) cum usurpetur per modum salutationis, supponit
ibi agi de re seu doctrina jam lectoribus cognita, trium illorum
in specie juxtapositionem esse quid apud fideles consuetum ;

*b)* cum Spiritum Sanctum juxtaponat duobus, qui sane sunt personae ab invicem distinctae, eo ipso supponit eum haberi et cognosci ut personam pariter distinctam.

B) *Formula divisionis* « *charismatum,* ... *ministrationum* ... *et operationum* », quae pari jure ascribuntur aliae Spiritui, aliae Domino seu Filio et aliae Deo seu Patri (1 *Cor.* 12. 4-6). Spiritus enim ibi juxtaponitur duabus personis ab invicem distinctis, et, in « divisione » sibi assignata, haud minus personaliter seu cum minore independentia procedit quam duae aliae : « *dividit*» enim et ipse « *singulis prout vult* » (*ibid.* 11), sicut dicuntur pro suo libitu dare Pater (*Rom.* 12. 3) aut Filius (*Eph.* 4. 7).

**43.** C) *Formulae seu loca, ubi tribus singulis assignatur munus distinctum.* Ita jam locis citatis : *Rom.* 8. 16-17 ; 2 *Cor.* 13. 13 ; 1 *Cor.* 12. 4-5 ; sed ita, in specie, locis sequentibus ... — (Plura apud Prat 1[6], p. 160-175 et note S, p. 518 sqq. atque Allo, in 1 *Cor.* p. 91-112).

a) *Gal.* 4. 4-6, ubi « *Deus* » qui « *misit Filium suum* ... *ut adoptionem filiorum reciperemus* », dicitur « *misisse Spiritum Filii sui in corda nostra* ». Ibi enim Patris dicitur « *mittere* » et terminare filiationem : solus ipse Filium habet proprium seu naturalem et filios adoptivos. Filii est « *mitti* » ut, ex muliere factus, nobis impetret filiationem adoptivam. Spiritus econtra est filiationem sic a Filio impetratam et a Patre concessam, testificari « *clamando* » seu faciendo ut clamemus ad Patrem. Distinguitur igitur, haud minus quam Filius, a Patre mittente ; sed distinguitur etiam a Filio, nam dicitur Filii sicut Filius dicitur Patris, at non dicitur Filius ; missio ejus praeterea aperte dicitur alia ac missio Filii.

b) *Tit.* 3. 4-7, ubi « *Deus* » dicitur « *salvos nos fecisse per lavacrum regenerationis et renovationis Spiritus Sancti, quem effudit in nos per J. C. Salvatorem nostrum* ». Ibi enim Deus, seu Pater, J. C., seu Filius, et Sp. S. exhibentur ut tres, quibus singulis singulae suae partes competant in perficienda salute seu sanctificatione nostra baptismali. — cf. 1 *Cor.* 6. 11. — *Pater scilicet* est **causa principalis** : ab ejus « *benignitate et humanitate* » fluit quod salus nobis sit per illud lavacrum ; ipse propterea effundit in nos Spiritum Sanctum. Christus est illius nostrae renovationis **causa intermedia** : per illum nobis a Patre effunditur Sp. S., qui renovationis nostrae datur ut **causa seu principium immediatum.** Spiritus igitur haud minus ibi distinguitur a Filio, per quem a Patre effunditur, quam ab ipso Patre, a quo effunditur[11].

c) *2 Cor.* 1. 21-22, ubi « *Deus* », qui Apostolos cum fidelibus « *confortat in ordine ad Christum* », dicitur eosdem « *unxisse et signasse dando eis in cordibus pignus Spiritus* » : quo significatur Spiritum dari a Deo Patre tanquam internum principium confortationis in ordine ad Christum. Exinde vero manifestum est illum induci ut distinctum tum a Patre, a quo, tum a Filio, in ordine ad quem, datur.

d) *Eph.* 4. 1-7, ubi, exhortando fideles ut, non obstante diversitate gratiae unicuique datae (v. 7), « *solliciti [sint] servare unitatem spiritus in vinculo pacis* » (v. 3), revocat eis in memoriam unum esse « *Spiritum* », unum « *Dominum* », unum « *Deum et Patrem omnium* » (v. 4-6). Tres enim sic nominati iidem sunt qui, 1 *Cor.* 12. 4-11, gratiam singulis dividunt prout volunt.

**44. II. Negative,** id est, excludendo dicta quae allata sunt sufficienter explicari per interpretationem quae datur de multis aliis locis, ubi constat voce « spiritus » designari vel influxum divinae in nos virtutis, vel donum creatum seu dispositionem in nos productam, vel mentem divinam.

1º *Non possunt intellegi de mero influxu virtutis divinae,* quem S. Paulus, pro suo more, *personificet,* sicut personificat v. gr. peccatum (*Rom.* 7. 17-20), legem (*Rom.* 7. 21-23), charitatem (1 *Cor.* 13). Ratio est quia : **A)** Cetera, ex natura rei, apparet non posse esse personas ; econtra Spiritus. — **B)** Cetera abstracta S. Paulus, ut accidit scriptoribus omnibus, non personificat nisi semel aut iterum, occasione alicujus sententiae vividius exprimendae ; Spiritum Sanctum econtra inducit ad modum personae saepissime, in adjunctis omnimodis et non tantum ad inculcandam vividius aliquam veritatem sed etiam aut praesertim ad asserendum factum, quod datur antecedenter ad omnem illius assertionem.

**45.** 2º *Non possunt intellegi donum creatum supernaturale menti nostrae infusum,* quo constituamur filii et de Deo jam tanquam filii sentiamus, ita ut exinde dicamur regenerati et jam non in carne sed in spiritu ambulemus. Nam, etsi donum illud seu motus ille spiritualis haud raro vocatur a S. Paulo « spiritus »,

---

[11] Cf. PRAT, II[6], p. 162 et 311-312.

ut jam supra dictum est, tamen : **A)** Dicta praemissa non sunt
reducibilia ad hunc sensum : cf. v. gr. distributio ; juxtaposi-
tio ; missio, etc. — **B)** Posito, econtra, quod praemissa exigunt,
Spiritum Sanctum intellegi personam quae, nobis inhabitans et
in nos influens, sit principium efficiens doni aut motus hujusmodi,
dicta quae nunc invocantur facile jam et naturaliter explicantur
figura loquendi, qua a donatore transitur ad ejus donum : sic,
in specie, *Rom.* 8. 9 et 13-15. Qui transitus ab uno ad alium
sensum ejusdem vocis adeo non est ingenio S. Pauli alienus ut,
econtra, saepe apud eum occurrat : v. gr. de peccato (*Rom.*
5-7), de lege (*Rom.* 7. 1-4 et 21-23).

**46.** 3º *Non possunt intellegi intellectus ipse divinus*, qui a
Deo haud magis distinguatur quam ab homine suus intellectus.
Male enim hoc inferatur ex 1 *Cor.* 2. 10-11, siquidem comparatio
« Spiritus Dei » cum « spiritu hominis » non instituitur ibi quoad
modum quo « Spiritus Dei » se habeat ad Deum, sed tantummodo
quoad possibilitatem scrutandi et revelandi « profunda Dei ».
Nihil igitur ibi est quo significetur, at nihil etiam quo negetur,
esse a Deo personaliter distinctus. — Nec quia ibidem, v. 12,
« Spiritus, qui ex Deo est », opponitur « spiritui hujus mundi »,
sequitur eum haud magis intellegi personam quam spiritum
mundi, nam oppositio inter eos institui potest, ut instituitur
ibi, tum quoad originem tum quoad tendentias, quin propterea
significetur aut supponatur utrumque esse ejusdem rationis
seu habere eumdem modum existendi.

**47.** 4º *Nec Spiritus identificatur cum Christo*, ut volunt
acatholici sat multi propter dictum S. Pauli : « *Dominus autem
Spiritus est* » (2 *Cor.* 3. 17). Quod confirmari velint tum 1 *Cor.*
15. 45, ubi Novus Adam dicitur factus « *in spiritum vivificantem* »,
tum *Rom.* 1. 4, ubi Christus dicitur demonstratus Filius Dei
« *secundum Spiritum sanctificationis* » : Spiritus ibi intellegeretur
a S. Paulo elementum spirituale aut divinum, quod agnoscit
in Christo. — Identificatio enim hujusmodi nullatenus hisce
locis affirmatur :

A) Apud 2 *Cor.* 3. 17, «*Dominus*» (ὁ Κύριος) intellegi quidem
debet, ut fit semper apud S. Paulum, de Christo: ipse est ὁ Κύριος ad quem, prout dicitur, v. 16 coll. cum v. 14, Judaei converti
debent ut ab eorum corde auferatur « velamen ». Sed τὸ πνεῦμα,

cum articulo, non potest esse nec Spiritus ille Sanctus, qui toties alibi, apud S. Paulum, distinguitur a Christo Domino, nec attributum, quo Christi natura significetur esse spiritualis, ad modum
quo, *Jo.* 4. 24, Deus dicitur esse spiritus, sine articulo : πνεῦμα
ὁ Θεός. Attamen articulus praemissus voci πνεῦμα significat
intellegi Spiritum determinatum seu jam cognitum. Jamvero
ab initio pericopae (3. 4-18), cujus in fine legitur versic. 17, agitur de « spiritu » seu de doctrina aut sensu spirituali, qui proprius
est evangelii ministrati ab Apostolis et opponitur « litterae »,
quae propria est Legis ministratae a Moyse : « Novi » enim
« Testamenti » ministri sunt « *non litterae sed spiritus, nam litte-*
*ra occidit, spiritus autem vivificat* » (v. 6 et cf. 7-8). Scopus porro
S. Pauli, in tota illa pericopa, est probandi « spiritum » illum
qui « vivificat » (v. 6), « manet » (v. 11), « liberat a servitute »
(v. 17), perceptum iri, si conversio fiat ad Dominum, id est, ad
Christum, proptereaque concludit « Dominum esse [illum] spiritum », et « ubi est [ille] spiritus Domini, ibi esse libertatem »
(16-17). Nullatenus proinde agitur ibi de definienda natura intima Christi ; affirmatur tantummodo indoles spiritualis oeconomiae, quae per ipsum est et quae liberat a servitute Legis.
Cf. Prat, II⁶, *note* T, p. 522-529.

**48.** B) Apud 1 *Cor.* 15. 45, haud magis agitur de definienda
natura Christi constitutiva. Ad explicandum aut probandum
corpus, post resurrectionem, posse dari « spirituale », inducitur
exemplum novissimi Adam, qui, post resurrectionem suam,
factus est « in spiritum vivificantem » seu jam coepit exserere
virtutem vivificandi, ita ut jam sit credentibus principium vitae
spiritualis sicut primus Adam fuit principium vitae animalis.
Supponi quidem potest vim illam vivificandi competere illi
ex eo quod divina sit persona, at nihil in hoc est quo suggeratur
identificatio cum Spiritu Sancto.

C) Apud *Rom.* 1. 4 non constat inter exegetas utrum « spiritus sanctificationis » intellegi debeat Spiritus Sanctus, *per* seu
*secundum* quem, ut dicitur *Rom.* 8. 11, Christus fuerit a mortuis
suscitatus, an spiritus sanctus seu natura divina, *propter* seu
*juxta* quam « Filius Dei », post resurrectionem suam, « constitutus fuerit in virtute ». At, in neutra hypothesi, suggeritur identificatio Christi cum Spiritu Sancto.

**49.** Dices : attamen S. Paulus multa habet, quae vel excludunt Sp. S. haberi ut personam vel saltem distingui sive a
Deo Patre sive ab ipso Christo. Nam 1º de Spiritu saepe loquitur
tanquam de re quae detur (2 *Tim.* 1. 7 et *Rom.* 8. 15), quae nobis
effundatur, qua impleamur, quae fructificet (*Rom.* 8. 15 ; *Eph.*
5. 18; *Gal.* 5. 22), qua, tanquam gladio, uti possimus (*Eph.* 6. 17);
qua potati simus (1 *Cor.* 12. 13), quae, tanquam ignis, possit ex-
tingui (1 *Thess.* 5. 19). — 2º Non ascribit illi ullam actionem exclusive propriam, sed econtra, 1 *Cor.* 12. 6 et 11, operationum
divisiones videtur attribuere per modum unius nunc Deo Patri
nunc Spiritui Sancto. — 3º Per modum unius dicit « esse in
Christo » aut « esse in spiritu » (cf. 1 *Cor.* 6. 11 et *Gal.* 2. 17 ; *Eph.*
2. 21 et 22 ; *Eph.* 1. 13 et 4. 30 ; *Rom.* 14. 17 et *Phil.* 5-6 ; *Rom.*
14. 17 et 5. 1).

**50.** Respondeo : nulla eorum quae afferuntur excludere
personalitatem veram et distinctam, quam praemissa omnino
supponunt aut exigunt. Etenim : **ad 1)** Omnia hujusmodi dicta
sunt metaphorae ductae ex effectibus variis et multis, quorum
Spiritus est in nobis principium. Ideo saepe occurrunt quia
Spiritus, ut jam dictum est, non est hominibus manifestatus visibiliter nisi per effectus quos in eis producit. Effectibus autem
hujusmodi nobis infusis aut inhaerentibus, jam intellegitur eum
dici infundi, inhaerere, qui est illorum auctor. **ad 2)** Ad dignoscendam personalitatem veram non requiritur operatio exclusive
propria ; sufficit operatio, quae, ratione sui, exigat principium
rationale. Nec magis requiritur ad dignoscendam distinctionem ;
experientia econtra constat plurium saepe personarum unam
eamdemque esse operationem. Sufficit relatio plurium mutua :
quae enim relationem habent ad invicem, ea non possunt non esse
realiter distincta. Sic porro demonstrata est distinctio Spiritus
S. a Patre et a Filio.

**ad 3)** Nunquam identificatio fit Spiritus cum Christo historico sive praeexistente sive salvante ; non fit nisi cum Christo
mystico seu quoad influxum in membra corporis mystici Christi.
Ratio est quia corporis illius Christus est caput et Spiritus Sanctus anima. Ex utroque ergo, etsi sub diversa ratione, vita est
singulis illius membris. Recte proinde, quisquis illius vita vivit,
dici potest esse in Christo aut esse in Spiritu Sancto, vel habere
in se Christum aut Spiritum Sanctum.

### III. Ex Evangelistis ipsis.

**51.** Per *Acta* jam et per S. Paulum constat, ea ipsa aetate
qua evangelistae scripserunt, Spiritum Sanctum agnitum esse
ut personam divinam distinctam, quae, vel in baptismo vel
post baptismum, hominibus immissa eos moveret in ordine ad
voluntatem vel opus Dei exsequendum. Hinc igitur praejudicium
esse debet evangelistas, ubi suo proprio nomine loquuntur de
Sp. S., eum etiam ipsos intellegere personam distinctam. Et,
re vera :

1º **In baptismo Christi,** tres synoptici narrant « Spiritum »
(τὸ πνεῦμα: *Mc.*) ; « spiritum Dei » (πνεῦμα Θεοῦ: *Mt.*) ; « spiritum Sanctum » (τὸ πνεῦμα τὸ ἅγιον : *Lc.*) descendisse super
eum « ut columbam » (*Mc.* et *M.*), « corporali specie » (*Lc.*).
Quem porro ita nominant et inducunt ita venientem, certe non
intellegunt merum Dei attributum aut influxum, sed identificant cum eo quem sciunt, ea aetate, invocari ut veniat in baptizatos. Eum vero aperte distinctum habent tum a forma corporea, sub cujus specie venit, tum a Deo Patre, qui de caelo
loquitur, tum tandem a Christo ad quem venit.

Nec quia tunc Christum Pater de caelo profitetur Filium
suum, significatur eum factum esse filium per Spiritus Sancti
adventum. Jamdiu enim, et quidem inde a nativitate et infan-
tia, S. Lucas Christum induxit ut qui esset et se profiteretur
Dei Filium (*Lc.* 1. 32 ; 2. 49). Testificatio igitur, quae in baptismo refertur, non significat, ex mente evangelistarum, Christum
tunc factum esse Filium, sed, sicut testificatio eadem in transfiguratione, significat tantummodo Christum tunc manifestatum
et declaratum esse Dei Filium.

2º **Spiritum** eidem exhibent ut **quo Christus in desertum
agatur.** Quo modo loquendi significant Spiritum apud eos
haberi haud minus distinctum ab ejus persona quam a persona
Apostolorum, qui, ea aetate, narrantur pariter a Spiritu moveri,
regi, impelli, duci.

52. N. B. Idem significant dicta S. Lucae : « *Et reversus est in
virtute Spiritus in Galilaeam* » (4. 14). « *In ipsa hora exsultavit Spiritu
Sancto et ait* » (10. 21). Pariter dicta occasione senis Simeonis : « *Spi-*

*ritus S. erat in eo. Responsum acceperat a Spiritu S. ... Venit in Spiritu
in templum*» (2. 25-26).

Utrum vero «Spiritus Sanctus», cui, tum apud *Mt*. 1. 18 et 20,
tum apud *Lc*. 1. 35, ascribitur conceptio Christi ex Virgine, intellectus sit ab evangelistis ipsa persona, non aperte constat : Utraque
narratio illa oritur manifeste ex judaïco fonte, cujus formulae, cum
sint Christi et Apostolorum praedicatione antiquiores, vocem πνεῦμα
usurpare potuerunt sensu adhuc generali Veteris Test. Nec, re vera,
ullus evangelista, his locis, praemittit articulum voci πνεῦμα. Apud
*Lc*., juxtaponitur, ut parallela aut aequivalens formula, « *virtus Altissimi* ». Jure igitur complexus utriusque intellegi potest de omnipotenti
Dei virtute et operatione, qua fiet conceptio Verbi. Haud aliter, jam
in *ps*. 103. 30, legebatur : « Emittes spiritum tuum et creabuntur
et renovabis faciem terrae »[12].


§ 2.


## DE DOCTRINA CHRISTI


**THESIS III. — Christus discipulos Trinitatem docuit
tum, in genere, loquendo de suo Patre ac de Spiritu divino
a se personaliter distincto, tum, in specie, praecipiendo
baptizare in nomine Patris et Filii et Spiritus Sancti.**

**53.** *Connexio cum praecedente thesi et divisio.* — Haec thesis
rationem dat fidei de Trinitate, quam vidimus viguisse in Ecclesia jam apostolica : fides enim hujusmodi nequit explicari nisi
per explicitam revelationem ab ipso Christo factam. Eadem
vero fide haec ipsa thesis invenitur, propter eamdem rationem,
jam aliquatenus in antecessum probata. Ex professo tamen
nunc demonstrandum est qua via et qua firmitate Christus ipse
discipulis suis existentiam Trinitatis aperuerit. Exinde enim
melius patebit quanto jure dicta discipulorum de Sp. S. intelle-
xerimus de tertia in Deo persona.

Duae sunt in thesi partes : prior exponit, in genere, series
dictorum et factorum, quibus Christus significavit tres agnos-

---

[12] Plura apud LEBRETON, *op. cit.*, I[7], p. 334, ubi in specie videas quomodo scriptores ecclesiastici primaevi « Spiritum supervenientem » intellexerint ipsum Dei Verbum ; posteriores econtra intellexerint Verbum significari voce « Virtus Altissimi».
Nulla igitur est de vocibus illis traditio proprie catholica seu dogmatica. In symbolis
proinde baptismalibus, ubi ab initio Christus dicitur « conceptus de Sp. S.», persona
quidem intelligitur Spiritus Sancti, at conceptionis efficientia non attribuitur illi nisi
per appropriationem. Cf. *De Incarnatione et Redemptione*, n. 172. ]

cendas esse in Deo personas ; posterior ostendit summam doctrinae Christi de Trinitate contineri in praecepto de baptismo.

**54.** PARS PRIMA asserit Christum significasse tres dari in Deo personas, quatenus se, tanquam Filium ejus proprium, exhibuit a Patre distinctum, et Spiritum tamen significavit dari in Deo a se etiam personaliter distinctum. Quo modo se significaverit Filium a Patre distinctum probatur in tractatu *de Incarnatione*. Nunc igitur satis est declarare qua via significaverit Spiritum dari in Deo personaliter distinctum. Hoc autem hauritur 1o ex evangelistis synopticis, 2o ex evangelio S. Joannis.

## I. Ex Evangeliis synopticis.

**55.** Si abstrahitur, ut hic facimus, tum ab eis quae de Spiritu S. evangelistae ipsi dicunt, tum a praecepto baptizandi, duo imprimis apud synopticos occurrunt, quibus Christus apparet significasse Spiritum a se simul et a Patre distinctum.

1o **Contestatio cum Judaeis** de « spiritu », in quo ejecerit daemonia, seu, ut ipse dicit, **de blasphemia in Sp. S.** (*Mc.* 3. 22-30 ; *Mt.* 12. 24-32 ; *Lc.* 11. 15-32 et 12. 10). Manifestum est enim Judaeis Beelzebub seu « principem daemoniorum », in quo eum dicunt ejicere daemonia, haberi ut personam veram ac distinctam. Christus autem, ubi opponit se, econtra, ejicere illa in « spiritu Dei »[13], cum opponat spiritum spiritui, censendus est opponere personam personae ... Nec, re vera, esset cur Judaei, attribuentes spiritui malo opera facta in spiritu Dei, dicerentur peccasse in Sp. S., et quidem peccato contradistincto a peccato in Filium hominis, si spiritus ille Dei non intellegeretur et ipse persona. Quod apparet imprimis in textu S. Math., ubi contraponuntur « dicere verbum contra Filium hominis » et « dicere verbum contra Spiritum Sanctum » (v. 32 et cf. *Lc.* 12. 10 ; *Mc.* 3. 29). Is enim, cujus blasphemia adeo contradistinguitur a blasphemia in Filium hominis, non tantum est persona, siquidem comparatur cum persona et agens est cujus virtute daemonia ejiciuntur, sed etiam est persona distincta a Filio hominis, cui

---

[13] *Lc.* 11. 20, scribit : ἐν δακτύλῳ θεοῦ. At, jure notat LAGRANGE (*Ev. selon S. Matth.*, p. 244) formulam genuinam servari apud *Mt.* potius quam apud *Lc.*, qui notus est affectare voces scripturisticas versionis Septuagintaviralis.

comparatur. Eadem vero haud minus intellegitur distincta a Deo Patre, nam : *a*) patet Christum non identificasse unquam Spiritum et Deum Patrem suum ; *b*) ideo tantum posset excogitari identificatus cum Deo Patre, quia intellegeretur aliquod illius attributum. Hoc porro excluditur, nam, ubi Christus loquitur de Patre in se aut per se aliquid agente, Patrem eum vocat et non spiritum ejus. Ceterum ex dictis constat spiritum Dei hic non intelligi merum attributum divinum[14].

**56.** 2º **Promissio Spiritus Sancti, tanquam magistri et advocati,** qui discipulos coram judicibus constitutos respondere doceat. Manifeste enim Spiritus ibi a discipulis tanquam persona contradistinguitur : « *Non vos estis qui loquimini, sed Spiritus Sanctus* » (*Mc.* 13. 11) ; « *sed Spiritus Patris vestri* » (*Mt.* 10. 20) ; « *S. enim Sp. docebit vos in illa hora quae oporteat dicere* » (*Lc.* 12. 12)[15]. De ea porro persona Christus loquitur tanquam a seipso distincta : non ipse sed alius tunc discipulos docebit. Nec minus eam distinguit a Patre, ut patet per *Mat.* formulam : Spiritus ille est Patris vestri ; at non ipse Pater vester.

## *II. Ex Evangelio S. Joannis.*

**57.** Apud S. Joannem, Christus aperte promittit Spiritum tanquam veram personam, quae sit tum a se tum a Deo patre distincta et tamen vere divina.

1º **Verba promissionis.** Rogatus a Filio Pater mittet alium Paraclitum, Spiritum veritatis, qui manebit in aeternum cum discipulis (14. 16-17). Ille Paraclitus missus a Patre in nomine Filii, suggeret discipulis quaecumque dixerit illis Filius (14. 26). Ille Paraclitus, quem Filius ipse mittet a Patre, testimonium perhibebit de Christo (15. 26). Paraclitus ille non veniet si Christus ipse non vadat qui eum mittat (16. 7). Ille arguet

---

[14] N. B. Ad valorem argumenti non requiritur Judaeos tunc ex verbis Christi intellexisse affirmari Spiritum in Deo personalem. Ignorantibus Dei Filium vix potuisset quidquam hujusmodi venire in mentem. At scientibus Christum significasse se esse Deum seu secundam dari in Deo personam, jam Christi verba aperte loquuntur de Spiritu, qui, sicut et ipse, sit a Deo Patre personaliter distinctus.

[15] Alibi *Lc.*, 21. 15, ponit effectum assistentiae Spiritus pro ipso Spiritu assistente : « *Dabo* vobis os et sapientiam, cui non poterunt resistere». Ea enim virtus est qua induentur quando missus erit Spiritus a Patre promissus (24. 49).

mundum de peccato quia non crediderunt in Christum (16. 9).
Ille clarificabit Filium quia de eo, sicut et de Patre, accipiet (16.
14-15).

**58.** 2º **Argumentum.** — A) *Est persona*, siquidem, sicut et
Christus, est Paraclitus ; venit, abeunte Christo ; accipit ; an-
nunciat ; docet ; suggerit ; revocat in memoriam ; arguit de
peccato. — B) *Est distincta* a) a Patre, a quo accipit, a quo mittitur ; b) a Filio, a quo « alius » est ; quo abeunte, ipse venit et
manet ; cujus rogatu et a quo mittitur ; cujus locum tenet et
doctrinam revocat in memoriam ; de quo, sicut et de Patre, accipit ; quem clarificat et quasi vindicat arguendo mundum de
peccato quia non credidit in eum. — C) *Est persona vere divina*
seu Deus, nam est Spiritus veritatis ; a Patre procedit ; inducitur
ut qui perfecturus sit et completurus opus inceptum a Christo,
qui tamen est cum Patre unum.

**59.** 3º **Objectio solvitur.** — *Dices* : Christus, postquam promisit alium paraclitum (14. 16), promittit se ipsum rediturum
(14. 18 et 28), ita tamen ut mundus, sicut Spiritum veritatis
non videt, ita nec seipsum videat (14. 17 et 19). Aliunde porro
Christus glorificatus vocatur « Paraclitus » apud 1 *Jo.* 2. 1.
Ergo Paraclitus promissus ab ipso ipse est qua invisibiliter apud
suos rediens et permanens. — *Respondeo*, negando consequens
et consequentiam. Etenim : A) Ex eo quod Christus dicatur et
sit etiam ipse aliquo vero sensu Paraclitus, non excluditur alium
dari Paraclitum. Ipse vero explicite dicit Spiritum fore alium a
se Paraclitum : quo simul suggerit se etiam esse ac dici paraclitum at non esse eum qui mittendus dicitur. — B) Ille porro
Paraclitus alius distinguitur a Christo etiam qua glorificato,
siquidem Christus dicit se non posse eum mittere nisi ipse jam
abierit seu glorificatus sit. Christus igitur glorificatus est qui
mittet illum alium Paraclitum.

**60.** PARS SECUNDA : **Praeceptum baptizandi, quale** apud
*Mt.* 28. 19, **legitur, implicat Trinitatis doctrinam explicitam
et adaequatam.** Quod adeo manifestum est ut formulam illam
critici acatholici velint non esse authenticam aut saltem non
historicam.

**Authenticitas** tamen illius non est cur hoc loco vindicetur : satis sit notasse versiculum illum non deesse in ullo evangelii codice nec esse unquam ab Arianis aut a Pneumatomachis, contra quos allegabatur, abjectam tanquam authenticitatis dubiae[16]. **Historicitas** autem, etiam critice tantummodo loquendo, jam sufficienter in tuto posita est per ea quae dicta sunt de fide Trinitatis ab initio in Ecclesia vigente. Si quis enim attendat tum ad formulas trinitarias, quae occurrunt apud S. Paulum, tum ad doctrinam de tribus personis, quam apostolorum praedicatio, ut dictum est, supponit aut implicat, is jam non censeat formulam istam esse in ore Christi inverosimilem. Concludat potius Christum de Trinitate significasse saltem ea quae apud evangelistas, in specie apud S. Joannem, legitur explicite docuisse. His porro suppositis, formula nostra jam non prae se fert quiquam inauditi. In ea non tam se prodit trium revelatio proprie dicta, saltem prima, quam revelationis jam factae manifestatio et expressio : quos scilicet Christus tunc nominat, eosdem discipuli supponuntur jamdiu audisse nec ignorare quomodo ad invicem se habeant. Per solum igitur illud Christi verbum, prout semper in Ecclesia intellectum est, sufficienter constare potest Trinitatem esse ab illo explicite revelatam.

**61.** Exinde enim apparet tres ibi nominatos :

1º **Esse personaliter distinctos.** — A) *Sunt personae*, nam : *a)* personarum nomine designantur, ut patet de Patre et de Filio, de quibus tam saepe Christus. Spiritus autem, etsi occurrit saepe usurpatum de entibus non personalibus, tamen se ipso aptum est designare personam : Judaeis enim jamdiu noti sunt spiritus personales. Hoc porro loco, ita juxtaponitur duobus aliis ut omnino censendum sit designare et ipsum veram personam. — *b)* Activitas, honor, potestas, quae, vi formulae « in nomine », eis attribuitur, non potest competere nisi veris personis. — De quo mox infra.

B) *Sunt ab invicem distinctae*, ut constat : α) pro Patre et Filio, ex eorum nomine correlativo. Posita porro duorum priorum distinctione ab invicem, tertium quod nominatur subauditur esse ab utroque distinctum. — β) Ex ipsa formulae enunciatione grammaticali, nam : a) tria nomina junguntur parti-

---

[16] De authenticitate versiculi, cf. LEBRETON, *op. cit.*, I⁷, note E, p. 599-610.

cula copulativa « et » ad modum trium distinctorum quae nume-
rentur et addantur ; — b) articulus determinativus, post parti-
culam copulativam, iteratur ante singula nomina : quod, ex
usu grammaticali, non fit nisi illa particula conjungantur personae realiter distinctae ; ubi enim conjunctio non est nisi plurium ejusdem personae nominum, attributorum aut munerum,
articulus non iteratur [17] : cf., v. gr., pro repetito articulo : *Act.*
26. 30 ; 1 *Cor.* 3. 8 ; 2 *Thess.* 2. 16 ; — pro non repetito articulo : 2 *Cor.* 1. 3 ; *Eph.* 1. 3 ; *Philipp.* 4. 20 ; *Tit.* 2. 13 ; *Jo.*
20. 17 ; — pro utroque casu : 1 *Thess.* 3. 11.

**62.** 2° **Esse aequales et quidem divinae potestatis :**
A) *Aequales*, quia, sub formula numero singulari expressa
« in nomine », tres eodem modo connumerantur, quin ex natura
rei aut ex ipsa forma grammaticali ullatenus insinuetur vim
illa formula significatam competere ulli ex tribus jure vel titulo
potiori aut minori : plene et perfecte aequiparantur quoad baptismum in illorum communi nomine, aut potius unico, conferendum. Sic v. gr., si praedium ematur aut vendatur in nomine
Petri et Jacobi et Pauli, tres illi connumerantur eoque ipso significantur in praedium emptum aut venditum acquirere vel
habuisse jus aequale.
Nec, quia unus ex tribus est primi filius, ex natura rei sequitur illius potestatem esse inaequalem, quasi potestati patris
subordinatam, nam, ex natura rei, filii ad patrem non datur de
se dependentia nisi originis ; in ordine ad aliquid sibi extrinsecum, filius adultus habere potest ac, re vera, saepe habet jus
aut potestatem a patris jure aut potestate prorsus independen-
tem illique aequalem : sic, v. gr., in acquirenda aut vendenda
proprietate, in acquirenda et exercenda auctoritate, etc.

**63.** B) *Divinas*, quia partes, quas ex formula « in nomine »,
significantur habere in baptismum conferendum, non possunt,
ex mente evangelistae et Christi, competere nisi Deo ipsi.
Quaenam sint illae partes, seu quid proprie sibi velit formula « baptizare in nomine alicujus », difficile est determinare
ex ipso Christi verbo considerato tantummodo exegetice. Si
abstrahatur enim ab ulteriori traditione ecclesiastica et ratio

---

[17] Nisi dicentis aut scribentis intentio manifesta sit referendi specialem aliquem
et usitatam appellationem : sic, v. gr., *Jo.* 13. 13-14 et 20. 28 ; item *Apoc.* 4. 11. —
Cf. ZORRELL : *Lexicon graecum*, sub voce o. VIII, ὅ. 83.

non habeatur nisi sensus quo, in Scriptura, usurpari solet formula
« in nomine » aut « baptizare in nomine » alicujus, non potest
affirmari praeceptam ibi esse formam in ritu baptismali adhi-
bendam[18]. Admittatur potius significari vel auctoritatem ex
qua seu vi cujus baptizetur, vel fides in cujus professione sit
baptizandum, vel cui baptizatus dedicetur atque consecretur.
Sed, quicumque sensus admittatur, patet illa formula tribus
illis in baptismo agnosci partes quae non possunt esse nisi Dei
ipsius.

Confirmatur ex eo quod, in illa, quocumque sensu intellegatur, « Pater » certe intellegitur Deus verus. Ergo, ratione connu-
merationis, et Filius et Spiritus S.

**64.** Dices : Ex connumeratione male concluditur ad aequalitatem, siquidem, apud S. Joannem, Spiritui Sancto invenitur connu-
merata pura creatura, aqua : « *Nisi quis renatus fuerit ex aqua et Spi-*
*ritu Sancto* » (*Jo.* 3. 5) ; item aqua et sanguis : « *Tres sunt qui testi-*
*monium dant : Spiritus et aqua et sanguis, et hi tres unum sunt* » (1 *Jo.*
5. 8). — Respondeo negando paritatem. Disparitas porro in hoc
est quod hic, ex natura rei, patet aliquem ex subjunctis esse aliis
inferiorem aut alius omnino ordinis, ita ut non possit ad effectum
conferre nisi subordinato modo seu per modum instrumenti : sic dicatur victoriam pendere et a duce et a militibus et ab eorum equis
atque armis. Sanguinem pariter et aquam, cum sint creaturae, patet
esse alius ordinis atque Spiritus, proindeque non conferre ad effectum
nisi sub illo et per modum instrumentorum illius. Econtra, in verbo
Christi, ut dictum est, nihil est quo significetur ullius ex tribus inferioritas[19].

## Conclusio de revelatione Trinitatis

**65.** 1o **Tres distincti.** — Attentis documentis aetatis apostolicae in quibus se prodit quid primaevi christiani senserint de
principiis et auctoribus suae vitae religiosae, manifestum est
eos, in sua nova oeconomia religiosa, locum agnovisse tribus,
qui hanc oeconomiam instauravissent et in ea haberent munus
aliquatenus distinctum :

---

[18] Secus, arbitrarie nimis intellegeretur alio sensu formula « in nomine Jesu »
apud *Act.* 2. 38 ; 8. 16 ; 10. 48 ; 19. 5 ; cf. 1 *Cor.* 1. 13 et 15 : « *in nomine Pauli* »,
« *in nomine meo* » ; *Doctrina Apostol.* 9. 5. — De quo cf. tractatus *de baptismo* ; Lebreton, *op. cit.*, I⁷, p. 609 ; Umberg : *Die Grundbedeutung der Taufformel.* in 75
*Salve Stella Matutina Festschrift*, Band I (1931), p. 533-55).

[19] De connumeratione, plura apud Franzelin : *De Deo trino*, p. 35 sqq.

Deo scilicet Patri, a quo omnia processerint et ad quem omnia referenda sint, ita ut duo alii non agerent nisi ab eo missi in ordine ad homines Deo reducendos et conformandos.

Christo, qui a Deo Patre missus et inter homines conversatus, postquam Patrem aperte revelavit et homines moriendo redemit, jam in caelos apud Patrem redux Ecclesiam pergat regere per Apostolos et vivificare per Spiritum eis immissum.

Spiritui Sancto, qui, a Patre per Filium missus, Ecclesiam inhabitet nomine utriusque et in ea sit per modum principii interni, quo fideles vivificati ad Patrem per Filium reducantur.

Illius autem fidei rationem sufficientem qui quaerit, haud aliam invenit ac eam Christi assertionem et promissionem se, postquam ad Patrem abierit, rogaturum esse Patrem ut mittat alium Paraclitum, qui cum suis maneat et eos inducat in omnem veritatem.

**66.** 2º **Consubstantiales.** — Tres porro illi, quamvis ad invicem sint correlativi ideoque distincti, tamen haud minus apparent **dignitatis et potestatis aequalis.** Singulis enim attribuuntur operationes, quae arguunt naturam specifice divinam : creatio, v. gr. ascribitur indifferenter Patri et Filio ; sanctificatio et inhabitatio fidelium ascribitur Patri simul et Filio et Spiritui Sancto ; Dei Patris Filius et Spiritus S. dicuntur habere cognitionem omni alii imperviam ; Spiritus Sancti missio haud minus est a Filio quam a Patre et ipse dicitur accipere ab utroque quia utriusque omnia sunt communia.

Tribus igitur constat naturam agnosci divinam.

At, cum clarius adhuc constet Deum, in eadem Ecclesia, praedicatum et creditum esse absolute unicum atque in se simplicissimum, eo ipso constat tres illos agnitos esse qui haberent **eamdem numero naturam divinam** seu ut qui essent inter se consubstantiales. Quod ceterum invenitur aperte significatum, ubi Filius dicitur « esse in sinu Patris » (*Jo.* 1. 18) et Spiritus dicitur Dei atque in Deo sicut spiritus hominis est in homine (1 *Cor.* 2. 10-11) ; ubi homines dicuntur ideo esse « templum Dei » quia « Spiritus Dei habitat in eis » (1 *Cor.* 3. 16) ; ubi Filius se dicit cum Patre « unum » (*Jo.* 10. 30 et 38) et Spiritus dicitur accipere ex eis quae sunt Filii quia « omnia quaecumque habet

Pater» sua etiam sunt (*Jo.* 16. 14-15). Haec enim tres significant ita connexos et cohaerentes ut tres unum sint [20].

CAPUT TERTIUM

## DE CONSTANTI IN ECCLESIA TRINITATIS FIDEI PROFESSIONE

**67.** Quod per Scripturam constat esse a Christo revelatum, id jam inquirendum est utrum Ecclesia semper crediderit, utrum scilicet semper professa sit Patrem et Filium et Spiritum Sanctum esse tres tum ab invicem realiter distinctos tum inter se consubstantiales.

Eam esse fidem quae se prodit in symbolo Nicaeno-Constantinopolitano, quale saltem jamdiu in Ecclesia intellegitur et canitur, nemo negat. Sed, quia illa fidei enunciatio non praevaluit nisi consequenter ad diuturnas et acerrimas controversias, dogmatum historici acatholici velint eam esse doctrinam, quae diu, in Ecclesia, non tantum non fuerit explicita sed, econtra, fuerit dubitata, ignorata aut immo negata.

Ecclesia scilicet Antenicaena non habuerit ullam de Trinitate doctrinam firmam, sed, inter monarchianismum, qui dicitur, et subordinatianismum diu anceps, tres personas admiserit modo non esse realiter inter se distinctas, modo adeo ad invicem subordinari ut vel solus Pater esset sensu proprio Deus vel duo

---

[20] « Connexus Patris in Filio et Filii in Paracleto tres efficit cohaerentes, alterum ex altero, qui tres unum sint, non unus, quo modo dictum est [*Jo.* 10. 30] : Ego, et Pater unum sumus» (TERTULLIANUS : *adv. Praxeam*, 25 ; PL 2. 188 A). — Ex cujus dicto conjicere forte possis qua via apud scriptores primum, postea in ipsam Vulgatam latinam inductum sit comma quod dicitur Joanneum (1 *Jo.* 5. 7). Illius authenticitatem S. C. *Inquis.*, die 13 januarii 1897, edixit « non posse tuto negari aut in dubium poni» ; at, eadem, die 2 Junii 1927, « declaravit decretum hoc latum esse, ut coerceretur audacia privatorum doctorum jus sibi tribuentium authentiam commatis joannei aut penitus rejiciendi aut ultimo judicio saltem in dubium vocandi. Minime vero impedire voluit quominus scriptores catholici rem plenius investigarent atque, argumentis hinc inde perpensis, cum ea, quam rei gravitas requirit, moderatione et temperantia, in sententiam genuinitati contrariam inclinarent, modo profiterentur se paratos esse stare judicio Ecclesiae, cui a J. C. munus demandatum est Sacras Litteras non solum interpretandi sed etiam fideliter custodiendi». — Quaestionem ipsam videas apud LEBRETON, *op. cit.*, I⁷, p. 645 ; D'ALÈS : *La théologie de S. Cyprien*, p. 42-45 : quibus bene adjungantur notata a cl. quodam in *Nouvelle Revue théol.* LX (1908), p. 705-712, et BONSIRVEN : *Epîtres de Saint Jean*, p. 253-260.

aut tres inconscie inducerentur dii. Quae haesitatio et sententiarum aut traditionum oppositio causa fuerit cur fidei Nicaenae
obstarent tam multi, tamdiu tantaque pertinacia ; ea immo fides
non praevaluerit, in Oriente, nisi quia ab eis qui dicuntur, Neoni-
caenis Patribus intellecta et explicata fuerit sensu implicante
verum, etsi inconscium, tritheismum. Concordia igitur non fuerit
Ecclesiae universalis de symbolo Nicaeno nisi latentis illius et
formidolosae aequivocationis ope.

Placitorum hujusmodi non est cur singula perstringamus ;
attamen illis occurrendum erit in statuenda traditione Ecclesiae
de mysterio SS. Trinitatis.

Duo propterea erunt hujus sectionis capitula : Iᵒ Agetur
de fide Trinitatis, qualis viguerit in Ecclesia antenicaena. —
IIᵒ Inquiretur de sensu quo definitio illius fidei fuerit in concilio
Nicaeno statuta et ab universali Ecclesia intellecta.


## Articulus I

### DE FIDE TRINITATIS IN ECCLESIA ANTENICAENA

**68.** In determinanda fide, quae aliquando in Ecclesia viguerit, ratio habenda est imprimis doctrinae, quae dici possit
ejus authentica, quam scilicet ipsa professa sit explicite sive in
sua quotidiana praxi, sive in authentico pastorum suorum ma-
gisterio. Addi quidem potest ac debet doctrina, quam privati
ejusdem aetatis scriptores exposuerint esse sibi cum Ecclesia
communem ; attamen ea, ut patet, non possit haberi ut Ecclesiae vera doctrina nisi constet fuisse ab Ecclesia non tantum non
improbata sed etiam scienter tolerata aut positive probata.

Duplici igitur paragrapho inquiretur de fide Trinitatis in
Ecclesia antenicaena : 1ᵒ De Ecclesiae antenicaenae doctrina
authentica. — 2ᵒ De scriptorum antenicaenorum doctrina.


### § 1

#### De Ecclesiae antenicaenae doctrina authentica

**THESIS IV.** — **Ratione habita tum liturgiae, tum regulae fidei ab initio in Ecclesia vigentis, tum doctrinae a**

4 - P. Galtier — *De Trinitate.*

**pastoribus Ecclesiae inculcatae aut vindicatae, dubitari nequit quin Ecclesia semper professa sit tum in genere tres dari in Deo personas, tum in specie Christum esse adeo sensu proprio Deum ut Dei Patris sit verus et consubstantialis Filius.**

**69.** Pars Prima : **Professa est tres dari in Deo personas distinctas.**

I. **Ex liturgia,** quia tres, omni alio excluso, connumerantur in ritibus, quibus quam maxime Deus invocatur, glorificatur aut censetur operari :

1º *In baptismo,* qui, teste jam *Doctrina apostolorum* (7. 1 et 3), conferri debet in nomine trium. — Pariter S. Justinus, describendo ritum baptismalem :

« Eodem regenerationis modo regenerantur [catechumeni] quo et ipsi sumus regenerati. Nam in nomine parentis universorum ac Domini Dei et Salvatoris nostri Jesu Christi et spiritus Sancti lavacrum aquae suscipiunt »[1].

Item Tertullianus :

« Nec semel sed ter ad singula nomina in personas singulas tingimur »[2].

2º *In Eucharistia,* teste S. Justino.

« Is qui fratribus praeest, ... laudem et gloriam universorum Parenti per nomen Filii et Spiritus Sancti emittit et eucharistiam exsequitur »[3].

3º *In omnibus oblationibus,* ait S. Justinus.

« Laudamus creatorem omnium per Filium ejus Jesum Christum et per Spiritum Sanctum »[4].

Et, re vera, Hippolytus praecipit :

« In omni benedictione dicatur : Tibi gloria Patri et Filio cum Sancto Spiritu, in sancta Ecclesia et nunc et semper et in omnia saecula saeculorum »[5].

---

[1] *Apol.* I. 61 ; PG 6. 419 C.
[2] *Adv. Praxeam.* 26 ; PL 2. 190 A. — Cf. S. Irenaei : *Demonstrationis Apostolicae* versio gallica, apud RSR VI, 1916, p. 373.
[3] *Loc. cit.* 65 (PG 6. 427 A).
[4] Ibid. 67 (430 B).
[5] *Traditio apost.* (ed. Connolly, p. 176-177).

4⁰ *In doxologiis*, quales occurrunt, v. gr. in oratione Polycarpi.

« Domine, Deus omnipotens ... te laudo, te benedico, te glorifico
per aeternum et supercaelestem pontificem, dilectum Filium tuum,
per quem tibi cum eo et Spiritu Sancto gloria nunc et in futura saecula. Amen » [6].

Item in hymno vespertino, secundi vel tertii saeculi :

« Lumen hilare sanctae gloriae immortalis Patris ... Jesu Christe,
cum ad solis occasum pervenerimus, lumen cernentes vespertinum
laudamus Patrem et Filium et Sanctum Spiritum Dei » [7].

**70. II. Ex « regula veritatis» seu « fidei»**, quam, saeculo
jam secundo vigentem, constat fuisse in baptismo, sub brevi
aliqua formula — symbolo scilicet baptismali — omnibus profitendam [8].

Dignoscitur jam apud S. JUSTINUM, ubi summa doctrinae
de Deo, quam shristiani profitentur, dicitur reduci ad haec tria :

« Opificem hujusce universitatis colimus, ... nostrum autem doctorem natum ad hoc munus Jesum Christum ... veri Dei Filium esse
edocti, ipsumque secundo loco ; Spiritum autem propheticum tertio
habentes ordine, non sine ratione a nobis coli demonstrabimus » [9].

S. IRENAEUS, ab initio sui *adversus Haereses* (I. 10, 1),
gnosticorum evagationibus opponit,

---

[6] *Martyr. Polycarpi*, 14. 1-3 ... Paulo aliter sonat doxologia addita martyrio 22.
1 : « Cum quo (J. Christo) gloria (sit) Deo, et Patri et Spiritui Sancto». Doxologias
ejusdem rationis habet Hippolytus *op. et loc. cit.* pp. 176, 179. Utra forma sit primaeva controvertitur inter eruditos : cf. LEBRETON apud RSR 1924, p. 17, note 38.

[7] Commemoratur a S. BASILIO : *De Spiritu S.* 29. Textus apud ROUTH, *Reliquiae
sacrae*, III, p. 515. — De hymno ipso cf. SMOTHERS, apud RSR, 1929, p. 266-283.

[8] Illam tamen « regulam» noli simpliciter identificare cum ipso symbolo, nam,
apud S. IRENAEUM (*adv. Haer.* I. 9, 4 ; 22, 1 ; 27, 1 ; 28, 1) et apud TERTULLIANUM
(*Apologet.* 47 ; *De praescript.* 12, 5 ; 13. 1 ; 26, 9 ; *de vel. virg.* 1) « regula» illa latius
patet et significat potius complexum veritatum a Deo revelatarum omnibus in Ecclesia tenendarum. Symbolum igitur non habetur nisi ut brevis illius summa.

Symboli ipsius varias formas videas collectas apud HAHN : *Bibliothek der Symbole und Glaubensregeln der alten Kirche*. — Brevius apud D-B. 1-12. — Disquisitiones eruditas contexere Caspari et Kattenbusch, quorum opp. videas indicata apud
D-B., *loc. cit.* — Omnes formae tres articulos habent, de tribus personis. At, quaestio est num artic. de Filio complexus sit, ab initio, doctrinam christologicam, quae
nunc ubique occurrit. Communius jam hoc negatur ; admittitur potius exstitisse quasi
duo symbola, unum stricte trinitarium, alterum mere christologicum. Formula romana
jamdiu recepta orta sit ex utriusque conjunctione, quae facta sit initio saltem saeculi secundi. De quo cf. LEBRETON, *op. cit.* II, p. 141 sqq. et RSR, 1930, p. 97-124.

[9] *Apologia*, I. 13 (PG 6. 346 B-348 A).

tanquam « ab Apostolis et ab eorum discipulis acceptam, eam »
totius Ecclesiae « fidem, quae est in unum Deum, Patrem omnipotentem ... et in unum Jesum Christum Filium Dei, incarnatum pro salute
nostra, et in Spiritum Sanctum, qui per prophetas praedicavit dispo-
sitiones Dei ».

Quod nitide confirmat in sua *Demonstratione Traditionis
Apostolicae*, ubi exponit summam fidei transmissam a presby-
teris apostolorum discipulis :

« Tout d'abord, elle nous oblige à nous rappeler que nous avons
reçu le baptême pour la rémission des péchés, au nom de Dieu le Père,
et au nom de Jésus-Christ, le Fils de Dieu ... et dans l'Esprit Saint de
Dieu ... Voici donc l'enseignement méthodique de notre foi : Dieu le
Père, incréé, inengendré, invisible, Dieu unique, créateur de tout :
c'est le premier article de notre foi. Quant au second article, le voici :
c'est le Verbe de Dieu, le Fils de Dieu, Jésus-Christ Notre Seigneur,
qui est apparu aux prophètes, ... par lequel tout a été fait, et qui ...
s'est fait homme. Quant au troisième article, c'est le Saint-Esprit,
qui a parlé par les prophètes. »

Addit tandem, in fine, haereses in hoc esse quod de alterutro trium errent :

« L'erreur s'est étrangement écartée de la vérité sur les trois arti-
cles principaux de notre baptême. En effet, ou bien ils méprisent le
Père, ou bien ils ne reçoivent pas le Fils, en parlant contre l'économie
de son Incarnation, ou ils n'admettent pas l'Esprit-Saint, c'est-à-dire
qu'ils méprisent la Prophétie » [10].

TERTULLIANUS haud timet « hanc regulam », qua « creditur
in Patrem et Filium et Spiritum Sanctum », opponere monarchianis tanquam « ab initio evangelii decurrentem » et omnibus
haeresibus anteriorem [11], immo tanquam « christianum [proprie]
sacramentum », quo a « judaïca fide » fides evangelica distinguitur : hoc enim sublato, ait, « quod opus evangelii, ... si non ...
Pater et Filius et Sp. S., tres crediti, unum Deum sistunt ? » [12].

**71.** Ea porro fidei summa omnibus tenenda erat, quippe
quae esset **explicite profitenda** a singulis in ipso actu baptismali, ad modum qui exponitur ab HIPPOLYTO in sua *Traditione
Apostolica* :

---

[10] No 3 : 6; 100 (Versio gallica, *loc. cit.* p. 371 ; 372 ; 430).
[11] *Adv. Praxeam*, 2 (PG 2. 157 A).
[12] *Adv. Praxeam*, 30-31 (PL 2. 196).

« Tunc descendat [baptizandus] in aquas ; presbyter autem manum suam capiti ejus imponat eumque interroget his verbis : *Credisne in Deum Patrem omnipotentem ?* — Et baptizandus dicat : Credo. [Et tunc presbyter] manum habens in caput ejus impositam baptizet semel. Et postea dicat : *Credis in Christum Jesum, Filium Dei, qui natus est de Sp. S. ex Maria Virgine et crucifixus sub Pontio Pilato et mortuus est et sepultus et resurrexit die tertia vivus a mortuis et ascendit in caelis et sedet ad dexteram Patris, venturus judicare vivos et mortuos ?* Et, cum ille dixerit : Credo, iterum baptizatur. Et iterum dicat : *Credis in Spiritu Sancto et sanctam Ecclesiam et carnis resurrectionem ?* Dicat ergo qui baptizatur : Credo. Et sic tertia vice baptizetur » [13].

Quam ad interrogationem et fidei professionem baptismalem alludit saepe TERTULLIANUS [14]. ORIGENES pariter dicit « omnem qui sociatur Ecclesiae Dei credere in fidem Patris et Filii et Spiritus Sancti » [15].

Haud mirum igitur eam fidei summam, **etiam apud doctissimos** qui putent se altiora et profundiora intueri, haberi ut **normam absolutam,** a qua non deflectant nisi haeretici. Ita, in specie, apud ORIGENEM :

Eis doctrinae capitibus « quae per praedicationem apostolicam manifeste traduntur » nec subsunt in Ecclesia ulli disceptationi, annumerat imprimis articulos de tribus personis :

« Primo, quod unus Deus est qui omnia creavit ... Tum deinde quia Jesus Christus, ante omnem creaturam, natus est ex Patre ... Tum deinde honore ac dignitate Patri ac Filio sociatum tradiderunt Spiritum Sanctum » (*De princip.*, I, *prooem.* 4). — Propterea discordare « de Deo, vel de Domino Jesu Christo, vel de Sp. S. » est « in magnis et maximis discordare » (*ibid.* 2), nam « Trinitatis fides est funis triplex, ex qua dependet et per quam sustinetur omnis Ecclesia » seu in qua « credentium plebs haeret et pendet » (*In Exod. hom.* 9. 3). Credendum propterea est « ante omnia, unum esse Deum, qui omnia condidit et perfecit ; quin etiam credamus necesse est Jesum Christum esse Dominum et omni veritati quae de ipso dicitur, tum juxta illius divinitatem, tum juxta illius humanitatem ; in Spiritum Sanctum etiam credendum habemus » (*In Jo.* t. 32, 9 ; PG 14. 783 A-B).

---

[13] Ed. Connolly (p. 185).

[14] *De spect.* 4 ; *de baptismo*, 13 ; *adv. Praxeam.* 26. — Item, S. Cyprianus (*Epist.* 70. 2 et cf. 69. 7) et Firmilianus Caesariensis, apud S. Cypriani *epist.* 75. 10-11.

[15] *In Levit. hom.* 5. 3 (PG 12. 452 C). Ibi enim agit de eis qui, in mystica illa tertia generatione, « ascribantur in Ecclesia Domini ».

**72.** Ex Ex pastorum Ecclesiae doctrina explicita, nam tres personas et illi profitentur et a fidelibus supponunt agnosci distinctas. Sic, v. gr. S. CLEMENS ROM. Corinthiis inculcat unionem restituendam et fovendam, revocando illis communem fidem Trinitatis : « *Nonne unum Deum habemus ? et unum Christum et unum Spiritum gratiae, qui effusus est super nos ?* » (1 Cor. 46. 6). — Eosdem adjurat suscipere consilium suum, interposito quasi juramento per tres, qui sint fides et spes electorum : « *Vivit enim Deus, et vivit Dominus Jesus Christus et Spiritus Sanctus, quae fides est ac spes electorum* » (*ibid.* 58. 2).

S. IGNATIUS pariter fideles hortatur ut omnia faciant « *in Filio, in Patre et in Spiritu* », et episcopo subditi sint sicut « *Apostoli subditi erant Christo et Patri et Spiritui* » (*Magnes.* 13, 1-2). Alibi eos dicit esse « *lapides templi Patris praeparatos in Dei Patris aedificium, sublatos in alta per machinam Jesu Christi, quae est crux, Spiritus Sancto pro fune utentes* » (*Eph.* 9. 1).

THEOPHILUS ANTIOCHENUS Trinitatis notionem habet adeo sibi familiarem ut illius imaginem suggerat agnosci in tribus illis diebus Geneseos, qui dicuntur fuisse ante luminaria magna : « Tres illi dies, qui ante luminaria fuerunt, *imago sunt Trinitatis* Dei, ejus Verbi, ejusque Sapientiae » (*Ad Autolycum*, 2. 15).

S. IRENAEUS, quousque tenuerit fidem Trinitatis esse communem et necessariam jam supra sufficienter declaratum est.

**73.** PARS SECUNDA inquirit magis **in specie de Christo quid Ecclesia antenicaena senserit.** In hoc enim quam maxime se prodit ejus doctrina de SS. Trinitate seu de mutua personarum divinarum relatione.

De Spiritu Sancto quidem tunc sermo est brevissimus : plura proferuntur de ejus influxu in animos illuminandos et sanctificandos ; sed de modo quo se habet ad intra Trinitatis, vix est quidquam speciale dictum ; significatur simpliciter se habere ad Filium sicut Filius se habet ad Patrem.

Christus econtra est, in quem vertitur tota fere praedicatio Ecclesiae. De eo praeterea sunt quotquot tunc temporis oboriuntur haereses, monarchianismus imprimis et adoptianismus. Ecclesiae igitur occasio aut necessitas adest duplex proponendi de Christo doctrinam magis explicitam. Illius quidem doctrinae objectum est etiam duplex, humana scilicet et divina Christi natura ; sed hic non agetur nisi de divina. Haec autem constat

fuisse adeo agnita et propugnata ut Christus, etsi nondum pro-
nunciaretur, tamen vere haberetur tanquam verus vereque
**consubstantialis Dei Patris Filius.**

**74.** PROBATUR :

I. **Ex testimonio paganorum et haereticorum,** nam ex
utroque constat Christum ab initio agnitum esse ut vere Deum.

1º *Pagani* scriptores norunt Christum a christianis coli ut
Deum. Ita :

A) PLINIUS, in sua ad Trajanum de christianis epistula : « Af-
firmabant hanc fuisse summam vel culpae suae vel erroris, quod essent
soliti, stato die, ante lucem convenire carmenque dicere Christo quasi
Deo secum invicem» (*Epist.* X. 96, 7).

B) LUCIANUS, in suo *Peregrino* (11 et 13), christianos describit
ut qui, abjectis diis Graecorum, « sophistam illum suum crucifixum
adorent et ad ejus legem vitam suam ordinent ».

C) CELSUS, circa annum 178, eisdem exprobrat quod, cum profiteantur Deum unicum, tamen non possint abduci ab adorando, una
cum eo, hominem illum quem dicunt esse Dei Filium : « Si nullum
alium isti colerent praeter unum Deum, esset fortasse illis contra alios
valida ratio. Nunc autem, hominem nuperrime exortum supra modum
colunt, nec tamen putant se quidquam peccare in Deum, etsi ministrum ejus colant ... Si doceas eos, non illum ejus Filium, sed ipsum
omnium Patrem esse quem solum vere adorari oporteat, [jam] nolint,
nisi et iste [adoretur], qui seditionis dux eis est et quem Dei Filium
appellant » [16].

2º *Haeretici* omnes saeculi secundi ipso suo errore testantur
quantopere Christus haberetur vere Deus. Exinde enim est quod
alii humanitatem ejus docerent esse mere apparentem : — *Do-
cetae et Gnostici* non pauci — ; alii excogitaverint series aeonum
quibus explicaretur ejus derivatio ab ente primo et summo :
— ita gnostici in genere — ; alii eum ut verum et bonum Deum
opposuerint Demiurgo et malo Deo, qui fuerit mundi creator
et Legis auctor : — ita *Marcion* — ; alii tandem eum ita identi-
ficaverint cum Deo Patre, ut, monarchianismo stricto indulgentes,

---

[16] Citatus ab ORIGENE : *c. Celsum,* 8. 12 et 14 (PG 11. 1533 A et 1536 B-C).
Apud quem etiam videas responsum : « Si Celso perspectum fuisset istud : *Ego et
Pater unum sumus,* et hoc aliud, quod Filius Dei dixit : *Sicut ego et tu unum sumus,*
non sibi induxisset in animum alium a nobis coli quam summum Deum » (Ibid. 1533
A).

Patrem ipsum docerent esse passum aut saltem compassum.
Quod jam NOVATIANUS optime notabat :

« Firmum est genus probationis, quod etiam ab adversario traditur, ut veritas etiam ab ipsis inimicis veritatis probetur. Nam usque
adeo hunc manifestum est in Scripturis esse Deum tradi, ut plerique
haereticorum, divinitatis ipsius magnitudine et veritate commoti,
ultra modum extendentes honores ejus, ausi sint non Filium sed ipsum
Deum Patrem promere vel putare. Quod, etsi contra Scripturarum veritatem est, tamen divinitatis Christi argumentum grande atque
praecipuum est, qui usque adeo Deus, sed qua Filius Dei natus ex Deo,
ut plerique illum, ut diximus, haeretici ita Deum acceperint ut, non
Filium, sed Patrem pronunciandum putaverint ... Alii quoque haeretici usque adeo manifestam amplexati sunt divinitatem ut dixerint
illum fuisse sine carne, ut illum, subtracto homine, tantummodo
putarint Deum » (De Trinit. 23 ; PL 3. 931-932)

## 75. II Ex loco quo apud fideles habebatur :

1º *In cultu*. Apud christianos, ab initio, adoratio et orationes erant primario ad Deum Patrem, ita ut Christi mentio
fieret imprimis tanquam mediatoris et pontificis, per quem ad
Patrem accederetur. Attamen ipse etiam erat objectum cultus,
et invocationes ad eum fundebantur, ut constat : A) In doxologiis supra recitatis et in adoratione, de qua modo dictum est.
— B) In hymnis illis antiquis, qui adoptionistis saeculi secundi
exeuntis potuerunt opponi tanquam ab initio Christum asserentes Deum. (*Anonymus* saeculi tertii, apud Eusebium : H. E. V.
28. 5). Et, re vera, ORIGENES Celso opponit hymnos, quibus christiani una colunt Deum et Filium ejus unigenitum :

« Celebramus solem ut praeclarum Dei opus, quod Dei leges
observans, huic praecepto paret : *Benedicite, sol et luna, Domino* ; ...
sed praeclarum hunc solem adorare nefas [censemus] ... quamvis illum
celebramus ... At contra ... hymnos canimus soli summo Deo et unigenito ejus Verbo atque Deo, et laudamus Deum et unigenitum ejus
eodem modo ac sol et luna et stellae et tota caelestis militia. Ex his
enim omnibus divinus constat chorus, qui, cum justis hominibus,
summum Deum ejusque unigenitum hymnis celebret » [17].

2º *In vita et morte* sua, nam ita ad Christum afficiebantur ut
totam spem in illo reponerent, gratiam ab illo peterent, in morte

---

[17] *Cont. Celsum.* VIII. 66-67 (PG 11. 1616 C et 1617 B).

et per mortem illi conjungi cuperent. Cf. Lebreton, *op. cit.* II,
pp. 226-238.

### 76. III. Ex explicita Ecclesiae pastorum doctrina.

1º S. IGNATIUS antiochenus : A) Christum tenet esse, jam
ante Incarnationem, a Deo Patre distinctum ut illius Filium et
Verbum. — B) Eum porro docet esse sensu proprio Deum et
cum Patre, etiam in carne, unum, ita ut consubstantialitatem
eius, tacita voce, aperte doceat [18].

A) *A Deo Patre, etiam ante Incarnationem, Christus distinctus, ut Filius ejus et Verbum* :

« Deus unicus est, qui seipsum manifestavit per Jesum Christum
Filium suum, qui est Verbum ejus e silentio progressum, qui in omnibus ei, qui eum miserat, complacuit » (*Magnes.* 8. 2).

In quo apparet Filium Dei praeexstitisse, ut Verbum, missioni suae, proindeque ut distinctum praeexstitisse tum Incarnationi, tum aliis forte in Vet. Test. missionibus, in quibus missus est « manifestare » Deum.

Et, re vera, in eadem epistula scribitur :

« Jesus Christus, ante saecula, apud Patrem erat et in fine apparuit » (*Magn.* 6. 1). « Ab uno Patre prodiit, et apud [eum] unum fuit
ad eumque reversus est » (*ibid.* 7. 2). In terra vero, « Dominus sine
Patre, ipsi unitus, nihil fecit » (*ibid.* 7. 1).

Haud mirum igitur **Jesum** vocari « **os verax, in quo Pater
vere locutus est** » (*Rom.* 8. 2) et in eo, post Incarnationem,
id quod habet cum Deo commune distingui ab eo quod habet ex
nostra carne assumptum. Ibi enim de eodem Jesu Christo proferuntur attributorum quinque series, in quarum singulis duo
conjunguntur, ita opposita ut prius appareat ex humana, posterius ex divina natura desumptum :

« Unus medicus est

| | |
|---|---|
| carnalis | et spiritualis |
| factus (γεννητός) | et non factus (ἀγέννητος) |
| in carne factus | Deus |

---

[18] Hoc adeo verum est ut nonnulli velint ejus formulas esse fontem modalismi
patripassiani. De quibus et contra quos cf. LEBRETON, *op. cit.* II, p. 306 sqq. ; BARDY:
*Paul de Samosate*[2], p. 496 et *Rev. Apologet.* 1929, p. 362-364.

in morte              vita vera
et ex Maria           et ex Deo
primum passibilis     et tunc impassibilis

Jesus Christus Dominus noster. (*Eph.* 7. 2).

Jamvero exinde manifestum est de Christo, qua Deus est, praedicari tum quod sit ἀγέννητος tum quod sit ἐκ θεοῦ. Horum autem posterius patet significare originem seu filiationem ex Deo sicut ex Μαρίας significat filiationem ex Maria; prius ergo non potest significare quod sit « ingenitus », sed intelligi debet « non factus », eo scilicet sensu quo Deus rebus « factis » (γενητοῖς seu γεννητοῖς) solebat jamdiu, apud philosophos, opponi ut « non factus » (ἀγένητος seu ἀγέννητος)[19].

**77.** B) *Christus adeo Deus est et cum Patre suo, etiam in carne, unus ut habeatur aperte illi consubstantialis :*

a) **Saepe, haud minus quam Pater, vocatur Deus aut Deus noster.** Sic, v. gr., apud *Eph.*, *inscript.* : « In voluntate Patris et Jesu Christi Dei nostri ». *Trall.* 7. 1. : « Ne avellamini a Deo Jesu Christo » ; *Rom.*, *inscript.* : « Secundum caritatem Jesu Christi, Dei nostri ... Plurimum in Jesu Christo, Deo nostro, gaudere » ; *Smyrn.* 1. 1 : « Glorifico Iesum Christum Deum » ; *ibid.* 10. 1 : « Ut ministros Christi Dei » ; *Polyc.* 8. 3 : « Opto vos semper valere in Deo nostro Jesu Christo ».

b) **Deus ille factus est homo, ita ut Dei ipsius sit nativitas humana, passio et sanguis.** « Deus enim noster, Jesus Christus, in utero gestatus est ... Ignorantia destructa est, vetus regnum est labefactum, Deo humanitus manifestato » (*Eph.* 18. 2 et 19, 3). Jam etenim erat « in carne factus Deus » (*Eph.* 7. 2), ita ut qui erat ἀγέννητος jam esset γενητός, et qui erat « ultra tempus, intemporalis (ἄχρονος), invisibilis, impalpabilis, impatibilis » jam propter nos, factus esset « visibilis et patibilis » (*Polyc.* 3. 2). Hinc scribitur : « Imitatores Dei, ad vitam revocati per sanguinem Dei » (*Eph.* 1. 1). « Concedite mihi imitatorem esse passionis Dei mei » (*Rom.* 6. 3).

c) **Etiam in carne, manet Patri, qua spiritus seu Deus, unitus,** nam « Dominus sine Patre nihil egit, cum esset [illi] unitus. Jesus Christus [enim, etsi] ab uno Patre prodiit, apud unum fuit » (Ἕνα Ἰησοῦν χριστόν, τόν ἀφ᾽ ἑνός πατρός προελθόντα καί εἰς ἕνα ὄντα) (*Magnes.* 7. 1 et 2). Propterea ejus suscitatio a mortuis ascribitur modo Deo Patri (*Smyrn.* 7. 1 et *Trall.* 9. 2), modo illi ipsi (*Smyrn.* 2. 1), et, « post resur-

---

[19] De quarum vocum usu et sensu, cf. LEBRETON, *op. cit.* II, p. 312-319 et 635-647.

rectionem, etsi cum discipulis comedebat et bibebat, ut carnalis, tamen spiritualiter Patri unitus erat» (*Smyrn.* 3. 3).

d) **Tandem Ecclesia in ipso sicut in Deo stat** : christianis Christus, haud minus quam Deus Pater, est principium vitae, illis inhabitans et finis, quem, etiam per mortem, consequi sperant. Cf., v. gr. « Jesus Christus, inseparabilis vita nostra» (*Eph.* 3. 2). « Jesus Christus, qui sempiterna est vita nostra» (*Magn.* 1. 2) ; « vera et vita nostra» (*Smyrn.* 4. 1). « Jesum Christum habetis in vobis» (*Magn.* 12). « Estis deiferi ... christiferi» (*Eph.* 9. 2 et cf. 15. 2 ; *Philad.* 7. 2). Ignatius ipse, sicut orat fieri Dei particeps, ita etiam Christi : « Ut Jesu Christo possim potiri ... Praestat mihi in Christo Jesu mori, quam finibus terrae imperare. Illum quaero, qui pro nobis mortuus est» (*Rom.* 5. 2 et 6. 1).

**78.** 2⁰ S. Irenaeus :

A) In sua *Demonstratione praedicationis apostolicae*, eadem vi qua affirmat unicum Deum, *docet Deo Patri ab aeterno adfuisse Verbum, per quem omnia* creavit et per quem, tum in Vet. Lege tum in Incarnatione, se manifestaverit, atque fuerit ab aeterno apud eum vere Filius vereque Deus :

« Voici donc l'exposé de la doctrine : Un seul Dieu, le Père, incréé, invisible, créateur de tout, au-dessus duquel et après lequel il n'y a pas d'autre Dieu. Ce Dieu est intelligent, et c'est pourquoi il a fait les créatures par le Verbe ... Le Verbe est appelé le Fils (n⁰ 5) ... Or, ce Dieu est glorifié par son Verbe, qui est son Fils éternel (n⁰ 10)... Les prophètes ... annonçaient dans leurs oracles la manifestation de N.-S. J.-C. Fils de Dieu, en disant que, comme homme, il sortirait de la race de David, ... mais que, selon l'esprit, il serait Fils de Dieu, étant au commencement auprès de son Père, engendré avant la constitution du monde (n⁰ 30) ... Or, le Père est Seigneur, et le Fils est Seigneur. Le Père est Dieu, et le Fils est Dieu, car celui qui est né de Dieu est Dieu. Ainsi donc, par l'essence même de la nature de son être, on démontre qu'il n'y a qu'un seul Dieu, quoique, d'après l'économie de notre Rédemption, il y ait un Fils et un Père» (n⁰ 47).

B) In *adv. Haer.*, contra dualismum emanatistam Gnosticorum, totus est pariter in probando *quod nemo alius Deus nominatur, aut Dominus appellatur, nisi qui est omnium Deus et Dominus, qui et Moysi dixit* : *Ego sum qui sum ... et ejus Filius Jesus Christus Dominus noster*, qui filios Dei facit credentes in nomen suum (III. 6, 2 ; PG 7. 861 et alibi passim). Ille vero Filius adeo est Patris eique **consubstantialis ut, pro Patre, idem sit agere per semetipsum et agere per Filium** :

« Pater [enim], qui solus est mundi fabricator, omnia fecit per seipsum, hoc est, per Verbum et Sapientiam suam » [ = Sp. S.], quia « Filius erat semper coexistens Patri » (II. 30, 9). « Adest enim ei semper Verbum et Sapientia, Filius et Spiritus, per quos et in quibus omnia fecit » (IV. 20, 1). Ratio praeterea, cur solus Pater cum Verbo suo juste dicatur Deus et Dominus, est quia ipse « omnia fecit », ea vero « quae facta sunt, non ejusdem vocabuli participabilia sunt, neque juste id vocabulum sumere debent, quod est Creatoris » (III. 8, 3). — Nunc autem ideo Deus per Filium manifestatus est quia Filius « est in Patre et habet in se Patrem » (III. 6, 2), seu, ut ait quidam a S. Irenaeo laudatus, « immensus Pater in Filio mensuratur, quia mensura Patris est Filius, quoniam capit eum » (IV. 4, 2).

**79.** C) *Quo sensu ergo invisibilis Pater, visibilis Filius ?* — Neque, quia Patrem Irenaeus saepe dicit esse et mansisse in se invisibilem, ita ut non se manifestaverit unquam nisi in Filio et per Filium, sequitur eum assignare Filio naturam diversam, ex qua sit in se visibilis ; aperte econtra dicit Filium esse et ipsum natura sua invisibilem nec ulli nisi Patri cognoscibilem :

« Et Patrem quidem invisibilem et indeterminabilem, quantum ad nos, cognoscit suum ipsius Verbum, et, cum sit inenarrabilis, ipse enarrat eum nobis. Rursum autem Verbum suum solus cognoscit Pater » (VI. 6, 3). « Verbum [igitur] palpabile et visibile in hominibus factum, [est] naturaliter invisibile » (IV. 24, 2). Verbum proinde, quoad visibilitatem et cognoscibilitatem, negatur a Patre differre aut distingui secundum naturam suam intrinsecam ; ex libera tantum Dei dispositione fuit quod, ad utilitatem nostram, Filius in theophaniis olim et nunc in carne, manifestus fieret : sic enim Patri placuit se per Filium et in Filio revelare hominibus [20].

**80.** 3o Romani Pontifices, saeculo 2o exeunte et 3o ineunte, damnaverunt eos omnes qui vel Christi divinitatem, ut adoptianistae, negarent vel monarchianismo aut ditheismo etiam fucato indulgerent [21]. Sic :

---

[20] De consubstantialitate apud S. Irenaeum, cf., apud dom Massuet : *Dissert.* 3, a. 5 ; PG 7. 293 sqq.

[21] Nec contra valet testimonium, si quod est, Hermae (*Sim.* V. 6, 2-7). Is videtur quidem ascribere Incarnationem Spiritui Sancto, ita ut Filius Dei intellegatur homo, cui inhabitaverit. — At ea est opinio adeo singularis adeoque ruditer manifestata apud hominem, cui cura est, non exponenda Trinitas aut Incarnatio, sed tantummodo urgenda paenitentia, ut absque ullo jure velit quis ex obscurissimis et inter se contradictoriis verbis ejus eruere quae fuerit authentica Ecclesiae Romanae doctrina. — De illius mente et auctoritate, cf., inter alios, Lelong : *Le Pasteur d'Hermas*, p. LXXX-LXXXI ; Tixeront : *La théologie anténicéenne*, p. 127 ; Lebreton : *op. cit.*, II, p. 346-387.

VICTOR (189-199) excommunicavit Theodotum coriarium, qui, adoptianismum in christologia professus, « dicebat Christum esse merum hominem », Jesum scilicet, cui in baptismo, sub specie columbae, Christus, seu Spiritus, infusus fuisset [22] : quo forte, Spiritus ac Filii confusione facta aut utriusque personalitate negata, adoptianismo conjungebat monarchianismum.

ZEPHYRINUS (199-217) — cum Romae ferverent contentiones *Theodotianorum* negantium Christum, qui passus est, esse vere Deum ; *Monarchianorum* docentium, econtra, Patrem ipsum esse qui passus sit ; *Hippolyti* tandem et aliorum adeo urgentium Filii a Patre distinctionem ut ditheismum ingerere viderentur, — dicitur publice edixisse (D.B. 42[a]) : « *Ego novi unum Deum Christum Jesum, nec praeter eum, ullum alium, generatum et passum* [23] ... *Non Pater mortuus est* » ; Hippolytum vero Hippolytique sequaces vocasse « ditheistas » [24]. — Quibus in assertionibus se prodit firma fides tum de vera Christi divinitate, tum de ejus a Patre distinctione personali, tum tandem de perfecta ejus cum Patre unitate essentiali [25].

---

[22] Sic refert Anonymus saeculi tertii, in opere contra Artemonem relato apud Eusebium : H. E. V. 28 (PG 20. 512 B-C). Item HIPPOLYTUS : *Philosoph.* VII. 35 et X. 23 (PG 16³. 3341-44 et 3439 A) ; EPIPHANIUS : *Panarion, haer.* 54 (PG 41. 961 sqq.).

[23] Haud alio sensu dicet postea DIDYMUS Alexandrinus : *Nullum alium Deum vidimus praeter eum qui ex Virgine Maria natus est*» (*De Trinitate*, I. 27 ; PG 39. 398 B).

[24] Sic HIPPOLYTUS : *Philosoph.* IX. 11. 3 (PG 16³. 3379 A-B), ubi, pro suo subordinatianismo suoque in Callistum acri odio, primam Zephyrini assertionem refert, ut quae monarchianismum profiteatur : quo etiam sensu intelligitur a nonnullis hodiernis dogmatum historicis. Sed :

1⁰ Quaeri potest num ea dicta Zephyrini referantur ab Hippolyto ad verbum eoque sensu quo prolata sunt, nam : A) Mirum est ea esse identica cum iis quibus Noëtus refertur, Smyrnae, aliquot annis antea, voluisse tegere monarchianismum suum (Cf. CAPELLE : *Le cas du pape Zéphyrin*, in *Rev. Bénédict.* 1926, p. 321-330 ; contra quem tamen videas notata a PREYSING in ZSKT, 1928, p. 225-230). — B) Eadem praeterea, si sensu monarchiano intellegantur, ascribunt Rom. Pontifici modalismum, cujusmodi nec antea nec postea est in Ecclesia Romana ullum indicium et cui contradicit explicite secunda assertio : « Non Pater mortuus est». Cf. DIECKMANN, in ZSKT, 1924, p. 320-322).

2⁰ Et praesertim, notandum est Zephyrinum, certe aliquid edixisse contra Adoptianistas negantes Christum esse Deum. Hoc enim aperte insinuant, in fine ejusdem saeculi, Artemonitae, — (de quibus apud Eusebium, H. E. V. 28) — ubi asserunt errorem suum, vel, ut ipsi putant, « veritatem », cum prius ubique viguisset, fuisse « adulteratam » a Zephyrino. Praemissa porro assertio haud aliud est ac aperta adoptianismi abjectio: « Christus scilicet est verus et unicus Deus, nec praeter illum, quaerendus est [ut fit v. gr. apud Marcionitas,] is qui genitus et passus est». Additio vero : « Nec Pater passus est » praecavet suspicionem modalismi, quam hujusmodi assertio apta erat movere apud eos, qui, sicut Hippolytus, indulgebant errori opposito.

[25] Cf. D'ALÈS : *La théologie de S. Hippolyte*, p. 10-12.

**81.** CALLISTUS (217-222) ex Ecclesia abjecit tum Sabellium, qui personalem Filii a Patre negabat distinctionem, tum Hippolytum, qui eamdem adeo urgebat ut « ditheista » censeretur :

« Sabellium extrusit, utpote non recte sentientem ... Coram populo nobis convicians dicebat : dithei estis » [26].

refert Hippolytus, qui propterea Callistum prosequitur acerrimo odio ac vult indulsisse fucato monarchianismo, quo, inter Sabellii modalismum et Theodoti adoptianismum, quasi via media incesserit. At, in iis ipsis, quibus conatur astruere sinistram illam adversarii doctrinae interpretationem, ipse deprehenditur illam pervertisse aut, saltem, male intellexisse, nam : 1º Verba, quae Callisto ponit in ore, adoptianismum nullatenus sapiunt. — 2º Monarchianismi forma, quam illi ascribit, ea quidem est quam per Tertullianum novimus (*adv. Praxeam*, 26-27), at explicite contradicit assertioni de duplici Patris et Filii personalitate, quam ipse fatetur fuisse a Callisto admissam.

Callistus scilicet, Hippolyto exponente, docuerit Patrem adeo esse cum Filio — seu potius cum carne sibi acjuncta nomineque Filii vocata — unum quid, ut, « cum sit una persona, non possit esse duo » [vel dii vel personae ?] (ἐνώσας ἑαυτῷ ἐποίησεν ἕν, ὡς καλεῖσθαι Πατέρα καὶ Υἱὸν ἕνα θεόν, κοὶ τοῦτο ἓν ὂν πρόσωπον μὴ δύνασθαι εἶναι δύο). Idem tamen, eodem, statim addente, « noluerit dicere Patrem esse [cum Filio] personam » (οὐ θέλει λέγειν τὸν Πατέρα,... ἓν εἶναι πρόσωπον). Duo igitur Callisto ascribuntur aperte inter se contradictoria. Cum autem posterius agnoscatur ab ipso Hippolyto explicitum ejus verbum, prius detegitur esse monarchianismi quidem expositio communis, at quam ipse non putat ac vult esse adversarii sui nisi pro mala sua ejus suspicione [27].

**82.** DIONYSIUS (259-268), **in causa Dionysii Alexandrini,** epistolam edidit, per quam authentice et clarissime constat quousque, mediante saeculo 3º, Filius agnoscatur, quoad rem, aeternus et Patri consubstantialis. (D-B. 48-51 ; C. 513-515) [28]. Documenti porro ea est :

---

[26] PG 16³. 3384 B.
[27] *Ibid.* 3386 A. — Aliam Hippolyti narrationis expositionem videas apud D'ALÈS : *op. cit.*, p. 11 sqq., quam, collatione facta cum expositione monarchianismi apud Tertullianum, haud scio an sustineri possit.
[28] Documentum recitatur a S. ATHANASIO : *De decretis Nic. syn.* 26 (PG 25. 461-465).

A) **Occasio.** Cum Dionysius Alexandrinus scripsisset epistolam contra Sabellianismum in Pentapoli Lybiae serpentem, aliqui fratres « sanae quidem doctrinae homines », ait S. Athanasius, at qui « non ab eo inquisierant qua de causa scripsisset, Romam se contulerunt illumque apud Dionysium Rom. episcopum accusarunt » [29]. Romae porro « synodus coacta rem indigne tulit ; Romanus autem episcopus rescripsit » et epistolam personalem ad episc. Alexandrinum, qua illi indicabat qua de re accusatus fuisset, et generalem alteram tum contra Sabellium tum contra adversarios illi e diametro oppositos [30], de qua nunc.

B) **Divisio :** 1º *De Trinitate*, quam male aliqui, ubi Sabellii blasphemiam impugnant, discindunt « dividentes sanctam unitatem in tres hypostases sibi invicem alienas et omnino disjunctas ; [quo] tres aliquo modo praedicant deos », cum, econtra, « necesse sit Verbum divinum uniri Deo universorum et Spiritum in Deo manere et inhabitare, adeoque divinam Trinitatem in unum quasi in quemdam verticem, hoc est, in Deum universorum omnipotentem reduci et colligi ». — 2º *De Filio* : a) Cum sit « genitus », non potest dici « conditus aut factus » ; de eo, « cum sit Dei Verbum, sapientia et virtus », non potest admitti « fuisse unquam ubi non esset ». — b) Explicatur quo sensu Scriptura videatur illum dicere creatum. — 3º *De Trinitate* : « divinam unitatem non oportet in tres deitates dividere (καταμερίζειν), nec, factionis verbo (ποιήσει), laedere dignitatem et supereminentem magnitudinem Domini, sed credendum est in Deum Patrem omnipotentem, et in Christum Jesum ejus Filium, et in Spiritum Sanctum ; Verbum autem Deo universorum esse unitum, nam, ait : *Ego et Pater unum sumus* et : *Ego in Patre et Pater in me est*. Ita enim et divina Trinitas et sancta monarchiae praedicatio integra servabitur ».

C) **Conclusio :** Exinde patet Romanum Pontificem : a) non scripsisse quidem vocem ipsam ὁμοούσιος [31], at omnino professum esse aeternam Filii a Patre processionem et exclusisse tes-

---

[29] *De sent. Dion.* 13 et cf. 5 (PG 25. 500 A et 485-488 A).

[30] *De synodis.* 43 (PG 26. 769 A) et *De sent. Dion.* 13 (PG 25. 500 A).

[31] S. ATHANASIUS enim hoc sane dixisset et exscripsisset in suo *De decretis nic. syn.*, ubi conatur probare vocem illam non fuisse Patribus nicaenis inauditam (25-26). Refert porro Dionysium Alexandrinum abjecisse accusationem de abjecta quoad rem consubstantialitate, at tacet omnino Romanum quidquam de hac ipsa voce tetigisse (*De decr. nic. syn.* 25 (PG 25. 461 A-B).

seram illam futuri arianismi : ἦν ποτε ὅτε οὐκ ἦν, qua induceretur aliquale Filii initium ; — b) perstitisse in eadem via media,
qua Callistus olim inter sabellianos et tritheistas atque, sicut de
Callisto Hippolytus olim questus erat, institisse praesertim in
abjicienda omni specie nimiae personarum distinctionis.

**83.** 4° DIONYSIUS ALEXANDRINUS († 268) haud minus explicite professus est eamdem doctrinam [32]. Etenim : ·

A) **Dicta illius, quae Romam delata sunt,** — Filium alium
esse a Patre tanquam vitem ab agricola aut scapham a fabro,
— cum essent contra Sabellianos, quorum « blasphemia » mani-
festabatur imprimis in Incarnatione ascripta ipsi Patri, [33] intellegenda erant de Christo seu de Filio in carne considerato :
exinde enim aptius ostendebatur Sabellianis quantopere is qui
incarnatus est distinguatur a Patre [34]. Selectis igitur Scripturae
locis, quibus Filius dicitur caro factus, orans, vitis cujus homines
sint palmites, eum exhibuerat a Patre distinctum tanquam factum a faciente, seu vitem ab agricola aut scapham a fabro. At,
ut ipse respondit ad Rom. Pont., eae erant merae comparationes,
quas cursim (ἐξ ἐπιδρομῆς) protulerat, additis aliis exemplis,
quibus magis immoratus erat ad significandum quomodo Filius,
qua talis, se haberet ad Patrem [35].

B) **Ipse,** in sua *Apologia,* optime exposuit se Filium dixisse ποίημα, non sensu verae effectionis aut creationis, sed sensu
improprio non excludente eum esse vere et proprie genitum [36].

C) Ibidem **asserit Sabellianorum esse proprium asserere**
hypostases non posse admitti tres quin intellegantur disjunctae.
« Τῷ τρεῖς εἶναι τὰς ὑποστάσεις, μεμερισμένας εἶναι λέγουσιν ».
Quod ergo addit, tres tamen omnino esse nisi quis velit Trini-

---

[32] Hoc agnoscit et miratur SEEBERG, in suo *Lehrbuch der Dogmengesch.* I³, l. I,
cp. 4, § 17, 5, p. 592 : « Fast lehrreicher als der Streit selbst ist die Leichtigkeit, mit
welcher sich die Parteien verständigen :  der römische Bischof wird eins mit den alex.
Klägern, und der Bischof von Alex. findet alsbald den Rückweg zum Standpunkt seiner
Gegner».
[33] Eam blasphemiam jam denuntiaverat DIONYSIUS ipse in epistola ad Xystum
R. P., quam refert EUSEBIUS (H. E. VII. 6 ; PG 20. 648 A).
[34] Cf. ATHANASIUM : *De decretis nic. syn.* 25 ; *de sent. Dion.* 5 ; 9 ; 10 ; 12 ; 26
(PG 25. 461 A ; 487 A ; 491 B ; 494 B-C ; 497 A-B ; 517 C-520 C).
[35] Apud ATHANAS. : *de sent. Dion.* 18 ; 20 ; 21 (PG 25. 505 A ; 509 A ; 512 B).
[36] *Ibid.* 20 et 21 (*Ibid.* 509 B-C ; 512 B).

tatem prorsus tolli (τρεῖς εἰσι, κἂν μὴ θέλωσιν.ἦ τὴν θείαν Τριάδα παντελῶς ἀνελέτωσαν), intellegi debet de tribus non disjunctis hypostasibus, ita ut, sicut ipse addit, servetur, post unitatem, divina Trinitas (θειοτάτη γὰρ διὰ τοῦτο, μετὰ τὴν μόνάδα, καὶ ἡ Τριάς) [37].

**84. D) Explicite,** — seclusa voce ὁμοούσιος, quam dicit in Scriptura non occurrere, at cujus sensum aliis vocibus significatum profitetur se admisisse [38] — **negat capitalia futurorum Arianorum asserta et** assentit dictis Dionysii Romani :

a) *Asserit nunquam fuisse ubi non esset Pater et Filius*, seu aeternam dicit Verbi generationem et in Patre existentiam ; rationem immo dat eamdem quam Dionysius Romanus, *loc. cit.*, quia scilidet Filius est Patris Verbum, sapientia, virtus, splendor lucis, nec sine his unquam fuit Deus [39]. — b) *Trium inter se connexionem relativam* profitetur ut una dicat alteram : « Patrem dixi, et, prius quam Filii mentionem facerem, jam illum in Patre significaveram. Filium adjunxi, ac, etiamsi Patrem non prius nominassem, is tamen in Filii nomine comprehensus fuerit. Spiritum Sanctum addidi, sed simul et unde et per quem processerit adjunxi » [40]. Quibus, paucis interjectis, haec addit quae adeo consonant verbis ejus homonymi Romani de « recapitulanda in unum Trinitate » : « Sic nos indivisibilem unitatem in Trinitate dilatamus, et Trinitatem iterum quae imminui nequit, in unitatem contrahimus » (συγκεφαλαιούμεθα) [41]. — c) *Filium negat esse* ἐξ οὐκ ὄντων, quatenus aperte docet eum esse « Dei » seu « aeternae Lucis splendorem aeternum » [42] et a Patre habere originem tanquam « semen a radice, ... fluvium a fonte, lumen ex lumine, vitam a vita » [43]. — d) *Eum tandem docet adeo non esse alienum ab essentia Patris* ut non possit magis ab ipso sejungi quam « sapientia et virtus a Deo » [44], aut « splendor a luce » [45] ; ait, ccontra, « solus filius semper coexistens Patri » [46] et, sicut filii omnes, in hoc solum differens a Patre quod non sit Pater : « Humanam prolem in exemplum attuli, quam patet esse

---

[37] Apud S. Basilium : *De Spiritu S.*, 29. 72 (PG 32. 201 C).
[38] Apud Athanasium : *De decret. nic. syn.* 25 ; *de sent. Dion.* 18 ; 20 (PG 25. 461 B ; 505 B-C ; 509 B).
[39] *De sent. Dion.* 15 ; 22 (ibid. 501 C-504 A ; 512 C).
[40] *Ibid.* 17 (504 C).
[41] *Ibid.* (505 A).
[42] *Ibid.* 16 (504 B) et 15 (502 C).
[43] *Ibid.* 18 (505 C-508 A).
[44] *Ibid.* 15 (501 C).
[45] *Ibid.* (501 D).
[46] « Μόνος δὲ ὁ Υἱὸς ἀεὶ, συνὼν τῷ Πατρί, καὶ τοῦ ὄντος πληρούμενος καὶ αὐτός ἐστιν ὢν ἐκ τοῦ Πατρός» (*Ibid.* 504 A).

5 - P. Galtier — *De Trinitate.*

ejusdem generis (ὁμογενῆ) ac genitorem ; dixique re vera in hoc solum parentes differre a filiis quod ipsi non sint filii : alias necesse fore
neque parentes existere neque filios »[47].

**85.** 5º S. Gregorius Thaumaturgus, circa 260-270, in
*Expositione Fidei*, quam — a S. Joanne, adstante B. Virgine,
edoctus[48] — tradidit Ecclesiae suae Caesariensi, haec habet,
quae trium personarum, Filii in specie, enunciant aeternam distinctionem simul et perfectam divinitatem :

« Unus Deus Pater Verbi viventis, sapientiae subsistentis et virtutis atque figurae aeternae [suae], perfectus perfecti genitor, Pater
Filii unigeniti. — Unus Dominus, solus ex solo, Deus ex Deo, figura
et imago deitatis, Verbum perpetrans (ἐνεργός), sapientia rerum omnium comprehensiva et virtus totius creaturae effectrix, Filius verus
veri Patris, invisibilis de invisibili et incorruptibilis de incorruptibili,
et immortalis de immortali, et aeternus de aeterno. — Et unus Spiritus Sanctus, ex Deo substantiam (ὕπαρξιν) habens, qui per Filium
apparuit, [hominibus videlicet], imago perfecti Filii perfecta, vita
viventium causa [fons sanctus], sanctitas quae sanctitatem praestat,
in quo manifestatur Deus Pater ... et Deus Filius... Trinitas perfecta,
quae gloria et aeternitate et regno non dividitur neque abalienatur.
Nihil ergo in Trinitate est neque creatum, neque servum, neque superin-
ductum, tanquam non existens et postea superingressum. Neque igitur defuit unquam Patri Filius neque Filio Spiritus, sed inconvertibi-
lis et immutabilis eadem Trinitas semper »[49].

**86.** 6º Concilium Antiochenum (268). — **Damnavit Paulum Samosatenum** ut qui : A) Christus teneret esse hominem
mirabiliter ex Virgine natum, qui, divina sapientia donatus,
mirabiliter in virtute profecisset proptereaque a Deo sortitus
esset nomen Filii ; — B) Verbum vero seu aeternam Dei Sapientiam teneret esse merum Dei attributum, seu meram dicendi
virtutem (ἐνέργειαν λεκτικήν), omni « usia » seu « hypostasi »,
praeter Patrem, destitutam proindeque a Patre personaliter in-
distinctam. — Eo autem ipso illum adoptianismi simul et mo-

---

[47] *Ibid.* 18 (505 B).
[48] Ut narrat S. Gregorius Nyssenus : *De vita S. Gregorii* (PG 46. 909-912).
[49] Textus graecus juxta Hahn : *Bibliothek der Symbole*, p. 253-256 ; item (PG
46. 912-913). Versio latina adornata ope versionis Rufini, apud Hahn, *loc. cit.*

narchianismi damnavit atque significavit Ecclesiam profiteri
Verbi incarnati tum divinitatem proprie dictam tum aeternam
a Deo Patre distinctionem [50].

§ 2

## DE SCRIPTORUM ANTENICAENORUM DOCTRINA TRINITARIA

**87. Praenotanda de eorum auctoritate.** — Scriptores antenicaeni hic ii considerantur, qui doctrinam de Trinitate susce-
perunt non tam fidelibus, prout in Ecclesia juxta traditionem
docebatur, exponendam, quam, pro suo proprio marte et humanae rationis ope, vel non christianis insinuandam — ita apologetae qui dicuntur, v. gr. S. Justinus, Athenagoras, Theophilus ;
— vel contra haereticorum perversiones vindicandam — ita
Tertullianus, Hippolytus, Novatianus ; — vel tandem in se
scrutandam et aliquatenus interpretandam, — ita magistri imprimis scholae Alexandrinae : Clemens, Origenes, Theognostus.

Ii fere omnes non tantum non fuerunt Ecclesiae pastores
aut authentici doctores, sed etiam non pauci fuerunt, sua jam aetate, erroris aut haeresis aliquatenus notati : ita, in specie, Tertullianus, Hippolytus, Novatianus, Origenes, qui sane sunt inter eos
notissimi. Sedulo propterea, **apud eos, distinguenda est fides,
quam proferunt ut Ecclesiae communem, a theologia, quae
dici possit eorum privata.** Quae non est distinctio tunc temporis inaudita sed occurrit econtra non semel apud scriptores
ejus aetatis.

---

[50] Samosatensis doctrinam videas expositam apud BARDY : *Paul de Samosate*[2],
p. 431 sqq. — Quo sensu Verbum docuerit esse Patri ὁμοούσιον proptereaque vox
illa fuerit a concilio damnata, cf. GALTIER : *L' ὁμοούσιος de Paul de Samosate*, in
RSR, 1922, p. 30-45 ... Confirmari possit *epistola*, quae dicitur *sex episcoporum* ad Samosatensem antequam deponeretur. Illius authenticitas, aliis probata, aliis improbata, jam admittitur potius tum a Loofs tum a Bardy, *op. cit.*, p. 11 sqq., dubitante
tamen Devreesse (*Rev. des sc. philos. et théol.*, 1930, p. 296-299) et Peeters (*Anal. Bol-
land.* 1930, p. 379). Ibi episcopi profitentur « omnium Ecclesiarum catholicarum »
eam esse fidem ut « Filius credatur unigenitus, imago Dei invisibilis, primogenitus
omnis creaturae, sapientia et verbum et virtus Dei, qui, ante saecula, sit non prae-
visione sed οφυσίᾳ et ὑποστάσει Deus, Dei Filius». Eum vero qui « neget Filium Dei
esse Deum ante mundi constitutionem et contendat Filium Dei non posse praedicari
Deum quin duo inducantur dii » ipsi pronuntiant esse « regulae ecclesiasticae alienum »
(HAHN : *op. cit.*, p. 178 ; BARDY, *op. cit.*, p. 14).

**88.** Sic. v. gr. S. JUSTINUS, ubi assumit probare Christum suae nativitati ex Virgine praeexstitisse tanquam Dei Filium et Deum, distinguit explicite demonstrationem suam, quam concedit posse vi carere, et doctrinam fidei, a qua non se sinat unquam abduci ab ullo magistro humano (*Dial.* 48).

ATHENAGORAS pariter, in sua *Legatione pro christianis* (10), primo enunciat fidem, quae sit etiam in Dei Filium, et postea tantum, ut satisfaciat aliquatenus imperatorum « inquisitioni » ac « summae intelligentiae », explicare tentat « quid sibi velit Filium esse Deo ».

S. IRENAEUS aperte nec semel distinguit fidem omnibus communem, — quam « neque is qui multum de ea potest dicere, ampliat, neque is qui minus, deminorat », — ab illis quaestionibus, in quibus solvendis « plus aut minus, secundum prudentiam proficitur aut, ut accidit haereticis, adeo facile erratur, ut melius sit in his ignarum manere quam periculum erroris incurrere (*Haer.* I. 10, 2-3 ; PG 7. 553 B. Item II. 25, 3-4 et 26, 1 atque 28, 4-6). His autem ultimis, inter alia, annumerat quare Deus, « cum sit invisibilis, apparuerit prophetis non in una forma sed aliis aliter » ; quare Verbum Dei caro factum sit et quidem in fine et non in initio) I. 10, 3), et quomodo Verbi a Deo facta sit processio seu generatio (II. 28, 4-6).

Item TERTULLIANUS, ubi loquitur de eis quae, etiam inter ortodoxos, possunt, « salva regula fidei, in quaestionem venire » (*de praescr.* 12, 5), nam, ut ipse pergit, « haec regula nullas habet apud nos quaestiones, nisi quas haereses inferunt et quae haereticos faciunt », sed, « manente forma ejus in suo ordine », si « frater aliquis [est] doctor gratia scientiae donatus », is potest « quantumlibet quaerere et tractare, et omnem libidinem curiositatis effundere » (13, 6 et 14, 1).

CLEMENS ALEXANDRINUS et ORIGENES multo magis adhuc : hi enim, pro sua « gnoseos » seu cognitionis superioris aestimatione, tenent dari, praeter fidem omnibus etiam doctis in Ecclesia profitendam, doctrinam profundiorem et sublimiorem, quae doctis per viam contemplationis philosophicae vel allegorici sermonis apud solos doctos inveniatur vel acquisita vel esoterice transmissa [51].

**89. Observandum praeterea** est scriptores illos : a) vel prosequi scopum apologeticum et quidem ad eos « qui sunt foris », ideoque non proponere nisi eas res quae ab ethnicis philosophice cogitantibus apprehendi possint ; — b) vel, aut simul, controversiam habere cum adversariis, v. gr. Judaeis, Gnosticis et Marcionitis dualistis, monarchianis et adoptianistis, etc., quorum

---

[51] De hoc cf. LEBRETON : *Le désaccord de la foi populaire et de la théologie savante dans l'église du III siècle*, apud RHE, 1923, p. 481 sqq. et *Les degrés de la connaissance religieuse dans Origène*, apud RSR, 1922, p. 339-370.

alii alium articulum fidei pervertunt. Hinc eis necessitas divinitatem Christi ita exponendi ut Judaeo aut monarchiano non
videatur induci ditheismus, vel Filii a Patre distinctionem as-
serendi quin, sicut fit apud Gnosticos aut Marcionitas, appareat
unius ad alterum oppositio aut independentia.

Quibus praenotatis, jam thesis statui potest.

**THESIS V.** — **Scriptores Antenicaeni adeo negant
futura Arianismi asserta capitalia ut nullatenus dici possint
illi praelusisse. Si quando vero, ut accidit, « nondum de
Trinitate perfecte tractarunt »**[52] **in hoc non se prodit ignorantia proprie dicta mysterii ipsius sed potius, una cum
exercitatione philosophica et theologica insufficiente, cura
tuendi tum Filii a Patre dependentiam simul et concordiam,
quam Gnostici et Marcionitae tantopere negabant, tum Dei,
ab initio creaturae, per suum Verbum manifestationem.**

**90.** Prima Pars : **Antenicaeni aperte professi sunt id quod
in mysterio Trinitatis agnoscendo essentiale est et primarium,** seu in quo se prodit Filii cum Patre consubstantialitas,
nempe Verbum non tantum esse Deo coaeternum sed etiam ita
habere ab illo originem ut, non ex non ente factus, sed ex ejus
essentia, tanquam naturalis illius Filius, censendus sit esse
generatus. Hoc porro ipsum est quo capitalia Arianismi negantur
asserta : A) Fuisse aliquando, ubi Filius seu Verbum nondum
esset. — B) Verbum seu Filium esse ex non ente ductum. —
C) Non esse a Deo Patre generatum seu de ejus essentia sed ex
alia hypostasi aut essentia. Posito igitur antenicaenos haec tria
exclusisse, eo ipso inveniuntur non tantum non praelusisse Arianismo sed etiam, negando illius essentialia puncta, dogma de
consubstantialitate Filii quoad rem asseruisse. Jamvero haec
tria negari apud eos constat :

**91.** 1° **Ex stricto eorum monotheismo,** quem contra ethnicos profitentur una cum Judaeis, etsi tamen ingerunt Filium
esse simul a Patre alium et Deum. Sic, v. gr. S. Justinus. A) *Ex
una parte*, dicit Judaeis :

---

[52] S. Augustinus : *in ps.* 54, 22 et *in ps.* 67, 39 (PL 36. 643 et 887).

« Non alius unquam erit Deus, nec alius a saeculo exstitit, praeter
eum qui hanc universitatem fecit ac disposuit. Neque alium nobis,
alium vobis Deum esse dicimus, sed ipsum illum qui patres vestros
eduxit de terra Aegypti ... Neque in alium quemquam speramus sed
in eum in quem et vos » (*Dial.* 11 ; PG 6. 497 A). Imo, teste S. Irenaeo,
in libro contra Marcionem, dicebat : « Neque ipsi Domino credidissem
alterum Deum annuncianti praeter fabricatorem et factorem nostrum » (*Adv. Haer.* IV. 6, 2 ; PG 7. 987).

B) *Ex alia vero parte*, contra Tryphonem Judaeum, assumit
onus probandi Deum dici et esse aliquem, qui est alius a Deo
Patre :

« Demonstra nobis, rogat Judaeus, demonstra nobis ὅτι ἕτερος θεὸς
παρὰ τὸν ποιητὴν τῶν ὅλων agnoscitur a Spiritu prophetico » (*Dial.*
55 ; PG 6. 596 A). Respondet autem Justinus : « Persuadere vobis
conabor hunc ipsum, qui Abrahae et Jacob et Moysi visus esse dicitur
ac Deus a Scriptura vocatur, alium esse ab eo qui omnia creavit Deo,
alium, inquam, numero » (*Ibid.* 56 ; PG 6. 600 C et cf. 601 B).

Tertullianus, impugnando monarchianismum (*adv. Praxeam*), dolet quidem « simplices quosque », quia « regula fidei
[eos] a pluribus diis saeculi ad unicum et Deum verum transtulit,
expavescere ad oeconomiam quae unitatem in trinitatem dispo-
nit », ideoque propendere ad monarchianismum ([3]), at « judaïcae
fidei » ascribit quod quis « sic unum Deum credat, ut Filium
ei adnumerare nolit et, post Filium, Spiritum » ([31]).

**92.** 2º **Ex conjunctione Filii cum Patre** quam — non
obstante tanta, quam asserunt, eorum distinctione — statuunt
tantam ut **Filius sit quid Patris** seu **de substantia ejus,** proptereaque sint inseparabiles nec **unquam fuerit ubi Pater, sine
suo Verbo aut Filio, esset.** Sic, v. gr. :
    S. JUSTINUS, jam in sua prima *Apologia*, « Verbum, quod
prima est Dei progenies » (γέννημα; 21), dicit haberi apud christianos tanquam « modo ei proprio (ἰδίως), praeter communem
conditionem, genitum ex Deo » ([22]). Propterea docet « Jesum Christum [esse] *solum qui proprie Filius Deo genitus sit* », cum « sit
illius verbum et primogenitus et virtus » ([23]). Illum porro adeo
tenet esse sensu proprio Deum ut Judaeos dicat a prophetis
et a Christo redargui, quia non agnoverint Filium ipsum esse,
et non Patrem, qui Moysi olim collocatus de se dixit : *Ego sum*

*qui sum*, nam Filius, « cum sit primogenitus Dei, est etiam [et ipse] Deus » ([63]).

Quae ibi simpliciter enunciata repetuntur et explicantur in *Dialogo*, ubi tamen ex professo probatur potius Filii a Patre distinctio. Ibi enim demonstratur « Deum, initio, ante omnes res creatas, genuisse ex seipso (γεγέννηκεν ἐξ ἑαυτοῦ) virtutem quamdam rationalem, quae a Spiritu Sancto vocatur et gloria Domini, et modo Filius, modo Dominus, modo Verbum » [61]. Hanc autem generationem comparat generationi tum sermonis nostri, qui, dum profertur, non minuit sermonem internum, tum ignis, qui ex alio accenditur quin alius minuatur (*ibid.*), et « Verbum Sapientiae » locutum in libro *Proverbiorum*, unde desumit suam affirmationem, dicit esse « illum ipsum Deum a Patre universorum genitum, qui est verbum et sapientia et virtus et gloria sui genitoris » (*ibid.*).

Contra modalistas autem, qui volunt theophanias Veteris Testamenti non esse nisi varias unius ejusdemque divinae virtutis manifestationes, ipse tuetur « eam virtutem, quam propheticus sermo vocat Deum et Angelum, non solo nomine, ut lucem solis, numerari sed et numero aliud esse quid », siquidem demonstratum est « eam virtutem genitam esse a Patre, virtute et voluntate ipsius, nec tamen per abscissionem, quasi Patris substantia scinderetur, ... sed ad modum ignis ex quo videmus alios ignes accendi, non imminuto illo ... sed eodem manente » (128). Hinc fit ut, cum « duo sint numero » Pater et Filius, unus alterius in terra apparentis sit « Dominus, quatenus Pater est et Deus atque illi causa est cur sit et potens et Dominus et Deus » (129).

**93.** ATHENAGORAS, in sua *Legatione pro christianis*, ad amovendam analogiam, quae videri possit inter poëtas de diis fabulantes et christianos, qui « agnoscunt et Dei filium », illum ostendit esse cum suo Patre unum :

« Filius Dei est verbum Patris in idea et operatione, nam ab eo et per eum omnia facta sunt, cum Pater et Filius unum sint (ἑνὸς ὄντος τοῦ πατρὸς καὶ τοῦ Υἱοῦ). Cum autem Pater sit in Filio et Filius in Patre, unitate et virtute spiritus, mens et verbum Patris est Filius Dei » (10).

Ea porro unitas derivatur ex modo quo Filius et Spiritus se habent ad Patrem :

« Deum dicimus et Filium ipsius et Spiritum Sanctum, unitos secundum virtutem [53], Patrem et Filium et Spiritum Sanctum, quia Patris Filius est mens verbum, sapientia, Spiritus autem effluvium ita ut lumen ab igne » (24).

**94.** THEOPHILUS, in suis *ad Autolycum*, cum dixerit Deum « omnia condidisse per Verbum et Sapientiam » (1. 7) et quidem ex nihilo, addit illud Verbum, « quo usus est administro operum suorum et per quod omnia condidit », esse « *suum ipsius Verbum, quod habebat in propriis visceribus insitum* » (II. 10), ita ut, quando dixit : *Faciamus hominem*, « nulli alii dixerit nisi suo ipsius Verbo et suae ipsius Sapientiae (II. 18).

Nam « *ejus Verbum, per quod fecit omnia, est ejus virtus et sapientia, ... et ejus quoque Filius* », quem genuit, non sicut dii apud poëtas narrantur genuisse, sed « sicut Veritas narrat Verbum semper existens et in corde Dei *insitum*. Ante enim quam quidquam fieret, eo utebatur consiliario, quippe qui sit ejus mens et prudentia. Cum autem voluit Deus ea facere quae statuerat, hoc Verbum genuit *prolatitium*, primogenitum omnis creaturae, non ita tamen ut Verbo vacuus fieret, sed ut Verbum gigneret et cum suo Verbo semper versaretur ... Verbum igitur Deus est et ex Deo genitus (II. 22).

CLEMENS ALEXANDRINUS, in suis *Hypotyposibus* seu *Adumbrationibus in Jo.* 1. 1. « Quod fuit ab initio », haec habebat :

« Cum dicit quod erat ab initio, generationem tangit sine principio Filii cum Patre simul exstantis. « Erat » ergo verbum aeternitatis significativum est, non habentis initium, sicut etiam Verbum ipsum, hoc est Filius, quod secundum aequalitatem substantiae unum cum Patre consistit, sempiternum est et infectum » (PG 9. 734 D-735 A).

**95.** TERTULLIANUS, in suo *adv. Praxeam*, — etsi conatur demonstrare in Deo dari « dispensationem » seu « oeconomiam », qua Pater et Filius et Spiritus sint tres realiter distincti, — tamen aperte tuetur illorum unitatem substantialem.

Dei Filius est « Sermo ipsius, qui ex ipso processit » (2). « Spiritus [autem] non aliunde quam a Patre per Filium » (4). « Filius [est] unigenitus, ut solus ex Deo genitus » (7). Etsi « custoditur oeconomiae sacramentum », tamen, haud minus quam apud monarchianos, « unus

---

[53] « Κατὰ δύναμιν ». Δύναμις, hoc loco, intellegitur intrinseca et essentialis, proindeque aequivalet voci οὐσία.

est omnia », id est,. Pater et Filius te Spiritus, siquidem « ex uno s [unt]
omnia (i. e. F. et Sp. S.), per substantiae scilicet unitatem », seu tres
sunt « unius substantiae et unius status et unius potestatis, quia unus
Deus [est], ex quo et gradus isti et formae et species in nomine Patris
et Filii et Spiritus Sancti deputantur » (2). « Qui tres unum sunt, non
unus, quomodo dictum est : *Ego et Pater unum sumus*, ad substantiae
unitatem, non ad numeri singularitatem » (25). « Pater et Filius [enim]
sunt duo, non ex separatione substantiae, sed ex dispositione ... Filius
[autem], etsi dicitur et ipse Deus, quando nominatur singularis, ideo
non duos deos facit [quia] ex unitate Patris habet vocari Deus » (19).

**96.** HIPPOLYTUS item, etsi, *contra Noëtum*, distinctionem
urget Filii a Patre, tamen docet « nihil esse Deo coaevum » praeter Verbum et Sapientiam ejus.

Etenim, ubi « nihil erat praeter ipsum, ipse, [etsi] solus erat, [ta-
men] erat multus » (Οὐδὲν πλὴν αὐτὸς ἦν· αὐτὸς δὲ μόνος ὤν, πολὺς ἦν).
est quia « non erat sine ratione (ἄλογος), nec sine sapientia (ἄσοφος),
Ratio nec sine potentia, nec sine consilio ... Verbum porro, quod habebat in seipso, genuit [tanquam] eorum quae facta sunt ducem, consiliarium et operarium ». Nam « omnia quae facta sunt ratione et sapientia fabrefecit, ratione quidem creans, sapientia vero ornans » (10 ;
PG 10. 817 A-B). « Omnia igitur per ipsum [Verbum, seu Filium Dei]
facta sunt ; ipse vero solus est ex Patre » (*Ibid.* 11 ; PG 10. 817 C).

Christus propterea agnoscitur esse « Deus in corpore »,
cujus adeo distinguuntur naturae duae ut « super pulvinum
dormiret qui, ut Deus, habebat naturam insomnem » (*Ibid.*
17-18 ; PG 10. 828 A-B).

Apud *Philosophumena* autem, ostendit creationem entium
in hoc differre a generatione Verbi quod facta sunt ex non ente,
Verbum vero ex ipso Patre :

« Deus unus, primus et universorum Dominus, coaevum habuit
nihil, non chaos infinitum, non aquam immensam vel terram solidam,
non aera densum, non ignem calidum ..., sed erat unus, solus sibi, qui,
dum voluit, fecit omnia quae sunt, cum non essent antea ... Hic igitur
solus et super omnia Deus Logum primum cogitando, gignit, non
Logum veluti vocem, sed interiorem universi ratiocinationem. *Hunc
solum ex entibus genuit ; Pater enim ipse erat ens ex quo id quod genitum
est.* Verbum [vero] est causa eorum quae facta sunt » (I. 10, 32-33 ;
PG 16³. 3346 D-3447 B). « Solus Dei Logus est ex illo, proptereaque
Deus est, cum sit substantia Dei. Mundus autem ex nihilo, proptereaque non Deus » (*Ibid.* 3450 B).

**97.** NOVATIANUS pariter, in suo *De Trinitate*, Sermonem
Dei Filium docet in hoc tantum differre a Patre quod ab eo habet originem ; substantiae porro esse divinae nec unquam fuisse
ubi apud Patrem non esset :

« Hic ergo, cum sit genitus a Patre, semper est in Patre. Semper
autem sic dico, ut non innatum sed natum probem. Sed qui ante
omne tempus est, semper in Patre fuisse dicendus est : nec enim
tempus illi assignari potest, qui ante tempus est. Semper enim in
Patre, ne Pater non sit semper Pater. Quia et Pater illum etiam praecedit, quod necesse est prior sit qua Pater sit : quoniam antecedat
necesse est eum qui habet originem, ille qui originem nescit ; simul
ut hic minor sit, dum in illo esse se scit, habens originem quia nascitur, et per Patrem quodam modo, quamvis habet originem qua nascitur, vicinus in nativitate, cum ex eo Patre, qui originem solus non
habet, nascitur. Hic ergo, quando Pater voluit, processit a Patre ;
et qui in Patre fuit, quia ex Patre fuit, cum Patre postmodum fuit,
quia ex Patre processit, substantia scilicet illa divina, cujus nomen est
Verbum, per quod facta sunt omnia et sine quo factum est nihil.
Omnia enim post ipsum sunt, quia per ipsum sunt, et merito ipse est
ante omnia, sed post Patrem, quando per illum facta sunt omnia.
Qui processit ex eo ex cujus voluntate facta sunt omnia, Deus utique
procedens ex Deo, secundam personam efficiens post Patrem, qua
Filius, sed non eripiens illud Patri quod unus est Deus ... Quidquid
est, non ex se est, quia nec innatus est, sed ex Patre est, quia genitus
est. Sive dum Verbum est, sive dum Virtus est, et ve dum Sapientia
est, sive dum Lux est, sive dum Filius est, et quidquid horum est, ...
non aliunde est quam ... ex Patre, Patri suo originem suam debens »
(ep. 31 ; PL 3. 949-951).

**98.** ORIGENES : A) Abjicit, ut « falsa et impia sentientes »,
non tantum eos qui negant Filii personalitatem (ἰδιότητα) esse
aliam ac Patris sed etiam eos qui, « negata Filii divinitate, ponunt
ejus tum personalitatem tum essentiam esse circumscriptive
(κατὰ περιγραφήν) [54] aliam ac Patris » (*In Jo.* II. 2; PG 14. 108-
109). — B) Aperte docet catholicos profiteri « Christum non
esse purum hominem, sed Deum et hominem » (*In Jesum Nave
hom.* 7. 7 ; PG 12. 863 C) et explicat illum ideo, una cum Deo
Patre, posse ab eis coli quin duo inducantur dii, quia ipse se

---

[54] Ita scilicet ut alia possit circumscribi quin inscribatur et alia. Substantiae enim
dicentur manere κατὰ περιγραφήν dictinctae, quae, etsi conjunctae, eorsum describi
possunt, ita ut una sit praeter circumscriptionem alterius. Sic, apud Chrysippum,
essentia faba rum et frumentorum quae commiscentur (Cf. ARNIM : *Stoïcorum veterum
fragmenta*, t. II, p. 154[13]).

dixerit cum Patre unum (Vide responsum ad Celsum citatum supra, p. 52, nota 1). — C). Verbum praeterea seu « Filium Dei unigenitum » docet, « esse sapientiam ejus substantialiter subsistentem » (*Peri Archon*. I. 2, 2 ; PG 11. 130  C), proptereaque excludit « fuisse unquam ubi nondum esset ».

« Addere ausim, cum sit similitudo Patris, non posse fieri ut aliquando non fuerit. Quando enim Deus, quem Joannes lucem appellat, propriae gloriae candore caruit, ut quis audeat principium existendi Filio tribuere, quasi scilicet antea non fuerit ? Intellegat enim qui dicere audet : Fuit aliquando cum non esset Filius, idem esse ac si diceret : Sapientia non erat ... Nefas est ... Deum ... unigenito privare Verbo, quod semper cum illo fuit et illa erat sapientia qua delectabatur. Alioquin eum non semper fuise delectatum intellegendum erit » (*Fragm*. recit. apud Athanas. : *De decret. nic. syn.* 27 ; PG 25. 465 B-C).

Hinc etiam ducit generationem Filii esse Patri coaeternam et continuam, nam Filius est splendor gloriae Patris : ·

« Videamus quis sit Salvator noster : Splendor gloriae. Splendor [porro] gloriae non semel genitus est et [jam postea] non gignitur, sed, quamdiu est lux quae faciat splendorem, tandiu gignitur splendor gloriae Dei. Salvator éautem] noster est Sapientia Dei ; Sapientia porro Dei est splendor lucis aeternae ... Ergo Salvator semper gignitur (*In Jerem. hom.* 9. 4 ; PG 13. 357 A). Generationis propterea illius non possit assignari initium neque dies, nam « *hodie* » Deo est semper. Apud Deum enim non est mane neque vespere, sed, si fas sit ita loqui, tempus, se coextendens ingenitae et aeternae ejus vitae, est ei hodierna dies, in qua genitus est Filius ; [et sic] initium generationis ejus non invenitur neque dies » (*In Jo.* I. 32 ; PG 14. 77D).

**99.** THEOGNOSTUS, S. Dionysii in Alexandrino Didascalio successor, aperte docuit Filium esse ex ipsa Patris essentia :

« Non extrinsecus adinventa est Filii substantia (οὐσία), neque ex nihilo educta, sed ex Patris substantia nata est, ut lucis splendor et aquae vapor ; neque enim splendor aut vapor ipsa aqua vel ipse sol est ; neque rursus est aliquid alienum, sed est aliquid emanans ex Patris substantia, ita tamen ut nullam divisionem eadem Patris substantia sit perpessa. Ut enim sol idem manens radiis ab ipso profluentibus non minuitur, ita neque Patris substantia nullam mutationem patitur, cum Filium sui ipsius imaginem habet » (Fragm. ex *Hypotyposibus* recitatum ab Athanasio in *De decr. nic. syn.* 25 ; PG 25. 460 C).

**100.** SECUNDA PARS fatetur illos scriptores adeo « nondum de Trinitate perfecte tractasse », ut non pauca protulerint quae opponantur tum dogmati postea pressius definito, tum praemissae illorum doctrinae. Ea reduci possunt ad duo capita : Filium scilicet inducunt Patri vel posteriorem, seu non ab aeterno Filium, vel saltem subordinatum seu dignitate et potentia minorem.

## I. Exponuntur illae assertiones.

**101.** 1º **De Filii posterioritate seu libera et non ab aeterno filiatione.**

Etsi originem Verbi intellegunt non creationem ex nihilo sed generationem ex ipsa Patris substantia ; etsi Verbum admittunt Patri semper adfuisse ita ut nunquam eo caruerit seu fuerit ἄλογος ; tamen, inducta distinctione inter λόγον, qua ratio est, et λόγον, qua sermo est, — seu, ut apologetis in specie placuit, inter Verbum insitum (ἐνδιάθετον) et Verbum prolatum (προφορικόν) — generationem distinguere videntur imperfectam et perfectam seu nativitatem, qua proprie et perfecte sit Filius : Verbum consequenter solent asserere genitum aut saltem natum, seu factum filium a Patre vere alterum, quando Pater mundi creandi initium libere fecit. Hoc sensu Filius fuerit ex libera Dei voluntate genitus et omnis creaturae primogenitus. Sic, v. gr.

**102.** S. JUSTINUS, ubi asserit Filium seu Verbum

« genitum esse quando, in principio, [Deus] per eum omnia condidit et ornavit » (2 *Apol.* 6 ; PG 6. 453 B).

et explicat

« Deum, ante omnes res creatas, genuisse initium (ἀρχήν) ex seipso virtutem quamdam rationalem », quae variis nominibus vocatur quia « Patris voluntati ministrat et voluntate genitus est » (*Dial.* 61 ; PG 6. 613 C).

TATIANUS explicat Deum ideo, ante mundi creationem, non fuisse solum, quia, cum

« omnis virtus visibilium et invisibilium esset cum eo, omnia subsistebant cum eo per rationalem (διὰ λογικῆς) ejus virtutem » [id est, per Verbum]. « Voluntate vero simplicitatis ejus prosilit Verbum ; Verbum autem, [quia] non in vacuum progreditur, fit primogenitum Patris opus » (ἔργον πρωτότοκον τοῦ Πατρός) [55].

THEOPHILUS (*ad Autolycum*, II. 22), explicando quomodo « Verbum Dei sit etiam Filius ejus », excludit quidem generationem qualem poëtae fingunt, nam, antequam quidquam fieret, « Verbum semper existebat in corde Dei insitum, eoque Deus utebatur consiliario » ; sed addit :

« Cum autem voluit Deus ea facere quae statuerat, hoc Verbum genuit prolatitium, primogenitum omnis creaturae » (PG. 6. 1088 B).

**103.** TERTULLIANUS (*Adv. Prax.*) in Filii generatione distinguit duo quasi stadia : 1$^m$, ante mundi constitutionem ; 2$^m$, in ipsa mundi constitutione.

1° **In primo stadio,** « Dei dispositio » hujusmodi erat ut, etsi « Deus erat solus, quia nihil aliud extrinsecus praeter illum », tamen « ne tunc quidem solus [erat], habebat enim secum, quam habebat in semetipso, rationem suam, ... [quam] Graeci λόγον dicunt : quae ratio sensus ipsius est ». Immo, « etsi Deus nondum sermonem suum miserat » ad extra operaturum, tamen « eum cum ipsa et in ipsa ratione intra semetipsum habebat », quatenus « tacite cogitando et disponendo secum quae per sermonem mox erat dicturus, ... sermonem eam efficiebat ». Sic igitur constat « Deum ante universitatis constitutionem solum non fuisse », cum habuerit « in semetipso rationem et in ratione sermonem, quem secundum a se fecerat agitando intra se » (5). Ea porro est « secunda persona », quam, « in sophiae nomine », Scripturae dicunt « conditam » et « generatam » : « Ante omnes colles generavit » eam, quatenus « in sensu suo condidit et generavit » (6).

2° **In secundo stadio,** seu in ipsa mundi constitutione, eadem persona apparet « adsistens [Deo] in ipsa operatione ». Nam, « ut primum Deus voluit ea, quae cum sophiae ratione et sermone disposuerat intra se », fieri extra se, « ipsum protulit sermonem, ... ut per ipsum fierent universa, per quem erant cogitata atque disposita » (6). Jamvero « haec est nativitas perfecta sermonis, dum ex Deo procedit », siquidem « tum ipse sermo speciem et ornatum suum sumit, sonum et vocem, cum dicit Deus : Fiat lux » (7).

Sic igitur « Sermo » seu Verbum, invenitur « conditus a Deo primum ad cogitatum » : — hinc dictum Sophiae : *Dominus*

---

[55] *Oratio ad Graecos.* 5 ; PG 6. 812 C-816 A, sed juxta textum emendatum a SCHWARTZ, apud T. U., t. IV, p. 5. — Cf. PUECH : *Le discours aux Grecs de Tatien*, p. 114.

*condidit me initium viarum* — ; « dehinc generatus ad effectum » :
hinc dictum : *Cum pararet caelum, aderam*. « Eum [proinde]
fecit sibi patrem, de quo procedendo filius factus est », seu « filius
factus est Dei, de quo procedendo generatus est ». Aliis verbis,
etsi est Dei « primogenitus, ut ante omnia genitus et unigenitus,
ut solus ex Deo genitus, [scilicet] de vulva cordis ipsius », tamen
non est perfecte natus nisi quando editus est seu quando, in
agendo ad extra, manifestatus est.

Hinc (*adv. Hermogenem*, 3) negatio quod Deus fuerit semper
Pater :

« Et pater Deus est et judex Deus est, non tamen ideo pater et
judex semper quia Deus semper. Nam nec pater potuit esse ante
filium, nec judex ante delictum. Fuit autem tempus, cum et delictum
et filius non fuit, quod judicem et qui patrem Deum faceret ... Sic
Deus tantum, futurus quandoque, sicut Pater per Filium, sicut judex
per delictum, ita et Dominus per ea quae sibi servitura fecisset » —
(Ubi tamen, n. b. Tertullianum ipsum sibi conscium esse se in hoc
aliquatenus « argutari »).

**104.** Item HIPPOLYTUS, ubi (*contra Noëtum*) exponit quomodo Deus Verbum suum manifestaverit. Etiam quamdiu « nihil erat praeter ipsum », etsi « solus erat », tamen jam « erat
multus » nam non erat sine Logo (ἄλογος). Sed « quando voluit et
quomodo voluit, ostendit Verbum suum ».

Ea porro « ostensio » dicitur fuisse illius generatio, nam « eorum,
quae facta sunt, ducem, consiliarium et operarium generabat Verbum ;
quod Verbum, cum in se haberet, essetque mundo creato inaspecta-
bile, fecit aspectabile, emittens priorem vocem ; et lumen ex lumine
generans, deprompsit creaturae Dominum, sensum suum ... Atque
ita adstitit ei alius », nam « Pater [est] ex quo éest] virtus Verbum.
Hoc vero mens est, quod, prodiens in mundum, ostensum est puer
Dei » (προθὰς ἐν κόσμῳ ἐδείκνυτο παῖς θεοῦ) (10-11 ; PG 10. 817).

Additur immo (15) Verbum, quamdiu non est in carne ortus,
non fuisse perfecte Filium, etsi jam perfectum esset Verbum, et Unigenitus ; non fuerit immo « a principio vocatus filius nisi quia futurum erat ut ortum haberet ex carne » (*Ibid*. 824 B) [56].

NOVATIANUS (*De Trinitate*, 31) exponit « Sermonem Filium
natum esse ex Deo Patre, quando ipse voluit ». « Hic ergo, quando

---

[56] Cf. CONNOLLY in *Journal of theol. studies*. XXXVII, 1936, p. 8 et CAPELLE :
*Le Logos, fils de Dieu, chez Hippolyte* in Recherches de théol. ancienne et médiév. IX,
1937, p. 109-124.

Pater voluit, processit a Patre ; et qui in Patre fuit, processit
ex Patre ; et qui in Patre fuit, quia ex Patre fuit, cum Patre
postmodum fuit» (PL 3.950 A).

## 105. 2° Assertiones de Filii ad Patrem subordinatione.

A) *Aliae Filium inducere videntur ut secundi ordinis Deum*,
quatenus Patrem dicunt praestare divinitate, quae sit a se,
aeternitate, invisibilitate.

S. JUSTINUS, v. gr. : «Verbum, post Deum, adoramus»
(2 *Apol.* 13). «Dicimus Filium ejus, qui est realiter Deus, [eum-
que] secundo loco habemus» (1 *Apol.* 13).

TERTULLIANUS vult

«intellegamus Patrem invisibilem [esse], pro plenitudine majestatis ; agnoscamus vero Filium visibilem, pro modulo derivationis,
sicut nec solem nobis contemplari licet, quantum ad ipsam substantiae
summam, quae est in caelis, radium autem ejus toleramus oculis pro
temperatura portionis, quae in terram inde porrigitur» (*adv. Prax.*
14). «Pater enim tota substantia est ; Filius vero derivatio totius et
portio, sicut ipse profitetur : *Pater major me est*» (*Ibid.* 9).

ORIGENES, in specie, concedit Patrem minus Filio quam
Filium sibi cognitum esse [57], nec vult Filio orationes offerri nisi
tanquam pontifici qui illas ad Patrem deferat [58]. Verbum illi
non est ὁ θεός, nec αὐτόθεος sed θεός simpliciter, δεύτερος θεός [59].

«Est imago bonitatis Dei, sed non ipsum bonum ; est sane etiam
Filius bonus, sed non ut simpliciter bonus ... Imago bonitatis, sed non,
sicut Pater, indeclinabiliter bonus» [60]. Nam Pater est «solus bonus
et major eo qui ab ipso missus est» [61].

## 106. B) *Aliae Filium inducunt ita Patri subordinatum ut ejus voluntati subserviat*, ejus mandata exsequatur nec quidaqam efficiat nisi jubente Deo. Sic :

S. JUSTINUS : «Ministrat voluntati paternae» (*Dial.* 61 ;
PG 6. 613 C).

---

[57] *De principiis.* IV. 35 (GP. 11 410).
[58] *Cont. Celsum.* V. 4 ; VIII. 13 et 26 ; *De orat.* 14 et 15 (PG 11. 1185 B ; 1536
A-B ; 1556 B ; 464 C sqq.).
[59] Deus «donavit Salvatori, tanquam secundo post se existenti Deo Verbo, per
totam creaturam permeare» (*In Jo.* VI. 23 ; PG 14. 268 D).
[60] *De principiis.* I. 2, 13 (PG 11. 143 C-144 A).
[61] *In Jo.* VI. 33 (PG 14. 268 B). — De Origenis doctrina plura pud BARDY,
art. *Origène* in DTC, col. 1518 sqq.

THEOPHILUS (*ad Autolycum*, II. 22), explicando quo sensu
Scriptura dicat Deum, qui loco comprehendi nequeat, ambulasse
in paradiso et collocutum esse cum Adamo, exponit Verbum,
ejus assumpta persona, et mandato, ad hoc in paradisum de-
venisse. Nam « Pater universorum, cum ita visum fuerit, mitt
in aliquem locum, quo cum venerit, auditur et videtur missum
ab eo et in loco invenitur » (PG 6. 1088 A-C). « Verbum [Deus]
habet ministrum (ὑπουργόν) operum suorum et per illud omnia
operatur » (*Ibid.* 10 ; PG 6. 1064 C).

TERTULLIANUS (*adv. Prax.* 12) exhibet Verbum in creatione
Patri « adsistentem et ministrantem » et dicit a Patre illum, in
narratione creationis, distingui tanquam a « jubente » illum qui
non facit nisi alio jubente.

HIPPOLYTUS (*Philosophumena*, X. 33) exponit Verbum esse
« causam eorum quae existunt quia », cum in semetipso gestet
voluntatem genitoris, ... « habet in semetipso ideas in Patre
praecogitatas ; quare, Patre jubente fieri mundum, singula Verbum perficiebat placens Deo » (PG 16³. 3447 C). Ea enim est in
Trinitate « oeconomia consensionis », quae « redigitur in unum
Deum : *Pater mandat ; Filius obedit ; Spiritus S. scientiam praestat* » (*Cont. Noët.* 14 ; PG 10. 821 B et cf. C).

ORIGENES (*cont. Celsum* II. 9) exponit verba Geneseos
« *Fiat lux* », « *Faciamus hominem* » intellegenda esse ut mandata
Patris ad Verbum, quod, « juxta mandatum, fecerit omnia quae
Pater illum facere jusserit » (PG 11. 809 A). Verbum igitur « fue-
rit mundi quasi opifex ; Pater autem primarius conditor, eo
quod Verbo suo Filio mandavit ut mundum faceret » (*Ibid.*
VI. 60 ; 1389 C).

## II. Exponitur vis et momentum illarum assertionum.

**107.** 1º **Notanda** imprimis iterum est et **miranda firmitas,**
qua iidem auctores, etsi asserta hujusmodi proferunt, affirmant
extra quaestionem omnino manere doctrinam praemissam tum
de **perfecta Dei unitate,** tum de **Filii origine, quae sola sit
non per creationem ex non ente sed per processionem ex ipsa
Dei substantia.** In hoc enim se prodit quam maxime illa, quam
praefati sumus, distinctio fidei communis et expositionum aut

demonstrationum quas auctores privati, pro suo modulo, sibi conficiunt rationis aut Scripturarum ope [62].

Ac, re vera, praemissae assertiones **nituntur imprimis certis Scripturae locis,** quae, ut apta erant manifestare dualitatem personarum, ita videbantur suadere unius prae altera praestantiam, prioritatem et principalitatem. Ita v. gr. apud *Prov.* 8. 22 et 25, ubi Sapientia, — quod intellegitur Verbum, — se dicit a Deo « *conditam initium viarum suarum in opera sua* ». Item apud *Jo.* 1. 1 et 3, ubi « Verbum », quod « in principio erat apud Deum », dicitur esse « *per quod omnia facta sunt a Deo* ». Item assertum : « *Deum nemo vidit unquam* » (*Jo.* 1. 18) et factum toties relatum de Domino, qui patriarchis et Moysi visus est et cum eis conversatus est.

Hinc enim orta est illa notio alicujus in ipso Deo **« oeconomiae »** seu « dispensationis » aut « dispositionis Dei » — « monarchiae administrationis », scribit Tertullianus (*adv. Prax.* 3) —, vi cujus Deus per Filium condidisset et se in Filio tantum fecisset creaturis suis visibilem. Quae quasi operum ad extra inter personas distributio ideo Tertulliano v. gr. non videbatur inferre Deo « divisionem et dispersionem » quia Filius et Spiritus S. intellegebantur « consortes substantiae Patris », seu non esse « aliunde [ac de substantia Patris » (*ibid.*), quin tamen ullatenus ab illo separarentur (*ibid.* 8).

Attamen, ipso Tertulliano fatente (*ibid.* 3), « simplices quique, ... quae major credentium pars » erat, « Trinitatis dispersionem » hujusmodi « expavescebant » tanquam « divisionem unitatis ». Et jure quidem [63] ; at, cum illi ipsi auctores, qui, illius ope, tuebantur tantummodo distinctionem personarum, explicite caverint aut saltem cavere voluerint periculum exinde exsurgens, illegitime concluderetur eos per hujusmodi doctrinam voluisse in ipsam Dei substantiam inducere realem aliquam divisionem aut distinctionem.

---

[62] Hoc eo magis notandum quod majorem subiere platonismi influxum. De quo cf. ARNOU : *Le platonisme chez les Pères*, apud DTC, t. XII², col. 2273 ; 2287 ; 2300-308.

[63] S. IRENAEUS, etsi vocem ipsam οἰκονομίαν — latine: « dispositionem » — saepe habet, opportunius et rectius videtur eam non intellexisse nisi de ipso consilio Incarnationis ac Redemptionis per Filium peragendae. Cf. D'ALÈS: *Le mot* οἰκοομνία *dans la langue théologique de saint Irénée*, apud *Rev. des Ètudes grecques*, 1921, p. 19 ; item apud *Novatien*, p. 115-116. — Postea, loco hujusmodi oeconomiae seu dispositionis, inducta est, apud theologos, ea quae dicitur operum ad extra « appropriatio ». De qua infra.

**108.** 2° **Quoad Verbi generationem:** — A) *Undenam eorum doctrina.* Patet illos scriptores comparationem duxisse ex duplici sensu, quo λόγος intellegitur, apud homines : λόγος scilicet sensu rationis seu mentis, qui dicitur homini insitus (ἐνδιάθετος) et sensu verbi seu sermonis, qui ore profertur : (prolatus : προφορικός) [64]. Quia λόγος, (*sermo, verbum*), non intellegitur sensu primario et perfecto nisi oralis (προφορικός), quo profertur et exprimitur sensus seu sermo mentis ipsius (λόγος ἐνδιάθετος), propterea putarunt etiam Dei Verbum non esse perfectum — nec proinde perfecte generari — nisi quando sensus Dei ad extra manifestatus est per mundi creationem : hinc nexus ille, quem sibi visi sunt agnoscere in Scriptura significatum inter externam Dei manifestationem et perfectam Verbi generationem : ita sane, locis supra citatis, Theophilus, Tertullianus Hippolytus, Novatianus.

B) *Quo redit quaestio ?* — Quaestio igitur de eorum mente eo tota redit, **utrum** Verbum Dei, ante mundi constitutionem, seu ante perfectam illam generationem, isti auctores intellexerint esse jam et *ab aeterno personam distinctam* **an** *essentialem tantummodo Dei rationem seu sapientiam.* — Hoc ultimum censuere potius Petavius [65], Newman [66], Duchesne [67]. Alii, econtra, docuerunt Verbum apud eos haberi ut personam a Patre distinctam, ita ut perfecta illius, quae dicitur, generatio non fuerit nisi illius manifestatio [68].

**Ultimae huic sententiae videtur.potius assentiendum,** quia etiam ii auctores — Tatiano, ut videtur, excepto, — qui quam maxime perfectam illam generationem Verbi connectunt

---

[64] « Post sensationem statuit cogitationem, id est, rationem — διάνοιαν — quam homines communiter vocant etiam νοῦν καὶ φρένα καὶ λόγον. Sedquia etiam quoad vocem, est aliquis λόγος, philosophi hunc praedictum λόγον vocant ἐνδόθετον : quo λόγῳ consequentia et contradictoria cognoscimus» (GALENUS apud ARNIM : *Stoïcorum veterum frag.* t. I, p. 43). « Dogmatici ... dicunt hominem non τῷ προφοριγῷ λόνῳ differre ab animalibus (ἀλόγων ζώων) — nam et corvi et psittaci et picae proferunt voces distinctas, — sed τῷ ἐνδιαθέτῳ » (SEXTUS, *ibid.*, p. 74[1.6]).

[65] *De Trinitate*, I. 3, 6 ; 5, 2 ; VI. 9, 1. — De quo, cf. GALTIER in RSR XXI, 1931, p. 462 sqq. et apud DTC, t. XII[1], col. 1327-1334.

[66] *Rev. des sc. ecclés.* (1882), p. 504 sqq.

[67] *Causes of arianism*, 11, in *Tracts theol. and eccles.*

[68] BULLUS : *Def. fid. nic.* ; BOSSUET : *Premier avertissement aux protestants*, n° 7, q. 25. 28 ; *Sixième avertiss.*, n° 65-75 ; 82 sqq. ; MARANUS : notae ad S. Justini *Dial.* 61 et 128 atque ad Tatiani *Or. ad Graecos*, 57 ; praesertim in suo opere : *Divinitas.* J. C. *manifesta in Script. et trad.* ; TIXERONT : *La théologie anténic.*, p. 250 ; 308 ; D'ALÈS : *Théol. de Tertull.*, p. 89-93 ; *de S. Hippol.*, p. 26-30 ; LEBRETON : *op. cit.*, II, p. 448 sqq.

cum creatione, aperte tamen significant Verbum jam exstitisse
apud Patrem ad modum personae aliquatenus distinctae.

108.<sup>bis</sup> S. JUSTINUS :

« Illa vere ex Patre prolata progenies, ante res omnes creatas,
una erat cum Patre (συνῆν τῶ Πατρί) et cum eo colloquebatur» [69].

THEOPHILUS, *loc. cit.*, non loquitur nisi de illa generatione,
qua Verbum suum Deus genuit ad extra, seu proferendo manifestavit : τοῦτον τὸν Λόγον ἐγέννησε προφορικόν. Antea vero illud
habebat in corde suo tanquam «consiliarium quo utebatur» :
τοῦτον εἶχε σύμβουλον. Et, re vera, in subsequentibus, explicat
ex *Jo.* 1. 1 et 3 Verbum, «in principio» fuisse «in Deo», ante
quam per illud omnia fierent. Immo addit rationem, propter
quam Pater Verbum ad extra mittit ad aliquid operandum, —
ergo etiam in creatione — esse quia «Verbum est Deus et ex Deo
ortus : θεὸς ὢν ὁ Λόγος καὶ ἐκ θεοῦ πεφυκώς» (PG 6. 1088 B-C).

TERTULLIANUS, in illo primo, quod dicimus, quasi generationis stadio, «Sermonem» intellegit personam jam a Patre
secundam, et quidem generatam. Nam, «etsi Deus nondum
Sermonem suum misit», tamen jam «tacite cogitando et disponendo secum quae per Sermonem mox erat dicturus ... Sermonem efficiebat» : haud aliter quis, antequam ore loquatur,
«omnem cogitatus sui motum, ad omnem sensus sui pulsum, ...
loquitur in animo et ... conlocutorem patitur sermonem : ... ita
secundus quodammodo in[illo] est sermo». Sic Deus, « ante mundi constitutionem», jure dicitur «solus non fuisse, [cum] habuerit in semetipso rationem et, in ratione, Sermonem, quem secundum a se fecerat agitando intra se» (*adv. Prax.* 5). Ea porro
« secunda persona» est, quae, «in Sophiae nomine», se dicit ab
illo «in sensu suo conditam et generatam» (*ibid.* 6).

---

[69] «Τοῦτο τὸ τῷ ὄντι ἀπὸ τοῦ Πατρὸς προβληθὲν γέννημα, πρὸ πάντων τῶν
ποιημάτων συνῆν τῷ Πατρὶ καὶ τούτῳ ὁ Πατὴρ προσομιλεῖ» (*Dial.* 62 ; PG 6. 617
D). — Quocum si comparatur dictum, ex 2 *Apol.*, 6, supra recitatum : «ὁ Λόγος πρὸ
τῶν ποιημάτων καὶ συνὼν καὶ γεννώμενος ὅτε τὴν ἀρχὴν δι'αὐτοῦ πάντα ἔκτισε
καὶ ἐκόσμησε» (PG 6. 453 A), haud immerito forte censeatur idem significare. Vox
scilicet γεννώμενος non sit conjungenda cum voce ὅτε sed voci συνὼν religanda, sen-
susque proinde sit : «Verbum Patri coexistens erat et genitus, quando per eum omnia
fecit» seu «quando Deus per eum omnia fecit, eum jam habebat sibi praesentem
et genitum» (Ita PUECH : *Les apologistes grecs*, p. 111-112 ; D'ALÈS : *De Verbo incarnato*, p. 85-86).

HIPPOLYTUS, etsi filiationem docet perfectam non fuisse nisi in Incarnatione, tamen aperte admittit : a) Verbum, esse aliquo modo genitum, siquidem etiam qua Verbum illud vocat « Unigenitum » [70]. — b) Generationi illius « secundum carnem, [quam] enarrare non pluribus quam duobus concreditum est », opponit « generationem ejus secundum spiritum, quam apud se Pater servavit », et de qua tantummodo legitur : *Ex utero ante Luciferum genui te* » [71]. — c) Praesertim, dicit Verbum ideo solum esse, inter entia, genitum, quia ille Pater, ex quo genitus est, est ipsum esse [72]. Eumdem dicit esse deum, quia solus est qui sit ex Deo et est οὐσία θεοῦ, cum, econtra, mundus ideo non sit deus quia est ex nihilo [73].

NOVATIANUS tandem nativitatem Filii intellegit quidem in ipsa mundi creatione factam, at tamen illius generationem ita intellegit esse ab aeterno ut explicite dicat eum ita semper fuisse in Patre ut « Pater semper fuerit Pater » [74] et ipse, « antequam mundus esset, gloriam habuerit apud Patrem et claritatem tenuerit apud Patrem » [75].

**109.** 3º **Quoad Verbi subordinationem,** difficilis, immo, quoad aliqua, impossibilis videtur conciliatio logica assertionum praemissarum non tantum cum dogmate postea definito sed etiam cum firmis illis eorumdem scriptorum assertionibus, quibus Filius seu Verbum dicitur esse quid Patris, esse Patris Sapientia aut ratio sine qua nunquam fuit, esse ex ipsa Patris substantia aut immo unius cum Patre substantiae a qua non separetur. Verbum enim sic ab aeterno Patri inhaerens scriptores illi sane non intellexerunt in se mutari seu minorari ex eo quod proferretur seu manifestaretur. Minoratio igitur et subordinatio, quam illi adscribunt, jure intellegitur de sola processione seu

---

[70] « Οὔτε ἄσαρκος καὶ καθ' ἑαυτὸν ὁ Λόγος τέλειος ἦν υἱός, καίτοι τέλειος Λόγος ὢν Μονογενής» (*Cont. Noëtum.* 15 ; PG 10, 824 C).

[71] *Ibid.* 16 (825 B-C).

[72] « Τοῦτον μόνον ἐξ ὄντων ἐγέννα· τὸ γὰρ ὂν αὐτὸς ὁ Πατὴσ ἦν ἐξ οὗ τὸ γεννηθέι » (*Philosophumena,* X- 33; PG 16³. 34488).

[73] Τούτου ὁ Λόγος μόνος ἐξ αὐτοῦ· διὸ καὶ θεὸς, οὐσία ὑπάρχων θεοῦ· ὁ δὲ κόσμος ἐξ οὐδενός· διὸ οὐ θεός » (*ibid.* 345 B).

[74] Vide notatam jam distinctionem inter « genitus» et natus » : « Cum sit genitus a Patre, semper est in Patre. Semper autem sic dico, ut non innatum, sed natum probem » (*De Trinit.* 31). — De quo, cf. D'ALÈS : *Novatien,* p. 123-125.

[75] *De Trinit.* 16 (PL 3. 916 A).

origine, ita ut Filius exinde tantum eoque tantum sensu intellegatur minor et subordinatus quod a Patre sit, dum Pater a nullo. Sensus is est, quo Patres postnicaeni interpretati sunt dictum evangelicum : *Pater major me est.* Haud immerito igitur putet quis eodem modo intellegenda esse dicta scriptorum antenicaenorum de minoratione et subordinatione Verbi, quod aliunde dicunt non esse a Patre quoad substantiam diversum aut disjunctum.

**110.** Quibus praemissis, jam satis sit ea apud illos ipsos auctores ostendere, quae suadeant propositam interpretationem.

A) *Quod nomen « Deus » reservetur Patri*, ratio est quia illi soli competit non ab alio acceptum : Filius enim Deus non est ac dicitur nisi quia a Patre est ; sed, sub hac conditione, omnino dicitur. Scriptura, ait Tertullianus (*adv. Prax.*) « vero et unico Dei Filio id Dei nomen jure contulit » (13), ita ut Filium seorsum vocem Deum eodem jure quo « et radium solis seorsum solem vocabo » (*ibid.*). Ratio porro est quia, etsi, « qua Pater et Filius, [sunt] duo », tamen Filius, quoad substantiam, « non est alius a Patre » ; non magis a Patre « discernitur » quam « fluvius a fonte [aut] radius a fonte » (8), sed « ex unitate Patris habet vocari Deus » (19).

B) *Quod Filius dicatur « secundo loco Deus »*, ratio datur quia Deus non est nisi ratione suae originis a Patre. Nam « omne quod prodit ex aliquo, secundum sit ejus necesse est de quo prodit » (*adv. Prax.* 8 et cf. 9) [76]. Hoc autem secluso, haud minus proprie est ipsa divina substantia quam Pater, proptereaque Origenes, etsi eum non dicit αὐτόθεον aut τὸν θεόν, tamen eum dicit αὐτόλογος, αὐτοσοφία, αὐτοαλήθεία (*Coont. Celsum*, III. 41 et VI. 47 ; PG 11. 973 A et 1372 D).

**111.** C) *Quod Filius haberetur ut solus visibilis* : **a)** Ratio est duplex : *Alia exegetica*, quia, ut supra dictum est, theophaniae seu apparitiones Dei in Vet. Test. censebantur non fuisse nisi Filii, seu illius « Angeli Domini », qui censebatur sic praelusisse suae futurae Incarnationi (cf., v. gr. *adv. Prax.* 16). *Alia doctrinalis* potius, quia, cum Filius sit imago Patris, censebatur

---

[76] Cf. apud NOVATIANUM : *De Trinit.* 31 : « Post Patrem, qua Filius » (PL 3. 950 A).

ipsius esse manifestare Patrem seu Patrem non posse videri nisi
in sui imagine seu manifestatione (*adv. Prax.* 14). — **b)** Ceterum
etiam Filius admittebatur esse in se invisibilis nec factus visibilis nisi in illis formis, quas induebat ad manifestandum se
simul et Patrem.

Sic TERTULLIANUS : a) Ex Scriptura ducit « Patrem intellegendum esse invisibilem, pro plenitudine majestatis, Filium
vero agnoscendum visibilem pro modulo derivationis » ; excludit
praeterea « Filium [ita] contendi invisibilem [qua] sermonem,
[et qua] spiritum » ut, « dum una conditio Patris et Filii vindicatur, unus et idem confirmetur Pater et Filius » ; — b) sed,
hac exclusa aequivocatione, explicite addit : « Dicimus et Filium suo nomine eatenus invisibilem, qua sermo et spiritus Dei
est » (*adv. Prax.* 14) [77].

D) *Quod orationes non sint Christo deferendae,* juxta Origenem : hoc, in genere est ex eo quod, in Christo, attenditur in
recto humanitas [78].

**112.** E) *Quod Filius Patri subordinetur ad modum instrumenti aut ministri* per quem ad extra operetur, hoc non arguit
ullum liberum imperium, sed repetitur tantum et ex illius origine et ex illius in Patre immanentia.

Vi suae originis, operationem seu vim operandi omnem,
sicut et essentiam, habet a Patre acceptam et hoc sensu dependenter ab eo exercendam. Quia immanens est Patri, seu quia
est aliquid Patris, illius scilicet « verbum », « sensus », « ratio »,
« sapientia », et Pater nequit quidquam ipse operari nisi suo
verbo, sensu, ratione, sapientia, hinc est cur dicatur non operari
quidquam nisi per Filium, qui, consequenter, ad illum videtur
se habere per modum instrumenti [79]. Praeterea porro illud

---

[77] Haud aliter S. IRENAEUS dicit « Verbum [esse] naturaliter invisibilem» (*Haer,*
IV. 24, 2) nec propterea etiam Moysi potuisse videri (20, 9), nam, sicut « Patrem invisibilem et indeterminabilem quantum ad nos cognoscit suum ipsius Verbum », ita
« rursum Verbum suum solus cognoscit Pater » (6, 3) ; et tamen, quia « Verbum agnitionem Dei facit » (6, 1), quatenus « revelat agnitionem Patris per suam manifestationem », ita ut « agnitio Patris sit Filii manifestatio » (6, 3), jure dici potest : « Invisibile Filii, Pater ; visibile autem Patris, Filius » (6, 6).
[78] Cf. LEBRETON, apud RSR, 1924, p. 102 et 133 atque RHE, 1924, p. 19 sqq.
[79] Quo praecise sensu S. IRENAEUS saepe docet Deum omnia « fecisse per semetipsum, hoc est, per Verbum et Sapientiam suam » (*Haer.* II. 30, 9 ; PG 7. 822 ; cf.
2, 4 ; 714-715), nec illis adjutoribus aut organis indiguisse, quae Gnostici fingebant,
« quasi ipse suas manus non haberet » (IV. 20 ; 1 ; 1032 B). Verbum enim et Spiritum
Sanctum S. Irenaeus vocat « manus » Dei, per quas omnia fecit et hominem in specie
plasmavit (V. 1, 3 ; 6, 1 ; 28, 4 ; PG 7. 1123 B ; 1137 A ; 1200 B).

instrumentum, cum sit in sinu Patris, omnia novit et videt
quae Pater ipse vult et decernit, nec proinde illa sua et quasi
instrumentali operatione quidquam operatur nisi pro cognita
Patris voluntate : hinc etiam proinde intellegitur eam Patris
voluntatem illi posse haberi ad modum praecepti seu mandati.

Quae agnoscere est asserta aut saltem adumbrata a TER-
TULLIANO :

« Filius operatus est semper ex auctoritate Patris et voluntate,
quia Filius nihil a semet ipso potest facere, nisi viderit Patrem facientem, in sensu scilicet facientem : Pater enim agit sensu ; Filius, qui
in Patris sensu est, videns perficit. Sic omnia per Filium facta sunt
et sine illo factum est nihil » (*adv. Prax.* 15).

Item NOVATIANUS, ubi exponit Filium quidquid est et habet
— etiam voluntatem proinde et potestatem atque operationem
— habere ex Patre seu ratione originis :

Est « super omnia, et omnis creaturae divinam obtinet potestatem, et Deus est exemplo Patris, hoc ipsum a Patre proprio consecutus
ut omnium et Deus esset et Dominus, et Deus ad formam Dei Patris
ex ipso genitus atque prolatus ... Quamvis se ex Deo Patre Deum
esse meminisset, nunquam se Deo Patri aut comparavit aut contulit,
memor se esse ex suo Patre, et hoc ipsum quod est habere se quia
Pater dedisset » (*De Trinit.* 22 ; PL 3. 930 A) ... « Quidquid est, non
ex se est, quia nec innatus est, sed ex Patre est, quia genitus est ;
sive dum Verbum est, sive dum Virtus est, sive dum Sapientia est,
sive dum Lux est, sive dum Filius est, et quidquid horum est, dum
non aliunde est quam ex Patre » (*Ibid.* 31 ; PL 3. 950-951).

COROLLARIUM. — *De origine Arianismi.*

**113.** 1º **Ergo Arii doctrina non hausta est, tanquam
ex fonte, ex antenicaenorum illorum scriptis.** — Quo non negatur certa ejus dicta de subordinatione Filii quadrare cum certis
eorum dictis ; at negatur asserta illius capitalia derivare ex illis
*logice* aut *historice.*

1º *Non logice,* nam quod scriptores antenicaeni, etsi non
explicant recte, uno tamen ore docent, Verbum scilicet esse Dei
Filium natura, esse ex Dei essentia et non ex non ente, ita ut

in hoc a creaturis omnibus differat nec fuerit aliquando ubi non
esset, id ipsum Arius ab initio absolute excludit [80].

Verbum enim, quod incarnatum dicitur et humanae Christi
carni pro anima sit, discernit ab aeterna Dei Sapientia et ratione,
quo Deus omnia operatur. Illud autem docet esse, sicut et omnia
extra Deum, ἐξ οὐκ ὄντων, et non ex ipsa Dei essentia, factum et creatum.

« Secundum essentiam [igitur] Pater est Filio extraneus » et Filius, « secundum propriam suam substantiam, non habet quidquam
quod sit Dei proprium » [81].

Ejus porro creatio, quia facta est ante omne tempus et
ante saecula, dici quidem potest « intemporalis » (ἄχρονος), at
omnino non est Deo coaeterna [82].

nam « non semper Deus fuit Pater, sed fuit aliquando ubi Deus
solus erat et nondum Pater erat ; postea factus est Pater. Non semper fuit Filius. Nam, cum omnia ex nihilo sint orta, resque omnes
creatae sint et factae, etiam ipsius Dei Verbum ex nihilo factum est
et fuit aliquando ubi non esset ; nec erat antequam fieret, sed habuit
et ipsum creationis initium ».

Dei igitur non est Filius natura (φύσει), sed, sicut et nos,
etsi majori gradu, gratia tantummodo (θέσει, κατὰ χάριν), nec vocatur Filius et Verbum nisi quia Dei sapientiam et rationem habet
participatam (τούτου, id est, λόγου Dei intrinseci, μετέχοντα τὸν
υἱὸν ὠνομάσθαι κατὰ χάριν Λόγον καὶ Υἱὸν αὐτόν). Ex eadem
ratione vocatur Deus, immo Deus plenus, unigenitus, quia nulla
alia creatura eodem modo facta est nec eodem gradu gratiam
et veritatem habuit participatam ; inalterabilis etiam (ἀναλ-
λοίωτος) quia, etsi non naturae immutabilis est (ἄτρεπτός), tamen
a Deo praecognitus est tanquam a perfecto cum Dei voluntate
consensu nunquam defecturus (*Thalia* : PG. 26. 21 A-C).

---

[80] Doctrinam ejus videas exposi*t*am tum ab ALEXANDRO Alexandrino episcopo, a
quo primum damnatus est, in epistolis suis (PG 18. 547-582), tum ab ipso Ario sive
in sua ad Eusebium Nicomediensem epistola (apud THEODORETUM, H. E. I. 4 ; PG
82. 909-912) sive in sua *Thalia*, cujus fragmenta recitat S. ATHANAS. (*Or. cont. Ar.*
I. 5-6 et *De synod.* 15 ; PG 26. 20-24 et 705-708), sive in sua ad Alexandrum Alex. epistola (apud ATHAN. : *de synod.* 16 ; 708-712).

[81] *Thalia* (PG 26. 705 D et 708 A).

[82] *Epist. ad Alexandrum* (PG 26. 709 B et cf. A). — In *Thalia*, tamen, dicit eum
« ἐν χρόνῳ γεγαότα» (PG 26. 705 D). — De lusu verborum, cui dat ansam vox
ἄχρονος, cf. LEBRETON, in RSR, 1925, p. 123-125, nota 48.

**114.** 2º *Non historice,* id est, Arium non constat hausisse placita sua ex illorum scriptorum operibus, siquidem non invocat ullam traditionem ecclesiasticam et nititur imprimis philosophia.

A) *Non invocat ullam traditionem ecclesiasticam* : a) Ab initio, Alexander episcopus Arium et suos vocat «fabularum inventores», qui «nec ullos ex antiquis sibi comparari velint, nec eos, quibus [ipse], ab ineunte aetate, magistris usus est, sibi exaequari patiantur ; solos dogmatum inventores se esse jactantes, sibique solis ea revelata esse, quae nemini unquam eorum qui sub caelo sunt in mentem venerint» [83]. — b) Ex modo, quo S. Athanasius contra Arianos arguit, apparet illos non sibi exquisivisse testimonia scriptorum antenicaenorum nisi diu post concilium, circa annos 350. Initio enim sui *De sententia Dionysii,* scribit eos

«hactenus semper usos esse cavillationibus sophismatibusque callidis, nunc vero eo audaciae processisse ut etiam Patres calumnientur, eorum dicta ad suum sensum trahendo» (PG 25. 480 A).

Et, re vera, ipse, in fine sui *De decretis Nic. Syn.,* confidenter eos interrogat num quem invocare possint qui suis placitis faveat [84]. Quod sane supponit eos saltem non esse solitos inniti auctoritate Patrum.

115. B) *Nituntur imprimis philosophia* [85]. Primaria enim et constans eorum argumentatio oritur ex principio rationis ens a se, ἀγένητον, non posse dari nisi unum. Hinc enim concludunt absolute excludi Filium (γέννητον), qui sit et ipse Deus, id est ἄναρχος et ἀγένητος [86].

---

[83] *De Ario epist.* 10 (PG 18. 564 A-B).

[84] «En igitur nos quidem hanc sententiam a Patribus ad Patres transiisse demonstramus ; vos vero, o novi Judaei et Caïphae discipuli, quos Patres qui vestris voculis faverint exhibere potestis ? Nullum certe prudentem et sapientem unquam proferetis» (PG 25. 465 D). — Haud aliter adhuc, aetate Theodosii imperatoris, quem Socrates narrat experimento didicisse «eos sola disputatione (διαλέξει), non autem veterum Patrum expositione fretos esse » (H. E. V. 10 ; PG 76. 588 A).

[85] Scripturae sane haud omittunt invocare textus, quibus Sapientia dicitur creata et Christus profitetur se Patre minorem eique subordinatum ; sed ea sunt doctrinae Arianae fulcimenta opportuna potius quam fundamenta vera et fontes proprie dicti.

[86] De aequivocatione vocum ἀγέννητος et ἀγένηνος apud antiquos philosophos et scriptores ecclesiasticos, cf. S. Athanasium : *De synodis,* 47 (PG 26. 776-777) ; De Régnon : *Etudes sur la S. Trinité,* t. III, p. 185 sqq; L. Prestige : γεν [ν] ητός

Ita jam ab initio Arius cum suis contra ALEXANDRUM
ALEXANDRINUM :

« Aiunt nos duo ingenita (ἀγέννητα) asserere. Duorum enim alterum necessario esse dicendum affirmant : aut illum ex non exstan-
tibus (ἐξ οὐκ ὄντων) esse, aut certe duo esse ingenita» (PG 18. 566 C).

ATHANASIUS pariter eis exprobrat « impudentes cavillationes,
sophismataque callida », quibus solis uti solent (PG 25. 285 B),
et, in suo *De synodis* (47-52), totus est in dissolvenda eorum
objectione quod admittere Patrem et Filium sit admittere duo
principia (δύο τινὰς ἀρχάς) (PG 26. 285 B). Dialectica pariter
Aetius et Eunomius adeo exclusive usi sunt ut S. Ambrosius scripserit : « Eunomius generationem Christi ... asserit ex philosophiae traditionibus colligendam » (*De Incarnatione Dom.* II. 7 ;
PL 16. 820 A), et Theodoretus dicat « theologiam Eunomio factam esse technologiam » [87].

**116. 2° Haud immerito igitur, si attendatur methodus
et principia fundamentalia, Arianismus dicatur ex eodem
fonte fluere ex quo doctrina Pauli Samosatensis. Rationa-
lismus** idem est, quem ad Arium et ad Arii discipulos deflu-
xisse per Lucianum Antiochenum, communem eorum magistrum,
communis est antiquorum et recentiorum opinio [88]. Hanc derivationem jam Alexander Alexandrinus denunciabat [89]. Immo
etiam doctrina Arii haud immerito solet, apud antiquos, denun-
ciari tanquam a Samosatensi hausta. Utrique enim communis

---

et ἀγέ [v] νητος *and kindred words in Eusebius and the early Arians* (*Journal of
theol. st.* XXIV, 1923, p. 486-496 et, pro S. Athanasio, XXXIV, 1933, p. 258-265) ;
LEBRETON, *op. cit.* II, p. 635-647.

[87] *Haereticorum fab.* IV. 3 (PG 83. 420 B). — De his plura, juxta Epiphanium,
apud TIXERONT : *Hist. des dogmes*, t. II, ch. 1, § 5, p. 49.

[88] Cf. TIXERONT, *op. cit.* § 1. — Item firmiter HARNACK, in suo *Lehrbuch der Dogmengesch.* t. II[4], cp. 7, p. 186-190 ; SEEBERG : *Lehrbuch der Dogmeng.*, t. II, p. 23.
— Dissentit BARDY : *Paul de Samosate*[2], p. 375-384, haud scio an jure, nam, etsi non
pariter sentiebant de Christo quoad omnia, tamen uterque, ex alio et alio capite,
negabat eum esse Deum. Propterea, melius, ut videtur, LEBRETON, in RSR 1937,
p. 479.

[89] « Non aliud est quam imitatio Pauli Samosatensis, ... qui omnium ubique
episcoporum concilio ac judicio ab Ecclesia remotus est. Cui succedens, Lucianus, pluribus annis a communione trium episcoporum sese abjunxit. Horum impietatis fae-
cem cum hausissent, nuper nobis ex non ente orti sunt, occulta illorum germina, Arius
et Achillas et reliqua impiorum istis adhaerentium turba » (PG 18. 561 A).

est cura tum tuendi strictissimum monarchianismum divinum [90], tum struendi propterea veram Christi seu Filii ad Patrem subordinationem. Differentia in hoc tantummodo est quod Arius — post Lucianum [91] — agnoscit Verbo incarnato substantialitatem et personalitatem proprie dictam atque de eo dicit quod Samosatensis de homine Christo sensisse videtur : ex praecognito suo constanti consensu cum divina voluntate, seu ex praecognita sua perfectione morali habuisse ut Dei Filius vocaretur.

**117. 3° Undenam controversiae arianae.** — Aliunde vero ex dictis apparet, etsi firma fuerit, ante concilium Nicaenum, communis Ecclesiae fides de vera et proprie dicta Verbi divinitate atque naturali filiatione, quam imperita manserit et vaga atque periculosa lingua theologica, qua ea fides proponebatur aut propugnabatur : quod ni prae mente habeatur, vix intellegatur qui doctrina Nicaena tot aequivocationibus ac tam diuturnis perturbationibus ansam dare potuerit.

Illius porro linguae theologicae, in materia de Trinitate, indeterminationis aliqua satis sit recolere indicia.

A) *Vox* ὁμοούσιος, quam Dionysius Alexandrinus accusatus est omittere, affirmavit se non respuere, Dionysius tamen Romanus non legitur ipse usurpasse [92]. Eamdem porro concilium Antiochenum prohibuerat dici de Verbo, sensu Samosatensis, et Arius jam, in sua ad Alexandrum epistola, excludebat ...

B) *Formula* τρεῖς ὑποστάσεις, quam Dionysius Romanus timebat ne innueret monarchiae divinae divisionem in tres disjunctas (D-B. 48), Dionysius Alex., ut vidimus, censebat non posse excludi. Eamdem Arius, eadem sua epistola, usurpabat ut qua recte enunciaretur sua de tribus — etiam substantialiter distinctis et diversis — doctrina. Alexander autem, in sua contra Arium epistola, loquebatur et ipse de propria Filii hypostasi.

C) *Vocem* ποίημα de Filio a Dionysio Romano improbatam et ab Alexandrino explicatam, Alexander Alexandrinus usurpabat, ubi, in sua de Ario epistola, ineffabilem dicebat Verbi γένεσιν et ποίησιν. Arius autem, sua ad eumdem epistola, eum quem affirmabat esse a Deo conditum (κτισθένα) affectabat vocare γέννημα (PG 26. 709 A-B).

---

[90] Cf. expositionem doctrinae Arii ad episcopum Alexandrum : « Οἴδαμεν ἕνα θεόν, μόνον ἀγέννητον, μόνον ἀΐδιον, μόνον ἄναρχον, μόνον ἀληθινὸν, μόνον ἀθανασίαν ἔχοντα, μόνον σοφόν, κ. τ. λ.» (PG 26. 708 D).

[91] De quo ejusque schola, cf. BARDY : *s. Lucien d'Antioche et son école*, apud RSR, 1932, p. 437-462.

[92] De primaevo usu vocis, cf. BARDY : *Paul de Samosate*[2], p. 326 sqq.

D) *Formulae incautae*. — Alexander Alexandrinus, si fides sit
Ario, ad significandum Deum Patrem esse omnium, etiam Filii, principium, haud timuerit dicere Deum «esse ante Filium» (PG 26. 709
C). Ipse praeterea, in epistola sua de Ario, loquitur de «natura uni-
genita mediante» inter Patrem et creaturas, quae «ex ipso Patre genita sit» et «per quam Pater Dei Verbi effecerit ex nihilo universa»
(PG 18. 564-565).

<h2 style="text-align:center">Articulus II</h2>

<h3 style="text-align:center">DE FIDEI NICAENAE<br>VERO AC PERSEVERANTE SENSU</h3>

Status quaestionis praevius.

**118.** I. Fidei nicaenae enunciationes variae. — Fides Nicaena intellegitur doctrina de SS. Trinitate, qualis, anno 325,
in concilio Nicaeno, definita est et, post diuturnas impugnationes,
in concilio Constantinopolitano anni 381, confirmata dicitur.
Enunciata est authentice in Symbolo Nicaeno, cum subjecto
anathemate (D-B 54 ; C. 518).

Symbolum illud confectum est in et ab ipso concilio, prae-
jacentibus forte, ad modum schematis praevii, formulis orientalibus, quas Patres complere studuerunt ut rectius occurreretur
capitalibus Arii placitis [93]. Propterea ea de Verbo inserta sunt,
quae aperte enunciarent illud esse sensu proprio Deum et natura
Filium Dei aeternum, et excluderent divinitatem atque filiationem aequivocam ab Arianis assertam.

**119.** 1º *Tenor symboli nicaeni*. — Specialem igitur considerationem merentur :

A) *Formulae sequentes* :

a) τὸν Υἱὸν τοῦ θεοῦ, cum Eusebiana formula haberet
τὸν τοῦ θεοῦ λόγον. Concilium vocem Λόγον non
servat.

---

[93] Eusebius Caesariensis vult concilio praejacuisse formulam a se confectam,
quam, post concilium, misit ad fideles Ecclesiae suae, addito symbolo a concilio ap-
probato, quod conatur ad suam formulam pertrahere (*ad Caes. epist.* ; PG 20. 1537
sqq.). — Sed jam constat eum in hoc haud parum voluisse fucum facere. Cf. Lietz-
mann in ZNtW, 1925, p. 193-203 ; item antea Batiffol : *Paix constantinienne*, p.
330. — De symboli origine, textu et exegesi, cf. Ortiz de Urbina : *El simbolo Niceno*,
Madrid 1947.

b) γεννηθέντα ἐκ τοῦ Πατρὸς μονογενῆ, τουτέστιν ἐξ οὐσίας
τῆς τοῦ Πατρός : ut assereretur filiatio naturalis, ad
differentiam tum creaturarum omnium, quae dici possunt γεννήματα, tum filiorum adoptivorum, qui possunt dici filii, at non sunt ex ipsa Dei Patris substantia.

c) θεὸν ἀληθινὸν ἐκ θεοῦ ἀληθινοῦ : ut assereretur divinitas vere nec minus proprie competere Filio quam
Patri, ad differentiam justorum et angelorum, qui,
etsi sunt vere ex Deo et aliquando, in Scriptura,
vocantur dii, tamen non sunt et ipsi verus Deus.

d) γεννηθέντα, οὐ ποιηθέντα, ut expressius secernatur
modus quo Filius et creaturae habent a Deo originem.

e) ὁμοούσιον τῷ Πατρί, ut significetur Filius habere
eamdem cum Deo Patre communem essentiam.

B) *Anathema additum* contra ea capita doctrinae, quae
Arianis erant quasi tessera suae doctrinae, — cum Eusebii formula damnaret tantummodo in genere « omnem haeresim » :

a) ἦν ποτε ὅτε οὐκ ἦν : fuit aliquando ubi non erat.

b) οὐκ ἦν πρὶν γεννηθῆναι : antequam gigneretur, non
erat.

c) ἐξ οὐκ ὄντων ἐγένετο : de non ente factus est.
Quibus tribus excluditur primarium fundamentum
haeresis.

d) ἐξ ἑτέρας ὑποστάσεως ἢ οὐσίας εἶναι : esse ex alia substantia seu essentia ; quo pressius excluditur Filius differre a Patre quoad substantiam seu essentiam ...
In quo n. b. synonymiam vocum ὑπόστασις, οὐσία.

e) ἢ κτιστὸν ἢ τρεπτὸν ἢ ἀλλοιωτόν : esse vel creatum, vel
convertibilem, vel alterabilem [natum], ita ut excludatur non tantum factum sed etiam possibilitas
ullius in eo mutationis aut voluntariae conversionis.

**120.** 2º *Cur et quotuplici sensu impugnatum* ὁμοούσιος. —
Ex illis porro assertionibus duae imprimis ab Arianis aut etiam
a Semiarianis impugnatae sunt, scilicet quod Filius sit de substantia Patris et ejusdem cum eo essentiae (ὁμοούσιος). Contra
eas praetexebatur, etiam a certis recte sentientibus, quod non
legerentur in Scriptura nec jure proinde inductae essent in for-

mulam fidei. Arianis autem ratio vera eas impugnandi fuit quod hujusmodi vocibus radicitus excluderetur eorum doctrina Filiique essentia assereretur vere et proprie divina.

Argumenta vero contra eam ducebantur ex synonymia quae utrinque admittebatur vocum οὐσία et ὑπόστασις : quae, re vera, aequivocatio subjacet toti illi controversiae[94].

Utrinque enim utraque vox usurpabatur sensu concreto : ὑπόστασις scilicet intellegebatur ens substantiale consistens in se distincte ; οὐσία vero substantia pariter concreta ideoque ab omni alia distincta, ex qua omnis ὑπόστασις seu ens ἐνυπόστατον, habet consistere in se.

Hoc porro posito, cum Pater et Filius agnoscerentur esse duae ὑποστάσεις, Ariani concludebant duas etiam esse οὐσίας. Hinc eorum doctrina quod Filius sit alius essentiae ac Pater, proptereaque dicatur quidem deus at non verus et aeternus Deus.

Ex eadem ratione Arianis ὁμοούσιος idem sapiebat ac ὁμοουπόστατος, proptereaque denunciabatur ut quo tolleretur Filii ὑπόστασις distincta[95]. Hinc eorum, contra Nicaenos, accusatio Sabellianismi. Hinc, etiam apud nonnullos recte sentientes, v. gr. apud S. Cyrillum Hierosolymitanum[96] et apud Semiarianos, cura vitandi vocem ὁμοούσιος et affirmandi Filii « hypostasim », quam econtra suspicioni habebant certi Nicaeni, v. gr. Marcellus Ancyranus ; quam immo excludebat Fotinus Sirmiensis renovando doctrinam Samosatensis et negando Christum fuisse proprie Deum[97].

**121.** 3º *Controversiarum arianarum series.* — Controversiae porro illius periodi distingui possunt tres.

1ª (337-350), in qua Orientales agunt contra symbolum et contra S. Athanasium, quasi faveant Sabellii, Marcelli Ancyrani et Photini doctrinae.

---

[94] Cf. GALTIER : *L'« unio secundum hypostasim » chez saint Cyrille*, apud *Gregorianum* XXXIII, 1952, p. 367-375.

[95] Quo re vera sensu, vox damnata erat in concilio Antiocheno anni 268, occasione Pauli Samosatensis (Cf. GALTIER : *L'* ὁμοούσιος *de Paul de Samosate*, apud RSR, XII, 1922, p. 30-45 et BARDY : *Paul de Samosate*, nouvelle édition, l. II, ch. IV.

[96] De cujus doctrina, cf. LEBON : *Saint Cyrille de Jérusalem et l'arianisme*, apud RHE, 1934, p. 181-210 et 357-386.

[97] Varias illas et subdolas ὁμοουσίου interpretationes refert S. HILARIUS in suis *De Trinitate*, IV. 4 et *De synodis*, 81-82. Propterea ipse suadebat vocem ὁμοούσιος non urgeri nisi praemisso sensu quo intellegebatur (*De synodis*, 69 et 71).

2ᵃ (350-361), in qua, favente Constantio imperatore, Antini-caeni praevalent, et dividuntur in *Anomaeos* (ἀνόμοιος), duce Euno-mio, et *Homoeousianos* (ὁμοιούσιος), duce Basilio Ancyrano, qui di-cuntur Semiariani. — Fides Nicaena propugnatur et vindicatur a S. Athanasio et a S. Hilario, quorum uterque Semiarianos benigne judicat. Propter eam exulant, sicut et illi, a sua sede S. Eusebius Vercellensis et Liberius Papa, qui forte subscripsit, anno 358, formulae Sirmiensi, quae dicitur tertia : confecta ab Homoeousianis, reticet vocem ὁμοούσιος, sed non docet errorem.

3ᵃ (361-381). Mortuo Constantio, episcopi catholici redduntur suis Ecclesiis. Juliani Apostatae transacta brevi persecutione, Ariani iterum, favente Valente imperatore, orthodoxos ubique vexant. Sed fides Nicaena praevalet, propugnata imprimis : in Oriente, a Cappa-docensibus PP. SS. Basilio, Gregorio Nazianzeno, Gregorio Nysseno ; in Occidente, a S. Ambrosio. Impugnantur tunc imprimis *Pneumato-machi seu Macedoniani.* Controversiis inter catholicos finem faciunt S. Damasus suis anathematismis (D-B. 58-82 ; C. 530) et, favente Theo-dosio imperatore, concilium Constantinopolitanum (381), a quo con-firmatur fides Nicaena et damnantur in specie, inter alios, Macedo-niani (D-B. 85 ; C. 553).

**122.** 4º *Fidei nicaenae formulae ulteriores.* — Orthodoxis porro, in Oriente, viam concordiae aperuerat distinctio, circa annos 360, inducta in significatione formali vocum οὐσία et ὑπόστασις. Jam enim usus invaluit, ubi agebatur de divinis, non dicendi οὐσία nisi de substantia qua tali, praecisione facta a modo speciali quo existit ; ὑπόστασις econtra usurpata est sensu stricto modi specialis et distincti quo habetur aliqua sub-stantia. Hoc autem posito, vox ὁμοούσιος jam, apud recte sentien-tes, desiit praecipua sua aequivocatione laborare ; identitas sci-licet essentiae (οὐσίας) jam apparuit non inferre per se identita-tem Filii qua talis cum Patre qua tali. Hinc factum est ut ii tantum ὁμοούσιον abjicerent, qui Filium revera negabant esse ullatenus ejusdem cum Patre essentiae : ita imprimis *Euno-miani* seu = *Ariani radicales*, qui eum ne similis quidem essen-tiae (ἀνόμοιος) esse volebant. Alii econtra — seclusis illis Se-miarianis, qui, de Verbo recte sentientes, Spiritus Sancti jam negaverunt divinitatem — vix non omnes, in Oriente, consen-serunt non tantum de fide Nicaena cum (ὁμοούσιος) profitenda sed etiam de formula trinitaria : μία οὐσία, τρεῖς ὑποστάσεις, id est, una essentia, tres hypostases. Latinis quidem, necnon Orien-talibus nonnullis, v. gr. Antiochiae, nova ea tessera fidei suspi-

cionem primo movit propter anteriorem synonymiam vocum
οὐσία, ὑπόστασις mentibus adhuc inhaerentem. Sed, ubi perspectum est ὑπόστασις, non obstante etymologia et anteriori usu
litteralique versione, usurpari sensu non jam substantiae sed
personae, de ea consenserunt Occidentales simul et Orientales [98].

Interim, certis in Ecclesiis orientalibus, sub influxu, ut videtur, S. Cyrilli Hierosolymitani et S. Epiphanii, inducta erat
professio fidei baptismalis, in qua, servatis formulis Nicaenis,
addebatur contra Pneumatomachos, aliquid de Spiritu Sancto.
Symbolum hoc est quod dicitur Nicaeno-Constantinopolitanum,
quia inde ab anno 451 in Oriente et ab anno 530 in Occidente,
ascriptum concilio Constantinopolitano anni 381 [99].

Jam igitur fidei Nicaenae, de qua consensus in Ecclesia
factus est, agnosci potest quasi triplex enunciatio : symbolum
Nicaenum ; formula : una essentia, tres hypostases ; symbolum
Nicaeno-Constantinopolitanum.

**123.** II. **De sensu quo praevaluit fides nicaena.** — Nunc
autem, ut dictum est initio hujus sectionis, de illa fide quaestio
dogmatum historicis posita est, quo sensu et utrum eodem
ubique semper admissa sit. Controversia scilicet iterum orta est
de sensu, quo Pater et Filius intellecti sint et crediti consubstantiales.

Consubstantialitas enim alia est specifica, alia numerica.

*Specifica* viget inter creaturas seu naturas concretas, quarum
eadem specifice est essentia seu substantia : sic omnes homines
sunt inter se consubstantiales; — sic etiam Christus, ut homo,
nobis est consubstantialis.

*Numerica,* si detur, vigebit inter entia, quorum essentia sit
non tantum specifice sed etiam numerice eadem : sic, ex mente
jamdiu indubia Ecclesiae catholicae, consubstantialitas trium
hypostaseon seu personarum divinarum.

**124.** **Theoria Neonicaenismi :** A) *Expositio.* Jamvero dogmatum historici non pauci velint non eamdem fuisse mentem
Ecclesiae Orientalis, ubi admisit vocem ὁμοούσιον et consensit
de formula μία οὐσία, τρεῖς ὑποστάσεις. Orientalibus, econtra,

---

[98] Eam videas approbatam a S. ATHANASIO, anno 362, in suo *Tomo ad Antioche-nos,* 5-6 (PG 26. 80 ; cf. C. 550).
[99] Cf. *supra,* p. 9, *nota 2.*

non significaverit unquam nisi consubstantialitatem specificam, nec fuerit apud eos, sub influxu Cappadocensium, universaliter approbata nisi quia hoc sensu exposita et intellecta.

Theoria ea est neonicaenismi, qui dicitur et definiri possit, interpretatio fidei Nicaenae ad mentem Semiarianorum seu eorum qui Filium non professi sint esse ὁμοούσιον nisi quia ὁμο-ιούσιον Patri. Novi igitur formulae Nicaenae interpretes et propugnatores admiserint Filium esse Patri quidem quoad essentiam non identicum quidem sed quoad omnia similem ; consubstantialitatem proinde intellexerint mere specificam, ita ut verum ditheismum vel tritheismum inconscie profiterentur ; eaque sit stupenda aequivocatio, cujus ope, in fine saeculi quarti, consensus factus sit in Ecclesia catholica de fide Nicaena servanda et tenenda.

Ecclesia scilicet Occidentalis ὁμοούσιον intellexerit semper de consubstantialitate numerica, eaque causa fuerit cur Orientalibus tamdiu moverit suspicionem Sabellianismi. Ubi vero, tum per benevolentiam S. Hilarii et S. Athanasii erga homoeousianos, tum per expositionem Cappadocensium, patuit ὁμοούσιον posse intellegi de mera quoad essentiam similitudine specifica, vox admissa sit, nec Occidentales, ubi formulae adherebatur, ultra quaesierint de sensu quo intellegeretur. Quo factum sit ut Ecclesia Orientalis, suis jam relictis formulis, suam tamen de consubstantialitate specifica fidem expresserit formula, apud Occidentales, enunciante numericam [100].

B) *Fundamenta*. — Evolutio porro sic excogitata dicitur niti sequentibus factis : 1º Consensu, quoad rem, S. Hilarii et

---

[100] « Das *Homoousios* hat schliesslich nicht gesiegt, sondern die homöusianische Lehre, velche mit dem Homoousios capitulirt hat ... Zum Siege ist also dem Wortlaut nach das Nicänum unbedingt gekommen, aber in der Interpretation des Meletius, der Cappadocier und Cyrill's von Jerusalem. Die Wesensgemeinschaft im Sinne der Wesensgleichheit, nicht der Wesenseinheit, ist seitdem im Orient orthodoxe Lehre» (HARNACK : *Lehrb. der Dogmeng.*, II, p. 260 et 275). Harnack, praecipuo theoriae auctori, consentit LOOFS : art. *Arianismus*, in *Real-Encyclop. f. prot. Theol.* et *Leitfaden zur Dogmeng.*, § 34 ; SEEBERG : *Lehrb. der Dogmeng.*, II, § 24, 16 ; item olim TURMEL, in *Rev. cl. fr.* (juin 1906, p. 52-53 et recentius, sub nomine COULANGE : *Métamorphose du consubstantiel* : *Athanase et Hilaire*, in *Rev. d'hist. et de litt. rél.* 1922, p. 168-214). — Theoriam exponit et impugnat CAVALLERA : *Le schisme d'Antioche*, p. 303-323 ; TIXERONT : *Hist. des dogmes*, t. II, ch. 3, § 2. — Contra eam jam olim ab aliquibus propositam FRANZELIN habet thesim 9ᵃᵐ : « *Unitas naturae in distinctis personis tam a concilio Nicaeno quam a Patribus subsequentibus intellecta est unitas singularis* » (*De Deo trino*, p. 127-145). — ARNOU : *Le platonisme chez les Pères*, in DTC, t. XII², col. 2343 sqq.

S. Athanasii, inde saltem a certa aetate, cum Semiarianis seu
Homoeousianis, qui dicebant « similem quoad omnia »[101] : nam
admittere Filii οὐσίαν similem seu aequalem οὐσίᾳ Patris sit
agnoscere οὐσίαν numerice distinctam. — 2º Nova tessera fidei
— μία οὐσία, τρεῖς ὑποστάσεις, nam, data expositione in singulis hypostasibus οὐσίαν esse τό κοινόν et ad hypostaticos
characteres se habere sicut, apud singulos homines, natura se
habet ad notas personales[102], unitas essentiae jam non possit
intellegi nisi specifica. — 3º Omissione, in symbolo Constantinopolitano, vocum ἐκ τῆς οὐσίας τοῦ Πατρός, quae quam maxime
Semiarianis fuerint offensioni. — 4º Insertione in eodem symbolo
articulorum de Spiritu Sancto, qui de eo enunciant dogma concilio Nicaeno quidem alienum at in se adeo vagum ut Pneumatomachis probari potuerit : quod arguat symbolum illud e
Semiarianis originem habere[103].

C) *Examen instituitur.* Jam igitur quaestio venit critice seu
historice elucidanda de sensu vero, quo Nicaena fides sit definita et in Ecclesia catholica intellecta atque propugnata : utrum
consubstantialitas Filii agnita sit semper apud catholicos vere
ac tantummodo numerica ?
De quo sit sequens thesis.

**THESIS VI.** — **Etsi, contra Arianos negantes Filii
cum Patre consubstantialitatem omnem, catholicis satis
fuerit urgere specificam, tamen concilium Nicaenum definivit
et Ecclesia catholica exinde, absque ulla attenuatione, professa est numericam.**

**125.** Pars Prima : 1º **Sensus.** — Revocato in memoriam
statu quaestionis inter Arianos et catholicos, asserit exinde
fuisse cur doctores catholici, in suis demonstrationibus, non
urgerent in recto nisi consubstantialitatem specificam. Ea  enim
statuta, eo ipso excludebatur doctrina capitalis Arianorum, Ver-

---

[101] Pro S. Hilario, cf. *De synodis*, 71-77 et 88. 91 (PL 10, 527-530 et 540-545).
Pro S. Athanasio, cf. *De synodis*, 41 et *Tomus ad Antiochenos* 5-6 (PG 26. 765 et 801).
[102] S. Basilius : *epist.* 214. 4 et 38. 1-3 (PG 32. 789 et 325-330). — Epistola ad
Apolinarium (*ibid.* 1100) quae de eadem re disserit, non est S. Basilii. Cf. Voisin :
*L'Apollinarisme*, p. 237 sqq. et *La doctrine trinitaire d'Apollinaire de Laodicée*, in
RHE, 1901, p. 35 sqq.
[103] Ita, in specie, Harnack, *op. cit.*, II¹, p. 277.

bum non esse natura Filium, non esse proprie genitum proptereaque non ejusdem cum Patre sed heterogeneae essentiae [104].
Specifica econtra consubstantialitas seipsa arguit originem per
proprie dictam generationem, eaque proinde demonstrata, jam
constabat Verbum esse natura Dei Filium seu habere essentiam
divinam cum Patre communem [105].

Eam porro esse rationem propter quam catholici Arianorum
adversarii non ultra producant suam consubstantialitatis demonstrationem satis est ostendere uno alterove loco S. Athanasii et
S. Hilarii.

**126.** 2º **Demonstratio.** — S. Athanasius, ut probet filium
esse ex essentia Patris :

« Intellegant ipsi unde sit Filius qui gignitur. Etsi enim genitor
Filium non habet antequam genuerit, tamen, postquam eum habuerit,
non illum certe extrinsecus (ἔξοθεν) neque alienum (ἀλλότριον) sed
ex seipso (ἐξ ἑαυτοῦ) propriumque suae naturae, atque sui simillimam imaginem habuit» (*Cont. Ar.* I. 26 ; PG 26. 65 B). Unitas igitur
naturae est ex generatione : « Una natura, nam genitus non est a gignente dissimilis, siquidem imago ejus est et omnia, quae Patris sunt,
sunt etiam Filii» (*Ibid.* III. 4 ; PG 26. 328 C).

Filium probat esse Patri ὁμοούσιον et creaturis ἑτεροούσιο veodem modo quo creaturae inter se sunt ὁμοούσιοι vel ἑτεροούσιοι
(*Ad Serap.* II, 3 et 5 ; PG 26. 612 B et 616 B). Sicut inter homines, etiam apud Deum, generatio inducit consubstantialitatem.

« Quomodo Patres non opifices sed genitores appellamus ac proinde nemo nos a patribus creatos sed patrum esse natura filios et consubstantiales dicere possit ; ita, si Pater est Deus, profecto pater est
filii, qui sit natura filius ipsique proinde consubstantialis» (*Ibid.* 6 ;
617 A).

Identitas pariter naturae, quam toties invocat inter ignem
aut solem et splendorem ejus (v. gr. : *cont. Ar.* III, 4 ; *de Synod.*
52 ; *de decr. Nic. Syn.* 23. 24), aut inter fontem et fluvium ab

---

[104] « Tametsi dicitur Deus, non tamen verus est Deus ; sed gratiae factus particeps, non aliter ac alii omnes, ipse quoque nomine duntaxat dicitur Deus. Quemadmodum res omnes secundum naturam diversae et dissimiles Dei [sunt], ita et Verbum
omnino alienum et dissimile est naturae et proprietatis Dei Patris» (Ita Arius recitatus ab Athanasio : *Cont. Ar. Or.* I. 6 ; PG 26. 24 A).

[105] Patres ita contra Arianos processisse jam recte notavit Petavius : *De Trinit.*
l. IV, cp. 13, § 6.

eo defluentem (v. gr. : *De sent. Dion.* 24) seipsa non arguit nisi
consubstantialitatem genericam.

**127.** S. Hilarius, in suo *De synodis*, adeo vult eos qui,
contra Anomaeos, profitentur similitudinem quoad omnia (*Homoeousianos*) idem sentire aut saltem debere sentire ac eos qui
profitentur ὁμοούσιον, ut consubstantialitatem videatur intellegere, mere specificam [106]. Totus enim est in asserenda essentia
Filii, quae non sit ab essentia Patris discreta seu diversa, sed ei
plene perfecteque similis nec ab ea discernatur nisi nativitate :
quod ei satis est ut, contra haereticos, constet Filium esse cum
Patre divinitate unum.

Jamvero, ad hoc statuendum, loquitur tum de « natura genita », quam edidit natura « ingenita », tum de « naturae gignentis et genitae indifferentia » [107]. « *Homoousian* » definit per similitudinem :

« Idcirco unius substantiae, non ut unus subsistat aut solus, sed
ut ex substantia Dei natus non aliunde subsistat, neque ut in aliqua
dissidentis substantiae diversitate subsistat. Aut numquid ... aliud
testatur *homoousios* quam ut una atque indissimilis dum sit, secundum naturae progeniem, essentia, quia essentia Filii non sit aliunde ?
Quae, quia aliunde non est, unius recte esse ambo credentur essentiae »
(84 ; PL 10. 536 B-C). « *Homoousion* intellego ex Deo Deum, non dissimilis essentiae, non divisum sed natum et ex innascibilis Dei substantia congenitam in Filio, secundum similitudinem, unigenitam nativitatem » (88 ; PL 10. 540 A).

Hanc porro similitudinem comparat similitudini naturae,
quae est inter Adam et Seth et consequitur, in Deo, sicut et
apud homines, ad generationem (23 ; 73 ; PL 10. 498 B ; 528
B-C). — In suo *De Trinitate* (VII, 14 sqq.) demonstrationem
pariter instituit ex facto patenti quod, qui originem habet per
nativitatem, non potest habere naturam a gignente diversam :

« Et primum quaero quam nativitas Filii naturae novitatem potuerit inferre ne Deus sit ? Intelligentiae istud humanae sensus excludit, ut aliquid a natura originis suae nascendo diversum sit » (PL
10. 210 B).

---

[106] Scribit enim anno 358, postquam Basilius Ancyranus, cum suis, id est, Homoeousianis seu Semiarianis, contra Anomaeos, professionem fidei ediderat, quae,
seclusa tantummodo voce ὁμοούσιος, fidem orthodoxam vix non profitebatur. S.
Hilarius hanc fidei professionem commentando benigne interpretatur (12-27 ; PL
10. 489-561).

[107] « Filius natus ex Deo talis subsistit qualis Deus est. Nec dissimilem sui edidit
natura naturam » (58 ; PL 10. 520).

PARS SECUNDA.
**Consubstantialitas Filii tum in concilio Nicaeno tum in Ecclesia exinde semper intellecta est numerica.**

**123. Praenotanda: 1º De sensu assertionis et de modo procedendi.** Sensus assertionis non est Patres ¦Nicaenos et catholicos exinde pastores attendisse in recto et enunciasse explicite consubstantialitatem numericam ; secus contradiceretur praemissis in priori parte, nec ratio haberetur quaestionis, quae, contra Arium et Arianos, erat tantummodo utrum natura Filii esset vere et proprie divina. Eo enim ipso quod essentia Filii asserebatur eadem ac Patris, satis et in recto occurrebatur haeresi de essentia Filii quae esset Patri aliena. Status igitur controversiae non exigebat magis explicite determinari qualiter ea identitas esset intellegenda.

At, quod non enunciatur nec erat cur enunciaretur verbis explicitis, id asseritur fuisse a concilio et ab Ecclesia catholica *intellectum*, ita ut *is sit fidei Nicaenae verus atque constans sensus.* Quo non significatur sensum eum posse erui ex nuda consideratione verborum ὁμοούσιος, μία φύσις, μία οὐσία : sei psis enim illae voces haud magis numericam quam specificam identitatem insinuare natae sunt ; sed asseritur haec verba, si ratio habeatur materiae de qua proferuntur et mentis auctorum apud quos occurrunt, omnino determinari ad eum sensum. In subjecta enim materia, excluditur verba hujusmodi, apud auctores catholicos, usurpata esse sensu mere specifico, siquidem, hoc sensu usurpata, induxissent polytheismum manifestum.

**123 bis** Ea igitur est sensus Patrum demonstratio mere *indirecta*. *Directam* recentissime tentavit cl. Lebon[108], quam juvat hic referre. Oriendo tum ex facto quod consubstantialitas intellegebatur consequi ad generationem tum ex modo quo, apud Patres, intellegebatur fieri generatio in genere, concludit, ex eorum mente, omnem generationem inducere consubstantialitatem numericam. Putaverint enim generationem, in entibus corporalibus, fieri per decisionem aut per defluxum alicujus particulae naturae individualis genitoris, ita ut genitus participet vere naturam ejus concretam, proindeque unius ad alterum consubstantialitas affirmanda sit semper numerica.

In corporalibus quidem, quia partes habent, illa communicatio aut participatio naturae generantis non fit nisi per partes, propterea-

---

[108] *Le sort du consubstantiel nicéen*, apud RHE XLVII, 1952, p. 485-529.

que ejusdem generantis consubstantiales possint esse multi. In divinis
vero, quia natura non habet partes, si, ut docet fides, datur generatio,
communicatio pariter fit naturae genitoris at totius, ita ut non sit
nisi unus consubstantialis, at cujus consubstantialitas sit et ipsa
numerica.

Hujusmodi demonstrationi praeiverat R. Arnou[109], oriendo ex
simplicitate absoluta naturae gignentis. Admissa, ait, quam docet
fides, generatione in Deo, illa non potest fieri nisi per communicationem
totius naturae genitoris. Natura enim illa, data ejus absoluta simplicitate, non potest communicari per partes, proindeque genitus erit
unicus, cujus natura erit et ipsa illa simplicissima : non esset enim
eadem ac natura Patris si non esset et ipsa illa « monas », quae intellegitur esse natura Dei.

Demonstrationem illam satis sit hic retulisse. Nititur suppositis,
quae haud scio an fuerint illis doctoribus adeo conscia et certa ut
illis superstruerent totam suam contra Arianos argumentationem.

Stet igitur demonstratio indirecta, quam nemo negat esse effi-
cacem.

**129.** 2o **Argumentum** igitur **generale** possit ab initio poni
de tota illa quaestione :

*Qui duas personas proprie divinas dicunt consubstantiales, ii
vel inducunt duos deos, vel de iis affirmant consubstantialitatem
numericam.*

*Atqui concilium Nicaenum definit et tota Ecclesia catholica
exinde semper professa est duas personas proprie divinas esse consubstantiales, nec tamen voluit inducere duos deos.*

*Ergo concilium et Ecclesia de eis affirmarunt consubstantia-
litatem numericam.*

Quod argumentum adeo firmum est ut nequeat eludi nisi
negando alterutram partem minoris, dicendo : A) vel : Concilium, asserendo consubstantialitatem, negavit dualitatem personarum : — ita Ariani olim pertinaciter contra Nicaenos, quos,
propter ὁμοούσιος, finxerunt instaurasse Sabellianismum ; —
B) vel : Concilium et doctores postea catholici inconscie seu inad-
vertenter induxerunt duos deos : — sic hodierni dogmatum historici de Orientalibus. — *Primum* porro Nicaeni semper explicite detestati sunt, explicite professi Filium a Patre realiter distinctum. *Secundum* vero : a) inverosimile est apud auctores, qui

---

[109] *Unité numérique et unité de nature chez les Pères après le concile de Nicée* (apud
*Gregorianum* XV, 1934, p. 242-254).

de vi ac momento vocis ὁμοούσιος, contra tam acutos et tam pertinaces adversarios, tam diuturnas atque tam acres sustinere controversias : b) demonstrabitur positive falsum, quatenus hanc ipsam consequentiam illi ipsi auctores studuerunt praecavere et abjicere.

Jam igitur thesis demonstratur positive et per partes :

## I. DE MENTE CONCILII NICAENI.

**130.** De hac mente vix potest esse ullum dubium, cum constet vocem ὁμοούσιος propositam et approbatam esse in specie ab Hosio Cordubensi [110] necnon, ut videtur, ab Alexandro Alexandrino [111]. Istis enim et Occidentalibus in genere, inde saltem ab aetate Dionysii tum Alexandrini tum Romani (260-261), vox ὁμοούσιος probabatur — ut constat ex supradictis — et tamen sub anathemate erat « sanctam monada dividi in tres hypostases sibi ad invicem alienas » seu « in tres deitates » ... « Necesse » econtra habebatur « divinum Verbum Deo universorum esse unitum, et Spiritum Sanctum in Deo manere et inhabitare, adeoque divinam Trinitatem in unum, quasi in quemdam verticem, hoc est, in Deum universorum omnipotentem reduci atque recolligi » (D-B. 48 et 51 ; C. 513 et 515). Quod sane implicat unitatem essentiae numericam et enunciatur formula fidei occidentalis : una substantia, tres personae (Μία ὑπόστασις, τρία πσόσωπα) [112].

**131.** Confirmatur ex triplice capite :

A) ALEXANDER ALEXANDRINUS, etsi, in sua contra Arium epistola, non habet vocem ὁμοούσιος, tamen non tantum et ipse negat Filium esse ex Patre, « corporum more, per incisiones aut divisionum defluxus » (PG 18. 565 B), sed illum habet ut ipsam

---

[110] « Οὗτος τὴν ἐν Νικαίᾳ πίστιν ἐξέθετο » (ATHANASIUS : *Hist. Arian.* 42 ; PG 25. 744 A).

[111] Hoc affirmatur saltem a PHILOSTORGIO (ed. Bidez, p. 8-9) ; cf. BATIFFOL : *La paix constantinienne,* p. 318 : SEEBERG : *Lehrb. der dogmeng.* I³, § 22, p. 48.

[112] Nec alio sensu, si fides sit EUSEBIO (*ad Caesarienses epist.* ; PG 20. 1540 A), Constantinus, in ipso concilio, ὁμοούσιον commentando, interpretatus sit : dixerit enim ex ipsius divinae naturae ratione speciali esse cur Filius existat ex Patre sine ulla divisione aut abscissione : quod implicat Filium ita intelligi ex Patre ut natura divina nullatenus tamen abscindatur aut dividatur proindeque maneat eadem numerice utrique communis.

Dei «sapientiam» et «virtutem» et «splendorem gloriae», sine quo Deus concipi nequeat (PG 18. 557 B-C).

B) Ex eadem porro ratione sit, teste ATHANASIO, cur Patres nicaeni apposuerint vocem ὁμοούσιος, «ut significarent» scilicet «Filium esse ex Patre non tantum similem sed [etiam] similitudine eamdem rem» (οὐ μόνον ὅμοιον ἀλλὰ ταὐτὸν τῇ ὁμοιώσει). Eam enim similitudinem, quae consubstantialitatem, se ipsa, possit non arguere nisi specificam, addit esse alius rationis ac inter humanos : data enim diversitate humanae et divinae naturae, Filius Dei est «non tantum», ad modum filiorum apud homines, «similis Patri suo, sed etiam inseparabilis ab illius essentia» (De decr. nic. syn. 20 ; PG 25. 452ᵃ B-C).

C) Formula fidei, quae dici solet Sardicensis et haberi potest ut enuncians mentem auctorum fidei nicaenae [113], affirmat explicite identitatem essentiae numericam.

«Credimus unam esse ὑπόστασιν, quam ipsi haeretici dicunt οὐσίαν, Patris et Filii et Spiritus Sancti. Et, si quaerant quae sit Filii ὑπόστασις confitemur eam esse quam et Patris solam esse in confesso est. Confitemur Filium esse virtutem Patris». Alii vocantur filii et dii regenerationis gratia, at «non propter unam ὑπόστασιν, quae est Patris et Filii. Confitemur unam Patris et Filii deitatem ... Unum sunt propter unitatem hypostaseos, quae una est Patris et una Filii» [114].

## II. DE PRIMAEVIS FIDEI NICAENAE PROPUGNATORIBUS

**132.** S. ATHANASIUS, etsi, ut dictum est, contra Arianos et Anomaeos, solet non urgere consubstantialitatem nisi specifi-

---

[113] Concilio enim orthodoxo Sardicensi (343), a quo S. Athanasius, cum ceteris orthodoxis, vindicatus et restitutus est, aderat, una cum legatis Rom. Pont., Hosius Cordubensis. Formula porro fidei Sardicensis dicta, et quae recitatur a THEODORETO (H. E. II. 6 ; PG 82. 1012-1016 ; cf. HAHN : Biblioth., § 157), Hosio saltem probante, proposita est formula, quod eam tantummodo noluit authentice edere, ne, ad modum Eusebianorum, videretur et ipsum judicare formulam Nicaenam complendam et emendandam (S. ATHANASIUS : Tomus ad Antioch., 5 ; PG 26. 800).

[114] In eadem formula explicite negatur etiam identitas, quam dicimus personalem, Filii cum Patre ; sed, data synonymia adhuc perseverante vocum ὅμοιον et ὁμούσιον, facile intellegitur formulas hujusmodi non tantum Arianis et Eusebianis sed etiam postea Semiarianis movisse suspicionem Sabellianismi : cujus ambiguitatis cum S. Athanasius conscius esset, propterea, in concilio Antiocheno anni 362 (loc. cit.), noluit illius formulae haberi rationem in fidei professione ab haereticis exigenda ... In genere tamen ipsa Sabellianismi suspicio, quam fides Nicaena tam multis ac tamdiu movit, excludit vocem ὁμοούσιος esse, tanquam ex obvio suo sensu, intellectam de consubstantialitate mere specifica.

cam, tamen evidenter intellegit numericam. Filium enim exponit ita esse ex Deo et ita se habere ad ipsam Patris essentiam
ut excludat non tantum explicite plures fide Nicaena induci deos,
sed etiam Filio competere essentiam divinam a paterna numero
distinctam.

1º **Exponit generationem apud Deum in hoc a generatione humana differre** quod nullam implicet essentiae divisionem aut effusionem, nec ullam proinde admittat Filii a Patre
separationem [115].

2º **Exponit Patrem et Filium ita esse « unum»** ut, etsi
eadem sit eorum natura, tamen non duo inducantur dii.

« Unum sunt, non quod unum in duas partes sit divisum, ... neque quod unum bis nominetur ; verum duo quidem sunt, quia Pater
pater est nec ipse est filius, et vicissim Filius est filius nec ipse est
pater. Una vero illorum natura est ... [quia] omnia quae Patris sunt,
sunt quoque Filii. Hinc Filius non est alius Deus, quia non extrinsecus
(ἔξοθεν) effectus est (ἐπενοήθη) : alioquin complures dii inducerentur, cum extranea excogitaretur divinitas praeter Patris divinitatem.
Tametsi enim aliud est Filius, ut genitus, attamen idem est ut Deus,
atque adeo ipse et Pater unum sunt, cum naturae proprietate, tum
identitate unius deitatis» (*Cont. Ar.* III. 4 ; PG 26. 328 C-329 A).

**133.** 3º **Illius porro unitatis rationem dat,** quod Filius :
A) *Sit « proprium essentiae Patris, id est, Verbum ejus et
Sapientia »,* quod non potest ei non adesse semper quin censeatur
imminuta perfectio ejus (*Ibid.* I. 29 ; PG 26. 72 C-73 A) ; « divinitas [enim] et proprietas Patris est hoc ipsum quod est Filius;...
plenitudo divinitatis Patris est [ipsum] esse Filii [ita ut]
Filius sit totus Deus» (*Ibid.* III. 5-6 ; PG 26. 332 B) [116].

B) *Sit « essentiae Patris perfectio et plenitudo »,* ita ut, si
cogitetur fuisse aliquando ubi non esset Filius, eo ipso cogitaretur
Deus imperfectus et sine veritate (*Ibid.* I. 20 ; PG 26. 55 B).
Verbum enim est illius sapientia et splendor, ... plenitudo divinitatis Primi et Solius ; totus et plenus Deus» (*Ibid.* III. 6 ; PG
26. 333 C) [117].

---

[115] *De decr. nic. syn.* 10 ; 11 ; 24 (PG 25. 441 B ; 441 D — 444 A ; 457 B). Cf.
*De synodis,* 41-42 (PG 26. 765 D-768 C).

[116] Haec formula, τὸ ἴδιον τῆς οὐσίας Πατρός 'saepe apud eum occurrit :
cf. v. gr. ibid. I. 9 ; 15 ; 16 ; 19 ; 22 ; 26 ; 35 ; II. 2 ; 22 ; III. 1 ; 5 ; 6 ; 12 ; 65.

[117] Cf. HAURET : *Comment le « défenseur de Nicée» a-t-il compris le dogme de Nicée ?,* p. 67-69.

4⁰ **Exinde autem explicat** quod : A) Patris deitas sit ipsum esse Filii, proindeque Pater sit in Filio et vicissim (*Cont. Ar.* III. 3 ; PG 26. 328 B et cf. 6 ; 332 B). — B) Quaecumque sunt Patris vel de Patre dicuntur sint etiam Filii vel etiam de Filio dicantur (*Ibid.* 4-5 ; 329 B-C). — C) Ea quae agit Filius sint ipsa Patris opera et Pater non agat nec possit agere quidquam nisi per Filium :

Ea quae Filius agebat sunt Patris, nam Filius est species (εἶδος) deitatis Patris, quae efficiebat opera (*Cont. Ar.* III. 6 ; 332 C). « Ille est propria vis illuminatrix et creatrix, sine qua nec creat nec cognoscitur » (*De syn.* 52 ; 788 A). « Quia Verbum est natura proprius essentiae Dei Filius, estque ex eo et in eo, non potuere res creatae fieri nisi per ipsum. Ut enim lux omnia splendore illuminat, nihilque sine splendore possit illuminari, ita et Pater, veluti per manum, omnia in Verbo effecit nec sine eo quidquam facit ... Verbum Dei est opifex, et efficiens, ipsumque est Patris consilium » (*Cont. Ar.* II. 31 ; 212 C-213 A ; cf. II. 50 et III. 14 ; 253 A et 352 B).

**134. Quaeres** de quasi omissione vocis ὁμοούσιος in *Orationibus contra Arianos*, ubi non occurrit nisi ter : I. 9 ; IV. 9-12, qui explicari possit ? Num forte, quia vox S. Athanasio Sabellianismum sapuerit, cum ipse potius teneret identitatem mere specificam proptereaque ὅμοιον potius dixerit ?[118]

**Respondeo :** 1⁰ Omissio, praesertim si, ut vult Loofs, *Orationes contra Arianos* sunt annorum 338-339, explicari potest cura vitandi speciem Sabellianismi, quam Arianis vox ὁμοούσιος prae se ferabat. Praeterea, in illo opere, quod erat ad confutandos aut convincendos haereticos, res potius quam vox inculcanda erat. Econtra, in posterioribus operibus, ubi jam agebatur cum eis multis, in specie cum Semiarianis, qui rem admittebant nec abjiciebant fere nisi vocem, demonstrandum fuit voce doctrinam optime et opportune enunciari.

2⁰ Ipse nitide explicat : A) Id quod toties legitur in *Orationibus* affirmatum, Verbum esse fetum (γέννημα) essentiae Patris et ex ea esse sicut splendor est a luce, non posse aptius et rectius exprimi quam voce ὁμοούσιος (*De synodis.* 41 et 48 ; PG 26. 765 C et 777 C). — B) Dicere ὅμοιον, si modo addatur non tantum « quoad essentiam » sed etiam « ex essentia Patris », idem esse ac dicere ὁμοούσιον (*Ibid.* 41 ; 765).

---

[118] Ita Loofs : art. *Arianismus* et *Athanasius*, in *Realencyclop.* (p. 19 et 202-203), qui vult Athanasium, consequenter tantum ad suum apud Occidentales exilium, intellexisse ὁμοούσιον posse ꞏusurpari, proptereaque jam usurpasse, odem sensu quo ὅμοιον. — Cui consentit, eum fere exscribendo, COULANGES, *loc. cit.* — Contradicunt, quoad rem, HARNACK (*op. cit.*, II⁴, p. 208 et 215-218) et SEEBERG (*op. cit.*, II², § 23, p. 65, note 1). Item RASNEUR, *art. cit.* in RHE, 1903, p. 429.

**135** S. Hilarius sane, ut dictum est, « consubstantialis »
et « similis essentiae » adeo studet ostendere piam aequivalentiam
ut aliquando videatur ὁμοιούσιον vix non judicare aptius dictum
quam ὁμοούσιον [119]. Hoc tamen, apud eum prae omnibus, 1º explicatur statu controversiae, nec 2º excludit eum certe consubstantialitatem intellexisse non mere specificam sed numericam.

1º **Explicatur status controversiae :**

A) *In genere*, contra Arianos negantes filiationem Verbi naturalem et Filii propterea non admittentes divinitatem nisi improprie, controversia exigebat Filio vindicari naturam quae,
cum esset per filiationem naturalem, nullatenus esset a paterna
diversa aut dissimilis. Hinc est cur toties, comparatione instituta
naturae Filii seu genitae ad naturam Patris seu gignentem,
utraque dicatur ejusdem generis [120] et unius ad alteram negetur
omnis diversitas, quia per generationem natura non degenerat [121].

**136.** B) *In specie* vero, **scopus, quem prosequitur** liber
*De synodis*, exigit vindicari Filio naturam, quae haud minus realis
et haud minus ei propria sit quam sua Patri. Totus enim in eo
est ut ostendat Orientales qui, contra Anomaeos, adeo vindicant
Filii divinitatem proprie dictam ut eum dicant cum Patre « similis essentiae » seu « quoad omnia, etiam quoad essentiam, similem », jam non habere cur non profiteantur et « consubstantialem ». Novit autem obstare pravos sensus, quibus « consubstantialis » intellegi potest, eum in specie, quo, sublata Filii substantialitate seu reali a Patre distinctione, inducatur utriusque,
ut ipse dicit, unitas personalis. Suadet propterea ut ὁμοούσιος
non praedicetur de personis nisi post affirmatam et extra dubium

---

[119] Cf. v. gr. *De synodis*, 68-72 ; 76-77 ; 88-89 etc. ... Nec, re vera, defuere olim
qui, sicut recenter Gummerus (*Die homöusianische Partei bis zum Tode des Konstan-
tius*, p. 113), eamdem exprimerent suspicionem. Eam tamen ipse, in suis *Apologeticis
ad reprehensores*, abjicit ut frivolam : « Anne quispiam me existimare poterit *homoeousion* velle suscipere ? » (PL 10. 547 B).

[120] « Nomen, quod rem unamquamque significat, rem quoque ejusdem generis
ostendit, et jam significatur ex nomine. Non duos deos commemorat nomen unum ;
quia unius atque indifferentis naturae Deus nomen est » (*De Trinitate*. VII. 13 ; PL
10. 210 A et cf. VIII. 41 ; 267 C).

[121] « Quam nativitas Filii naturae novitatem potuerit inferre ne Deus sit ? ... Quis
furor est, nativitatem Unigeniti Dei ad degenerem ex Deo referre naturam ? » (*De
Trinit*. VII. 14 ; PL 10. 210 B-C et cf. 15 ; 211) ; item 22 : « Non degenerat per nativitatem natura ne eadem sit » (218 B) ; item 31 (225 et 226) ; item 39 : « Nec demi-
nutio est nativitas, nec diversitas » (232 B).

positam earum substantialitatem atque distinctionem realem
(69). Aliis verbis, vult, in expositione doctrinae, exordium sumi
a consideratione singularum personarum, ita ut Filio in se considerato affirmetur competere vere veram οὐσίαν, qua fiat ut non
sit nomen inane verbis tantummodo a Patre distinctum.

**137.** Jamvero, hoc in tuto posito, de Filii jam haud minus
quam de Patris essentia sermo fieri potest ; alia jam intellegitur
dici gignens et alia genita ; unius jam ad alteram, comparatione
instituta, potest negari omnis degeneratio aut differentia et
affirmari similitudo aut aequalitas. Patris proinde et Filii jam,
absque aequivocatione, essentia dici potest una et eadem quia
jam intellegitur « dici unam substantiam per naturae proprietatem, non ad significationem impiae unionis, unam [esse] ex
similitudine non ex solitudine » (71). Similitudo enim, in casu,
cum sit per nativitatem ex Deo, implicat acqualitatem, siquidem
natura per nativitatem non fit dissimilis nec minoratur et Filius,
re vera, admittitur esse similis non tantum « secundum essentiam » sed etiam « secundum virtutem et gloriam et tempus »
(73-74). Similitudo porro seu aequalitas hujusmodi non potest
esse nisi Pater Filio propriam suam dederit essentiam ; nam,
« si naturam [Pater] neque aliam — [id est, non alius speciei]
— neque dissimilem — [id est, non, propter nativitatem, minoris virtutis] — dedit Filio, non potest aliam dedisse nisi propriam. [Et] ita similitudo proprietas est, proptietas aequalitas
est, et aequalitas nihil differt. Quae autem nihil differunt, unum
sunt, non unione personae, sed aequalitate naturae » (74 ; PL
10. 529 A).

**Sensus igitur is est, quo, ut ipse explicat, Filius dici
potest Patri « similis »,** quin eo ipso negetur esse cum Patre seu « in proprietate naturae paternae » :

« Similitudo [enim] nulla est nisi ex aequalitate naturae ; aequalitas autem naturae non potest esse nisi una sit ; una vero non personae unitate sed generis » (76 ; 530 A) [122].

Concludit propterea rectam fidem in hoc esse quod substantiae non negetur unitas qnia affirmatur similitudo sed econtra similitudo affirmetur quia adsit unitas :

---

[122] N. B. « genus », qua sic contradistinctum a persona, usurpari a S. Hilario ut
synonymum vocum essentia, substantia. Sic ipse explicat, n⁰ 12, « ne de rebus locuturi
rem verborum nesciamus » (PL 10. 490 A).

« Unam substantiam Patris et Filii idcirco non negare quia similis est, similem vero ob id praedicare quia unum sunt » (*Ibid.*)[123].

### 138. 2° Consubstantialitatem intellexit non mere specificam sed numericam.

A) *Non potuit non advertere ex mere specifica sequi pluralitatem deorum*, siquidem ipse : a) testatur adversarios suos divinitatem Filii exinde imprimis impugnasse, quia putabant sic induci duos deos (*De Trinit.* VII. 2 ; VIII. 3 et 35 ; cf. IV. 40) ; b) saepissime contra eos asserit et explicat fidem catholicam in genere et doctrinam de consubstantialitate in specie excludere simul et unicam dari Dei personam et duos esse deos [124] ; — c) exponit explicite cur, etsi Pater et Filius sint uterque Deus, duo tamen excludantur dii ; rationem porro non dat aliam nisi unitatem substantiae, quae, si intellegeretur mere specifica, haud magis excluderet duos deos quam unitas substantiae humanae excludit plures dari homines :

« Cum in damnatione sit Patrem et Filium duos deos dicere, rursum anathema sit Filium Deum negare, substantiae diversae alterius ab altera opi̲io in praedicandis diis duobus excluditur. Non enim est alia, praeter illam Dei Patris, ex qua Dei Filius Deus intemporalis est natus, essentia. Nam ,... cum, inter haec, duorum deorum sit inreligiosa confessio, non possunt, secundum naturae indifferentiam et nomen indifferens, non unum esse in essentiae genere, quorum essentiae nomen non licet esse nisi unum » [125].

[123] Quod confirmat in suis *Apologeticis responsis*, ubi « ad reprehensores » respondet se « non aliter » probasse « homoeousion suscipi nisi ad unitatem substantiae referretur » ; « similem substantiam » non tolerasse nisi significaret « unam » ; « quia fides catholica non debet nisi per unitatem similitudinem credere, [ita] ut s.militudinem tantum ad excludendam unionem commemoret, non ad discidium unitatis » (*Quoad num.* 88 et 91 ; PL 10. 547 B et 548 B). — Hinc intellegitur quo sensu proposuerit decerni « nihil differre unius et similis esse substantiae » (88). Praemiserat enim ὁμοούσιον non significare « aliud quam ut una atque indissimilis dum — secundum naturae progeniem, [id est, per generationem] — essentia, quia essentia Filii non est aliunde ». Propterea enim « unius esse ambo creduntur essentiae, quia substantiam nativitatis — [id est, substantiam naturalem seu nativitate possessam] — Filius non habet aliunde nisi de paternae auctoritate naturae » (84 ; 556 C).

[124] *Ibid.* VII. 13. 32. 41 ; VIII. 4 ; *De synodis*, 41 etc. Totam doctrinam dicit in hoc esse quod « Deo ex Deo praedicato, et uno ac vere Deo professo, neque in unius veri Dei unione — [id est, admissa unica Dei persona] — deficiat, neque ad fidem alterius Dei excedat ; dum neque solitarius nobis Deus in confessione neque duo sunt » (*De Trinit.* VII. 2 ; PL 10. 200 B).

[125] *De synodis*, 41 ; PL 10. 513 C. — « *In essentiae genere* » noli intellegere « *in essentia generica* seu specifica » : formula enim opponitur Photino, cui P. et F. erant unum in ratione etiam personae, proindeque intellegi debet « in ratione essentiae »

**139.** B) *Excludit substantiam Patris communicari Filio eo modo, qui inferat illam esse, qua communicatam, numerice aliam.* Etenim :

a) Exponit comparationem cum generatione humana sedulo corrigendam esse, ubi agitur de modo quo eadem substantia sit gignenti et genito communis (*De Trin.*, VII. 28 et cf. I. 19 ; IV. 2 ; VI. 9).

b) Exponit « nativitatis hoc [esse] sacramentum — [id est, mysterium] — ut Pater et Filius in unitate naturae sint » (*Trinit.*, VII. 26 ; PL 10. 221 C et cf. 222 A-B) : quod sane mysterium non esset si « in unitate naturae » essent mere specifica ; ita enim omnes genitores et geniti.

c) Excludit explicite communicationem substantiae Patris ad Filium fieri ullo modo, qui induceret duos, nam : α) Excludit vocis ὁμοούσιος interpretationem, qua induceretur vel unam substantiam in duos dividi vel superiorem aliquam substantiam communiter a duobus participari : « Non sit una substantia aut ex portione, aut ex unione, aut ex communione » [126]. — β) Negat substantiam gignentis, quae, apud homines, communicatur genito per « effluxum in alterum hominem », apud Deum, communicari Filio per « derivationem » (*De Trinit.*, VII. 28 ; PL 10. 224 A-B), ita ut, contra quod est apud homines, mutua Patris et Filii inhaerentia non sit existimanda « transfusio unius in alterum » sed « unitas ejusdem in utroque naturae » (*Ibid.* 41 ; 234 A et cf. 31 ; 226 B). — γ) Excludit hypothesim alicujus, quod Deo coexisteret « simile ac virtutis ejusdem », quia tunc non esset unus Deus (*ibid.* 26 ; 222 A-B) : hoc porro esset, si Filius ei coexisteret in substantia numerice alia.

---

seu, ut nos diceremus, « quoad essentiam ». — Demonstratio porro S. Hilarii, in hac pericopa, sic procedit : Cum duo sint qui dicuntur Deus, nec tamen dici possint esse duo dii, sequitur eos, sicut habent naturam et nomen indifferens, — id est, unam eamdemque naturam et nomen, ita ut non dici possint esse duo dii, — ita esse etiam, in ratione essentiae, seu quoad essentiam, unum : quorum enim essentia unico nomine designari potest, ii non possunt, quoad essentiam, non esse unum. — Undenam autem sit apud eos illa unitas essentiae, ratio datur quia apud eos « non alia est praeter illam Dei Patris, ex qua Dei Filius Deus est natus, essentia » : ubi, n. b. Filium quidem, at non essentiam Filii, dici natum ex Patris essentia. — Cf. *De Trinitate*, VII. 41.

[126] *De synodis*, 71 (PL 10. 527 B) ... Triplex ea est impia vocis ὁμοούσιος excludenda « intelligentia » : *ex portione* = per unius partitionem ; *ex unione* = per unitatem personalem ; *ex communione* = per communem alicujus substantiae participationem. Cf. 67-68 ; 81-82 ; 84.

**140.** C) *Quomodo Pater et Filius «unum» sint, ita explicat ut evidenter intellegat unam et eamdem numerice esse in utroque naturam, essentiam, divinitatem.*

a) *Mysterium generationis divinae non est mysterium «divisionis»* Filii a Patre, quo «dividatur spiritus», qui Dei substantia est (*Trinit.* VII. 11 et VIII. 36 ; 207 C et 264 A).

b) *Generatione Pater Filio «non aliud quam quod suum est dedit»*, et Filius proinde «non alius quam Deus est», nam «Dei natura, per nativitatem non amisit quod Deus est. Propterea «Pater in Filio est et Filius in Patre, Deus in Deo» (*Ibid.* VII. 32 et 39 ; 227 A et 232 C).

c) *Uterque est et Deus et Dominus, quin duo sint dii et domini,* propter «spiritus unitatem» : quia enim duorum est spiritus, ideo non est «unio», id est, unitas personarum ; et, quia «tamen non dividis spiritum», ideo «uterque unus est».

«Cum uterque sit unum quod Deus est et unum sit uterque quod Dominus est, ... [ideo] uterque unus [Deus] est, et unus significatur in utroque et non est uterque sine uno» (*ibid.* VIII. 36 et 41 ; 264 A et 267 C).

d) *Totum igitur quod est Deus in utroque est,* nec Filius «per nativitatem Patri adimit quod totum est, neque hoc ipsum totum [ipse], nascendo, non secum tenuit». In Filio propterea est «plenitudo divinitatis», sed «divinitatis plenitudo», quae in ipso inhabitat, est ipsa Patris divinitas, nam α) secus, «Deus alius induceretur» ; β) Pater, seu «Deus, in eo est», quatenus «quod ipse — [id est, Pater seu Deus] — est, id etiam, per nativitatem in Deum natum est» (*ibid.* VIII. 52. 53. 54 ; 276 A-B et 276-277).

e) *Hinc est cur* : α) Filius sit Dei seu Patris Verbum, Sapientia et Virtus, quae, «quamvis ex eo in Deum sint nata, Deo tamen, ut sua propria, non desunt» (*ibid.* VII. 11 ; 207 B) ; β) pro Spiritu Sancto «id ipsum atque unum sit a Filio accipere [et] accipere a Patre», nam «omnia quae habet Pater Filii sunt» (VIII. 20 ; 251 A B et cf. VIII. 26 ; 255) ; γ) opera Filii ita sint ipsius Patris opera ut «quidquid Filius agat ac dicat, id, in Filio, Pater et loquatur et gerat». Hoc enim nequeat intellegi nisi per «naturae unitatem», et quidem talem ut Filio «nihil ex Deo desit, quo operante et loquente et viso, Deus [id est, Pater] et operetur et loquatur et videatur». «Omne enim in se Filius Dei

habet nascendo, quod Dei est ; et idcirco opus Filii opus Patris
est, quia nativitas nec extra eam naturam est ex qua manat, et
naturam eam in se habet unde existit » (VIII, 52 et VII, 26 ;
275 B-C et 222 C) [127].

### 141. COROLLARIUM : *De Similitudine Filii cum Patre.*

1° Quamdiu haec dictio non selecta est ut tessera fidei oppo-
nenda voci « consubstantialis », usurpata est simpliciter ad significandum aequalitatem Filii cum Patre, ita ut diceretur ejusdem cum eo
virtutis, potestatis, gloriae, etc. Sic, v. gr. Alexander Alex. (PG 18.
561 B. 576 A), Si Athanasius : *cont. Ar.* I. 40 ; II. 17. 22 ; III. 20
(PG 26. 96 A. 181 C. 192 D. 365 A).

2° Ubi vero formula « similis essentiae » (ὁμοιούσιος) selecta
est ad vitandum « consubstantialem », jam aliter et aliter judicata est,
prout attendebatur vel ad doctrinam aliunde cognitam vel ad formalem vocis ipsius significationem. Hinc est cur : A) Attenta doctrina
Semiarianorum, quae aliunde cognoscebatur aut saltem supponebatur
recta, formula potuerit benigne judicari et probari a S. Hilario in suo
*De synodis* (*locis supra citatis*) et a S. Athanasio (*De synodis*, 41). —
B) Attenta vero sola vocis significatione formali, judicata est insufficiens et periculosa tum a S. Athanasio (*ibid.* 53), tum a S. Basilio
(*Epist.* 9, 3) et ab Evagrio Pontico (inter S. Basilii *epist.* 8, 3), sive quia
similitudo praedicatur ratione qualitatum quae possunt, etsi gradu
diverso, inesse eaedem substantiis etiam heterogeneis [128], sive quia
similitudo quoad essentiam nec dicit seipsa originem ex essentia nec
excludit essentiae distinctionem numericam.

### III. DE ULTERIORIBUS FIDEI NICAENAE PROPUGNATORIBUS

### 142. Praenotanda de modo judicandi theoriam neoni-
caenismi. — Praemissae de Neonicaenismo theoriae satis occur-
ratur, si constet : I. Novam tesseram fidei — *una essentia, tres
hypostases* — non ita intellectam esse ut excluderet consubstantialitatem numericam. — II. Concilium Constantinopolitanum
anni 381 nec symbolo quod ei ascribitur, nec alio modo sanxisse

---

[127] Cf. VII. 17. 21. 22. 40 (PL 10. 213 A-B. 216 A. 218 B-C. 233 B-C). —
Summam doctrinae et modi quo in ea proponenda procedit videas VIII. 3-4 : 238-240.
[128] Quod jam notatum a TERTULLIANO (*De anima*, 33) videas optime expositum tum
a S. ATHANASIO (*De synodis*, 53) tum ab EVAGRIO (*epist. cit.* ; PG 32. 249 B-C).

novam de « consubstantiali » notionem. — III. Spiritus sancti, tum in Nicaeno tum in Constantinopolitano concilio, agnitam esse consubstantialitatem.

I. **Formula** « *una essentia, tres hypostases* » **non intellecta est sensu excludente unitatem substantiae numericam.**

**143.** 1º **De novitate hujus formulae.** — Nova dicitur tum quia recentius praevaluit in Oriente ad enunciandum mysterium Trinitatis, tum quia voces οὐσία et ὑπόστασις in ea jam assumuntur sensu magis distincto ac determinato quam antea solebat. In recto enim οὐσία jam non dicit nisi essentiam seu id quo aliquod ens constituitur in specie, ὑπόστασις nonnisi ens substantiale prout existit aut consideratur ab alio etiam ejusdem essentiae seu speciei aut naturae distinctum [129]. Ea porro sensus distinctio non vigebat, aut saltem nondum erat adeo firma aetate concilii Nicaeni [130] ; eadem diu non agnita est nisi aegre in Occidente ; in Oriente immo diu non invaluit nisi in materia de Deo trino, nam, ubi agebatur de Incarnatione, ὑπόστασις intellegebatur de substantia reali qua tali, proptereaque S. Cyrillus Alexandrinus, v. gr., dicebat in Christo duas esse hypostases (D-B. 115).

**144.** A) *Quomodo inducta.* — Illi tamen distinctioni, aut potius praecisioni, via jamdiu aperiebatur quatenus voce ὑπόστασις notabatur aliquid habere consistentiam objectivam seu in re nec esse mera apparentia phaenomenica aut mentis fictio. Catholicis propterea, ubi, contra Sabellianos, affirmanda et inculcanda fuit personarum in Deo realitas substantialis, sponte in ore venit Filium et Spiritum Sanctum haud minus quam Patrem habere vel esse ὑπόστασιν. Sic, v. gr., Origenes eis, qui negabant « Patrem et Filium esse duas hypostases », opposuit formulam « duas hypostasi res » (*Cont. Celsum*, VIII. 12 ; PG 11.

---

[129] Οὐσία proinde dici potest praescindere a modo quo substantia se habet in rerum natura ; ὑπόστασις econtra, etsi non dicit in recto seu explicite οὐσίαν, eam tamen in obliquo seu implicite dicit, siquidem solum ens substantiale potest dici ὑφίστάναι seu esse ὑπόστασις

[130] Cf., v. gr. ALEXANDRUM Alex. (PG 18. 557 C) ; ARIUM, in sua *Thalia* (PG 26. 708 A) ; S. ATHANASIUM : *cont. Ar.* IV. 1 ; *symbolum Nicaenum*, in subjectis anathematismis. — N. B. tamen duarum vocum synonymiam non fuisse unquam adaequatam et mutuam : de quo cf. GARNIER (PG 32. 10-19 ; DE RÉGNON, t. I, p. 147-149). — Plura apud BARDY : *Didyme l'aveugle*, p. 60 sq.

1533 C) ; idem, contra « dogmatizantes Spiritus Sancti non subsistere (ὑφίστανται) aliquam aliam essentiam (οὐσίαν) propriam
praeter Patrem et Filium », ipse dicit « tres hypostases » (*In Jo.*
II. 6 ; PG 14. 128). Item S. Dionysius Alex., ubi contendit tres,
non separatas sane, at omnino admittendas tres hypostases ni
ut volunt Sabelliani, tollatur realis Trinitas (Cf. supra, nº 83).

Ex eodem porro motivo, scilicet ad depellendam omnem speciem consensus cum Marcello Ancyrano et Photino, qui vocem
ὁμοούσιος intellegebant vel saltem dicebantur intellegere sensu
sabelliano Pauli Samosatensis, multis in Oriente, mediante saeculo 4º, visa est extollenda propria singularum personarum hypostasis. Exinde saltem S. Basilius explicat cur, simul ac « admittitur Filium esse Patri consubstantialem », necesse sit « confiteri etiam in propria hypostasi Patrem esse, in propria Filium,
in propria Spiritum Sanctum » (*Epist.* 125. 1 ; PG 32. 345 C-
548 B). Nec, re vera, alia est ratio cur S. Hilarius probaverit non
tantum Semiarianos distinxisse « hypostasim » Filii « ab innasci-
bili Dei essentia » [131], sed etiam Eusebianos, in sua secunda, quae
dicitur, Antiochena formula, edixisse, contra Marcellum Ancy-
ranum,

« Patrem et Filium et Spiritum Sanctum non esse mera et otiosa
nomina, sed significare propriam uniuscujusque eorum hypostasim »,
ita ut « sint hypostasi tria » [132].


**145.** B) *Quo sensu apud semiarianos.* — Quod confirmatur
explicite tum a Basilio Ancyrano, semiarianorum duce, ubi
exponit cur formula « tres hypostases » non debeat esse offendiculo [133], tum ab eis qui, a S. Athanasio, in concilio Alexandrino
anni 362, interrogati de sensu ejusdem formulae, responderunt se

« haec vocabula usurpare ... eo quod crederent in S. Trinitatem,
non nomine tenus Trinitatem sed quae esset et subsisteret (ἀληθῶς

---

[131] *De synodis*, 26 (PL 10. 499 C-500 A), occasione canonis Semiarianorum 12¹,
cujus textus graecus est apud EPIPHANIUM : *Haer.* 73. 11 ; PG 42 : 424 D).

[132] *Ibid.* 30-32 ; 502-504, occasione formulae Antiochenae, cujus textus graecus
apud S. ATHANASIUM : *De synodis*, 23 (PG 26. 721 B-724 D).

[133] In epistola qua, ut videtur, ratio datur formulae Ancyranae oppositae, anno
358, formulae Anomaeorum. Exponit Orientales usurpare vocem « hypostases, ut mani-
festent proprietates personarum [esse] subsistentes et existentes. Cum enim, etsi tres
sunt spiritus [id est, etsi trium essentia sit spiritus], tamen Pater non sit Filius nec
Sp. S. sit Pater aut Filius, propterea « proprietates personarum subsistentium vocant
hypostases ». Non propterea admittunt « tria principia aut tres deos » ; tenent econtra
« unam divinitatem » sed « personas in hypostaseon suarum proprietatibus pie dis-
cernunt » (Apud EPIPHANIUM, *loc. cit.*, 16 ; 432 D-433).

οὖσαν καὶ ὑφεστῶσαν), nimirum Patrem vere existentem et subsistentem, Filium item vere existentem et subsistentem, Spiritumque Sanctum subsistentem et existentem ..., tamen nec se dicere tres deos aut tria principia, nec omnino eos, qui ita sentirent dicerentve, tolerare ; sed se sanctam quidem Trinitatem unamque tamen deitatem ac unum principium, ac Filium Patri consubstantialem» (PG 26. 801 B).

Manifestum igitur est formulam « tres hypostases » ideo, etiam apud orthodoxos, factam esse tolerabilem quia, contra Sabellianos aut Sabellianismi suspectos, signabat explicite trium personarum substantialitatem seu realitatem substantialem. Offendiculo sane multis poterat esse ac re vera fuit, tum ratione traditionalis synonymiae vocum « essentia » et « hypostasis », tum saltem quia hypostasis non intellegitur, cujus non sit et essentia : exinde enim tot induci videbantur essentiae quot hypostases. Quae fuit Occidentalium diu contra formulam istam suspicio et objectio, eo magis obvia quod Ariani semper professi erant tres hypostases et Semiariani, profitendo Filium esse quoad essentiam Patri similem, videbantur singulis personis suam propriam et distinctam ascribere essentiam. Ubi vero addita est formula « una essentia », cum jam excluderetur ex una parte dualitas seu diversitas essentiae, ex alia vero parte singularitas personae, jam aequivocationi non erat locus, proptereaque complexus ille intellegitur potuisse fieri tessera fidei, de qua omnes recte sentientes consentirent.

**146.** C) *Quandonam invaluit*. — Formula sic completa quandonam inceperit proferri non constat [134] ; sed approbata est a S. Athanasio in concilio Alexandrino anni 362, quatenus, sicut ipse narrat et explicat in suo *Tomo ad Antiochenos*, judicati sunt quoad rem recte sentire tum qui dicebant « tres hypostases » tum qui « unam hypostasim » sensu « unius essentiae » [135]. Exinde

---

[134] Legitur apud S. ATHANASIUM : *in illud Mt.* : *Omnia mihi tradita sunt*, 6 (PG 25. 220 A), sed opus propterea multis habetur dubium ... Item de *Expositione fidei*, 2 (*Ibid.* 204), ubi tres asseruntur hypostases ... Occurrit etiam quasi jam trita, in opere : *adv. Arium et Sabellium* (PG 45. 1293 A-B ; 1300 A, etc.), quod, olim, ascriptum S. GREGORIO NYSS., jam a multis adjudicatur DYDYMO Alex. (cf. BARDY : *Didyme l'Aveugle*, p. 17 et 69 sqq. : ipse dubitat) et ab omnibus agnoscitur esse anterius annis 360.

[135] « Hypostases, aiebant, dicimus, existimantes perinde esse dicere hypostasim atque dicere substantiam (οὐσίαν) : unamque credimus hypostasim, eo quod Filius sit ex substantia Patris, et quod una eademque sit natura. Unam quippe deitatem

vero formula praevaluit, ut qua recte et complete enunciaretur
Trinitatis mysterium, asserendo scilicet tres dari in Deo realitates substantiales (ὑποστάσεις) et non tantum tria mera πρόσω-
πα sensu sabelliano [136].

**147. De sensu formulae apud Cappadocenses.** — Qualiter
autem a Cappadocensibus in specie exposita sit et cur propterea
dicatur involvisse doctrinam de consubstantialitate mere specifica, supra indicatum est. Nobis igitur probandum est doctrinam hujusmodi nullatenus in ea latuisse seu formulam non esse
eo sensu intellectam, qui excluderet consubstantialitatem numericam. Hoc jam constare sufficienter possit ex argumento generali, quod illius auctores et propugnatores explicite negaverint
plures per eam induci deos : ita Basilius Ancyranus, nomine
Semiarianorum (*Epist. cit.*; PG 42. 433 A) ; ita ii qui, in concilio
Alexandrino anni 362, probati sunt a S. Athanasio recte sentire,
ut mox dictum est ; ita etiam, ut mox dicetur, S. Basilius. Sed
hoc expedit probari ex considerata doctrina eorum ipsorum
Cappadocensium, qui neonicaenismum quam maxime fovisse
dicuntur, imprimis S. Basilii.

**148.** A) Ex eo quod consubstantialitatem divinarum personarum comparat consubstantialitati hominum inter se **non
sequitur illum putasse essentiam divinam esse communem
eodem modo quo et humana.** Transcendentia enim implicat
disparitatem. Sicut novit generationem, apud Deum, fieri transcendenti modo, sine ulla passione, decisione, effluxu aut geniti
a gignente separatione, ita potuit tenere essentiam esse communem modo transcendenti. Et, re vera, etiamsi essentia sit
communis per identitatem numericam, haud minus propterea,
apud singulas personas, hypostasis se habeat ad essentiam sicut,
apud homines, proprium ad commune.

**149.** B) **Excludit ex professo theoriam quae illi obtruditur,**
essentiae scilicet, quae tribus personis sit communis ad modum
quo, apud philosophos, nomina generalia communia sunt indi-
viduis ejusdem generis. Etenim :

---

et unam ejus naturam esse credimus nec aliam quidem Patris, alienam autem ab illo
Filii ac Spiritus Sancti [naturam] sentimus » (PG 26. 801 C).

[136] Cf. GALTIER : *L'« unio secundum hypostasim» chez saint Cyrille*, apud *Gregorianum*, XXXIII, 1952, p. 375-79.

a) In *De Spiritu Sancto*, 17, 41, revocata in memoriam illa nominum generalium et particularium distinctione, dicit «ne insanis quidem» posse venire in mentem

«Deum [se habere] velut communitatem quamdam, ratione sola intelligibilem, quae in subjecta dividatur», ad modum quo «homo dividitur in Petrum, Paulum et Jacobum» (PG 32. 144 B-C) [137].

b) In *Homilia cont. Sabell. et Ar. et Anom.* 3-4, ita explicat ex personarum pluralitate non sequi deorum pluralitatem, ut omnino excludat trium singulorum singularem essentiam.

«Neque tu formides personas confiteri; sed dic Patrem, dic et Filium, non rei uni nomina duo attribuens, sed ex utraque appellatione significationem propriam discens ... Dominus enim est, qui nobis perspicue aliam personam ab alia distinguit ... Vicissim neque tu, ad stabiliendam impietatem, sumito secretionem personarum. Etsi enim duo sunt numero, tamen natura non sunt disjuncti; neque qui duo dicit, alienationem inducit. Unus Deus et Pater, unus Deus et Filius, *non dii duo, cum Filius identitatem* (ταυτότητα) *habeat cum Patre.* Non enim *aliam in Patre intueor divinitatem, aliam in Filio*; neque aliam naturam illam et aliam hanc. Quamobrem, ut perspicua sit tibi personarum proprietas, numera separatim Patrem et separatim Filium; sed, *ne scindaris in multitudinem deorum, unam in utroque confiteare essentiam.* Ita Sabellius cadit et Anomaeus conteretur».

«Sed, cum essentiam unam dico, cave intellegas duo ex uno divisa, sed ex principio Patre Filium subsistentem, non Patrem et Filium ex una superiore essentia emergentes. Non enim fratres dicimus, sed Patrem et Filium confitemur. At essentiae identitas (τὸ τῆς οὐσίας ταυτόν) est, quia ex patre Filius, non praecepto factus, sed ex natura genitus, non dissectus a Patre, sed ex eo manente perfecto perfectus illuscescens» (PG 31. 604 D-605 B).

**150. C) Essentiam, tribus communem asserit esse adeo unam et simplicissimam, ut, ne mente quidem, possit in ea discerni ullam divisionem aut distinctionem, qua inveniatur esse unius et non alterius personae.**

Ita jam in praemissa homilia, 4-5:

«Nec animus noster potest separationem ullam excogitare, ita ut aut Unigenitus non sit semper cum Patre aut Spiritus Sanctus non

---

[137] Cf. etiam 18, 44 (148-149). — Pro S. Gregorio Nazianz. cf. *Or.* XXXI. 15 sqq. (PG 36. 149 sqq.). — Pro S. Gregorio Nysseno, cf. DE CASTRO: *Die Trinitätslehre des hl. Gregor von Nyssa*, p. 65-72.

semper existat cum Filio. Ubicumque igitur Trinitatem conjunximus, noli velut unius rei indivisae partes tres animo tibi fingere, — impia est enim haec cogitatio ; — sed trium incorporeorum perfectorum essentiam communem atque individuam intellege (τριῶν ἀχώριστον δέχου τὴν συνουσίαν). Ubi enim est Spiritus Sancti praesentia, illic et Christus est praesens ; ubi vero Christus, illic et Pater adest» (609 C).

Item in illa epistola 38. 4, in qua tam accurate exponit differentiam proprietatum personalium et essentiae communis.

« Praedictis signis deprehenditur id quo discernuntur hypostases (τὸ κεχωρισμένον τῶν ὑποστάσεων); at vero, quod attinet ad infinitatem, ad incomprehensibilitatem, ad aseitatem, et cetera hujusmodi, nulla est differentia in natura vivifica, id est, in Patre et Filio et Spiritu Sancto, sed continua quaedam et indivisa societas in ipsis perspicitur». Et quaecumque cogitationes efformentur de alterutro eorum quae in Trinitate creduntur, eaedem sine ullo discrimine efformari debent de aliis, « cum nullum sit, inter Patrem et Filium et Spiritum Sanctum, spatium, in quo mens velut vacuo obambulet (ἐν οὐδενὶ διαλείμματι μεταξὺ Π. καὶ Υ. καὶ Ἁγ. Πν. τῆς διανοίας κενεμβατούσης). Nihil enim est, quod inter ipsos medium inseratur ; *neque ullum aliud ens est praeter divinam naturam subsistens, quod eam a seipsa, per interpositam rem alienam, dividere possit* ; neque spatii cujuspiam non subsistentis vacuitas intercedit, quae *divinae essentiae harmoniam hiulcam efficiat* (κεχηκέναι ποιεῖ), continuum interjecto vacuo dirimens» (τῇ παρενθηκῇ τοῦ κενοῦ τὸ συνεχὲς διαστέλλουσα)... Hinc est cur «non possit ullo modo sectio aut divisio [in illa] excogitari, ... sed inter illos deprehendatur ineffabilis quaedam et inexcogitabilis tum communio tum distinctio, [vi cujus] nec hypostaseon diversitas *continuum naturae non divellat*, nec essentiae communitas proprietatum hypostaticarum confusionem inducat ... [Sic] idem et conjunctum et discretum dicitur et quaedam excogitatur, velut in aenigmate, nova et mira discretio conjuncta et conjunctio discreta» (PG 32. 382 A-333 A).

**151. D) Exponendo quomodo, in singulis personis, proprietates hypostaticae se habeant ad essentiam, apparet illas intellegere ut proprietates unius numerice substantiae,** ex qua, etsi inter se distinctae, habeant omnes totam suam substantialem realitatem.

a) Hoc apparet in *epist.* 210, 5, ubi exponit quomodo deveniatur in apprehensionem realitatis internae proprietatum personalium. Ad hoc

« non satis est personarum numerare differentias, sed oportet unamquamque personam agnosci in vera hypostasi existentem ».

Jamvero hoc intentum non obtinetur nisi quatenus

« mens nostra defigatur [in essentiam] velut in subjectum, cujus percipiat characteres perspicuos » [138],

id est, eas proprietates quibus constituuntur et dignoscuntur personae ... Hinc igitur constat hypostases a S. Basilio percipi ut varias unius ejusdemque essentiae proprietates intrinsecas.

b) Quod confirmatur tum, in eadem epistola, comparatione arcus caerulei, cujus multos ac diversos colores emittit « una essentia » [139], tum praesertim in suo *adv. Eunomium,* II. 28, ubi explicat quomodo unius ejusdemque essentiae possint esse et « ingenitus » Pater et « genitus » Filius.

Explicatio oritur tota ex eo quod « ingenitus » et « genitus », — quo Pater et Filius opponuntur, — non significant substantiam (οὐσίαν) sed « proprietates manifestativas (γνωριστικὰς... ἰδιότητας) in ipsa substantia considerandas ». Proprietates porro, quamvis diversae, inesse possunt eidem substantiae quin eam dividant. Earum enim proprium est « *in substantiae identitate —* ἐν τῇ τῆς οὐσίας ταυ- τότητι [id est, in una eademque substantia] — *ostendere distinctio- nem* (τὴν ἑτερότητα), ita ut ipsa ad invicem opponantur et ad con- trarium discedant, *nec tamen substantiae unitatem divellant :* sic, v. gr., volatile et pedestre, aquatile et terrestre, rationale et irrationale [possunt esse simul proprietates unius ejusdemque substantiae]. *Una eademque substantia potest esse subjectum proprietatum illarum,* et tamen illae proprietates ncc substantiam alterant (οὐκ ἀλλοτριοῖ τὴν οὐσίαν) nec [eam] quasi ad mutua discidia inducunt » (οὐδὲ οἱο- νεὶ συστασιάζειν ἑαυτοῖς ἀναπείθει) (PG 29. 637 Λ-C).

Ita porro, in Trinitate :

« Deitas communis est, paternitas vero et filiatio proprietates. Ex utriusque complexu, communis scilicet et proprii, habetur vera notio [singularum personarum. Proinde], cum ingenitam lucem audi- mus, Patrem intellegimus ; cum vero lucem genitam, Filium : qua

---

[138] « Τήν διάνοιαν ἡμῶν οἱονεὶ ἐπερεισθεῖσαν ὑποκειμένῳ τινί, καὶ ἐναργεῖς αὐτοῦ ἐντυποσαμένην τοὺς χαρακτῆρας » (PG 32. 776 C). Formula ἐπερεισθῆναι ὑποκειμένῳ significat incumbere in rem ut perspiciatur: cf. *epist.* 2 2; *ibid.* 224 C.

[139] Describitur totum phaenomenon (PG 32. 333-336) et postea, applicatione fac- ta ad Trinitatem, concluditur : « Κἀκεῖ, ἐν τῷ ὑποδείγματι ἡ ἀπογάζουσα τὴν πολύχροον ἐκείνην αὐγὴν μία οὐσία ἦν» (336 B).

lux, scilicet, nulla est in eis contrarietas ; quatenus vero genitum et ingenitum, apparet oppositio » (*Ibid.* C).

**152.** E) **Conclusio de Cappadocensibus.** — Mens igitur S. BASILII non potest esse dubia. Consubstantialitatem mere specificam *adeo non admittit inconscie ut eam econtra explicite et formaliter excludat.* In divinis, sicut et in humanis personis, distinguit « commune » et « proprium » ; at, quod commune est, id, in Deo, profitetur esse commune per identitatem numericam, eaque ratio est cur abhorreat ab audiendis tribus diis.

Nec aliter S. GREGORIUS NAZIANZENUS, qui adeo tenet trium personarum unitatem ut : a) comparationes tritas sive oculi — unde scaturit fons, — fontis et rivuli, sive solis, radii et lucis timet ne deitati ingerant aliquam compositionem aut numerum (*Or.* 31. 31-32 ; PG 36. 169 A-C) ; b) « divinitatem » dicat ideo

« distingui indistinctim et distinctim connecti », quia « unum in tribus [est] deitas, et tria [sunt] unum, tria [scilicet] in quibus [est] deitas, vel, ut magis proprie dicatur, quae sunt deitas » (39. 11 ; 345 D) ;

c) explicite opponat unitatem, quae est in Trinitate, unitati specificae, quam invenire est sive inter deos ethnicorum participantes eamdem divinitatis rationem, sive inter homines participantes communem hominis rationem (31. 15-20 ; 149-156).

Item S. GREGORIUS NYSS. : a) Mysterium ineffabile dicit esse in hoc quod

« idem discernitur hypostasibus nec tamen dividitur subjecto ... quia unitas naturae non admittit divisionem » (*Or. catech.* 3 ; PG 45. 17 D).

— b) Negat pluralitatem deorum implicari trinitate hypostaseon, quasi « divisione essentiae subjectorum », nam, explicat, « cum natura divina, simplex et immutabilis, respuat omnem quoad essentiam distinctionem, ita ut sit una, non admittit in se ullam pluralitatis significationem » (*Quod non sint tres dii* ; *ibid.* 133 A). — c) Neque, addit, haec naturae indistinctio oritur ex « quadam hypostaseon mistione aut confusione », nam, non obstante illa unitate, hypostases creduntur manere distinctae sicut « causans » manet a « causato distinctum » (*ibid.* 133 B) [140].

---

[140] Objectio moveri possit ex eo quod S. GREGORIUS NYSS. naturam etiam humanam putat ita esse unam ut non nisi per abusum loquendi ex consuetudine ortum homines

**153. II. Concilium Constantinopolitanum anni 381 non sanxit novam de « consubstantiali » notionem.**

Hoc, juxta adversarios, constet quatenus : 1º Concilium elegit praesidem Meletium Antiochenum, cujus fides fuerit olim dubia nec adhaeserit Nicaenae synodo nisi sensu Semiarianorum. — 2º Concilium ediderit « tomum», seu expositionem fidei, quae, ut constat per symbolum ei postea ascriptum, omisit formulam Nicaenam ἐκ τῆς οὐσίας ; hoc autem significet « consubstantialem » jam non intellectum esse nisi sensu « similis essentiae ».

Jamvero eae sunt deductiones ac suppositiones arbitrariae. Nam :

**154.** 1º *Meletius,* etsi fuit fidei prius dubiae, tamen postea Nicaenae formulae adhaesit et consensit amicis suis Cappadocensibus. Et, re vera, a) anno 363, Antiochiae, subscripsit formulae fidei, cui inseritur symbolum nicaenum, et in qua explicatur « ὁμοούσιος » jam sibi non esse suspectum, quia explicatum est significare quidem « quoad essentiam similem » sed etiam « ex essentia Patris » (Apud Socratem : H. E. III. 25 ; PG 67. 453 B). — b) Anno 379, in synodo antiocheno, consenserat expositioni fidei a Damaso Rom. Pont. Orientalibus transmissae [141].

2º *Quoad ipsum concilium* anni 381 : A) Cujusmodi doctrinam sit professum, explicite non constat, cum « tomus » ab eo editus non exstet. Quia tamen ad eum remittitur in « tomo » edito a concilio anni 382, jam de illius sensu judicari potest. In hoc porro nihil est, quo insinuetur nova « consubstantialis » notio : dirigitur ad Occidentales.

« Hanc (fidem scilicet Nicaenam) et vobis et nobis et omnibus, qui verae fidei verbum non pervertunt, probari convenit, ut quae antiquissima sit et baptismati consentanea atque doceat nos credere

---

dicantur plures, cum, re vera, si proprie loqui velimus, Paulus, Jacobus, etc., non sint nisi unus et idem homo (*Quod non sint tres dii* et *De communibus notionibus* ; PG 45. 117-120 et 180). — Sed respondetur : a) Non dat eam explicationem nisi per modum tentaminis philosophici, quod, si remanet mancum, linquat tamen omnino credendum dogma de unica in tribus personis essentia divina (117 B). — b) In hoc decipitur quod, cum Platone et futuris postea philosophis realistis, putat universalia existere a parte rei, nec distinguit naturam hominum concretam, quae multiplicatur, a natura abstracta, quae una est. — c) Explicite docet trium personarum — contra quod accidit apud homines, — operari esse unicum (120-129 ; *contra Eunom.* 2 ; 564-565), quod omnino excludit in eis agnosci naturam concretam distinctam.

[141] Fragmenta habentur PL 13. 350-353 vel apud C. 556-557. — De Meletii orthodoxia, plura apud CAVALLERA : *Le schisme d'Antioche,* p. 71-86 ; 94-97 ; 307 et 311.

in nomine Patris et Filii et Spiritus Sancti, ita nimirum ut una credatur divinitas et potentia et substantia (οὐσία) Patris et Filii et Spiritus Sancti, aequalisque dignitas et imperium coaeternum in tribus perfectis hypostasibus, sive in tribus perfectis personis (προσώποις), ut
neque Sabellii pestis locum inveniat, qua hypostases confundantur
tollanturque proprietates, neque Eunomianorum Arianorumque et
eorum, qui Spiritum Sanctum oppugnant, vires habeat blasphemia,
quae substantiam (οὐσίαν) seu naturam et divinitatem discindit atque
increatae et consubstantiali et coaeternae Trinitati posteriorem quamdam aut creatam diversae substantiae naturam inducit ... Quae igitur ad fidem attinent, in summa sunt hujusmodi ; de quibus amplius
animis vestris satisfacere poteritis, si tomum synodi Antiochenae
(379) et eum qui, superiori anno (381), Constantinopoli, a synodo universali est editus, inspicere dignamini, ubi et fidei expositionem
uberius exposuimus et in recens adinventas haereses anathematis sententiam perscripsimus » [142].

**155.** B) *Omissio vocum* ἐκ τῆς οὐσίας in symbolo non habet
vim aut significationem, quae illi obtruditur. Etenim : a) S.
Basilius, quem volunt esse neonicaenorum ducem, aperte profitetur ea formula enunciari positivam Ecclesiae fidem [143] et ipsi
Semiariani admittebant Filium esse ἐκ τῆς οὐσίας (Cf. Athanas.:
*De synodis*, 41). — b) Symbolum, cum primum occurrit, apud
S. Epiphanium, formulam habet tum in utraque sua forma, tum
in subjectis anathematismis (*Ancoratus*, 119 et 120 ; PG 43.
232 C et D ; 233 B et 236 B). — c) Causae omissionis, quae
postea invaluit, possunt assignari variae : vel formula non erat
Nicaeno apposita nisi ad excludendam formulam Arianam « ex
non ente » [144] : quae, cum jam non sustineretur, et aliunde ceterum
excluderetur, jam non erat eadem ratio cur « ex essentia » explicite assereretur ; vel apta erat quae suggereret falsam interpretationem, divisionem scilicet essentiae divinae : quae fuerat ab
initio perversa fidei Nicaenae ab adversariis interpretatio. Cum
igitur a S. Athanasio diceretur jamdiu non plus dicere « ex essentia » quam « ex Patre » (*De decr. nic. syn.* 22-23), et a Meletio
(*loc.* mox *cit.*) explicaretur includi in ipsa voce « consubstantialis », jam intellegitur potuisse omitti tum ad vitandam in symbolo
vocem nimis metaphysicam tum ad praecavendam falsam illius
interpretationem.

---

[142] Apud Theodoretum : H. E. V. 9 (PG 82. 1216 vel apud C. 554).
[143] In professione fidei proposita Eustathio (*epist.* 125. 1 ; PG 32. 548 B ; item
*epist.* 52. 2 (393 B).
[144] Ita Meletius, apud Socratem : H. E. III. 25 (PG 67. 453 B).

**156.** III. **De consubstantialitate Spiritus Sancti:** admissa est vera tum in Nicaeno tum in Constantinopolitano concilio.

1º *Quo ordine impugnata et definita.* — Consubstantialitatem Spiritus Sancti negaverat Arius, quatenus Trinitatis tres ac diversas docuerat esse hypostases ; negarunt etiam Semiarianorum non pauci, qui, etsi de Filio recte sentientes, Spiritum tamen docuerunt esse primam Filii creaturam, nec nisi tropice — id est, figurative — in Scriptura vocari Deum et connumerari Patri atque Filio : « tropici » propterea vocantur a S. Athanasio, qui eos impugnat in suis *ad Serapionem epistolis* 1 et 3-4. — Iidem vocati sunt Pneumatomachi vel etiam, etsi non pleno jure, Macedoniani.

Contra Arium et Arianos parum actum est de Spiritu Sancto explicite et symbolum Nicaenum simpliciter dicit : « Credimus ... et in Spiritum Sanctum ». Contra « Tropicos » autem consubstantialitas Spiritus Sancti invenitur definita jam in concilio Alexandrino anni 362, quatenus praecipitur anathema dici eis qui « Spiritum Sanctum affirmant esse creaturam et divisum a substantia Christi ». Item, ante annos 380, in synodo Romana sub Damaso, quatenus anathema dicitur eis qui negant Spiritum esse « unius cum Patre et Filio substantiae », esse « vere de Patre ac proprie, sicut Filius, de divina substantia » (D-B. 59 ; 74 et cf. praeterea 61-62 ; 68 ; C. 530 et cf. 529, ubi idem Damasus de Spiritu Sancto scribit « unius usiae »). Item concilium Constantinopolitanum anni 382, *loc.* supra *cit.*, ubi loquitur de « consubstantiali et coaeterna Trinitate » (C. 554).

**157.** 2º *Additamenta de Spiritu in symbolo Constantinopolitano.* — Symbolum vero Nicaeno-Constantinopolitanum vocibus fidei Nicaenae « in Sp. S. » addit :

« Dominum et vivificantem, qui ex Patre procedit, qui cum Patre et Filio adoratur et conglorificatur, qui locutus est per prophetas ».

Haec porro additamenta a fautoribus theoriae de neonicenismo dicuntur esse hujusmodi, quae Semiarianis non respuenda visa essent proindeque potuerint ab eis originem habere. Consubstantialitas immo Spiritus Sancti ab eisdem negatur fuisse in explicita fide Ecclesiae tempore concilii Nicaeni : quod sibi videntur posse deducere tum ex brevitate articuli de Sp. S.

symbolo tunc inserti, tum ex haesitatione de nomine «Deus» illi imponendo, quae, apud orthodoxos ipsos, videtur viguisse aetate S. Basilii et S. Gregorii Nazianzeni [145].

**158.** At ea etiam sunt fictitia argumenta, nam :

A) Additamenta de Sp. S. enunciant ea ipsa unde orthodoxi, contra Semiarianos, probaverunt divinitatem ejus, nempe : a) eum procedere a Patre haud minus quam Filium proindeque non esse ex non ente seu creatum ; b) eum connumerari Patri et Filio ut objectum tum fidei tum adorationis et cultus in genere. Orthodoxis enim pro fundamento argumentationis suae est non posse Deo quidquam creati connumerari [146].

B) Ideo, in concilio Nicaeno, parum actum est de Sp. S. quia controversia explicita non erat nisi de Filio. Brevis ceterum articulus de fide habenda in Sp. S. implicabat eum haud minus haberi ut Deum.

C) Nec dissentiebant Semiariani, quos probaverunt S. Athanasius et S. Hilarius, nam canonibus suis (apud Athanas. : *De synodis*, 27) significant idem praecavendum de Sp. S. quod de Filio, nempe a) identitatem personalem cum Patre (*can.* 19-20) ; b) Sp. esse partem Filii aut Patris (*can.* 22) ; c) tres ex asserta ejus divinitate induci deos (*can.* 23 et cf. 2). Haec porro non praecavebantur de Filio nisi quia censebatur et ex essentia Patris et similis cum eo essentiae. Ergo idem sentiebatur de Spiritu.

D) *Haesitationes de nomine «Deus» Spiritui applicando* oriebantur, aetate S. Basilii, non ex dubitata consubstantialitate sed ex existimata importunitate addendi quidquam formulae fidei Nicaenae. — Ita S. Basilius, *epist.* 113. 114 et 258 (PG 32. 524-529 et 949). Experientia enim jam semisaeculari constabat quot perturbationes animorum et Ecclesiarum consequerentur ad editas novas fidei formulas. — Addebatur vocem «Deus» non legi in Scriptura de Sp. S. explicite ; quae fuerat olim multorum contra vocem «consubstantialis» criminatio. Eadem nunc erat Arianorum et Pneumatomachorum contra asserentes Sp. S. Deum :

---

[145] Cf. S. Gregorii Naz. : *Or.* 31. 5 (PG 36. 137 C-D) et *epist.* 58 (PG 37. 113). — De quibus cf. de Régnon, *op. cit.*, t. I, p. 456-465.

[146] Quod, per modum exempli, videas a S. Athanasio expositum (*Cont. Ar.* II. 41 ; PG 26. 233-236) ad probandam divinitatem Filii (*ad Serap.* I. 28-29 ; III. 6 ; PG 26. 593-597 ; 633) ; ad probandam divinitatem Spiritus Sancti.

Unde nobis peregrinum Deum nulloque Scripturae loco prodi-
tum introducis ?» (S. Gregor. naz. *Or.* XXXI, 1 et cf. 21 ; PG 36.
133 B et 156-157).

— Prudentiae igitur pastoralis et non dubiae fidei res est
quod S. Basilius censuerit vocem hujusmodi vitandam aut
saltem non urgendam [147] ; quoad rem enim, ut constat per illius
*De Sp. S.*, divinitatem Sp. S. et illius cum Patre et Filio unitatem naturae longe lateque asseruit atque demonstravit.

**159.** 1º Scholion **De subordinatione Filii, apud Nicaenos.**
— Occasione imprimis verbi Christi : *Pater major me est,* Patres,
saltem graeci non pauci, saeculo adhuc 4º, admittunt aliquam
Patris prae Filio praestantiam ; nam hoc dictum interpretantur
de Christo qua Deus formaliter est. At iidem explicant eam
praestantiam nullatenus repeti ex ipsa natura ; esse, econtra,
mere relativam, ita ut Pater major sit unice ex sua proprietate
personali, quatenus est Filio principium essendi seu Pater.

Sic jam, contra Arium, Alexander alex. :

« Ingenito Patri ... dignitas propria [est] nullam habere existentiae suae causam ... Filio generatio ex Patre initio carens » (PG 18.
568 A-B).

S. Athanasius : « Patrem dixit majorem, non ulla magnitudine
aut tempore, sed quia ex ipso Patre gignitur » (*Cont. Ar.* I. 58 ; PG
26. 133 C).

S. Basilius : « Major hic secundum causae rationem dicitur, nam,
quoniam a Patre origo est Filio, secundum hoc Pater major est, ut
causa et principium » (*adv. Eunom.* I. 25 ; PG 29. 568 B et cf. 20 ;
557 A-B), seu, ut alibi dicit, « causalitate praestat » (*ibid.* II. 12 ;
593 C). Distincta propterea prioritate et posterioritate, quae sit ordinis (τάξεως), dignitatis (ἀξιώματος) et naturae (φύσεως), exponit in
Trinitate posse admitti prioritatem ordinis et dignitatis, quae fundetur in origine, nullatenus naturae (*Ibid.* III. 1 ; 656 A).

S. Gregorius Naz. : « Causalitate major est Pater » (*Or.* 29.
15 ; PG 36. 93 B). « Vox major ad causam, aequalis ad naturam referenda est » (*Or.* 30. 7 ; 112 C).

S. Gregorius Nyss. : « Personae deitatis non dividuntur a se nec
tempore, nec loco, nec voluntate aut consilio, nec operatione nec
affectione ulla, ... sed dumtaxat quia Pater Pater est et non Filius,
Filius Filius est et non Pater, similiter etiam Sp. S. nec Pater nec
Filius » (*De comm. not.* ; PG 45. 180 C).

---

[147] Quomodo illius prudentia ab aliquibus argueretur esse nimia, cf. S. Gregor.
Naz. *epist.* 58 (PG 37. 113) et S. Basilii *epist.* 71 (PG 32. 436-440).

Item, apud Latinos, S. Hilarius : « Est Pater major Filio, sed ut pater filio, generatione, non genere » (*In ps.* 138. 17 ; PL 9. 801 C). « Non praestantem quemquam cuiquam genere substantiae, sed subjectum alterum alteri nativitate naturae. Patrem in eo majorem esse quod pater est, Filium in eo non minorem esse quod filius est ; significationem interesse, non interesse naturam » (*De synodis,* 64 ; PL 10. 524 A ; cf. *De Trinit.* III. 12 ; IV. 6. 9. 35. 37 ; V. 11 ; VI. 13 ; IX. 45. 54 ; XI. 10. 17 ; XII. 17).

**160.** 2º **De libera Filii generatione.** — Negatur fuisse libera ad modum quo libera est entium creatio, quasi praecesserit voluntatis exercitium, ut volebant Ariani ; sed, contra haereticos qui volebant generationem fieri in Deo per modum emanationis aut effluxus cujusdam naturalis, quem Deus involuntarie passus esset et inconscie [148], admittitur non fuisse coacta, nec involuntaria, quippe quae fiat conscia et consentiente voluntate.

Quae distinctio apparet in duobus canonibus synodi Sirmiensis anni 351 contra Photinum editis :

« Si quis voluntate Dei, tanquam unum aliquid de creatura, factum dicat, anathema sit » (24). « Si quis, nolente Patre, natum dicat Filium, anathema sit. Non enim Pater, coactus vel naturali necessitate ductus, cum nollet, genuit Filium ; sed simul ac voluit, sine tempore et sine passione, ex se genitum edidit » (25) [149].

Nec improbatur a S. Hilario, qui sic commentatur : « Cum non ex voluntate, ut cetera, Filius subsistere diceretur, ne secundum voluntatem tantum, non etiam secundum naturam, haberet essentiam, data haereticis occasio videbatur ut necessitatem Deo Patri gignendi ex se Filii adscriberent, tanquam naturae lege cogente invitus ediderit. Sed haec passionum non est in Deo Patre conditio, cum — (ve. : cui ?) — in inenarrabili et perfecta nativitate Filii, nec voluntas sola genuit Filium, nec demutata aut coacta imperio naturalis legis essentia est ... Ante tempora omnia, Pater ex naturae suae essentia, impassibiliter volens, Filio dedit naturalis divinitatis essentiam » (apud Hilar. : *De synod.* 59 ; PL 10. 520-521).

Potius quidem insistunt Patres in excludenda libertate proprie dicta [150] ; at excludunt etiam generationem invitam, ita ut

---

[148] Cf. S. Gregor. Naz. : *Or.* 29. 2 : « Neque enim bonitatis superfusionem dicere audebimus ne coactam quamdam generationem, ac veluti naturalem quamdam superfluitatem, quae retineri nequeat minimeque divinitati congruat, invehamus » (PG 36. 76 C).

[149] Apud Athanasium : *De synodis,* 27 et Hilarium : *De synodis,* 57-58.

[150] Sic, v. gr., S. Athanasius : *Cont. Ar.* III. 61-62.

nec ex voluntate nec ex necessitate sed super utrumque sit generatio Filii :

« In sempiterna generatione praecedit nec velle nec nolle : ergo
nec invitum dixerim nec volentem, sed super utrumque, h. e. natura ;
ita non generat ex voluntate aut ex necessitate Pater » [151].

Optime tandem et definitive : a) notant idem posse esse simul et ex natura et ex voluntate, non quidem deliberante et
eligente, sed approbante et consentiente [152] ; b) distinguunt inter
voluntarium et liberum, inter necessitatem naturae et necessitatem ex coactione [153], et consequenter respondent generationem
Filii nec proprie liberam nec tamen coactam esse, sed ex necessitate naturae et tamen voluntariam.

Hinc concordantia discordantium assertionum sequentium :

« Immediata conjunctio Patris [cum Filio] non [ita] excludit
voluntatem ut quadam necessitate naturae et involuntarie Filium habeat » [154]. « Natura est Filius, non adoptione, quem Deus Pater nec
voluntate nec ex necessitate genuisse credendus est » [155].

Hinc etiam solutiones S. Thomae I, q. 41, a. 2, ad 3 et 5.


CAPUT QUARTUM

# DE RATIONIS AD MYSTERIUM IMPROPORTIONE

**161.** Cum actus fidei sit assensus intellectualis nec proinde
mysterium Trinitatis credi possit quin ab humana mente aliquatenus saltem percipiatur atque judicetur esse verum, jam

---

[151] Ita S. AMBROSIUS : *De fide.* IV. 9, 103 (PL 16. 637). Item S. EPIPHANIUS :
«Οὔτε οὖν θέλων ἐγέννησεν, οὔτε μὴ θέλων, ἀλλὰ τῇ ὑπὲρ βουλὴν φύσει» (*Hær.*
69, 26 ; PG 42. 245). Nec adeo aliter S. ATHANASIUS, contra Arianos propugnantes
generationem liberam : « Viderunt quidem quod voluntati opponitur ; at quod majus
et transcendens est non aspexerunt ; voluntati opponitur id quod est praeter mentem ; transcendit autem et praecedit deliberationem id quod ex natura est » (*Cont.
Ar.* III. 62 ; PG 26. 453 B). Item S. GREGOR. NAZ. : *Or.* 29. 6 (PG 36. 81 B-C).
[152] Sic Deum dicunt esse naturaliter — et tamen non invitum, sed proinde voluntate etiam — bonum et misericordem : S. ATHANASIUS : *cont. Ar.* III. 62 (PG
26. 453 C) ; S. AUGUSTINUS : *De nat. et gr.* 46. 54 (PL 44. 273).
[153] S. CYRILLUS ALEX. : *Thes.* 7 et *Dial.* 2 (PG 75. 89 A-B et 780).
[154] S. GREGOR. NYSS. : *cont. Eunom.* 8 (PG 45. 773 D).
[155] Conc. Tolet. XI (D-B. 276 ; C. 575).

patet humanae mentis improportionem ad illud non esse eam,
quae omnem illius apprehensionem faceret impossibilem.

Illa tamen apprehensio quaeri potest quousque et qualis
sit ex ipsis humanae mentis viribus : utrum acquiratur independenter ab omni revelatione positiva, et, quatenus negative, qualem, data revelatione, mens humana possit sibi efformare mysterii demonstrationem et apprehensionem.

Hinc duo hujus sectionis capitula : I. De mysterio quid
omnino non possit humana ratio, seu quousque mysterium sit
*supra* humanam rationem. — II. De mysterio quid possit, seu
quousque mysterium non sit *contra* humanam rationem.

ARTICULUS I

## DE MYSTERII PRAE RATIONE TRANSCENDENTIA

**THESIS VII.** — **Mysterium Trinitatis ratio humana
se ipsa nec cognovit, nec cognoscere potest, nec revelatione
cognitum demonstrat positive.**

**162.** PARS PRIMA. Ratio sola non cognovit, id est, nullibi,
independenter a revelatione posita, cognitum est mysterium
Trinitatis. *Factum* hoc datur ut *historice certum*, quod, *theologice*,
dici potest *fidei proximum* ratione secundae theseos partis : non
potest cognosci ; ergo non cognitum est ...

Factum porro constat, quatenus : I. Nullibi invenitur cognita Trinitas, qualis christiana religione docetur. II. Verbum
personale Deo consubstantiale non est speculatione philosophica
excogitatum. — III. Doctrina christiana de Trinitate originem
habet ex positiva per Christum revelatione.

**163. I. Nullibi, praeter christianam religionem, cogno-
scitur Deus unus trinus personis.** — Triades enim deorum,
quae occurrunt apud alias religiones, vix habent cum Trinitate
christiana analogiam numeri ternarii[1]. Male igitur traditionalis-

---

[1] Sic, v. gr. apud Indicos libros, ea quae dicitur Trimûrti, tres videlicet dii :
Brachma seu creator, Vishnu seu conservator, Çiva seu destructor (SODERBLÖM :
*Manuel d'hist. des relig.*, 1925, p. 340. — Cf. melius : ROUSSEL : *Theologie brahmani-
que*, in *Rev. des sc. philos. et théol.*, 1908, p. 294-307). — Item, apud Babylonicos, duae

tae olim delectati sunt illa analogia, ut qua constaret mysterium
Trinitatis fuisse primitus omnibus obvium. Pejus adhuc recentiores religionum historici, solum numero delectati, Trinitatem
christianorum se fingunt agnoscere ubicumque, sub aliquo respectu, dii conjunguntur aut invocantur terni [2].

**164. II. Verbum personale, Deo consubstantiale, non
est speculatione philosophica excogitatum.**

Fons is est, ex quo hodierni multi velint esse haustam
doctrinam de Verbo personali, proindeque de secunda saltem persona divina. Quam originem repetunt non tam ex uno philoso-
pho vel ex una schola quam ex syncretismo philosophico et reli-
gioso praevalente passim initio praedicationis christianae ; in
efformanda praeterea illa Verbi notione influxum majorem tri-
buunt alii hellenismo vel alexandrinismo, alii religionibus orientalibus. Quae argumentandi ratio, quo minus firma est, eo pluribus fucum facere solet. Nullatenus tamen constat, apud eos qui
non subierint influxum vel apostolorum vel saltem Veteris
Testamenti, exstitisse doctrinam de Verbo, quod haberetur simul tum a mundo tum a Deo personaliter distinctum, et tamen
vere atque proprie Deus.

Quod probatur per partes, exponendo breviter quid de Verbo senserint tum antiqui Graecorum philosophi, tum syncretistae
aetatis Christi, tum, in specie, Philo Alexandrinus.

**165. 1° De verbo apud antiquos Graecorum philo-
sophos [3].**

A) HERACLITO, apud quem primum doctrina de « Logo »,
tanquam principio universali, sermo occurrit, « Logos » parvo
momento est : unum est ex vocabulis, quibus designat ignem

triades : Anu, Bel et Ea, seu deus caeli, deus terrae, deus maris, et Schamash, Sin
et Ishtar, seu deus caeli, deus lunae et deus foecunditatis (*ibid.*, p. 97-98) et S. REINACH:
« Les dieux babyloniens forment des groupes de trois, comme la Trinité chrétienne, qui
n'est pas une invention des chrétiens» (*Orpheus*, p. 50). — Rectius : CONDAMIN,
apud *Christus*, ch. 12.

[2] « Il suffit à d'autres de trouver quelque part le nombre 3 pour découvrir aussi-
tôt la Trinité. Ils ne parlent pas de groupements de divinités en triades, comme tout
le monde ; non, c'est la Trinité, qui, à leurs yeux, se rencontre déjà chez les anciens
Babyloniens. Cela montre qu'ils ignorent l'énoncé même du mystère de la Sainte Trinité » (CONDAMIN, *loc. cit.*, § 10, p. 535).

[3] Cf. LAGRANGE : *Le logos d'Héraclite : vers le logos de S. Jean*, apud *Rev. bibl.*
1923, p. 96-107 ; 161-184. — LEBRETON: *op. cit.* I⁷, l. I, ch. II ; *Les conceptions
helléniques du Logos*, apud RSR, 1926, p. 320-328.

seu principium internum quo omnia, non obstante suo continuo
fluxu, continentur et gubernantur. Quia ratio (λόγος) et sapientia, qua singuli homines agunt, supponitur esse participatio aut
manifestatio principii illius universalis, propterea vocatur et
ipsa « Logos ». — Heraclito igitur « Logos » est aliquid mere ma-
teriale et impersonale, toto caelo distans a « Verbo » divino
christianorum.

B) Apud PLATONEM, nullum est « Logou » subsistentis ves-
tigium. Posteriores tantummodo philosophi, scriptis ejus apo-
cryphis innixi, theoriam illi obtruderunt « Logou », qui, ad
modum legis, totum mundum regat. Multi praeterea eum « Logon » identificantes cum Platonis mundo intelligibili seu ideis
divinis, quas putabant subsistentes, habuerunt ut intermedium,
ad cujus exemplum omnia facta sint.

**166. 2° Apud syncretistas aetatis Christi.** — *Stoïci*
sunt, per quos, in physica seu cosmologia, mos invaluit assi-
gnandi « Logo » certas aliquas partes et munus.

A) *Antiquis Stoïcis*, quibus, pro suo pantheistico monismo,
duo in rerum natura distinguenda erant principia, activum
scilicet et passivum, « Logos » non fuit ullatenus agens personale
mundo extraneum illiusque ordinator aut rector ; est potius ratio
seu lex immanens secundum quam principium activum, entibus
omnibus intrinsecum, evolvitur ; immo recte dicatur non esse
nisi illud principium, quatenus rationabiliter agit [4]. Idem vero
« Logos », sicut est ratio totius mundi, ita singulis etiam naturis
est principium se movendi juxta rationem seu typum suum,
proptereaque singulis naturis, per modum principii motus ex
illo participati, dicuntur inesse rationes seminales (λόγοι σπερ-
ματικοί), ex quibus habeant suam formam suumque nisum ad
finem proportionatum: hinc, v. gr., apud homines, ratio (λόγος),
cogitatio (λόγος ἐνδιάθετος) et verbum orale (λόγος προφορικός).
Hinc intellegitur « Logon » universalem, apud Stoïcos, habitum

---

[4] « Le logos, comme la nature, le destin, la Providence, la loi, n'est qu'un des as-
pects multiples, sous lesquels les Stoïciens aiment à se représenter le principe actif
et divin de l'univers» (LEBRETON : *loc. cit.*, p. 62). — « Aussi, ordinairement, le Logos n'est-il pas employé comme sujet, quand on parle de l'organisation du monde,
mais comme type, ou comme principe formel de ce qu'il y a dans le monde de ration-
nel » (LAGRANGE : *loc. cit.*, p. 165). « Ce terme est objectif, désignant la raison, mais
plutôt comme règle de conduite que comme faculté vivante » (*ibid.*, p. 167).

esse quidem ut normam immanentem, secundum quam omnia
in mundo volvantur et cui homo sapiens atque religiosus rationabiliter se conformet, minime vero ut ens particulare medians
inter Deum et mundum, cui tanquam rerum ordinatori aut rec-
tori extrinseco ullum sit deferendum obsequium [5].

B) *Neostoïci* vero, ubi naturalem suam philosophiam apta-
verunt sive dualismo platonicorum, — in quo locus erat rerum
ordinatori, — sive antiquis mythologiis aut aegyptiacae reli-
gioni, « Logon » suum universalem jam intellexerunt mundo
extrinsecum et identificaverunt sive cum mundi ordinatore
(*demiurgo*), per quem Deus mundum condiderit, sive cum diis
illis, v. gr. Hermete Graeco aut Thôt aegyptiaco, quorum censebatur esse mundum illuminare et illuminando quasi ad Deum
conformare [6].

**167.** 3º **Apud Philonem Alexandrinum** [7]. — Philo Judaeus (20 a. C.-40 p. C.), pro sua cura conciliandi doctrinam
mosaïcam de Deo mundi creatore cum platonicorum placitis de Deo mundi ordinatore, « Logon » Stoïcorum induxit tanquam intermedium, quo Deus verus mundum condiderit. « Logos » enim illi est altissima « virtutum intermediarum », quae,
mundum compenetrantes atque continentes, sint gradus per
quos mundus a Deo effluxerit atque homines ad Deum ascendant
intuendum. Dei ergo est sapientia, ratio, et verbum, ita ut,
Dei ipsius imago, sit etiam mundi exemplar ; Deo etiam instru-
mento est, quo mundum condat, ita ut, nec creatus (γενητός)
nec increatus (ἀγένητος), mediet vere inter creatorem et creaturas. Dicitur quidem haud semel « filius Dei » et « primogenitus »,
at pro modo personificandi, vi cujus a Philone mundus etiam di-

---

[5] *Ibid.*, p. 169 et 175-176.
[6] Exempla hujusmodi identificationum pauca prostant (Cf. LEBRETON, *op. cit.*,
p. 75-84). Utrum PLUTARCHUS ita senserit controvertitur : affirmat LEBRETON, *ibid.*
et RSR, *loc. cit.*, p. 321-324 ; negat LAGRANGE, *op. cit.*, p. CLXXX-CLXXXIV. —
Quidquid sit, « Logos » sic intellectus manifeste non est ejusdem naturae ac Deus ipse
summus, sed illi subordinatur non tantum origine sed tanquam inferioris conditionis,
quod propterea possit materiam attingere illique infundi. — Exinde fluent emana-
tiones gnosticorum.
[7] De quo videas imprimis LEBRETON, *op. cit.*, l. II, ch. 3 et RSR, 1926, p. 324-
328 et 590-598 ; LAGRANGE : *Vers le Logos de S. Jean*, in *Rev. Bibl.* 1923, p. 320-
391 et *Evangile selon S. Jean*, p. CLXXVII-CLXXXIV et 31-34 ; item ejusdem art. :
*L'hermétisme*, in *Rev. bibl.* 1924, p. 481 et 1926, p. 264 ; *Les origines du dogme pauli-
nien de la divinité du Christ*, III : *Le judaïsme hellénisé*, in *Rev. bibl.* 1936, p. 15-33.

citur « neoteros » Dei filius, « filius Dei solus et dilectus ». Eodem
modo ter dicitur « Deus », immo semel « deuteros Theos » ; at
mundus etiam astraque dicuntur eo sensu improprie « Deus ».

*Utrum vero habeatur personaliter a Deo distinctus non adeo patet.*
*Affirmant aliqui,* v. gr. Lagrange, *locis cit.,* qui putat Verbum fuisse a Philone excogitatum quale postea ab Arianis. Haud raro enim se
habet ad modum personae : vocatur sacerdos, angelus Domini, sup-
plex ad Deum. Praeterea, cum sit excogitatus ad vitandum ne Deus
ipse mundum materialem creando contingat, videtur fuisse a Deo omnino distinguendus.

*Negant alii,* v. gr. Lebreton, *op. cit.,* p. 242 sqq., quia : a) cum,
apud Philonem, ideae, vires naturae, verbum etiam humanum haud
minus induant rationem personae, in hujusmodi locutionibus agnoscenda sit consuetudo apud philosophos religiosos inducta personificandi etiam abstractissima potius quam doctrina firma de personalitate « Logou » ; b) cum virtutes aliae intermediae Verbo inferiores,
etsi scopum habeant vitandi ne Deus Unus et Summus contingat ipse
mundum, tamen, fatentibus omnibus, Philoni non habeantur realiter
a Deo distinctae, a fortiori « Logos », qui inducitur inter eas et Deum
medius.

Quidquid sit, quod ad thesim attinet, duo constant :

A) « Logon » Philonis, si distinguatur realiter a Deo, non
esse ejusdem cum eo naturae, esse econtra conditionis naturaliter inferioris, nec proinde haberi ut secundam in Deo personam.

B) Eam quamcumque « Logou » notionem non efformatam
esse independenter a Vet. Test., in quo, ut vidimus, haud pauca
occurrunt, quae secundam insinuant dari in Deo personam.
Philon enim, sacris judaeorum libris tota mente semper adhaesit,
nec mundi explicationem philosophicam tentavit nisi ex persuasione quod hujusmodi libri clare, etsi allegorice, docerent ea
quae philosophi graeci subobscure intuiti essent.

**168. III. Trinitas christiana originem habet ex positiva
per Christum revelatione.**

1º In genere, hoc constat ex dictis de fide Trinitatis apud
primaevos christianos. Clara enim et firma doctrina de tribus
personis, qualis apparet jam apud S. Paulum et manifestatur
in formula baptismali, non potest ullam aliam rationem habere
sufficientem [8].

---

[8] « Die Berücksichtigung irgendeiner bestimmter heidnischen Religion oder Kul-
tusweisheit lässt hier keine Aufklärung erwarten, sobald man erwägt, wie alt die tri-

2º In specie, pro doctrina de « Verbo », qualis occurrit in « prologo » S. Joannis. Hic tamen distinguenda est doctrina et vox.

### De Verbo in prologo S. Joannis.

**169.** A) **Doctrina:** a) *Nullatenus dicti potest procedere a speculationibus de « Logo »,* quae occurrunt sive apud Stoïcos sive apud Philonem [9]; nam « Verbum » S. Joannis exhibetur ut plene et perfecte Deus, — a Deo Patre tamen personaliter distinctus, — mundo nullatenus immersus ; etsi mundus per eum factus est, ita ut, hoc sensu, Deum inter et creaturas mediare dici possit, tamen ipse « in sinu Patris » seu apud Deum est, ita ut absolute transcendat quidquid non sit Deus vel apud Deum non sit.

b) *Obviam econtra originem* deprehenditur habere tum in eis quae jam ante Christum scripta erant de Dei Sapientia et verbo, tum in eis quae jam, apud S. Paulum, leguntur de Christo credita proindeque ab ipso Christo de se aliquatenus significata : cf., v. gr., quod fuerit « in forma Dei », quod sit « Dei virtus et sapientia » (1 *Cor.* 1. 24), « imago Dei invisibilis, primogenitus omnis creaturae » (*Col.* 1. 15), « splendor gloriae et figura substantiae ejus » (*Hebr.* 1. 3). Ea sane omnia, si seponatur quaestio de verbis, doctrinam de Christo exhibent, quam nemo neget, quoad rem, praelusisse doctrinae S. Joannis de Verbo. Cum aliunde non sit ullum indicium speculationes philonianas fuisse S. Joanni cognitas, jam non est cur censeatur hausisse ex illis id quod erat in fide suae Ecclesiae.

**170.** B) **Vox « Verbum »,** — quam nullum est indicium fuisse ab ipso Christo de se usurpatam — facilius admittatur fuisse a S. Joanne desumpta ex lingua philosophica aut philoso-

---

nitarische Formel im Christentum ist und was sie bedeutet. Zwar bietet sie Paulus noch nicht als solemne oder gar exclusive Formel, aber er bietet sie doch (vor allem als Segenswunsch : 2 *Cor.* 13. 13). Kristallisirt und als zusammenfassender Ausdruck der christlichen Religion erscheint sie bei Matthaus ... Gehört aber die Formel hierher und in diese Zeit, so ist es ein schwerer methodischer Verstoss, ihren Ursprung aus dem Einfluss einer heidnischen Religion oder einer jüdisch-synkretischen Sekte erklären zu wollen » (AD. HARNACK : *Entstehung und Entwickelung der Kirchenfassung,* p. 187-188).

[9] Cf. LAGRANGE : *L'évangile selon S. Jean,* p. CLXXVII.

phico-religiosa suae aetatis [10]. At, quia ea voce significat rem a
« Logo » Stoïcorum et Philonis adeo diversam, cum doctrina
econtra librorum sapientialium adeo consonantem, melius supponitur hausta ex illis librorum sacrorum locis, in quibus « verbo » Dei in creando mundo idem fere munus ascribebatur ac ipsi
Sapientiae : cf. v. gr. *Ps.* 32. 6 et 9 : « *Verbo Domini caeli firmati
sunt ... Ipse dixit et facta sunt* ; *ps.* 106. 20 : « *Misit verbum suum
et sanavit eos* » ; *ps.* 147. 15 : « *Qui emittit eloquium suum* (τὸν
λόγον) *terrae* ; *velociter currit sermo ejus* (ὁ λόγος) » ; *Eccli.*
42. 15 : « *In sermonibus* (ἐν λόγοις) *Domini opera ejus* » et 43.
28 : « *In sermone* (ἐν λόγῳ) *ejus omnia composita sunt* » et cf.
*Sap.* 9. 1 : « *Fecisti omnia verbo tuo* » ; 18. 15 : « *Omnipotens sermo tuus* » [11].

**171.** DICES : Attamen scriptores ecclesiastici putarunt philosophos tum stoïcos tum platonicos praesertim et neoplatonicos cognovisse doctrinam vel trium hypostaseon vel saltem Verbi. Sic, v. gr.,
apologetae saeculi 2 et 3, quos constat suam de Verbo doctrinam
propugnasse ope dictorum vel Stoïcorum vel Philonis ; sic etiam S.
Augustinus, qui testatur se legisse apud neoplatonicos doctrinam de
Verbo qualem profert S. Joannes (*Conf.* VII. 8-10) et, una cum S. Cyrillo Alexandrino (*cont. Jul.* 8 ; PG 76. 913 C-D), testatur Porphyrium cognovisse tres dari in Deo hypostases : Patrem, Filium et
Sp. S. [12].

**172.** RESPONDEO : 1° Scriptores illos juvabat, re vera, agnoscere
apud ethnicos philosophos partes et elementa doctrinae christianae,
ex quibus possent pro ea ad hominem arguere. Sic, in specie, inter
apologetas, S. Justinus, ubi invocat scriptores qui et ipsi « Logon »

---

[10] « Peut-être le mouvement d'idées, dont Philon est chez les Juifs le représentant
le plus brillant mais le plus équivoque, est-il pour quelque chose dans la proclamation
de Jean. Il n'a pas orienté ses méditations, mais il a pu le déterminer à faire front,
puis à tendre la main à ceux qui sacrifieraient leurs conceptions à son dogme » (LAGRANGE, p. CLXXXI). — Item LEBRETON : « On peut donc, avec la plus grande probabilité, attribuer au terme de Logos une origine alexandrine » (*Op. cit.*, p. 637).
[11] LAGRANGE : *op. cit.*, p. 29-30 et *L'évangile de J.-C.*, p. 634-636 ; DURAND :
*Evangile selon S. Jean*, p. 536-38. — Cf. HARRIS, in *Expositor*, nov. 1916. p. 393 :
« The key to the language of the Joannine Prologue and to St Paul's language in the
epistle to the Colossians lies in the Sapiential tradition, and not in the reaction from
Plato or Heraclitus ».
[12] *Civit. Dei*, X. 29. — De quo cf. etiam PICAVET : *Hypostases platoniciennes et
Trinité chrétienne*, in *Annuaire de l'Ecole des Hautes Etudes, section des sc. relig.* 1917-1918 ; et praesertim ARNOU, art. *Platonisme chez les Pères*, aput DTC, t. XII². 2327
sqq.

identificarunt cum Hermete (1 *Apol.* 21) aut Mercurio (22) ; item, ubi explicat, per inditum singulis hominibus rationis seu « Logou » semen (2 *Apol.* 8 et 13), partialem cognitionem doctrinae a Christo traditae (*ibid.* 8. 10. 13) [13].

2° Illam qualemcumque veritatis cognitionem apud ethnicos occurrentem multi explicabant per cognitos Platoni et aliis sacros Judaeorum libros.

3° Philosophiam illam, in specie, de Verbo, experientia docuit quantopere distaret a sincera Trinitatis christianae doctrina. Scriptores enim antenicaeni ideo minus recte de Trinitate tractaverunt quia facilius ex placitis illis philosophicis hauserunt. Patres econtra ante et postnicaeni rectam fidem non vindicaverunt nisi quia, prae hujusmodi placitis, innixi sunt dictis Scripturae et traditionis ecclesiasticae.

**173.** 4° **Neoplatonici, Plotinus in specie et Porphyrius,** ubi dicuntur Verbum aut tres hypostases cognovisse :

A) Non eo ipso supponuntur nullum omnino subiisse influxum revelationis positivae, sive per Philonem, sive per coaevos suos christianos : Plotinus enim non tantum fuit Origenis Alexandriae coaevus sed communem cum eo habuit magistrum Ammonium Saccam, quem Porphyrius vult fuisse a fide christiana apostatam [14].

B) S. AUGUSTINUS : a) In libris platonicorum : 1° fatetur se invenisse imprimis unde deduceretur ad apprehensionem mundi intelligibilis transcendentis mundum et entia mere sensibilia (*Conf.* VII. 10-11 et 20) ; 2° non dicit se agnovisse expositam de Verbo doctrinam rectam et plenam sed tantummodo « rationes multas et multiplices » (VII. 9, 13), quibus persuaderetur esse Verbum, quod legebat apud S. Joannem affirmatum. Hoc enim, etsi noverat in Ecclesia doceri, tamen, pro sua entis spiritualis ignorantia, non capiebat quomodo posset esse verum. « Indagabat » propterea « in illis litteris » dici Filium Dei, si sit, non posse non esse « in forma Patris », cum « naturaliter idipsum sit » (*ibid.* 14). Bene igitur dicas libros Platonicorum Augustino fuisse

---

[13] Notandum est praeterea S. Justino placuisse quidem doctrinam Stoïcorum moralem : — « quoad moralem praeclari sunt » (2 *Apol.* 8) ; « cum de moribus disputant, sapienter locuti sunt » (*ibid.* 7) — minime vero doctrinam eorumdem physicam seu de principiis rerum : — « patet eos, ubi agunt de principiis et de rebus incorporeis, rectam viam non insistere » (*ibid.*). — Recte igitur concludas eum, etiam ubi sermonem accommodat ad eorum sententiam de verbo indito, adhaerere S. Joanni potius quam ipsis Stoïcis. Cf. BARDY : *S. Justin et la philosophie stoïcienne*, apud RSR, 1923, p. 491-510 et 1924, p. 33-45.

[14] Ita, apud EUSEBIUM, H. E. VI. 19 (PG 20. 565), qui contradicit (*ibid.* 568), sed illegitime, ut videtur, confusione facta cum alio Ammonio, de quo cf. *Dictionnaire d'hist. et de géogr. eccl.*, t. II, p. 1314.

viam tantummodo qua duceretur ad apprehendendum id quod per
Scripturam et S. Ambrosium sciebat esse credendum [15].

b) Ubi dicit Porphyrium « praedicasse Patrem et ejus Filium et
Sp. S. », aperte nititur doctrinam ejus interpretari de Trinitate, ut
exinde possit contra eum arguere. At explicite dicit eum admittere
« tres deos » nec veritatem videre nisi « qualitercumque et quasi per
quaedam tenuis imaginationis umbracula » [16] : quae omnia excludunt
veram et rectam Trinitatis apprehensionem.

c) S. CYRILLUS ALEXANDRINUS, ubi refert Neoplatonicos « sta-
tuisse et ipsos tres hypostases », ad quas « pertineat essentia Dei », ita
ut « interdum ipsum Triadis usurpent vocabulum » proindeque « christianorum suffragentur doctrinis », tamen explicite addit eis deesse
quod illas hypostases admittant « consubstantiales » naturamque proinde divinam teneant « triplicitate carere » et « hypostases non esse alias
aliis inferiores ». Praemittit autem causam illius eorum defectus esse,
quod « non eis illuxerit lux veritatis. Nam, quomodo res tam sub-
tiles tamque abstrusas agnoscerent, nisi Filius eis revelaverit » (*Cont.
Jul.* VIII ; PG 76. 913 C-D).

**174. PARS SECUNDA. Ratio sola Trinitatem non cognoscere
potest,** id est, non potest se sola devenire in cognitionem
ejus existentiae.

Contradixisse videtur Abaelardus, quatenus docuit Trinitatem, sicut Judaeis per prophetas, ita Gentibus per philosophos
revelatam esse [17]. Sed assertio est *proxima fidei,* quatenus conc.
Vatic. docuit « credenda nobis proponi mysteria, quae, nisi
revelata divinitus, innotescere non possunt » (D-B. 1795 ; C.
182). Trinitas enim est mysterium hujusmodi vel nullum est :
cetera, v. gr. Incarnatio, illud praesupponunt ; nec, re vera,
quidquam est Deo ita intimum, nec proinde ita nobis abscon-
ditum.

---

[15] Plura apud HENRY : *Augustine and Plotinus,* in *Journal of theol. studies,*
XXXVIII. 1-23.

[16] « Praedicas Patrem et ejus Filium, quem vocas paternum intellectum seu
mentem ; et horum medium, quem putamus te dicere Spiritum Sanctum, et more
vestro appellatis tres deos. Ubi, etsi verbis indisciplinatis utimini, videtis tamen
qualitercumque et quasi per tenuis imaginationis umbracula, quo nitendum sit »
(*Civ. Dei,* X. 29, 1 ; PL 41. 307).

[17] *Theol. christ.* I. 5 (PL 178. 1139 sqq.) : quae ibi dicit de Platone, audi de neo-
platonicis ; cf. HEITZ : *La philosophie et la foi dans l'oeuvre d'Abélard,* in *Rev. des Q.
philos. et theol.* 1907, p. 717-719 ; item PORTALIÉ : art. *Abélard,* DTC, I. 45. — Recentius tamen J. COTTIAUX (*La conception de la théologie chez Abélard,* in RHE, t.
XXVII (1932), p. 280-287) censet Abaelardum paulatim recessisse ab illa sua priori
opinione.

**175. Probatur :** 1º *Scriptura docente* : A) « *Nemo novit Filium nisi Pater* ; *neque Patrem quis novit nisi Filius et cui voluerit Filius revelare* » (*Mt.* 11. 27). « *Deum nemo vidit unquam* : *Unigenitus Filius, qui est in sinu Patris, ipse enarravit* » (*Jo.* 1. 18). « *Quae Dei sunt nemo cognovit, nisi Spiritus Dei* ... ; *nobis autem revelavit Deus per Spiritum suum* » (1 *Cor.* 2. 10-11). — B) Ea dicta, etsi non sunt explicite de Trinitate, tamen de ea valent, quatenus implicatur ipsa imprimis in eis Dei profundis, quae sola revelatione cognosci dicuntur. — C) Illa immo impossibilitas, cum repetatur ex ipsa Dei natura, quae sit soli Deo pervia, intellegenda est absolute seu de omni omnino creatura, etiam angelica, ut bene notat S. Joannes Chrysostomus :

« Si simpliciter dixisset : Nemo, multi ex auditoribus id de natura tantum nostra dictum putassent. Jamvero, cum, postquam dixit : Nemo, addat : nisi Filius, hac Unigeniti adjectione omnem creaturam exclusit » (*De incomprehensibili hom.* 5. 1 ; PG 48. 738).

**176.** 2º *Traditione,* quatenus : A) Patres, in genere, docent dari mysteria proprie dicta seu rationi nostrae impervia ; in specie vero Trinitatem docent, ne cognitam quidem, posse ratiocinio humano demonstrari, ut videbitur in sequenti parte. — B) Historia, ut vidimus, constat nullos philosophos pervenisse ad cognitionem Trinitatis. — C) Theologi moraliter unanimes sunt in excludenda hujusmodi cognitione : cf., in genere, commentatores in 1 *Sent.,* dist. 3 ; in specie, S. Thom. I, q. 32, a. 1 ; Suarez : *De Trinit., l.* 1. *cp.* 11 [18].

**177.** 3º *Ratione theologica,* cum I, q. 32, a. 1, nam : A) ratione naturali Deus non cognoscitur nisi per ea quae facta sunt, quatenus scilicet est illorum principium. Principium porro creaturarum Deus non est nisi virtute sua creativa, quae est de ratione essentiae qua talis et non de ratione personarum qua ab essentia distinguuntur. Aliis verbis, Deus creator est non qua trinus personis sed qua unus essentia. — B) Nec obstat quod, in creaturis dicuntur inveniri « vestigia Trinitatis », nam vestigia hujusmodi non agnoscuntur nisi consequenter ad « appropriationem » quae solet fieri essentialium ad alterutram personam

---

[18] Cf. Schmaus : *Der liber propugnatorius des Thomas anglicus ... II Teil,* 1. *Abschnitt,* § 2 : *Die Erkennbarkeit der Trinität,* p. 13-45.

(q. 32, a. 1, ad 1m ; q. 45, a. 7 c et ad 1m). — C) Neque ex eo
quod Deus sit infinite perfectus seu habeat in se omnem perfectionem, ratio potest concludere trinam personalitatem, cum sit
perfectio, dari debere in eo, nam ratio humana sibi derelicta trinam subsistentiam in una substantia non tantum non videret
esse perfectionem, sed potius judicaret esse impossibilem ut in-
volventem contradictionem. Hinc dictum S. Hieronymi : « De
mysterio Trinitatis recta confessio est ignoratio scientiae » (In
Is. prooem. ad l. 18 ; PL 24. 627 A).

178. SCHOLION. Natio Trinitatis utrum sola ratione acquiri possit?
— Negative respondet Suarez (l. I, cp. 11, nº 10-12) et jure quidem,
nam mens humana nulla re sibi cognita ad hujusmodi notionem inci-
tatur ; immo ex eis quae naturaliter novit inducitur ad efformandum
sibi conceptum personae talem ut judicet tum intrinsece repugnare
personas distinctas, quarum non sit distincta substantia, tum tribus
personis induci necessario tritheismum.

PARS TERTIA. — Trinitatem jam fide cognitam ratio humana non potest positive demonstrare.

179. STATUS QUAESTIONIS. — 1º Sensus theseos. — Non
pauca dantur tum in rerum natura tum in ordine supernaturali,
quae, etsi ratio humana non per se cognovit aut non potuit
cognoscere esse vera, tamen, ubi jam per testimonium innotescunt, demonstrantur positive, id est, argumentis evidentibus et
cogentibus : sic, v. gr. creatio in genere ; immediata singularum
animarum a Deo creatio ; immortalitas forte animae, etc. Item,
in rerum natura, applicationes non paucae virium naturalium
experientia primo constant esse possibiles, quae postea analytico
ratiocinio explicantur esse ex natura rei. Jam igitur quaeritur
num ita sit de existentia Trinitatis, num scilicet, supposita fide
mysterii, intellectus humanus exinde quasi confortatus jam possit
invenire illius rationes. Respondetur negative, seu argumenta
rationis quae, ut dicetur in sequenti thesi, afferri solent pro mysterio Trinitatis, esse tantummodo suasiva, seu tantummodo
manuducere ut mysterium apprehendatur credibile [19].

---

[19] De tota hac quaestione, cf. SUAREZ : De Trinit., l. I, cp. 12 ; RRANZELIN : De
Deo trino, thes. 17, § 3 et thes. 18, p. 272 sqq. ; KLEUTGEN : De ipso Deo, nº 921-942.

**180.** 2º **Adversarii,** ii omnes qui Trinitatem existimarunt posse ratione demonstrari ; patet enim eorum opinionem, si valeret, valere imprimis de mysterio jam fide cognito.

A) *Medio aevo* : a) ABAELARDUS, qui non tantum docet, ut dictum est, Trinitatem esse cognitam a philosophis gentilibus, sed etiam profitetur tres personas, cum per Christum constet identificari cum ipsa Dei potentia, sapientia et benignitate, eo ipso cognosci et cognoscendas esse quod cognoscuntur tria ea Dei attributa (Cf. De Régnon. II, p. 65-87 et Portalié : art. *Abélard*, in DTC. I, 45 ; praesertim Rózycki : *Doctrina Petri Abaelardi de Trinitate*, Band II, (1939), cum recensione facta a Weisweiler in *Scholastik* XV (1940), p. 252-254. — b) RICHARDUS a S. VICTORE : Charitas, quam repugnat Deo deesse, cum non possit esse nisi ad alterum, exigit in Deo dualitatem personarum, quae se mutuo diligant ; summa pariter felicitas exigit alterum dari, cui communicari possit summum donum, quod est amor mutuus (*De Trinit.* I. 4-5 et III. 1-3). Mutua porro dilectio careat summa felicitate et perfectione nisi adsit « condilectio » tertii, ubi scilicet « a duobus tertius concorditer diligitur, socialiter amatur et duorum affectus tertii amoris incendio in unum conflatur » (III. 14-24). [20] — c) RAYMUNDUS LULLUS : Dei bonitas non sit perfectissima, nisi sit « bonificativa » ; bonificativa vero non sit nisi adsit, seu a Deo generetur, « bonificabile » et actus « bonificandi » : hinc Pater = bonificativum ; Filius = bonificabile ; Sp. S. = bonificare objectivum [21].

B) *Saeculo XIX°*, philosophi scholae Hermesianae et Güntherianae :

a) HERMES enim, pro sua doctrina generali de methodo theologica, ex qua omnis catholica disquisitio veritatis incipere debeat ab absoluto et positivo dubio, voluit omnia omnino dogmata, ergo etiam Trinitatem, inveniri et demonstrari ratione humana. Quae theoria damnata est primum anno 1835, postea 1846 et 1854 (Cf. D-B. 1618-1621 ; 1634-1639 ; 1642-1645 ; 1669 ; 1682 ; 1708-1709). — b) GUNTHER professus est, pro nostra evoluta aetate, jam posse demonstrari dogmata olim credenda. Quam demonstrationem ipse eruebat ex analysi τοῦ ἐγώ sui conscii : cf. ejus processum apud Franzelin, *loc. cit.*, p. 285, vel apud Kleutgen, *op. cit.*, nº 939. Contra eum est epistola Pii IX ad episcopum Coloniensem (D-B. 1655-1658) et Vatic. (D-B. 1816).

C) ROSMINI tandem docuit « Trinitatis existentiam, revelato [jam] mysterio, posse demonstrari argumentis ... hujusmodi ut per

---

[20] De quo cf. DUMEIGE; *Richard de Saint-Victor et le problème de l'amour chrétien* (Paris 1952).
[21] Ita apud FRANZELIN, *loc. cit.*, p. 280, cf. 272, nota. — Cf. MARIUS ANDRÉ, *Le B. Raymond Lulle*, p. 152 ; 159-168 ; 173-176.

ipsa veritas illa ad philosophicas disciplinas revocetur atque fiat
propositio scientifica sicut ceterae». Damnatus est a Leone XIII
(D-B. 1915-1916).

**181.** 3º **Nota theseos :** *Theologice certa*, quia necessario
consequens ad ea quae, in Vaticano, definita sunt de mysteriis
proprie dictis (D-B. 1796 et 1816), nam : A) Demonstrari ratione esset « demonstrari ex naturalibus principiis », seu « perspici
ad instar veritatum quae proprium rationis humanae objectum
constituunt » : quod definitum est esse contra rationem mysterii
proprie dicti, quale est Trinitas. — B) Mysteria ibidem decla-
rantur adeo « excedere intellectum creatum ut, etiam fide sus-
cepta, maneant ipsius fidei velamine contecta et quadam quasi
caligine obvoluta » : quod sane intellegi debet de alio velamine
aliaque caligine ac ea qua manent obvolutae notiones de Deo
per rationem naturaliter acquisitae. Jamvero mysterium, quod
ratione demonstraretur, maneret hujusmodi tantummodo caligine obvolutum.

**182.** PROBATUR. —- 1º **Scriptura et traditione,** quatenus
mysterii transcendentia prae mente humana asseritur adeo
absoluta ut credi tantummodo possit ac debeat. Hoc enim excludit illius etiam existentiam posse ratione demonstrari, nam
ea quae rationali demonstratione existere constet, nequeunt dici
tantummodo credi. Patres porro absolutam hujusmodi transcendentiam affirmasse exinde constat, quod, cum Monarchiani
et Anomaei contra existentiam personarum in Deo arguerent
ex eis quae vel de Dei essentia vel de paternitate aut filiatione
ratione noscuntur, ipsi negabant posse quidquam, in hac re, ratione constare, profitebanturque se nec velle nec posse doctrinam
impugnatam nisi revelatione adstruere.

Pro quibus omnibus sit S. HILARIUS :

A) Deum Patrem adeo dicit esse ineffabilem rationi, ut
nequeat nisi credi et adorari :

« Perfecta scientia est, sic Deum scire ut, licet non ignorabilem,
tamen inenarrabilem scias. Credendus est, intelligendus est, adorandus
est et his officiis eloquendus» (*De Trinit.* II. 7).

B) Nativitatem Filii profitetur adeo manere soli Patri et
Filio cognitam ut ei qui queratur se non posse illud mysterium

intellectu suo consequi ipse respondeat se non tantum nescire
sed etiam non inquirere, quia nulli intellectui creato pervium :

« Si quis forte intelligentiae suae imputabit generationis hujus
sacramentum non posse se consequi, ... istud a me audiat ignorari.
Ego nescio, non requiro ; et consolabor me tamen. Archangeli nesciunt, angeli non audierunt, saecula non tenent, propheta non sensit,
apostolus non interrogavit, Filius non edidit » (II. 9 et cf. 12) [22].

**183.** 2º **Ratione,** quia nullum datur fundamentum ex quo,
sub solo lumine rationis considerato, deduci possit existentia
Trinitatis. Deductio enim hujusmodi supponeret aliquid rationi
apparere tanta necessitate connexum cum Trinitate ut nequeat
intelligi seu habere rationem sui sufficientem nisi in illa. Nihil
porro occurrit hujusmodi, ut probatur, ostendendo Trinitatem
non probari nec a priori, nec a posteriori, nec a simultaneo.

A) *Non a posteriori*, id est, ex creaturis, quia nulla est in
creaturis perfectio, cujus ratio sufficiens non inveniatur apud
Deum, qua est una essentia et una operatio. Multa sane sunt
in creaturis, quae apte aut aptius explicantur ex admissa Trinitate, proptereaque dignosci possunt tanquam illius imagines aut
vestigia ; at exinde non possunt duci nisi argumenta convenientiae, quae juvant ad percipiendum et credendum mysterium,
sed illius existentiam non demonstrant : « Trinitate posita, con-
gruunt hujusmodi rationes ; non ita tamen quod per has rationes
sufficienter probetur Trinitas personarum » (I, q. 32, a. 1, ad 2m ;
cf. q. 45, a. 6 et 7 ; q. 93, a. 2. 5. 6. 8).

B) *Non a priori*, seu ex analysi conceptus entis infiniti, ad
modum quo, ex praecognita in confuso absoluta Dei perfectione,
proceditur ad perfectiones singulares explicite et distincte cognoscendas. Rationali enim analysi conceptus Entis necessarii et
infiniti non tantum non discernitur in eo quidquam quod exigat
in eo agnosci origines, relationes et personas realiter distinctas,
— quod requireretur ad demonstrationem Trinitatis, — sed,
econtra, conceptus ille apparet non posse esse rectus et proprius
quin excludat ab Ente infinito omnem hujusmodi relationem,
distinctionem et multiplicitatem.

Ratio est, quia naturali nostra Dei cognitione ducimur ad
negandam de eo etiam eam distinctionem, quam prae se ferunt

---

[22] Item I. 15 ; II. 2. 6-7 ... Plura Patrum testimonia apud PETAVIUM (V. 11) et
FRANZELIN, p. 268-272.

nostri de eo conceptus. Deum scilicet non possumus apprehendere nisi ope conceptuum subjective distinctorum, seu distinguendo in eo essentiam et attributa, essentiam et actus intellectus aut voluntatis ; conceptus igitur sic distincti nos ducerent ad affirmandum de Deo aliquam multiplicitatem realem, si eorum distinctio appareret fundata in aliqua distinctione apud eum reali. Sed non ita est. Illa nostrorum conceptuum distinctio fundatur tantummodo in infirmitate mentis, qua ens simplicissimum non possumus cognoscere nisi per conceptus distinctos ; adeo parum fundatur in ulla distinctione praeter mentem reali ut, analysi hujusmodi absoluta, ratio dictet id quod nos distinguimus nullatenus in re distingui. Secus enim Deus judicandus esset simplicissimus simul et compositus, actus purus et tamen transiens de potentia ad actum, absolutus simul et relativus.

**184.** C) *Non a simultaneo*, id est, *ex ipsa notione Trinitatis* jam per revelationem cognitae, quasi sic argui possit : Trinitas, seu trina subsistentia, id est, tria dari supposita in una natura, est perfectio. Atqui de Deo omnis perfectio affirmanda est. Ergo de Deo Trinitas affirmanda est.

Argumentum hujusmodi, prout ex sola ratione procedat, non possit statui ; a fortiori, non concludit. Nam ratio Trinitatem non judicat esse perfectionem nisi stando lumini et auctoritati revelationis. Immo, etiam sub illo lumine, — ut dicetur in sequenti thesi, — hoc non videt positive sed tantummodo negative ; etiam tunc scilicet, non videt qui haec duo inter se concilientur, tria dari supposita, quorum singulorum, ut patet, sit substantia, et tamen unicam dari substantiam. A fortiori, hoc non potest videre solo suo lumine illustrata. Hoc enim requireret eam ex eis quae naturaliter novit deduci ad pronunciandum supposita dari ita constituta ut multiplicari possint, non multiplicata ca, quacum identificantur, substantia. Ex eis porro quae naturaliter novit non tantum non ducitur ad hoc pronunciandum, sed, econtra, adeo videt substantiam esse de ratione suppositi ut, nisi accederet illuminatio revelationis, judicaret absolute impossibile substantiam non multiplicari ubi multiplicantur supposita. Stando igitur soli suo lumini, ratio non pronunciaret Trinitatem esse perfectionem de Deo asserendam.

**185.** 3º **Negative,** ostendendo vias demonstrationis tentatas non concludere :

A) *Contra Abaelardum.* Attributa divina, quamvis conceptu distinguantur, realiter identificantur cum essentia divina nec proinde habent aut suggerere possunt subsistentes tres realiter inter se distinctos. Dicendo igitur tria attributa potentiae, sapientiae et benignitatis divinae designari nominibus relativis Patris et Filii et Sp. S., Abaelardus instaurasset Sabellianismum.

B) *Contra Richardum a S. Victore* : a) Ex charitate. Charitas est perfectio seu amor perfectus, non quatenus est ad alterum, sed quatenus summum bonum amatur propter se et super omnia absolute. Dici proinde potest esse in Deo hoc sensu quin implicet dualitatem personarum. Quatenus autem dicit tendentiam amoris ad alterum, non admittatur esse in Deo nisi praesciatur esse in Deo alter et alter. — b) Ex jucunditate, quae sit ex amore mutuo. Jucunditas ea admittatur pariter in Deo, si jam constet duos esse in eo. Secus negetur, nec propterea quidquam desit plenae beatitudini illius, qui in se habet summum bonum, quo perfecte fruatur (I, q. 32, a. 1, ad 2). — c) Ex communicatione bonorum. Communicatio et manifestatio bonitatis divinae, qualis ratione constat Deo convenire, fit in ipsa creatione, nam « infinitae virtutis est ex nihilo producere ». Nec ratio videt infinitam Dei bonitatem non communicari modo divino et virtute infinita nisi infinitum a Deo procedat, nam, econtra, videt repugnare infinitum ab alio procedere (*ibid.*).

C) *Contra Lullum*, pariter. Actus bonificandi non constat apud Deum posse distingui ab ipso bonificante ; nec virtus bonificativa infinita exigit produci bonificabile infinitum.

D) *Contra Güntherum.* a) Contra rationem est Deum non posse se cognoscere quin producat aliquid a se realiter distinctum et subsistens. Immo hoc est contra fidem, quae docet Filium et Spiritum S. se cognoscere nec tamen, se cognoscendo, terminum ullum gignere. — b) Male etiam dicuntur personae multiplicari, multiplicata Dei conscientia. Hoc enim supponit dari, apud Deum, plures conscientias seu plures actus cognitionis, quod est contra fidem. Trinitas igitur, qualem Güntherus putabat a se demonstrari, non est catholica.

E) *Contra Rosmini* : a) Formas, quas dicit supremas, realitatis, idealitatis, moralitatis, ratio humana non tantum non percipit subsistere in se distinctas, sed, econtra, necessario apprehendit non subsistere nisi in substantiis quibuscum identificentur vel a quibus accidentaliter tantum distinguantur. — b) Verbum pariter, in quantum amatum, ratio non potest apprehendere ut realiter distinctum a Verbo in quantum cognito.

## Articulus II

### DE NON REPUGNANTIA MYSTERII

**THESIS VIII.** — **Revelatum Trinitatis mysterium intellectus humanus potest per conceptus analogicos apprehendere, convenientiis suadere, negative tandem contra apparentem impossibilitatem defendere.**

**186.** Pars prima est de possibilitate apprehendendi mysterium Trinitatis : estne excogitabile, et quidem conceptu objectivo, id est, repraesentante vere id quod est in re ?

**Status quaestionis.** — 1° *Quid sit apprehendere mysterium.* — Mysterium porro sic apprehendi implicat duo : A) Efformari notionem rei de qua agitur, v. gr. subjecti de quo aliquid affirmatur et praedicati quod de subjecto affirmatur ; B) judicare seu affirmare verum et objectivum nexum inter utrumque.

« Circa cognitionem humanae mentis, ait S. Thomas, duo oportet considerare, scilicet acceptionem sive repraesentationem rerum et judicium de rebus repraesentatis » (II. II, q. 173, a. 2 c).

In casu igitur, efformanda est nobis notio Dei, personae, patris, filii, qualis possit Deo convenire, et percipienda est seu affirmanda convenientia illarum notionum inter se.

Horum porro duorum ultimum est « principalius, quia judicium est completivum cognitionis » (*ibid.*), seu quia per judicium tantum proprie cognoscimus proptereaque in solo judicio est veritas aut falsitas. Mysterium propterea Trinitatis consistit in affirmatione quod Deus sit trinus personis, quod Deus sit Pater, sit Filius, sit Spiritus Sanctus.

Quaestio igitur est utrum hoc judicium possit rationabiliter proferri et quidem sensu objectivo, ita ut enunciet aliquid quod et rationi non repugnet et Deum, qualis est in se, manifestet. Quod cum quaeri possit tum de eo cui fiat immediata mysterii revelatio, tum de eis omnibus quibus proponitur credendum, quaestionis momentum apparet quantum sit, et quam independens ab omni systemate proprie philosophico. Ad hoc enim redit : utrum et quomodo mens humana, etiam apud rudissimos

quosque, deduci potuerit ac possit ad concipiendum et judi-
candum Deum esse trinum personis, esse Patrem et Filium etc.

2º *Adversarii.* — Respondent negative duae series adver-
sariorum : A) *Rationalistae* in genere, nam, aiunt, haec inter se
repugnant nec proinde quidquam, praeter verba, in hujusmodi
judiciis, profertur et creditur. — B) *Modernistae symbolistae,*
qui mysterii enunciationi dogmaticae agnoscunt sensum religio-
sum altissimum sed mere pragmaticum seu symbolicum et
nullatenus objectivum : nullatenus scilicet Deus asseratur Pater aut Filius, sed significetur tantummodo norma practica secundum quam nos de eo cogitare et erga illum nos habere debea-
mus quasi sit Pater, quasi erga Patrem (C-B. 2079 ; C. 18). Hinc
est cur excludant omnem mysterii tum apprehensionem objectivam, seu cui correspondeat aliquid in re, tum consequenter revelationem ab extrinseco [23].

**187. Sensus theseos.** 1º *De conceptibus acquirendis.* — Thesis econtra asserit possibilem esse mysterii apprehensionem —
proindeque revelationem — objectivam, seu qua et aliquid
intellegatur, ubi sermo sit sive de pluribus personis sive de paternitate aut filiatione apud Deum, et id quod intellegitur sit
objective verum seu manifestet id quod re vera sit apud Deum.
Ea porro assertio implicat duo : A) Possibilem esse nobis efformationem conceptuum personarum, filiationis, etc., qui Deo vere
et soli conveniant — et, hoc sensu, dici possint illi proprii —
proindeque aliquid ejus exhibeant. — B) Non repugnare nexum
qui affirmatur inter Deum et hujusmodi conceptus. — Ex his
duobus ultimum considerabitur in ultima theseos parte. De primo
nunc agitur.

Conceptus autem qui dicuntur possibiles intelleguntur ana-
logici tantum, id est, ducti non ex directa Dei apprehensione,
— secus dicerentur proprii ex propriis, — sed, ut dici solet, ex
communibus, seu ex communi conceptu personae, paternitatis
aut filiationis, qualis hauritur ex apprehensione directa creaturarum. Communis enim conceptus exinde haustus, per viam
causalitatis, negationis et eminentiae, fit Dei solius ita repraes-
sentativus ut illius dici possit distinctivus seu proprius. Nec

---

[23] Cf. HARENT : *Expérience et foi,* in *Etudes,* t. CXV (20 avril 1908), p. 176-193 ;
CHOSSAT : art. *Agnosticisme,* in DTC, I. p. 28-30 ; 70-75 ; DE GRANDMAISON : *Le dé-
veloppement du dogme,* in *Rev. prat. d'apologét.,* t. VI (juin 1908), p. 406-414.

propterea evadit destitutus omni objectivitate nam, per praemissam viam, ex eo removetur quidem quidquid in conceptu
communi proprium est creaturae seu imperfectionem dicit, nullatenus autem quidquid est positivum.

   2° *Quomodo acquirantur conceptus.* — Jam igitur quomodo
intellectui humano notiones personae, paternitatis, filiationis
divinae ingestae sint vel ingerantur ope notionum ex creaturis
derivatarum ? [24]. Revelator scilicet aut praedicator, manifes-
tando aliquem qui sit Dei adeo vere et proprie filius ut, haud
minus quam apud homines, communem habeat cum eo naturam,
eo ipso suggerit duos esse in natura divina, quorum ad invicem
relatio sit ea ipsa quam dicimus paternitatis et filiationis. Nec
propterea significat eam relationem inter eos oriri eodem modo
eademque via qua apud homines ; notat, econtra, eam intelle-
gendam esse qualem ferat eorum natura divina, dempta scilicet
omni imperfectione ; attamen omnino significat duos illos ita
se habere ad invicem ut unus ab alio sit in similitudinem naturae
tam vere quam apud homines filii sunt a Patre suo. Hoc quomodo
esse possit quin multiplex evadat natura divina aut immutatio
atque compositio inducatur in ea, revelator sane non explicat ;
rem tantummodo proponit ex auctoritate Dei credendam. Sed
eam proponit ope notionum communium filiationis et paternitatis, quas tantummodo suggerit ita purificandas ut, dempta
omni imperfectione, jam non exhibeant nisi id quod est eis absolute essentiale, processionem unius ab alio distinctionemque
proinde ab invicem realem.

   Fidelis igitur, ubi, ex auctoritate revelantis, affirmat in
Deo dari Patrem et Filium, non profert vocem vacuam, sed af-
firmat de Deo id positivi quod suae notiones repraesentant et,
Deo docente, novit inesse Deo.


   **188. Nota theseos.** — 1° Quatenus asserit possibilem aliquam apprehensionem per conceptus objectivos, *theologice certa*,
ut necessario fluens ex doctrina saltem *fidei proxima* quod :
a) mysteria sint et ipsa objectum cognitionis seu menti nostrae

---

   [24] « Divinae revelationis radius ad nos pervenit secundum modum nostrum. Quamvis enim per revelationem elevemur ad aliquid cognoscendum, quod nobis alias esset
ignotum, non tamen ad hoc quod alio modo cognoscamus nisi per sensibilia » (S. Thomas : *in lib. Boetii de Trinit.*, q. 6, a. 3 ; cf. II. II, q. 173, a. 2). — Item Scotus :
« Revelatio, secundum communem legem, non est nisi quorum termini naturaliter
possunt concipi a nobis » (1 *Sent. prol.* q. 3, 2ª *lateralis*, n° 25).

innotescere possint, eorumque possit aliqua acquiri intelligentia
(D-B. 1795-96); b) fides sit verus assensus intellectus veritati
ab extrinseco acceptae (2145), quo revelata vera esse credamus
(798; 1789); c) formulae dogmaticae non sint mera symbola
(2079). — 2º Quatenus asserit apprehensionem fieri per conceptus analogos, *certa.*

**189.** PROBATUR. — 1º **Fides exigit,** nam mysteriis, quia
sunt objectum fidei, debetur assensus qui non potest dari nisi
per judicium constans conceptibus qui affirmentur inter se convenire.

2º **Ecclesia semper docuit** conceptus Patris et Filii, in
Trinitate, esse objectivos et non mera symbola aut denominationes. Etenim : A) *Damnavit ut haereticos Sabellianos*, quia
dicebant personas non dari in re distinctas, sed Patrem et Filium
esse meras denominationes ab extrinseco, seu mera symbola,
quibus significarentur varii unius ejusdemque personae respectus ad homines. — B) *Contra Arium, tota fuit in asserenda Filii
filiatione naturali proprie dicta et non mere symbolica*, ut constat,
inter alia : a) Symbolo Nicaeno asserente Verbum esse adeo
vere Patris Filium ut sit « ex illius essentia ». — b) Constanti
Patrum assertione non posse quidem cognosci quomodo Filius
Deo Patri nascatur, at omnino per fidem sciri illum natum. Pro
quibus omnibus sit S. Ambrosius :

« Etsi non licet scire quemadmodum natus sit, non licet tamen
nescire quod natus sit. Non interfuimus, cum a Patre Dei Filius na-
sceretur; sed interfuimus, cum a Patre Dei Filius diceretur. Si Deo
non credimus, cui credimus ? » (*Expos. ev. sec. Luc.* IV. 71; PL 15.
1633-1634).

c) Affirmatione Patrum proprietates, quibus constituantur personae intuendas esse in ipsa divina essentia. Ita, prae omnibus
S. Basilius, ubi dicit, ad recte apprehendendas personas, non satis
esse numerare earum differentias, ad modum v. gr. quo Sabellius
ipse fecit, per respectus varios ad extrinsecus, sed necessarium esse
apprehendere in ipsa essentia, tanquam in subjecto, notas characteristicas quibus constituuntur (*Epist.* 210,5; PG 32, 776 C; citatur
supra, n. 151)

**190.** 3º **Patres,** contra Arium et Anomaeos, dicentes generationem in Deo repugnare seu esse inexcogitabilem, **explicant**

**illam posse apprehendi** — etsi non quoad modum intellegi — ex apprehensione sive efformatione in mente nostra verbi mentalis sive generationis humanae, per remotionem eorum omnium quae sunt de ratione illius qua est humana sed non qua est generatio simpliciter. Ita, jam ante Arium, S. DIONYSIUS ALEXANDRINUS, ubi dicebat se ideo desumpsisse exemplum ex humana prole, quia parentes in hoc tantum alii sunt ac filii quia non sunt filii (PG 15. 505 B). Ita etiam *Postnicaeni* : A) Praemittunt, ut doctrinam generalem, vocem « generationis » diversam habere significationem prout de Deo vel de homine usurpatur [25]. — B) Deinde exponunt, in notione generationis, alia esse, quae proprie de Deo praedicari possint, v. gr. filium non aliunde ac ex patre trahere originem ; eamdem esse gignentis et geniti naturam [26] ; alia esse econtra quae non possint praedicari de Deo, v. gr. quae materiae propria sint [27]. — C) Hinc esse, concludunt, cur Pater et Filius sint nomina propria apud Deum et non apud homines [28].

**191.** COROLLARIUM. — **In quo apprehensio Trinitatis differat a naturali Dei rerumque divinarum cognitione ?**

1° *Non in hoc praecise quod sit per conceptus mere analogicos et aenigmaticos seu obscuros* ; nam hoc commune est utrique modo cognoscendi divina nec differentia est nisi gradus. Analogi sunt et ipsi conceptus naturaliter efformati vitae, scientiae, voluntatis aut omnipotentiae divinae ; efformantur non ex propriis sed ex communibus nec nisi obscure perspicitur in quo praecise consistat vita, scientia, voluntas, omnipotentia qua est divina. Attamen, quia notio personae, paternitatis, filiationis, quatenus est divina, multo magis recedit a communi nostra personae, filiationis et paternitatis notione, propterea conceptus, quos Trinitatis habemus, sunt multo magis analogi et aenigmatici ; praeterea, non illos efformaremus, si non praecederet revelatio : cf. supra, n° 178, *Scholion.*

2° *Differentia essentialis* est in hoc quod, ubi agitur de Trinitate, ratione non tantum non videmus quomodo conceptus possint aptari Deo, sed etiam fere ad evidentiam percipimus illos non debere de Deo

---

[25] Cf., v. gr., ATHANASIUM : *de decr. nic. syn* . 10. 11 ; *cont. Ar.* I. 23 ; PG 25. 441. 444 ; 26. 60) ; S. GREGOR. NAZ. : *Or.* XX. 9 (PG 35. 1076 C) ; S. CYRILL. ALEX. : *Thes.* VI (PG 75. 74 A).

[26] S. ATHANAS. : *cont. Ar.* I. 26. 27 ; S. HILARIUS : *de Trinit.* VI. 16 ; S. BASILIUS : *in Eunom.* II. 24 (PG 29. 625 C).

[27] S. HILAR. : *de Trinit.* VII. 28 ; S. ATHANAS. : *cont. Ar.* I. 28.

[28] S. ATHANAS. : *cont. Ar.* I. 21 et 23 ; S. BASILIUS : *in Eunom.* II. 23 ; S. GREGOR. NAZ. : *Or.* XXV. 16.

praedicari. Haud ita in cognitione Dei naturali, nam, ibi, etsi non clare percipimus in quo sit vita aut omnipotentia divina, tamen clare percipimus illam esse de Deo praedicandam seu non posse Deo deesse.

3º *Ex duplici igitur capite* intellectualis apprehensio Trinitatis apparet magis imperfecta et aenigmatica : A) Conceptus paternitatis, etc. est valde minus ex propriis et valde magis obscurus. Dicere possis cum Franzelin : « Ex creaturis immediate apprehendimus analogice attributa absoluta Dei, et, supposita revelatione, relativorum ; ... ex attributis absolutis — adeoque ex creaturis mediate — apprehendimus analogice processiones et relationes internas » (p. 260). — B) Paternitatem aut trinam personalitatem Deo convenire ratione nullatenus percipimus ; immo, si soli rationis judicio staremus, potius excluderemus illam posse de Deo praedicari.

**192.** PARS SECUNDA. — **Ratio mysterium creditum potest convenientiis suadere,** et hoc duplici via : 1º Conceptus Trinitatis perficiendo ope comparationum, quibus acceditur ad illud melius percipiendum. — 2º Ex consideratione sive Dei sive creaturarum ducendo argumenta, quibus suadeatur verosimile summeque conveniens id quod de Deo fide docetur.

1º **Affirmatur.** — Utrumque esse possibile de mysteriis in genere Vaticanum docet (D-B. 1796 ; C. 182). Item S. Augustinus, ubi corrigit Consentium, qui ita dixerat « veritatem rei divinae, ex fide magis quam ex ratione percipi oportere », ut circa Trinitatis fidem, videretur omnem rationis intelligentiam pronunciare inutilem (*Epist.* 119. 1 et 120. 2). Opponit S. Doctor ea quae prius fide discuntur ac tenentur posse etiam aliquatenus « rationis luce conspici ». Qua occasione inducit dictum Isaïae (VII. 9, juxta Septuaginta) : « *Nisi credideritis, non intellegetis* », quasi « consilium dans » ut « id quod credimus intellegere valeamus ». In quo, ut ipse postea addit, unusquisque magis aut minus, pro suo captu, proficit.

« Si jam fidelis rationem poscat ut quod credit intellegat, capacitas ejus intuenda est, ut, secundam eam, ratione reddita, sumat fidei suae quantam potest intelligentiam ; majorem, si plus capit ; minorem, si minus » [29].

---

[29] *Epist.* 120. 4 (PL 53. 453-454). Plura alibi, v. gr. : *In ps.* 118, s. 18, 3 : « Nisi aliquid intellegat, nemo potest credere in Deum ... Alia sunt quae, nisi intellegamus, non credimus, et alia, quae, nisi credamus, non intelligimus » (PL 37. 1552) ; *Sermo* 126. 1-2 et 43. 3-7 (PL 38. 698 et 258). — De S. Augustino, circa haec, cf. PORTALIÉ, art. *Augustin*, in DTC, 1, 2338. — Item S. ANSELMUS : *Prolog.*, 1 ; *de fide Trinit.*, *praef.* (PL 158. 227 et 261).

**193.** 2º **Probatur.** — A) *Comparationibus illustrantibus conceptus* varios Trinitatis jam vidimus quantopere scriptores ecclesiastici et Patres usi sint. Comparatione, v. gr. efformati in nobis, dum intellegimus, verbi mentalis, ad suggerendam generationem spiritualem Filii, qui maneat in Patre : ita jam Tertullianus (*adv. Prax.* 5). Item comparatione oculi fontis, fontis ipsius et rivuli, vel solis, radii et lucis, ad suggerendam trium in uno eodemque distinctionem : quas tamen quantopere judicarent aptas simul et deficientes videas apud Nazianzenum (*Or.* 31. 31-32). Item, ut saepius dictum est, comparatione trium lucernarum idem lumen effundentium. Notissima in specie est comparatio psychologica S. Augustini : memoria, intellectus, voluntas. De qua cf. PORTALIÉ, art. *Augustin,* in DTC, col. 2349 et 2351-52. Item SCHMAUS : *Die psychologische Trinitätslehre des hl. Augustinus.*

B) *Rationes convenientiae,* quibus suadeatur Trinitas jam cognita, ductae sunt aliae ex Deo ipso, aliae ex creaturis. a) Ex Deo ipso, scilicet, ex bonitate perfecte communicativa sui ; ex beatitudinis perfectione, ad quam facere videtur amicabilis bonorum communicatio ; ex foecunditate, quam Deum deceat et ad intra habere (1, q. 32, a. 1, ad 2 ; cf. DE REGNON, t. II, p. 281-282 ; 313). — b) Ex creaturis, in quibus dignoscere est Trinitatis vel vestigia : ita apud omnes ; vel imago, ita apud creaturas rationales [30].

## PARS TERTIA. — Mysterium fide creditum ratio potest contra apparentem impossibilitatem negative defendere.

I, q. 1, a. 8 ; *cont. Gentes.* I. 7 ; *in Boetium, de Trinit.* q. 2, a. 3 ; Franzelin, *thes.* 20.

**194. Sensus theseos.** — 1º Thesis agnoscit contra mysterium dari difficultates rationis veras et veras apparentes, ex quibus videatur repugnare. — 2º Agnoscit etiam illas difficultates non posse solvi positive seu, ut dicit S. Thomas, « non posse demonstrative ostendi falsas ». — 3º Dicit propterea mys-

---

[30] I, q. 45, a. 7 ; q. 93, a. 6 et 8 ; C. G. IV. 26. Cf. BOSSUET : *Elévations sur les mystères,* 2ᵘᵉ semaine ; MONSABRÉ : IIᵐᵉ *Conférence* ; J. LEROY : *Jésus-Christ, sa vie et son temps,* t. I (1894), p. 384 sqq.

terium non posse ratione defendi nisi negative, quatenus scilicet
ea quae contra objiciuntur ostenduntur non esse vere evidentia
seu necessaria.

« Sicut enim ea quae fidei sunt non possunt demonstrative probari, ita quaedam contraria his non possunt demonstrative ostendi
falsa, sed potest ostendi non esse ea necessaria» (*In Boet., de Trinit.,*
q. 2, a. 3).

Quam distinctionem defensionis seu demonstrationis positivae et
negativae sedulo observes : demonstratio enim positiva non repu-
gnantiae exigeret ostendi ratione internam rei possibilitatem, quod
non posset fieri nisi essentia divina directe et in se apprehenderetur.
Negativa demonstratio seu defensio ostendit tantummodo rationes
quae contra mysterium moventur vel non esse evidentes, vel non evidenter contrarias vero sensui mysterii ; hoc proinde ostendit, quin
possit ex natura rei intestina manifestare cur non sint evidentes aut
cogentes. Accidit enim certas difficultates adeo videri in se evidentes
ut non elidantur efficaciter nisi vi auctoritatis revelantis, quam qui
non admittat necessario judicet difficultatem insufficienter solvi. Hinc
est cur mysterium Trinitatis non possit prudenter et efficaciter proponi nisi ei qui jam credat Christo et Ecclesiae a Christo conditae
tanquam magistro veritatis infallibili. — Cf. S. Augustinum : *De
Trinitate.* 1, 3 (PL 42. 821-822).

**195.** Probatur. — I. **Ratio potest defendere indirecte rationibus generalibus,** v. gr.

1º *Opponendo difficultatibus veritatem revelationis et necessariam concordiam fidei et rationis.* Quod non est effugium sed
principium solutionis vere rationale, utpote ductum ex intimis
rerum essentiis, rationis scilicet et revelationis, quae sunt utraque a Deo [31]. Ex hoc porro principio sequitur omnem difficultatem apparentem contra mysterium oriri vel ex male intellecta
Trinitate vel ex illegitimo ratiocinio, cujus illegitimitas, etsi
forte non potest immediate ostendi, tamen mediate dignoscitur
ex eo quod concludat contra veritatem fide certissimam. Exinde :

a) Si contradictio mihi videtur evidens inter Trinitatem personarum et unitatem essentiae, eo ipso mihi constat meum con-

---

[31] Vaticanum : *De fide cath.* 4 (D-B. 1797 ; C. 194). Cf. S. Thomam : *In Boet.,
de trinit.* q. 2, a. 3 : « Quamvis naturale lumen mentis humanae sit insufficiens ad
manifestationem eorum quae per fidem manifestantur, tamen impossibile est quod
ea, quae per fidem nobis traduntur, sint contraria his quae per naturam nobis sunt
indita ; oporteret enim alterum esse falsum ; et, cum utrumque nobis a Deo sit, Deus
esset nobis auctor falsitatis».

ceptum vel personarum vel essentiae vel utriusque non esse
eum quem suggerit revelatio.

b) Vicissim, si meus conceptus Trinitatis est genuinus, qualis revelatione imponitur, eo ipso mihi constat probationem,
qua quis velit ostendere repugnantiam hujus mei conceptus,
esse fallacem proindeque aliquo occulto vitio laborare, ita ut
ejus evidentia non sit nisi fucata[32].

**196.** 2º *Opponendo divinitatis transcendentiam,* infinitatem et
incomprehensibilitatem, ex qua fit ut naturam et personam non
possimus in Deo metiri ad normam finitorum. In ipsa enim infinitate ratio esse potest cur ea quae, in creaturis, conciliari
nequeunt, — v. gr. in una essentia dari tres hypostases relativas, proprietates seu relationes esse non accidentales sed substantiales — apud Deum concilientur et existant[33]. Neque hoc est
merum effugium. Ipso enim rationis lumine novimus de Deo
multa quia sunt, quin tamen apprehendamus quomodo sint et
quomodo non contradictionem involvant : sic, v. gr., essentia
et volitio immutabilis atque libertas. Pariter igitur fieri potest
multa revelatione sciri quia sunt in Deo nec tamen intellegi
quomodo esse possunt. Sicut proinde ex repugnantia quam, in
creaturis, nobis videmur agnoscere inter praedicata perfectae
immutabilitatis et libertatis non concludimus ea etiam in Deo
repugnare, ita, ex eo quod, in creaturis, repugnat naturam alteri
communicari nec multiplicari, non concludendum est necessario
communicationem hujusmodi repugnare etiam de natura infinita.
Nam infinita Dei perfectio, quae est ratio cur coexistat in eo im-
mutabilitas et activitas libera, pariter esse potest ratio cur,
in una absoluta essentia, possit esse triplex subsistens relative
et cur relationes seu proprietates, quae alibi sunt mera acci-
dentia, in Deo sint substantialia et subsistentia. Differentia
est tantummodo quod, in priori casu, mens humana sibi dat
rationem positivam cur haec duo sint apud Deum compossibilia,

---

[32] « Cum fides infallibili veritate nitatur, impossibile autem sit de vero demonstrari contrarium, manifestum est probationes, quae contra fidem inducuntur, non
esse demonstrationes sed solubilia argumenta » (I, q. 1, a. 8 c).

[33] Ubi, n. b. Non dicitur posse esse *verum,* apud Deum, id quod, alibi, sit falsum ;
sed tantummodo esse *possibilem* aliquem *modum essendi,* qui, apud creaturas, esset
impossibilis. V. gr., non dicitur : apud Deum, *ingenitus* potest esse *genitus* ; Deus
ipse se gignit ; aeternus habet initium ; etc. Hoc esset dicere, apud Deum, non valere
principium contradictionis.

in posteriori vero non potest : tantummodo ex auctoritate ex-
trinseca videt conciliationem debere esse possibilem, siquidem
haec duo simul de eodem affirmantur.

**197.** 3º *Ut constat, in specie, de generatione immanente et de
consubstantialitate numerica.* — Et, re vera, attentius considerando tum id quod affirmatur tum id quod videtur repugnare,
advertit inconciliabilitatem non evidenter demonstrari. Affirmatur nempe Filium a Patre generari proindeque subsistere ab illo
realiter distinctum et tamen apud illum manere atque cum illo
esse, quoad naturam, identicum. In hoc porro duo repugnare
videntur : *a*) Eum, qui procedit seu generatur, manere suo
principio immanentem nec tamen esse illius accidens. — *b*) Genitum seu procedentem, qui sic principio suo manet immanens,
subsistere seu esse personam ab illo distinctam nec tamen duas
exinde exsurgere essentias seu substantias.

Neutra tamen repugnantia, apud Deum, demonstratur
evidens.

**198.** A) *Non prima*, nam generatio divina, cum, si qua sit,
debeat fieri secundum actum intellegendi, non demonstratur
excludere terminum qui sit generanti seu intellegenti immanens
et quidem substantialiter. Omnis enim intellectio, proindeque
etiam divina, adeo non excludit verbum seu terminum gigni,
qui intellegenti maneat immanens, ut econtra difficilius concipiamus intellectionem fieri *sine* quam *cum* termino hujusmodi.
Manet quidem — eaque est praecipua difficultas — manet nos
non nosse nec posse intelligere terminum hujusmodi qui non
sit accidens, accidentalitatemque proinde nobis videri esse de
ratione necessaria illius ; at ea est consequentia non evidenter
necessaria, nam nos non novimus directe nisi intellectiones, quae
sint et ipsae accidentales, et quarum proinde terminus non possit
non esse accidentalis. Exinde propterea concludere licet accidentalitatem esse quidem de ratione termini intellectionis accidentalis, minime vero de ratione termini intellectionis qua talis.
Intellectionem porro divinam ipsa ratio excludit esse accidentalem ; illam docet identificari realiter cum ipsa substantia divina. Ergo ipsa ratio excludit de termino illius, si quis sit, affirmari accidentalitatem, quae non est de ratio necessaria nisi termini intellectionis accidentalis.

**199.** B) *Non secunda* ; nam repugnat quidem produci geniti substantiam, seu genitum, quoad substantiam, distingui a gignente, nec tamen duas induci substantias ; at fides nullatenus docet substantiam Filii seu Filium, quoad substantiam, distingui a Patre. Docet tantummodo Filium, qua praecise Filius seu procedens est, non posse, sub ea formali ratione Filii seu procedentis, non esse alium a Patre considerato et ipso, non qua substantia est, sed qua gignens seu qua principium Filii. Substantia igitur geniti et gignentis manet penitus extra considerationem formalem docentis Filium, quia gignitur, esse a Patre alium, proindeque nullatenus affirmatur et ipsa genita aut multiplicata.

*Hinc apparet quomodo generatio* Filii quidem *supra* rationem, non autem *contra* : a) *Supra*, quia ratio non potest intellegere quomodo terminus immanens generationis seu intellectionis divinae possit esse subsistens seu substantialis : dato enim nostro cognoscendi modo, putemus etiam intellectionis substantialis terminum esse accidentalem ; illegitime tamen, nam illegitime applicemus intellectioni substantiali id quod non percipimus clare nisi de accidentali. — b) *Non contra*, quia, ex una parte, fides non dicit substantiam Filii produci nec proinde essentiam divinam multiplicari ; ex alia parte, ratio non ostendit intellectionem divinam, cum sit ipsa substantia, non posse habere terminum substantialem, et videt illum tamen terminum, si existat, distingui necessario, qua terminum, a suo principio, qua principio.

**200.** II. **Ratio potest directe singulas difficultates vel dissolvere vel saltem enervare, attendendo ad argumentorum sive sensum, sive materiam, sive formam specialem.**

Nam : a) saepe attribuitur dogmati sensus absurdus, a quo plene immunis est ; — b) aliquando ex syllogismi praemissis una manet rationi saltem dubia ; — c) saepius syllogismi proferuntur, qui latenter peccant contra 1am aut 4am regulam, quatenus vel, adhibito eodem termino semel sensu absoluto et semel sensu relativo, inducuntur re vera plures quam tres termini ; vel medius terminus non usurpatur unquam, ut debet, generaliter et quidem distributive, ita ut complectatur eos omnes et singulos de quibus asseri potest. Medius enim terminus saepe est aliquid absoluti — Deus, essentia, etc. — quod, etsi realiter est singulare, tamen, quia, docente fide, est tribus commune, usurpari formaliter debet, ad modum termini universalis, distributive [34].

**201.** *Prae omnibus* autem, in judicandis et dissolvendis difficultatibus contra Trinitatem, *attendas ad sensum vocum* stricte formalem. Fides enim docet distinctionem realem in divinis non esse nisi sub respectu formali relationum, quas personae habent ad invicem ; haud mirum igitur eas esse materialiter identicas, sub omnibus aliis respectibus, sive inter se sive cum aliquo absoluto divino. Haec enim non sunt inter se contradictoria nec proinde ex personarum, quoad aliquid absoluti, materiali identitate non potest concludi ad illarum identitatem formalem ; et e converso.

*Hinc, per modum exempli*, si dicatur : Quae sunt eadem uni tertio, sunt eadem inter se ; atqui tres personae sunt singulae eaedem uni tertio, id est, essentiae divinae ; ergo sunt eaedem inter se : — Advertas personas non esse identicas cum tertio, seu cum essentia, formaliter qua sunt personae seu quoad id quo formaliter singulae seorsim constituuntur ; identitas igitur mutua, quae concluditur vi minoris, non potest esse quoad id quo ita constituuntur. Distinctione igitur opus est ut, in singulis praemissis, judicetur quid sit verum.

Quae sunt eadem uni tertio sub omni respectu, sunt eadem inter se sub omni respectu, *conc.* ; quae sunt eadem sub aliquo respectu cum tertio, ea sunt eadem inter se : *subdist.* : sub illo respectu quo sunt eadem uni tertio, *conc.* ; sub omni respectu, *nego*.

Atqui tres personae sunt eaedem cum ess. div., *contradist.* : sunt eaedem cum illa, sub respectu quo constituuntur formaliter divinae seu substantiales, *conc.* ; sub omni respectu, in specie sub respectu quo constituuntur formaliter et seorsim personae, *nego*.

Ergo sunt aedem inter se : qua divinae, *conc.* ; qua personae formaliter, *nego*.

---

[34] Sit, v. gr. syllogismus : Filius est Deus ; Pater est Deus ; ergo Filius est Pater. — Vi ipsius formae propositionum, medius terminus apparet non accipi unquam nisi particulariter : Filius est aliquis habens divinitatem ; Pater est aliquis habens divinitatem.

Pariter : Deus est Pater ; Filius est Deus ; ergo Pater est Filius. — Etiam ibi « Deus » accipitur bis particulariter, nam, etiam in majori, non accipitur distributive seu non complectitur eos omnes et singulos, quibus applicari potest ; secus enim non diceretur esse « Pater », siquidem non omnes et singuli, de quibus « Deus » praedicari potest, sunt « Pater ».

Eodem vitio laborat syllogismus : Essentia non generat ; sed Pater est essentia ; ergo Pater non generat. — Medius terminus « essentia » non accipitur unquam generaliter distributive. Ut esset in forma, sic enunciari deberet : Nulla res, quae sit essentia, generat. Atqui Pater est essentia. Ergo Pater non generat. — Sed statim major appareret falsa.

**202.** Eadem distinctio aliter proponi potest ad mentem S. Thomae (I, q. 28, a. 3, ad 1^am ; *cont. Gentes.* IV. 14). — Quae sunt eadem uni tertio et re et ratione ... *conc.* : sic, v. gr., homo et animal rationale. — Quae sunt eadem uni tertio *re* quidem at non ratione, ita ut, etsi realiter cum tertio identica, tamen ab illo ratione seu formaliter distinguantur, *subdist.* :

Si ea distinctio sit sine fundamento in re, aut si fundamentum distinctionis sit mera diversitas, tunc, non obstante illa distinctione rationis, propter identitatem realem, ea etiam inter se realiter identificantur : ita, v. gr., varii gradus entis vegetabile, animale, in eodem homine ; item, in ipso Deo, varia illius attributa, quae, etsi ratione cum fundamento a nobis distinguuntur, tamen inter se realiter identificantur.

Si autem fundamentum distinctionis sit in re ipsa et constituatur *mutua relationis oppositione*, qualis est paternitas, filiatio, processio, tunc, non obstante identitate reali cum tertio, excluditur formalis identitas. Jamvero personae divinae, etsi singulae realiter identicae cum essentia divina, tamen ab ea formaliter seu ratione distinguuntur, et quidem cum fundamento, *non merae diversitatis, sed mutuae relationis oppositionis* ; ergo, quamvis sint realiter cum essentia divina identicae, non realiter identicae sunt inter se [35].

---

[35] Res prae oculis ponatur, si advertatur Patrem non definiri Essentiam divinam simpliciter, sed essentiam qua connotat respectum ad Filium, seu P = Ef. Item Filius est essentia qua connotat respectum ad Patrem, seu F = Ep. Hinc, si per aequationes procedatur, habebitur syllogismus hujusmodi :

$$P = Ef$$
$$F = Ep$$
$$P = F$$

in quo statim apparet non tres sed quatuor esse terminos seu duas personas non comparari cum eodem tertio formaliter, seu non identificari cum eodem sub eodem respectu considerato.

De his plura infra. Interim, si placet, videas BILLOT, p. 405-411 et FRANZELIN, p. 325-331.

Quoad Suarez (l. I, cp. 11, 20), cf. DESCOQS, in *Archives de philos.*, vol. II, *cahier* 2, p. 153 ; *vol.* IV, *cahier* 4, p. 180 note ; *Institutiones metaphysicae generalis*, I, p. 471-472 ; DALMAN : *El principio de identidad* apud *Estudios eccles.* 1926, p. 91-98 ; GUERICA, *ibidem* 1933, p. 5-12.

## *SECTIO SECUNDA*

## DE MYSTERII EXPOSITIONE THEOLOGICA

**203.** Mysterii quidditas haud minus quam existentia per solam fidem nobis innotescit. In ea tamen disquirenda et exponenda, rationi jam partes tribuuntur majores. Ipsius enim est notiones, quae mysterio involvuntur, ita illustrare et ordinare ut appareat tum   quo praecise sensu de Deo proferantur, tum quomodo se habeant ad invicem.

Hae porro notiones sunt imprimis processionis, relationis, personae.

Primum enim quod fide novimus est Filium et Spiritum Sanctum habere originem a Patre seu ab eo procedere. Postea et consequenter scimus eos necessario distingui a Patre quia ab eo procedunt seu habent relationem originis. Eosdem tandem novimus distingui etiam ab invicem ad modum personarum.

Haec igitur tria veniunt consideranda seorsim et quidem eodem ordine quo nobis apparent. I De personarum origine seu processione, id est, de modo quo oriatur relatio originis, qua ad invicem referuntur. — II De illa relatione qua tali, seu in suo facto esse. — III De personis qua talibus. — Qui est ordo S. Thomae, indicatus initio sui tractatus de Trinitate, ante quaestionem 27ma.

Quia tamen de personis qua talibus plura dicenda venient, quinque erunt capitula. I De processionibus, quibus oriuntur relationes. — II De relationibus, quibus constituuntur persona. — III De personis in seipsis et in communi. — IV De personis in seipsis et in particulari. — V De personis ad invicem.

### Caput primum

## DE PROCESSIONIBUS

Triplici articulo dicetur : 1º de eis in communi : utrum sint et esse possint in Deo, quot et quales sint ; 2º de modo quo fiunt, seu de illarum principio formali; 3º de illarum discrimine

## Articulus I

## DE PROCESSIONUM
## EXISTENTIA, NUMERO ET QUALITATE

**THESIS IX.** — **Dantur in Deo duae processiones reales, immanentes, naturales, perfectissimae.**

**204.** PRAENOTANDA. — I. **Notiones praeviae:** 1º *Notio processionis in genere.* — Procedere — graece προβαίνειν, unde πρόβασις — etymologice dicit gressum seu motum ab uno loco in alium. Sensu translato, ex usu loquendi, dicit originem seu emanationem unius ab alio : sic effectus dicitur procedere a causa, rivus a fonte. Sic etiam, apud creaturas, actio dicitur procedere ab agente, nam nullum est agens creatum, cujus actio seu operatio sit suum esse. Immo, prout in agente distinguitur facultas, natura et suppositum, actio seu operatio dicitur procedere tum a facultate tum a natura et a supposito : sic actio cogitandi et amandi est tum ab intellectu et a voluntate, tum a natura humana, tum tandem ab ipso homine, cujus esse dicitur cogitatio et volitio.

2º *Processio operationis et operati seu secundum operationem.* — Actionum aliae sunt, quae se ipsis nihil in agente ponunt, sic v. gr. lucere, olere, etc., quae sunt agentis quasi qualitates ; aliae aliquid vel extra ipsum agens vel in ipso agente aliquid producunt, quod operatum dici potest : sic, v. gr., aedificare, pingere, generare, quarum actionum operatum est domus, mago, filius ; item intelligere, cujus tanquam operatum est imago rei intellectae, quam quis, ubi intellegit eoque ipso quod intellegit, in se concipit seu efformat. Hoc autem operatum, quodcumque sit, patet procedere et ipsum ab agente, mediante tamen operatione, id est, secundum operationem seu ratione operationis. Aliud proinde est processio operationis ipsius, aliud processio secundum operationem seu ratione operationis.

3º *Processio immanens et transiens* dicitur prout operatione non ponitur quidquam extra agens vel econtra aliquid ponitur. Hinc patet intellectionem, etsi versetur circa objectum intellegenti extrinsecum, tamen procedere immanenter, quia imago rei intellectae, quam ut operatum gignit, non fit extra ipsum intellegentem.

**205.** 4º *Distinctio procedentis ab eo a quo procedit.* — De ratione omnis processionis est ut procedens ab eo a quo procedit distinguatur realiter. Quae distinctio est vel tanquam accidentis a re vel tanquam rei a re, prout procedens est accidens vel substantia seu res. Operatio porro patet non posse esse nisi accidens ; operatum vero potest quidem esse res seu substantia, ut accidit quando fit extra ipsum operans : sic, v. gr., domus, imago, filius ; sed potest etiam esse merum accidens : ita accidit, v. gr., in intellectione, cujus operatum est merum intellegentis accidens.

N. B. tamen praefatam distinctionem eo minorem esse quo magis immanens est processio. Processio porro eo immanentior est quo minor est distinctio tum operationis a facultate, tum facultatis a natura, tum tandem naturae ipsius ab ipso supposito agente. Ea autem distinctio eo minor est quo major seu perfectior ipsius agentis simplicitas et unitas. Hinc statim sequitur, apud agentem, cujus simplicitas et unitas sit infinita, id est, apud Deum, processionem, si qua detur, hujusmodi esse debere ut procedens a suo principio sit distinctus quidem at quam minime.

**206. II. Processio quo sensu possit admitti in Deo :** 1º *Impossibilis processio operationis.* — Data infinita Dei simplicitate, actualitate, immutabilitate, repugnat absolute dari in eo ullam ipsius operationis processionem : hoc enim implicaret dari in eo transitum de potentia in actum compositionemque accidentis cum substantia.

2º *Non impossibilis processio operati ad extra.* — Non eo ipso tamen excluditur dari Dei operationem realem, cum ipsius essentia realiter identicam, cujus ratione seu virtute ab ipso procedant aliqua operata : creaturae enim realiter a Deo procedunt et quidem processione transeunte, etsi operatio secundum quam procedunt non sit ipsa vel formaliter transiens [1] vel saltem procedens. Quod quomodo fieri possit non est hujus loci explicare, sed jam ostendit non repugnare dari processionem operati quin detur operationis processio : si quando igitur affirmetur, ut affirmabitur fide, dari in Deo processionem generati seu filii, hoc non poterit dici repugnare ut implicans processionem operationis qua generetur : operatio enim generandi poterit, sicut

---

[1] Controvertitur inter doctores num actio creandi sit formaliter an virtualiter tantum transiens. De quo cf. tractatus de Deo creantc.

et actio creandi, identificari realiter cum essentia, etsi generatus
a generante distinguatur realiter, sicut creatus a creante aut
operatum ab operante.

3⁰ *Utrum autem in Deo detur re vera aut dari possit processio
operati* seu *per modum operati, ratio humana non potest quidem
positive et absolute decernere,* sed ex se ipsa hoc potius pronunciet
impossibile : non discernit enim quomodo procedens hujusmodi
vel non inhaereat Deo per modum accidentis, vel Deum non mul-
tiplicet aut cum eo non componat substantialiter.

**207.** 4⁰ *Quomodo tamen ratione inducamur ad apprehendendam processionem realem in Deo, si fide doceatur ?* — Ratione
tamen ipsa, dum Deum nititur percipere clare, inducitur in eo
aliqua processio aut saltem distinctio, qua manu duci potest ad
apprehendendam, si fide doceatur, processionem in eo realem.

Deum enim non possumus concipere quidquam operantem,
quin ejus operationem distinguamus ratione ab ejus essentia
seu concipiamus tanquam ab ejus essentia procedentem.

Ipsius in specie actum intellegendi non possumus concipere
quin multa in eo distinguamus. Distinguimus scilicet intellectum
a voluntate ; actum intellegendi distinguimus ab ipso intellectu ;
quia intellectionem ejus non concipimus nisi analogice ad nostram, concipimus eam non haberi nisi quatenus apud eum habetur rei cognitae aliqua repraesentatio, vi cujus cognitum dici
possit esse in cognoscente. Concipimus igitur apud eum, sicut
et apud nos, dum intellegit, procedere ab ejus intellectu verbum
aliquod mentale, rei repraesentativum, quod ab ipso simul et
in ipso sit. Eum proinde concipimus, quatenus se ipse cognoscit,
gignere in se sui ipsius imaginem, qua adaequate repraesentetur.

Haec quidem omnia, ne nostra Dei cognitio sit illusoria et
falsa, ratio dictat non esse apud Deum qualia concipiuntur ;
sed conceptus ipse satis est ut concipi possit, si revelatione doceatur, processio alicujus quod ab ipso simul et in ipso sit. Non
percipiet propterea ratio quomodo hoc esse possit ; excludet immo absolute hoc esse posse quidquam accidentale Deo inhaerens
aut in tempore illi adveniens ; at, si doceatur hoc esse aliquid
substantiale, etsi non percipiat quomodo exinde non multiplicetur
Deus vel non inducatur in eo compositio substantialis, saltem
apprehendere poterit quid sibi velit dari, in Deo intellegente,
procedentem, qui ab eo, nec tamen extra eum, sit.

**208.** III. **Adversarii** fuerunt et sunt quotquot negaverunt aut negant dari in Deo personas plures. Ii enim omnes tenuerunt et tenent a Deo non esse nec posse esse processiones nisi ad extra. Ita, in specie : 1º *Gnostici*, qui « aeones » suos somniaverunt esse a primo ente per emissiones seu projectiones (προβολάς), quibus ab illo effluxissent, ad modum seminis vel ad modum quo certa entia per sui divisionem et sectionem multiplicantur [2]. — 2º *Sabelliani*, qui ideo negabant Filium a Patre realiter distingui quia censebant eum non esse nisi Dei operationem ad extra seu Deum certa opera extra se operantem. — 3º *Ariani*, qui, cum negarent ullam posse dari in Deo ipso processionem, Filium non admittebant a Patre procedere nisi processione transeunte, seu ad extra, proptereaque illum dicebant ab ipso non genitum sed factum.

**209.** Prima pars: **Dantur in Deo processiones duae** (q. 27, a. 1 ; de pot., q. 10).

I. **Hoc est de fide** catholica, nam : 1º *Scriptura* docet : A) Verbum esse a Patre genitum : ita quoties eum docet sensu proprio naturalem Dei filium. — B) Spiritum Sanctum a Patre procedere (*Jo.* 15. 26) et a Patre simul atque a Filio accipere (*Jo.* 16. 13-16). — 2º *Traditio* idem confirmat, nam tota fuit in vindicanda Filii a Patre processione, qua ab ipso simul et in ipso esset, et in excludenda Filii atque Spiritus Sancti creatione. — 3º Ecclesia solemniter definivit, asserendo Filium esse genitum non factum, Spiritum a Patre Filioque procedere.

II. **Ratione dogma non potest probari positive.** — Illud vero jam fide cognitum potest : 1º congruis rationibus suadere ; 2º negative tueri.

**210.** 1º **Suadetur rationibus congruis.** — Nam: A) *Posito, quod docet fides, tres dari in Deo inter se distinctos realiter, quaeri potest undenam sit seu qua via concipi possit oriri in Deo ternus hujusmodi numerus.* Ratio, ut patet, non potest esse nisi in ipso

---

[2] Eae sunt « emissiones », quas impugnat S. IRENAEUS (*Haer.* II. 13, 4-6 ; PG 7. 745-746), seu « probolae » illae valentinianae, quas TERTULLIANUS dicit sibi objici a Monarchianis, ubi explicat a Patre procedere Filium ad modum quo « verbum » mentis procedit in nobis (*adv. Prax.* 7-8) ; easdem ORIGENES sedulo cavet et impugnat (*De principiis.* 1. 2, 6 ; 4. 28 ; PG 11. 134-135 ; 401).

Deo : secus enim Deus ab alio ente penderet. Jamvero, in ipso Deo, ratio terni hujusmodi numeri non potest excogitari nisi vel essentiae divinae triplicatio vel aliqua apud Deum actio.

Prius porro absolute excluditur, nam essentiae divinae triplicatio non posset fieri nisi per aliquam illius vel divisionem, partitionem aut nescio quam limitationem. Induceret praeterea necessario tres deos.

Manet igitur posterius, id est, ratio terni numeri in Deo debet esse in aliqua ejus actione, et quidem immanente, — siquidem agitur de numero apud ipsum explicando, — atque ratione sui implicante Deum aliquo modo in se ipso triplicari quin triplicetur ejus essentia. Jamvero, ex una parte, actiones in Deo non dantur nisi intellegendi et volendi, seu quibus ipse se necessario cognoscit et amat ; ex alia vero parte, duae istae operationes non possunt concipi adesse quin, illarum ratione, procedat, apud ipsum cognoscentem et amantem, objecti cogniti et amati esse novum aliquod.

Cognitio enim non habetur nisi quatenus rei cognitae oritur seu procedit, apud cognoscentem et ab ipso, repraesentatio seu similitudo concepta, quae, ut talis, necessario distinguatur tum ab ipso cognoscente, tum a re cognita, tum ab ipso actu cognoscendi. Item de actu amandi : non concipitur adesse nisi quatenus oritur seu procedit, in amante et ab ipso, aliquid, quo res amata amantem ad se trahit ; quod aliquid, qua tale, nec est ipse amans, nec res amata, nec ipse actus amandi, siquidem concipitur ut illi praevius. Nunc autem, ubi cognoscens et amans est simul objectum cognitum et amatum, jam apud eum, eo ipso quod se cognoscit et amat, oritur seu procedit ex duplici illo capite illius esse novum aliquod duplex, quod facile concipitur distinctum ab illo qua cognoscente et amante, siquidem concipitur ab illo procedens.

Ergo, etiam apud Deum, eo ipso quod se cognoscit et amat, concipitur dari duas processiones, quarum ratione existat, apud eum, esse triplex quidem et tamen non triplicans ejus essentiam. Triplex enim illud esse non concipitur esse nisi quatenus est formaliter relativum, siquidem consistit in hoc quod Deus, se cognoscendo et amando, est principium a quo sit suum esse repraesentativum et amativum : esse porro principium a quo aliud sit, et esse ab illo principio principiatum, non dicunt formaliter nisi respectum ad invicem, nec proinde numerum faciunt

nisi quatenus sunt formaliter correlativa (C. G. IV. 11 et 19 ;
I, q. 27, a. 1, et a. 4 ; q. 37, a. 1 ; *compend. theol.*, cp. 37-48).

**211.** N. B. — *De valore hujus argumenti.* — Hoc argumentum
non probat illud esse, quod, qua formaliter relativum, est triplex, esse
etiam realiter triplex seu realiter ab invicem distinctum. Nam infinita
Dei simplicitas et identitas realis cognitionis et volitionis divinae tum
inter se, tum cum ipso Deo cognoscente et volente, absolute excludit
illud esse relativum inhaerere Deo per modum accidentis ; mens praeterea humana, cum videat actum intellegendi et amandi non distingui nisi ratione ab ipso Deo tum cognoscente et amante, tum cognito
et amato, processionemque proinde, ex qua oritur illud esse triplex
relativum, non distingui et ipsam ab actu intellegendi nisi ratione, pronunciet potius relationem, qua tria illa esse ad invicem referuntur, non
esse nisi rationis, proindeque trinitatem exinde nullam esse realem[3].

At, posito Trinitatem revera in Deo dari, jam videt eam posse
sibi dari illius terni numeri rationem sufficientem. Jam enim illi non
manet mysterium nisi quomodo esse relativum possit non esse accidens et, non obstante sua formali atque reali distinctione, identificari
realiter cum una eademque substantia.

**212.** B) *Ex convenientia* ut perfectissima, quae est apud
Deum, vita habeat aliquam foecunditatem, ita ut ab illo perfectissimo vivente procedat aliquis vivens. Foecunditas enim est
perfectio aut saltem indicium perfectionis, eoque sensu, per
accommodationem, intellegi solet dictum Dei apud *Is.* 66. 9 :
« *Numquid ego, qui alios parere facio, ipse non pariam ? Si ego,
qui generationem ceteris tribuo, sterilis ero, ait Dominus Deus
tuus ?* ». Foecunditas porro non est nisi per emanationem seu
processionem viventis a vivente, et ea processio eo magis est
ex intimo simul et in intimo viventis quo altior est ejus natura
seu perfectio et magis independens est ejus vita : sic, v. gr.,
in vivente pure intellectuali, ab eo, dum se intellegit, procedit
viva sui ipsius imago, quae ab illo simul est et illi inhaeret. Apud
Deum igitur, cujus vivere et se cognoscere est suum esse ipsum,

---

[3] Ad rem S. Thomas : « Ratio naturalis potest pervenire ad ostendendum quod
Deus sit intellectus, modum tamen intellegendi non potest invenire sufficienter. Sicut
enim de Deo scire possumus quod est, sed non quid est ; ita de Deo scire possumus
quod intellegit, sed non quo modo intellegit. Habere autem conceptionem verbi in
intellegendo, pertinet ad modum intellegendi ; unde ratio haec sufficienter probare
non potest ; sed ex eo quod est in nobis aliqualiter per simile conjecturare ». (*De
pot.*, q. 8, a. 1, ad 12ᵐ). Cf. 1, q. 32, a. 1, ad 2ᵐ.

foecunditas in hoc esse decet quod ab eo simul et in ipso procedat vivens, qui sit viva illius imago et tamen non illi inhaereat,
— ut imago inhaeret apud eum cujus vivere et cognosci non est
esse, — sed cum ipso suo esse sit identica. (*Cont. G.* IV. 11 ;
*Comp. theol.*, cp. 38-41 ; Bossuet : *Elévations sur les myst.*, 2ᵉ
*semaine, élév.* 1-4).

**213.** 2º **Probatur negative,** ostendendo non demonstrari
repugnantiam absolutam quod in Deo : A) sit aliqua processio
seu aliquis procedens ; B) sint duae processiones.

A) **Non repugnat in Deo aliquam processionem.** Repugnantia enim esset vel ex parte principii, a quo sit processio, vel
ex parte termini procedentis. Atqui ex neutro capite potest
demonstrari. Ergo ...

a) *Non ex parte principii.* — Repugnantia exinde oriretur
quod, cum Deus sit actus purus, repugnet : α) dari in illo ullam
operationem, secundum quam possit ullus terminus ab eo procedere ; — β) in eo procedere seu oriri, proindeque recipi, ullum
terminum ab eo realiter distinctum proindeque illi inhaerentem
et cum illo componentem. Jamvero, concesso Deum esse actum
purum, negatur utramque repugnantiam exinde ductam demonstrari. Etenim :

*ad* α) Verum est ab actu puro non posse procedere ullam
operationem ; at, ut jam dictum est in praenotandis et ut constat
per processionem creaturarum, processioni termini non necessario praeire debet operatio realiter procedens. Actus enim
purus, cum sit enimenter et virtualiter operativus omnis effectus,
quem produceret operatio formalis, potest seipso esse ratio cur
aliquis terminus realiter et formaliter procedat.

**214.** *ad* β) Conceditur, in actu puro, non posse oriri seu
procedere ullum terminum accidentalem, qui illi per modum
accidentis inhaerere debeat ; conceditur proinde terminum procedentem, si quis sit, debere esse substantialem. At, non propterea dicitur illum terminum esse substantiam a suo principio,
qua substantia est, distinctam proindeque cum illa componentem ; nam, hoc sequeretur quidem, si terminus diceretur procedere formaliter et praecise qua substantialis est aut principiari
a principio suo praecise qua substantiale est. Sed hoc non dici-

tur nec est de ratione formali processionis termini qua talis, etiam ubi, de facto, ille terminus, sicut et ejus principium, est substantialis : hoc enim, scilicet quod sit substantialis, oritur non ex eo praecise quod procedat, sed ex eo quod procedat a tali vel tali principio. Processio econtra, qua talis, etiam tunc, non dicit formaliter nisi esse a principio qua tali, proindeque non dicit nisi relationem originis haberi ad principium consideratum formaliter qua originans. Solum igitur esse novum, quod processio, qua talis, implicat dari apud principium et terminum realiter distinctum, est eorum esse proprie correlativum ; de se proinde abstrahit ab hoc quod principii et termini esse substantiale sit vel non realiter distinctum. Jamvero hoc sufficit ut processio, apud Deum, termini substantialis non possit dici implicare duplex apud eum esse substantiale [4].

**215.** b) *Non ex parte termini*, quasi procedens debeat esse posterior, minor, uno verbo, non Deus, siquidem ab alio et non a se. Nam :

α) *Adesse potest et debet simultaneitas* et temporis et naturae, siquidem processio intellegitur adesse, nec posse adesse nisi, ratione cognitionis vel amoris, quem Deus sui ipsius habet ab aeterno absque ulla ratione durationis ullius. Immo adest simultaneitas logica, siquidem Pater seu principium non potest concipi esse Pater seu principium quin eo ipso concipiatur principiatum. Si qua igitur admittitur prioritas, ea non est nisi originis, seu a quo, vi cujus scilicet principium, a quo quid est, concipitur esse ante principiatum, quin hoc implicet ullam anterioritatem temporis, seu in quo. (Cf. I, q. 42, a. 2 et 3.)

---

[4] Hinc et in forma objectio ejusque solutio : Processio, apud Deum, non potest esse nisi termini substantialis. Atqui processio termini substantialis implicat novum esse substantiale. Ergo processio, apud Deum, implicaret novum esse substantiale. — Resp : 1⁰ modo : *Dist. majorem* : Processio, apud Deum, non potest esse nisi termini substantialis, ratione naturae specialis principii, *conc.* ; ratione processionis qua talis, *nego*. — *Contradist. minorem* : Atqui processio termini substantialis implicat novum esse substantiale, si terminus est substantialis ratione processionis qua talis, *conc.* ; si non est substantialis ratione processionis qua talis sed tantummodo ratione naturae specialis principii, *nego*. — Ergo processio, apud Deum, de se non implicat novum esse substantiale, quia termini novitas repetitur, non ex eo quod sit a principio talis naturae, sed ex eo quod simpliciter procedat.

2⁰ modo : *Concedo majorem, distinguo minorem* : Novum, in ratione substantialitatis, seu qua substantiale, *nego* ; novum qua procedens seu qua terminus est, *concedo*. Ergo processio implicat, apud Deum, esse substantiale novum, qua terminum seu procedens seu relativum, *concedo* ; novum qua substantiale, *nego*.

β) *Inferioritas non est ulla*, siquidem, ex hypothesi, eadem est termini quae principii substantia, nec unius ad alterum est ulla alia distinctio ac principiantis et principiiati : hoc porro de se, praecisione facta ab anterioritate et ab aliis circumstantiis quae sunt praeter ipsam rationem principiandi, non implicat ullam inaequalitatem aut inferioritatem ; etiam inter homines, filius, non eo ipso quod habet patrem, est patri in ulla re inferior; econtra quo verius et plenius est filius, eo magis est patris, quoad naturam, similis et aequalis.

γ) *Nulla est dependentia, vi cujus procedens dici debeat minus Deus, minus a se seu minus ens necessarium quam principium suum*. Nam dependentia illius a principio nullatenus afficit id quo constituitur Deus, a se, ens necessarium. Ex dictis enim non procedit, seu non pendet ab alio, nisi secundum suum esse relativum, et, non obstante illa sua dependentia, habet idem esse absolutum seu substantiale ac Pater ; cum igitur Pater sit Deus, a se, ens necessarium ratione sui esse substantialis, Filius hoc idem eademque ratione est [5].

**216.** Dices : Attamen esse substantiale divinum, quod, in Patre, non est ullatenus causatum, est, in Filio, causatum. Pater enim haud raro, apud antiquos, dicitur esse « causa » Filii, nec a conciliis excluditur Graecorum modus loquendi quo Filium dicunt esse « causam » Spiritus Sancti (D-B. 691 et 1084). « In omnibus [autem] causae generibus, ut ait S. Thomas (q. 33, a. 1, ad 1ᵐ), semper invenitur distantia inter causam et id cujus est causa, secundum aliquam perfectionem aut virtutem », propterateque « hoc nomen, causa, videtur importare diversitatem substantiae ».

Respondeo, transmittendo quaestionem de ipsa voce « causa », quam sane constat aliquando usurpatam esse aut usurpari, etsi minus apte et opportune, ut notat S. Thomas, *loc. cit.* At nego Patri unquam a catholicis erga Filium agnitam esse rationem formalem causae proprie dictae : satis sit revocare in memoriam totam controversiam cum Arianis fuisse utrum Filius sit « genitus » an « factus » seu creatus, id

---

[5] Hinc, et in forma, solutio objectionis tritae : Qui procedit, non est ens a se. — Atqui Filius procedit. — Ergo Filius non est ens a se.
   *Dist. majorem* : Qui procedit secundum suum esse substantiale, ita ut illud ejus esse substantiale non sit entis a se, is non est ens a se, *conc.* ; qui procedit tantummodo secundum suum esse relativum, is non est ens a se, *subdist.*, secundum suum esse relativum, *conc.* ; secundum suum esse substantiale, *nego*. — Atqui Filius procedit, *contradist.* : procedit tantummodo secundum suum esse relativum, *conc.* ; etiam secundum suum essesubstantiale, *nego*. — Ergo Filius non est ens a se secundum suum esse relativum, sed est ens a se secundum suum esse substantiale.

est, proprie causatus. Item de controversia cum Pneumatomachis, qui volebant Spiritum Sanctum creatum esse seu proprie causatum a Filio ... Nec, re vera, ulla ratio est cur esse substantiale termini dicatur proprie causatum, siquidem hoc esse qua tale ne procedit quidem ; est in principio et in termino per identitatem. Ad summum igitur dici potest esse in termino quasi communicatum, quatenus terminus illud habet propterea quod procedit a principio illud habente.

**217.** B) **Non repugnat dari in Deo duas processiones.** Videtur quidem hoc repugnare infinitae simplicitati Dei, nam, in ente simplicissimo, non potest dari nisi unus actus, unicus vero ille actus, totus quantus est, determinatur necessario ad terminum suum tota sua virtute producendum, proindeque illius unicae operationis repugnat concipi duos terminos inter se distinctos realiter.

Attamen ea repugnantia non sequitur necessario, nam, etsi in illo ente non potest admitti ulla realis distinctio plurium operationum, intellectus, v. gr., et voluntatis, tamen ipsum ens potest concipi ut eminenter intellegens atque volens. Jamvero, etsi non possumus concipere quomodo ejusdem entitativi actus possint esse duo realiter distincti termini, tamen, quia ratio formalis intellegendi evidenter distinguitur a ratione formali amandi, in ente eminenter intellegente et volente distinguitur necessario duplex virtualitas, intellectus scilicet et voluntatis. Actus porro entitative unius, in quo apprehenduntur duae virtualitates formaliter distinctae, jam non evidenter repugnat duos dari terminos realiter distinctos ; jam enim singulae illae virtualitates apprehenduntur unius illorum terminorum posse esse ratio sufficiens.

SECUNDA PARS. — **Dantur in Deo duae tantum processiones** (I, q. 27, a. 5 ; q. 41, a. 6 ; *de pot.*, q. 9, a. 9 ; c. *G.* IV. 26 et 24 ; *comp. theol.* 56).

**218.** Duplex esse potest affirmationis sensus : 1º In Trinitate, duae tantummodo personae procedunt, seu Pater non procedit. *Hoc sensu, thesis est de fide catholica,* ut constat tum per indefessam Patrum assertionem Patrem esse ingenitum et in hoc differre a Filio, tum per symbolorum et conciliorum assertiones Patrem a nullo esse (D-B. 39 ; 275 ; 428 ; C. 561 ; 574 ;

599). — Hoc sensu thesis jam non indiget probatione. — 2º In
Deo, nulla alia, praeter Filii et Spiritus Sancti, datur processio,
proindeque non datur in Deo quaternitas : hoc sensu, *thesis est
saltem fidei proxima* [6].

**219.** Probatur. — I. **Ex doctrina Ecclesiae,** quae non
novit nisi tres personas seu duos procedentes in Deo et tamen
tenet Deum jam per revelationem manifestatum esse qualis in
se est, ita ut revelatio jam sit clausa et Deus in gloria aliquando
intuendus haud alius futurus sit ac Deus qualem jam fide credimus. Posito enim plures esse processiones pluresque proinde
dari in Deo personas, nondum revelatus sit Deus qualis in se
est et Deus aliquando intuendus alius esset ac Deus jam fide
apprehensus : tunc enim intueremur aliquem, qui esset Deus
et tamen mansisset nobis in via ignotus.

**220. II. Ex ratione excludente processiones in Deo dari
plures vel specifice vel numerice.**

1º **Non plures specifice,** quae fierent scilicet secundum
aliam operationem ac duae jam notae. Hoc enim supponeret
posse, in unico actu divino, discerni saltem ratione operationes
aut virtualitates alius speciei ac intellectionis et volitionis ; siquidem « processiones in divinis accipi non possunt nisi secundum actiones quae in agente manent ». Jamvero omnis hujusmodi hypothesis excluditur, nam « hujusmodi actiones in natura intellectuali et divina non sunt nisi duae, scilicet intellegere et velle. Nam sentire, quod etiam videtur esse operatio in
sentiente, est extra naturam intellectualem » (q. 27, a. 5).

Dices : Aliae possent esse, v. gr., secundum naturam, quae
se ipsa formaliter communicaret, sicut fit, v. gr., in animalibus ;
secundum potentiam aut secundum bonitatem.

Respondeo : Neutro modo potest concipi processio in Deo.
— A) Non secundum naturam, nam ea qualis est in animan-
tibus excluditur in Deo ; ceterum, apud Deum, processio secundum intellectum et voluntatem aequivalet processioni se-

[6] In concilio Lateranensi IVº (anno 1215), definitum est quidem « in Deo solummodo Trinitatem esse, non quaternitatem » (D-B. 432) ; sed haec definitio, quae excludit quartam personam quae esset divina essentia, non eo ipso excludit quartam,
quae esset per processionem tertiam.

cundum naturam. — B) Non secundum potentiam, nam potentia, quatenus distinguitur a voluntate, non dicit operationem ad intra sed ad extra. — C) Non secundum bonitatem, nam bonitas non est principium operationis nisi quatenus inducit ad operandum [7].

**221.** 2º **Non plures numerice,** quatenus : A) vel Pater generaret plures Filios, B) vel Filius generaret et ipse filium.

A) **Pater non potest generare plures filios,** nam actus Dei genitivus, qualiscumque sit, non potest concipi nisi unicus, et quidem necessario totam suam foecunditatem exserens : secus enim non sit actus naturalis sed liber proindeque inducens apud Deum aliquem terminum operationis liberum. Jamvero hujusmodi actus repugnat dari et concipi plures numero terminos, siquidem in eo nec concipi quidem potest duplex virtualitas : supponitur enim actus ille genitivus jam distingui virtualiter ab actu secundum quem fit secunda specifice processio. Dempta porro illa possibilitate, jam excluditur omnis ratio, qua una generatio possit ab alia distingui.

**222.** DICES : Nonne tamen unius ejusdemque actus admisimus duos esse terminos ? Filium scilicet, ut expressionem veri, Spiritum ut expressionem boni ?

RESPONDEO : Utique, quia hoc fides docet et ratio apprehendit hoc non absolute repugnare, quia ipsa potest et debet in actu divino distinguere duas virtualitates. At, jam deberet in ipsa priori virtualitate distingui nova virtualitas, quae, repugnat, data infinita simplicitate intellectionis divinae qua tali. Jam igitur excluditur omnis ratio, qua actus genitivus secundus concipiatur distinctus a primo ; consequenter proinde excluditur omnis ratio, qua secundus Filius distingui possit a primo. Undenam enim esset distinctio ? Ex principio ? ex actu ? ex objecto ?

INSTABIS : Termini tantum numero infiniti exhaurire possunt infinitam illius actus foecunditatem. — RESPONDEO : Hoc esset, si

---

[7] N. B. Si fingas alia forte dari in Deo attributa et operationes, quas nos non percipimus nec percipere possumus, — quod haud scio an quis possit absolute excludere — maneret tamen ea non distingui realiter ab attributis et operationibus a nobis perceptis, esse econtra formaliter entia, de quibus praedicari possit « verum » et « bonum ». Hoc autem posito, jam reducerentur et ipsa ad intellectum et voluntatem. — Cf. PENIDO : *Le rôle de l'analogie en théologie dogmatique*, p. 304-309.

Manet forte tamen argumentum ex ratione non concludere absolute ; quod non mirum, cum ratio ipsa nequeat statuere processionis in Deo ullius realitatem.

terminus non esset et ipse infinitus ; eaque ratio est cur a Deo creaturae possint procedere numero infinitae ; at, hic, terminus est et ipse
infinitus, proindeque haud minus exhaurit foecunditatem quam fa-
cerent plures [8].

**223. B) Filius aut Spiritus Sanctus non potest et ipse
generare filium.** Ratio est quia, per definitionem, solus Pater
est formaliter generans et Filius ab illo non distinguitur nisi
quia et qua est generatus et non generans. Dato igitur Filium
et ipsum generare, jam non esset unde distingueretur a Patre.
Nec, re vera, esset ulla ratio distinguendi illius actum generandi
ab actu generandi Patris. Distingueretur enim vel specifice vel
numerice. Porro, si specifice, tunc Filius aliter ac origine distingueretur a Patre ; si numerice, tunc admitti deberent in Deo
duo actus ejusdem rationis et virtutis.

Dices : *Si Filius non potest generare, ergo minor est Patre,*
siquidem illi deest quod possit generare. — Respondeo, negando
tum consequentiam, tum rationem additam ; nam, si impossibile
est Filium generare, hoc non est ex defectu illius — quodcumque sit — quo generatio fieri potest et, re vera, fit, sed tantummodo ex eo quod ipse hoc non habet nisi ratione generationis
jam factae. Id enim quo Pater generare potest et, re vera, generat, non est quid relativum sed quid absolutum, divina scilicet
essentia seu divinus intellectus ; hoc autem utrumque est omnino idem apud Filium ac apud Patrem ; sed, apud Patrem,
secundum nostrum concipiendi modum, invenitur *priusquam*
actus generandi ponatur proptereaque Pater concipitur generare ; apud Filium econtra, secundum eumdem nostrum concipiendi modum, non invenitur nisi *consequenter ad* actum generandi
jam positum, proptereaque Filius, etsi habeat id quo generatio
fieri potest, tamen omnino concipi nequit ponens actum generandi, cujus ipse terminus est (*Cont. G.* IV. 13 et 26 ; *de pot.*,
q. 9, a. 9, ad 1m et 3m).

---

[8] N. B. Argumentum propositum est, praescindendo interim ab hoc quod generatio fiat secundum intellectum divinum. Sed, hoc etiam posito, eadem est conclusio. Nam Filius, ex hypothesi, primus generaretur secundum quod Pater intellegeret
omnia quae necessario sua unica intellectione cognoscit, ita ut Verbum sic conceptum
eorum omnium referat imaginem. Jamvero, hoc posito, jam non concipitur secundus,
ex hypothesi, Filius ex ullo capite distingui a primo : non ex actu intellegendi, qui
est idem ; non ex diversitate cognitorum, quae non datur ulla. Ergo ... (*De pot.* q. 9,
a. 9 c).

**224.** TERTIA PARS. — Hae duae processiones sunt :

1º **Reales,** id est, cum reali termini procedentis distinctione a suo principio, et non a) per meram deductionem logicam unius ab altero, quomodo proprietas dicitur procedere seu deduci ex natura, v. gr. aeternitas ab aseitate ; — b) neque, ut voluit Sabellius, merae habitudines diversae unius personae ad extra. Hoc constat ex dictis de Filio, qui sit vere Filius seu vere realiter generatus, et de Spiritu Sancto, qui realiter, ut procedens, distinguatur a Patre et a Filio.

2º **Immanentes,** siquidem terminus procedens ita est Deo immanens ut tota sua substantialitate cum eo identificetur.

3º **Naturales,** id est, secundum operationem principii naturalem et specificam, et non secundum operationem liberam, sicut processiones ad extra (I, q. 41, a. 2).

4º **Perfectissimae** id est, transcendentes perfectionem processionum omnium. Fiunt enim : a) absque principii ulla mutatione ; b) absque ulla contingentia, siquidem eadem necessitate sunt qua ipsum ens necessarium est id quod est ; c) absque ulla procedentis prae suo principio inferioritate ; d) absque ulla separatione a principio, siquidem terminus adeo est suo principio immanens ut cum eo quoad omnia identificetur, praeter hoc quod non ipse est sed ab ipso ; e) cum similitudine proinde, aequalitate, intimitate, unitate procedentis ad principium quanta dari potest (I, q. 27, a. 1, ad 2$^m$ ; cf. c. G. IV. 11).

ARTICULUS II

## DE MODO QUO FIUNT PROCESSIONES
### SEU
## DE EARUM PRINCIPIIS FORMALIBUS

**225.** 1º **Cur quaestio ponatur.** — Processiones quo modo apud Deum fiant, mysterium sane nobis manet. Attamen, ut illarum apprehensio clarior nobis et perfectior evadat, expedit inquiri de illo modo quid mens humana concipere possit : haud aliter de creatione, quamvis in se ipsa nos lateat, inquiritur utrum intellectu an voluntate aut potentia divina fiat. Quo non

negatur intellectum et voluntatem, in Deo, esse entitative unum
et idem ; sed, quia non possumus quidquam clare apprehendere
nisi per conceptus distinctos, propterea potentias et attributa
divina distinguimus ratione et postea inquirimus utri illorum
ascribenda sint varia opera ad extra : utrum Deus, v. gr., intellectu an voluntate intellegat ; voluntate an intellectu operetur
ad extra ; misericordia an justitia puniat aut condonet. Quod
est inquirere de modo quo varia opera Dei fiant seu de illorum
principiis formalibus. Pariter, de divinis processionibus inquiri
potest utri divinarum actionum ad intra ascribi debeant, quod
est inquirere de illarum principiis formalibus.

**226.** — 2º **Quotuplex principium.** — Processionum enim,
sicut et omnium operationum, principium distingui potest *quod*
et *quo* seu formale. Principium *quod* est suppositum, cujus est
influxus in terminum procedentem ; principium *quo* seu formale
est id vi cujus principium *quod* influit. Hoc porro distingui potest
remotum, proximum et immediatum : sic, in creatione, principium *quo* remotum est natura, proximum et immediatum
voluntas et potentia divina.

Processionum autem principium *quod* manifestum est : Pater est *qui* generat ? Pater et Filius *qui* emittunt Spiritum Sanctum. Principium formale *quo* saltem remotum manifestum etiam
est : natura sua divina est *quo* saltem remote Pater generat.
At quaeri potest utrum processionum praeterea distingui possit
principium *quo* proximum, seu quasi medians inter Patrem *qui*
generat et naturam *qua* generat. Hoc negatur quidem a Durando ;
sed theologorum doctrina communis et certa est quod possit et
debeat, intellectus scilicet pro prima et voluntas pro secunda
processione : quod paragrapho 1ª statuetur.

Ulterius porro, cum intellectus et voluntas sint apud Deum
aliquid essentiale proindeque commune tribus personis, et tamen
non tres personae generent aut spirent, inquirendum venit de
ratione formali cur solus Pater generet solusque Pater et Filius
spiret : quae non potest esse alia ac praesentia apud eos solos
principii formalis *quo* immediate fiat generatio aut spiratio :
hinc 2ª paragraphus de principio formali processionum immediato.

## § 1. De principio formali processionum proximo

**THESIS X. — Una processio, Filii, fit per intellectum ; altera, Spiritus Sancti, per voluntatem.**

**227.** Praenotanda : 1º **Quae quaestio ponatur.** Processiones, ut jam dictum est, humana ratio ne ex humanae quidem mentis consideratione potest, etiam post revelationem, demonstrare positive dari in Deo reales. Unum tamen ex dictis in praecedenti thesi manet evidens : processiones, si re vera dentur, non posse dari nisi secundum aliquam ejus operationem ad intra. Jam igitur, posito, quod revelatione docetur, illas, re vera, dari, quaestio oritur de operatione secundum quam, re vera, fiant. Quo non supponitur plures realiter posse in Deo distingui operationes ; sed, quia notum est, in actu divino simplicissimo, distingui ratione operationes plures, quaeritur utrum duae processiones possint referri indifferenter ad alterutram illarum virtualitatum seu rationum formalium an econtra debeant ascribi una, v. gr., intellectioni, altera volitioni, seu, quod idem est, utrum unius processionis principium formale sit intellectus, alterius voluntas.

**228.** 2º **Opiniones.** — Durandus docuit processiones divinas praescindere ab illa distinctione intellectus et voluntatis, proindeque utramque habere ut principium formale proximum ipsam naturam (*in* 1, *dist.* 6, q. 2). Rationem dabat quod : a) Patres Filium doceant procedere per naturam non per voluntatem ; b) processiones sint ex foecunditate naturae ; c) in creaturis, productio naturalis fiat per immediatam ipsius naturae activitatem ; d) si processio, v. gr., Filii, fieret per intellectum, cum intellectus sit communis tribus personis, et intellectio etiam communis esse debeat, jam non esset cur non tres generarent.

Opinio tamen communis est unam fieri per intellectum et alteram per voluntatem, ita ut generatio Verbi non tantum *possit* — ad faciliorem scilicet apprehensionem ex parte nostra — sed etiam *debeat*, secundum veritatem, concipi tanquam respectum specialem habens ad divinum intellectum ; et pariter processio Spiritus Sancti ad divinam voluntatem. — Ita scholastici omnes in genere et S. Thomas in specie (*de pot.*, q. 9, a. 9, ad 7m, atque, post eos, omnes fere unanimiter theologi.

**229.** 3º **Nota theseos.** — Thesis, qualis jacet, praescindit ab omni determinato modo intellegendi processionem secundum intellectum et voluntatem. Non implicat igitur eam processionis verbi mentalis et motus animi in rem amatam analysim, quam, post S. Augustinum, scholastici, S. Thomas praesertim, instituerunt, et ad cujus analogiam explicant duas divinas processiones. Haec enim, quamvis in se rectissima et aptissima ad suggerendam distinctiorem apprehensionem illarum processionum, tamen nititur in certa psychologia certoque modo intellegendi vocem « verbum » potius quam in datis communibus rationis humanae doctrinaeque revelatae. Propterea haec theoria, quoad sua elementa proprie systematica, excidit a thesi nec est objectum notae proprie theologicae.

His igitur praenotatis, thesis, qualis jacet, videtur posse dici non tantum *communis* sed etiam, cum Suarez (*de Trinit.*, l. 1, cp. 5, nº 4), « *in theologia certa* » ; haud desunt immo graves auctores, qui opinionem Durandi pronuncient non tantum temerariam et periculosam sed etiam errori proximam : ita, v. gr., Banez (in 1, q. 27, a. 5, 1ª *concl.* ; Joannes a S. Thoma, *ibid. disp.* 12, a. 5, nº 17-18 et a. 6, nº 2 ; item Scheeben : *Dogmatik*, l. 2, § 116, nº 935-943). — Eamdem tamen alii, v. gr. Billuart : *De Trinit., diss.* 2, a. 1 et Franzelin : *De Deo trino*, p. 406, abjiciunt quin ulla censura ipsi notent [9].

**230.** Probatur. — I. **Complexive,** id est, de duabus simul processionibus. Processiones, in Deo, debent, ex dictis thesi

---

[9] Benignius adhuc Tournely : *De Trinit.*, q. 2, a. 3, 1ª *concl.* ; Frassen : *Scotus Acad.* : *de Trinit., disp.* 1, a. 3, q. 1 ; Estius : 1 *Sent., dist.* 10, a. 2 et *dist.* 27, a. 3 ; Perrone : *De SS. Trinitate, cp.* 6, *n.* 401-404, quatenus doctrinam communem videntur habere ut meram, etsi probabiliorem, opinionem. — Eamdem de Régnon (*op. cit.* III, p. 394 sqq.) putat carere omni fundamento proprie dogmatico, quippe quae fuerit Patribus graecis prorsus ignota nec nitatur nisi in speciali S. Augustini et scholasticorum theoria de verbi mentalis apud nos processione. Sed in hoc ipse deceptus esse videtur quod attenderit nimis ad specialem illam theoriam nec adverterit Patres graecos, etiam ubi Filium comparant verbo nostro orali, non excludere respectum illum generalem ad intellectum, quem solum intendit thesis nostra. De illo cf. Le Bachelet, in *Etudes*, t. 82 (1900), p. 560-561 ; Penido (*Le rôle de l'analogie en théologie dogmatique*, p. 295-311), qui, etsi invehitur contra De Régnon, tamen argumenta contra Durandum non videtur existimare adeo firma (*ibid.*, p. 263-64 et 311). — Melius Lebreton (*Hist. du dogme de la Trinité*, t. II ; p. 550-555), ubi, relata indignatione S. Irenaei (*adv. Haer.* II. 13, 8 et 28, 4-6) contra Gnosticorum speculationes de processione Verbi a mente divina, notat Ecclesiam, post S. Augustinum, fovisse speculationem psychologicam ad illustrandam theologiam de generatione Verbi.

praecedenti, fieri secundum operationes et quidem formaliter diversas, quia, secus, non daretur ulla ratio cur procederent duo termini realiter distincti. Jamvero operationes Dei immanentes non possunt formaliter distingui nisi intellectus et voluntatis. Ergo duarum processionum una debet referri ad intellectum, altera ad voluntatem (q. 27, a. 3, et cf. *de pot.* q. 9, a. 9, ad 7m ; C. G. IV. 24 : « Si quis vero iterum dicat ... »).

**II. Per partes.** 1º **De processione Filii.** — Persona, cui proprium est habere respectum ad intellectum, procedit per intellectum. Atqui Filio proprium est habere respectum ad intellectum. Ergo Filius procedit per intellectum.

*Probo majorem* : Persona, cui proprium est habere respectum ad intellectum, hoc habet vi suae propriae processionis. Atqui hoc non haberet vi propriae suae processionis nisi ejus processio haberet ipsa respectum hujusmodi seu per intellectum fieret : secus enim haberet illum respectum independenter a sua propria processione ; haberet proinde aliquid proprium, quo distingueretur ab alia persona, et cujus ratio tamen non esset ex sua propria processione ; eadem igitur processio posset esse ratio cur unus procedens haberet et alter non haberet respectum ad intellectum : quod repugnat apud procedentes, qui non habent quidquam proprii nisi vi processionis suae.

*Probo minorem*, quia Filius habet ut nomen proprium « Verbum », quod essentialem habet respectum ad intellectum, ut probatur per partes.

**231.** A) **« Verbum » est nomen proprium Filii**, ut constat tum Scriptura (*Jo.* 1. 1 et *Apoc.* 19. 13) tum traditione, cujus quasi tessera est dictum S. Augustini : « Eo Filius quo Verbum, et eo Verbum quo Filius » [10].

B) **Hoc nomen, quo sensu dicitur Filii, habet respectum essentialem ad intellectum Patris,** seu usurpatur de Filio sensu qui implicat hunc respectum. Ex Scriptura quidem hoc non adeo patet : tantummodo insinuatur, quatenus « Verbum » dicitur esse « lux illuminans omnem hominem » et praesertim quatenus significatur ideo posse « enarrare » seu manifestare Deum

---

[10] *De Trinit.* VII. 2, 3 (PL 42. 936). Quod dictum, resumptum a S. Thoma (q. 34, a. 2, ad 3m), Pius VI, contra Pistorienses, dicit esse retinendum (D-B. 1597 : C. 606).

quia est « in sinu Patris » ; sed Patres omnino constat « Verbum »
intellexisse hoc sensu ; omnes enim dicunt Filium esse Dei Verbum sensu haud minus proprio quam hominum est verbum mentale vel orale. Verbum porro hominum sive mentale sive orale
patet habere respectum essentialem ad intellectum. Argumentum igitur stat, si modo probetur eum fuisse sensum quo Patres
et doctores catholici Filium dixerunt Dei Verbum.

Jamvero hoc facile probatur incipiendo ab apologetis saeculi
secundi et progrediendo ad Patres usque saeculi 5¹, sive graecos
sive latinos, quibus quasi absoluta est determinatio dogmatis
de processionibus divinis.

**232.** Pro apologetis, sit satis remittere ad ea quae supra
recitata sunt ex S. JUSTINO, ubi dicit Christum ideo esse « proprie
Filium Dei » quia « sit illius Verbum » (1 *Apol.* 23) et generationem ejus comparat generationi sermonis nostri, qui, dum profertur, non minuit sermonem internum (*Dial.* 61) : hoc enim
dicendo, significat Filium, qua generatur, se habere ad Patrem
eodem modo quo verbum nostrum orale se habet ad verbum
mentale : qui sane respectus est ad intellectum saltem mediatus.

Item S. HIPPOLYTUS, locis supra citatis, et TERTULLIANUS,
ubi, exponendo quomodo Deus, etiam ubi « nondum sermonem
suum miserat », tamen « eum cum ipsa et in ipsa ratione intra
semetipsum haberet », inducit imaginem et similitudinem « hominis cogitantis » :

« Vide, cum tacitus tecum ipse congrederis ratione, hoc ipsum agi
intra te, occurrente ea tibi cum sermone ad omnem cogitatus tui motum ... Quodcumque cogitaveris, sermo est ... Ita secundus quodammodo in te est sermo ... Quanto ergo plenius hoc [agitur] in Deo ? »
(*adv. Prax.* 5).

Consentit, saeculo 3⁰, S. DIONYSIUS ALEXANDRINUS, ubi, in
sua *Apologia*, explicat Filium ideo a Patre, per modum fluvii
a fonte, emanare, quia « verbum est effluxus mentis » (ἀπορροία
γὰρ νοῦ λόγος), seu esse a Patre sicut verbum orale est ad verbum
mentale (apud S. Athanas. : *de sent. Dion.* 23 ; PG 25. 513-516).

**233.** Saeculo 4⁰, contra Arianos, Patres Filii divinitatem et
a Patre inseparabilitatem probant **ex eo quod Filius sit proprium Dei verbum.**

S. Athanasius (*cont. Ar.* 1. 28) :

« Scriptura Filium quidem esse declaravit, ut naturalem et verum esse naturae foetum doceret. Ne quis autem humanum foetum esse suspicaretur, rursus ejusdem indicat naturam, cum eum Verbum, Sapientiam et splendorem esse dicit. Inde siquidem intellegimus divinam generationem passionis immunem esse ».

Et addit comparationem generationis verbi humani (PG 26. 70 B-C ; et cf. *de decr. nic. syn.* 11 et 17 ; 25. 444 B et 452 C). Nam, ut addit paulo infra (*cont. Ar.* 11. 36), Scripturis ipsis inducimur ad agnoscendum in nostro verbo illius generationis

« aliquod exemplar et imaginem. Ut enim verbum nostrum ex nobis est, nec aliquod est opus extra nos factum, ita et Dei Verbum proprium ex illo est, nec opus est aliquod, nec etiam velut hominum verbum ». Differentia est tantummodo in hoc quod hominum verbum fluit et multiplicatur, Dei econtra Verbum unum est et in aeternum permanet (PG 26. 223 B-C).

S. Basilius, commentando vocem « Verbum » apud *Jo.* 1. 1, quaerit :

Cur « Verbum » ? Ut ostenderetur eum ex mente processisse. Cur « Verbum » ? Quia imago genitoris, sicut nostrum etiam verbum repraesentat totam nostram cogitationem. Quae enim in corde cogitavimus, ea verbo [orali] (ῥήματι) protulimus, et cogitationis quae est in corde repraesentatio est id quod loquimur ... Verbum enim nostrum est foetus (γέννημα) mentis » (*Hom. in illud* : *In principio erat Verbum*, 3 ; PG 31. 477 B-D).

S. Gregorius Nazianzenus, rationem dando nominum quae sunt Filii propria, dicit de « Verbo » :

« Verbum, quia sic se habet ad Patrem sicut ad mentem verbum, non tantum propterea quod impassibiliter generatur, sed quia illi conjunctum [manet] et illum manifestat » (διὰ τὸ συναφὲς καὶ τὸ ἐξαγγελτικόν). Addit porro « Verbum » dici etiam quia sit definitio Patris, nam, ait, « omne genitum genitorem suum tacita quadam voce definit » γέννημα γὰρ ἅπαν. τοῦ γεγεννηκότος σιωπῶν λόγος) (*Or.* 30 (*theol.* 4), 20; PG 36. 129 A).

S. Gregorius Nyssenus, recensitis et inter se comparatis variis generationum imaginibus, quibus Scriptura significat impassibilitatem et inseparabilitatem generationis divinae, concludit aptissimam esse « verbi ex mente generationem », dummodo advertatur verbum divinum non foras emitti, sicut verbum orale humanum, sed manere apud suum principium (*cont. Eunom.* II ; PG 45. 506 B-510 B ; cf. IV ; 624 et *Or. catech.* 1 ; 16 C-D).

S. Cyrillus Alexandr. dicit eos omnes, qui generationem Filii Dei scrutari velint, debere considerare generationem quae est in mente humana, non autem generationem corporalem hominum. Ratio est quia Deus non corpus sed mens est et quia etiam humana mens dicitur « cogitationes suas generare » (*Thes. assert.* 6 ; PG 75. 76 B et cf. 80 C-D). Quo, ut ipse ait, explicatur generationem Filii non implicare ullam Patris passionem aut divisionem et Patrem nunquam fuisse sine suo proprio Verbo.

« Nemo [enim] sani judicii dixerit mentem unquam absque verbo fuisse, neque enim mens unquam fuerit, quae verbum non habeat ... — Verbum autem dicimus, non in universum quod lingua profertur, verum etiam id quod mente intellectualiter agitatur ; — ita etiam nemo dixerit non esse omnino in Deo proprium Verbum ipsius » (*Ibid.* 56 A-B).

**234.** Dices : Haec, apud S. Cyrillum, sicut et apud alios graecos in genere, non dicuntur **nisi per modum comparationis** aptae, qua processio divina significetur fieri sine ulla passione et separatione, spiritualiter scilicet et immanenter. Non eo ipso aperiunt quidquam de reali modo quo processio fiat.

Respondeo : A) Verum est eos illa sua comparatione hoc velle significare ; at volunt etiam eo ipso rationem dare cur Verbum sit Patris manifestativum et annunciativum ; hoc porro ideo tantum possunt dicere quia Verbum mentem Patris sicut vox aut cogitatio nostra mentem nostram refert.

B) S. Cyrillus diserte abjicit exceptionem hujusmodi, nam : a) explicat Filium ideo, apud *Jo.* 1. 1, vocari « Verbum » quia « ex mente et in mente est proxime et indivulse » (διὰ τὸ ἐκ νοῦ καὶ ἐν νῷ προσέχως καὶ ἀδιαστάτως). (*In Jo.* I. 5 ; PG 73. 81 D) ; — b) contra Eunomium volentem hoc nomen esse mere metaphoricum, vindicat illius significationem haud minus esse propriam quam significationem nominis « homo » ad designandum aliquem hominem :

« Rogandi sunt qui ejusmodi effutiunt, annon nomina, quae proprie rebus imposita sunt, substantiam earum significent ? Nomen enim « homo » significat hominis naturam. Quocirca, si quis hominem nominat, quandoquidem non idipsum quod est nomen hominis significet, ut illi argumentantur — [dicendo nomina propria esse mere metaphorica] — aliud aliquid esse censeatur, et non plane id quod

nomen significat. At, si hoc insaniae plenum est, non sunt rejiciendae
propriae nominum significationes, neque aliud quidquam praeter id
quod significatur per ipsa intellegendum est, atque ita haereticorum
insania reprimatur. Ostendat vero nobis gravis iste disputator Verbum
non esse proprium Filii Dei nomen» (*Thes. assert.* 109 ; PG 75. 321
B-C).

**235.** S. Joannes Damascenus, in quo resumitur Graecorum
doctrina, explicite docet *Patri, sicut et nobis, suum esse verbum*,
in hoc tantummodo a nostro differens quo subsistens sit et permanens.

Nam « Deus, cum sempiternus perfectusque sit, perfectum quoque et subsistens vereque existens habet Verbum ... Sicut enim sermo
noster, ex mente progrediens, nec prorsus cum mente idem est, nec
rursus ab eo omnino diversus, — quatenus ex mente, hactenus alius
a mente ; quatenus vero mentem ipsam palam profert, non jam
prorsus a mente diversus est, verum natura quidem est unum cum eo,
subjecto vero ab illa diversum ; — eodem modo Dei quoque Verbum,
quatenus per se subsistit, ab eo distinguitur, a quo habet ut per se
subsistat ; quatenus autem eadem in ipso ostendit quae in Deo cons-
piciuntur, idem natura cum ipso est» (*De fide orth.* 1. 6 ; PG 94. 801-
804).

**236.** S. Augustinus, qui Latinorum doctorum subsequen-
tium fons est communis, Verbo divino firmius et aptius intellec-
to ad modum verbi mentalis, eamdem doctrinam enunciavit et
tradidit scholasticis postea perpoliendam.

« Quisquis potest intellegere verbum, non solum antequam sonet,
verum etiam antequam sonorum ejus imagines cogitatione volvantur,...
jam potest videre per hoc speculum atque in hoc aenigmate aliquam
Verbi illius similitudinem. Necesse est enim, cum verum loquimur,
id est, quod scimus loquimur, ex ipsa scientia quam memoria tenemus, nascatur verbum, quod ejusmodi sit omnino cujusmodi est illa
scientia de qua nascitur. Formata quippe cogitatio ab ea re quam
scimus, verbum est quod in corde dicimus : quod nec graecum est,
nec latinum, nec lingua alicujus alterius ; sed, cum id opus est in
eorum quibus loquimur perferre notitiam, aliquod signum quo significetur assumitur» (*De Trinit.* XV. 10, 19).
« Sicut duo quaedam sunt mens et amor ejus, cum se amat; ita
quaedam duo sunt, mens et notitia ejus, cum se novit. Igitur ipsa
mens et amor et notitia ejus, tria quaedam sunt, et haec tria unum
sunt » (IX. 4, 4) ... « At, in illis tribus, cum se novit mens et amat se,

manet trinitas, mens, amor, notitia ; et nulla commixtione confundi-
tur, quamvis et singula sint in semetipsis, et invicem tota in totis,
sive singula in binis, sive bina in singulis» (IX. 5, 8).

**237.** SCHOLASTICORUM tandem theologia in hoc profecit
quod verbi mentalis, ad cujus analogiam processio Verbi divini
aptius concipiebatur, processionem distinctius percepit.

Analysi enim facta cognitionis per intellectum, distinctus
est tum actus formalis cognoscendi tum actus quo formaliter
oritur seu **« dicitur »**, id est, procedit seu concipitur in nobis
verbum, rei cognitae repraesentativum. Duo sane non ii sunt
actus qui separari queant aut aedaequate distinguantur, at
tamen non ejusdem rationis ; nam alius tendit, aut saltem
tendere potest, ad extra et terminatur formaliter ad objectum
cognitum ; alius econtra est totaliter immanens et terminatur
ad efficiendum in nobis aliquod ens objecti cogniti repraesentativum quidem sed ab illo realiter distinctum. Ea porro **« dictio »**
verbi est, ad cujus proprie analogiam Verbum concipitur apud
Deum generari seu «dici» (1, q. 27, a. 1 ; q. 34, a. 1, ad 3$^m$ ;
q. 37, a. 1-2 ; *de verit.*, q. 4, a. 1-2 ; *de pot.*, q. 10, a. 1).

**238.** SCHOLION : **Ex aliis Filii nominibus.** — A) *Ex nomine*
« *Sapientia* », quod Filio appropriatum est, ut constat tum per Patres
Graecos, qui Filii divinitatem et aeternitatem demonstraverunt e
eo quod sit ipsa et propria Patris Sapientia, tum per S. Augustinum,
qui, occasione sumpta ex illorum argumentatione (*de trinit.* VI. 1,
1-2), librum habet integrum (VII. 1 sqq.) de modo quo « Sapientia »
possit esse nomen Filii personale ...

Sapientia porro, cum dicat perfectam cognitionem, patet essentialem respectum habere ad intellectum. Attamen, cum, apud Graecos
in specie, apprehendatur ut proprietas naturae Patris potius quam
aliquid ad eum relativum (De Régnon, *op. cit.* III, p. 468 sqq.), argumentum ex hoc nomine ductum potius vacillat.

B) *Ex nomine* « *Imago* », quod Filio etiam appropriatur, idem argui
potest (Cf. *de Verit.*, q. 4, a. 3 ; 1, q. 35, a. 2). Attamen argumentum
ex hoc capite difficilius concludat quia a) etiam Spiritus Sanctus aliquando dicitur Filii imago ; b) omnis filius est imago patris sui etiamsi
non per intellectum procedat. Complendum propterea est ex eo quod
entis intellectualis non possit esse imago naturalis nisi per intellectum?

**239.** 2º **De processione Spiritus Sancti.** — Argumentum ex
nominibus difficilius et minus efficax, tum quia nullum est illi

stricte proprium, tum quia nomina illi appropriata respectum
habent ad voluntatem minus evidentem.

a) *Ex nominibus* ? — Appropriata Spiritui Sancto nomina
sunt imprimis : *sanctitas,* virtus seu activitas (ἐνεϱγεία), *donum.*
*Primum* in specie et ultimum sunt ei saepissime pro nomine
proprio. Patres enim, imprimis graeci, illum vocant « virtutem
sanctificatricem » Patris et Filii, cujus communicatione sit omnis creaturarum sanctificatio ; de quo infra. In ipso pariter dicitur perfici omnis operatio Dei ad extra, ita ut appareat tanquam ipsa Dei « energia ». *Donum* tandem, donatio, donabile
adeo vocatur ut, in forma confirmationis, apud Orientales, hoc
proprio nomine designetur.

*Haec autem nomina implicare specialem, et quidem proces-*
*sionis, respectum ad voluntatem haud adeo patet,* saltem quod ad
duo prima attinet : haec enim, apud Graecos in specie, significant proprietatem potius quam quidquam a Patre procedens.
Nomen tamen « donum » respectum essentialem habet. ad eum
a quo est, et, cum omnis donatio sit ex amore, hoc nomen conjunctum nomini « charitas » (*Rom.* 5. 5), jure visum est implicare
specialem Spiritus relationem ad voluntatem.

**240.** b) *Ex analysi actus amandi* apud scholasticos ; censent enim actum illum habere necessario sibi conjunctam operationem ejusdem rationis ac operatio qua, dum quid intellegitur,
« dicitur » verbum mentale :

« Sicut enim ex hoc quod aliquis rem aliquam intellegit, provenit
quaedam intellectualis conceptio rei intellectae in intellegente, quae
dicitur verbum ; ita ex hoc quod aliquis rem aliquam amat, provenit
aliqua impressio rei amatae in affectu amantis, secundum quam amatum dicitur esse in amante sicut et intellectum in intellegente, ita
quod, cum aliquis seipsum intellegit et amat, est in seipso, non solum
per identitatem rei, sed etiam ut intellectum in intellegente et amatum
in amante » (q. 37, 1. 1 c).

Haec porro interpretatio, quae seorsim in seipsa considerata
videri forte possit mera comparatio, vim veri argumenti induit
ex comparatione cum modo procedendi Filii. Posito enim Filium, quia est Verbum, procedere per intellectum, Spiritus Sanctus, ex dictis, necesse est procedat per aliam operationem, proindeque per voluntatem.

**241.** c) *Ex comparatione cum processione Filii.* — Hinc dicere possis : De modo quo Spiritus procedat conclusio ex nominibus parum firma sit, si in seipsa tantum consideretur ; valorem tamen habet tum ex auctoritate traditionis scholasticae, tum praesertim ex adjuncta consideratione distinctionis, quam ratio dictat necessariam inter modum procedendi singulis personis proprium.

Unde sit argumentum : Nomen proprium Filii exhibet id quo Filius diversificatur a Spiritu. Atqui nomen Verbum est proprium Filii qua procedentis seu quia procedentis per intellectum. Ergo procedere per intellectum est quo Filius a Spiritu diversificatur, proindeque Spiritus non procedit per intellectum. Sin autem non per intellectum, ergo per voluntatem[11].

**242. III. Negative, solvendo argumenta a Durando opposita** (supra in praenotandis).

Tria prima ducuntur ex eo quod Filius, apud Patres, dicatur procedere per naturam, ex foecunditate, per immediatam naturae activitatem ; sed notandum est Patres haec dixisse ad excludendam, contra Arianos, processionem quae esset ad extra, non necessariam et naturalem, sed liberam atque in tempore contingentem. Ceterum procedere per intellectum, in ente spirituali, est procedere per modum naturae (q. 27, a. 3 ; q. 30, a. 2, ad 2m ; *pot.* q. 10, a. 2, ad 1m). Exinde igitur tantummodo constat naturam esse processionum principium quo saltem remotum.

Ultimum vero Durandi argumentum, quod intellectus et voluntas sint tribus personis communes, solvetur thesi sequenti, distinctione facta inter *principium quo* proximum, quod sit commune, et *principium quo* immediatum, quod non sit commune.

## § 2. DE PRINCIPIO FORMALI PROCESSIONUM IMMEDIATO

**THESIS XI.** — 1⁰ **Principium quo immediatum divinarum processionum est intellectus et voluntas essentialis**

---

[11] QUAERES quo sensu Spiritus dicatur « *Spiritus veritatis* » (*Jo.* 16. 13) : nonne hoc insinuet respectum ad intellectum ? — RESPONDEO : Spiritus veritatis intelligi potest vel hoc sensu quod sit Spiritus Filii, qui est Veritas : — ita non pauci antiqui ; — vel hoc sensu quod Spiritus verax sit, cujus sit inducere homines in veritatem salutarem, ut suadetur tum ipso contextu : « *Docebit vos omnem veritatem* », tum 1 *Jo.* 2. 27 : « *Unctio ejus docet vos de omnibus, et verum est, et non est mendacium* ».

**quidem at prout, in aliqua persona, connotat personalitatem processioni praeviam. — 2⁰ Actus proinde, secundum quem fiet processio, erit intellectio ipsa aut amor essentialis cum eadem connotatione.**

**243.** PRAENOTANDA. **1⁰ Status quaestionis.** — Posito processiones fieri *per intellectum et per voluntatem*, cum uterque sit singulis personis communis et tamen non singulae generent aut emittant Spiritum Sanctum, quaestio oritur de quonam intellectu et voluntate haec dicta sint, *utrum de essentiali*, qui tribus communis est, *an de aliquo personali*, qui uni alterive personae proprium sit. Si de essentiali : cum unicus sit, cur in aliis foecundus in aliis non ? Num forte aliquid ei addendum, apud unam aut alteram personam, ut intellegatur foecundus seu *principium quo* immediatum ? — Si de personali seu notionali : — ergo non est unus tantummodo intellectus ; ergo illud *principium quo* inest uni personae et deest aliis, quae proinde quoad hoc sint illi inferiores ; ergo illud *principium quo*, quod non est ipsa relatio constituens, personam, est aliquid, in Trinitate, quod, etsi non est relatio, tamen non est commune sed personale.

Quaestio ceterum ponitur eadem tum de principio remoto seu natura, ut apud S. Thomam (q. 41, a. 5), tum de ipso actu seu operatione, secundum quam dicitur fieri processio. Cum Verbum generetur secundum quod Deus se intellegat et singulae personae unico actu se intellegant omnes, quaestio oritur cur non omnes, se intellegendo, concipiant seu « dicant » Verbum. *Hinc duae quaestiones in thesi : una de principio actus, altera de ipso actu.*

**244. 2⁰ Opiniones.** — Ut intellegantur, expedit jam adverti, quod postea statuetur, in singulis personis, posse ratione distingui : — id quod est tribus commune et dicitur essentiale seu *absolutum* — et id quod, singulis proprium, dicitur proprie personale seu *notionale*. Hoc autem ultimum haud aliud est ac ipsa relatio originis, qua constituitur persona, seu *principium quod* omnis operationis. Cum igitur quaeritur de *principio quo* generationis et spirationis immediato, quaestio est utrum, in persona generante aut spirante, praeter *principium quod* et intellectum atque voluntatem essentialem, seu *principium quo*

proximum, ratione etiam discerni possit aliquid proprie personale, proindeque relativum, quod habeatur tanquam *principium
quo* processionis immediatum.

**245.** Quaestioni porro sic positae duae opiniones respondent
affirmative, una negative.

1ᵃ **opinio** admittit *principium* (formale) *quo* immediatum
esse tantummodo relationem personalem, quae, etsi constituit
personam seu *principium quod,* haberi tamen possit tanquam
*principium quo* immediatum. Ita Durandus (*in* 1, *dist.* 7, q. 1),
cum paucis aliis.

2ᵃ **opinio** vult *principium quo* immediatum complecti simul et intellectum aut voluntatem essentialem et proprietatem
relativam seu personalem. In illo tamen complexu, alii volunt
principium dicere formalius proprietatem relativam : — ita S.
Bonaventura (*in* 1, *dist.* 7, q. 1), juxta editores, in scholio ad hunc
locum (*Opp.*, t. 1, p. 137-138). Quae opinio, exposita et impugnata
a Suarez (l. 1, cp. 7, nᵒ 4-8 et l. VI, cp. 5, nᵒ 4), propugnatur a
Wirceburgensibus (nᵒ 369 sqq.) ; — alii volunt utrumque elementum eodem jure ingredi principium formale : elemento enim
essentiali ratio detur cur procedenti communicentur essentialia;
elemento personali cur oriatur relatio personalis : ita Gregorius
a Valentia (*disp.* 2, q. 15, *punct.* 2), cujus sententiam Suarez
exponit et confutat l. VI, *cp.* 5, *nᵒ* 5, exploso illius fundamento
l. I, *cp.* 7, *nᵒ* 5-8.

**246. 3ᵃ opinio, quam exponit tueturque thesis**, negat
principium formale, qua tale, includere quidquam proprie relativum seu personale ; affirmat igitur illud dicere *formaliter et
in recto* aliquid, intellectum scilicet aut voluntatem, tantummodo essentiale, at *connotans seu dicens in obliquo* personalitatem, quae sit ipsi processioni praevia : intellectus scilicet aut
voluntas essentialis non possit haberi ut *principium quo* immediatum nisi in persona, quae possit apprehendi persona seu
habere intellectum prius origine quam facta sit processio de qua
agitur ; in aliis non possit haberi ut tale sine contradictione.
Intellectus enim, secundum quem fit generatio, intelligitur esse
in Patre priusquam generatio fiat, siquidem ea non intelligitur
fieri nisi quatenus Pater intelligit ; bene igitur, apud eum,

habetur ut *principium quo* generat. Idem vero non intellegitur
esse in Filio nisi consequenter ad generationem jam factam,
proindeque non potest, absque contradictione, haberi in illo tanquam principium quo suae ipsius generationis. Intellectus igitur
essentialis eatenus potest, in aliqua persona, haberi ut principium quo alicujus processionis quatenus potest intellegi esse in
ea prius origine quam ea processio facta sit : quod significant
verba theseos : « prout, in producente, connotat personalitatem
processioni praeviam ».

Ita, quoad rem, S. Thomas (q. 41, a. 5), ubi dicit « potentiam
generandi significare in recto naturam divinam, sed in obliquo relationem (corp.) ; «potentiam generandi, quantum ad essentiam quae
significatur, communem esse tribus personis; quantum autem ad
notionem quae connotatur, esse propiam personae Patrís » (ad 3ᵐ
et cf. q. 42, a. 6, ad 3 m ; idem ut videtur, etsi minus nitide,
docuerat *in* 1, *dist.* 7, q, 1, a 2).

Item Suarez : l. I, *cp.* 7, n° 9-12 ; l. IV, *cap.* 5, n° 6-10) et
alli communissime theologi.

Nec dissentit, quoad principium, Scotur (*in* I, *dist.* 7). Actum
tamen, secundum quem fit generatio aut spiratio, vult non esse
essentialem sed notionalem ab essentiali formaliter diversum.

**247.** Probatur. — **I. Directe, ex natura rei,** ad mentem
S. Thomae, I, q. 41, a. 5 et *Comp. theol.* cp. 63.

1° **Est aliquid essentiale et non personale,** nam illud est
*principium quo* agens agit aut producit, in quo productum similatur agenti seu producenti. Atqui id in quo Filius similatur
Patri est aliquid essentiale et nullatenus personale. Ergo *principium quo* fit generatio est aliquid essentiale et non personale.

« Forma Patris » ait S. Thomas, seu relatio paternitatis, « habet
se ad personam Patris ut forma individualis, in rebus creatis, constituit personem generantem, non est autem *quo* generans generat :
alioquin Socrates generaret Socratem. Unde neque paternitas potest
intellegi ut *quo* Pater generat ;... alioquin Pater generaret Patrem.
Sed id *quo* Pater generet est natura divina — [audi, ubi agitur
de principio quo immediato : intellectus] — in qua sibi Filis assimilatur ».

**248.** 2° **Connotat tamen personalitatem processioni praeviam,** nam de ratione *principii quo* — etiam immediato — est
quod sit agentis, seu in aliquo agente : ideo praecise dicitur

*principium quo*, quia eo aliquis, aliquod *principium quod*, agit.
Atqui hoc est connotare personam agentem jam constitutam
prius origine quam actio ponatur ; secus enim non potest excogitari *principium quo*, siquidem ubi nondum est agens *quod*
agat, nondum etiam est *quo* agat. Ergo *principium quo* — intellectus essentialis — connotat personam, in qua est, personalitate dotatam prius origine quam processio fiat.

Et, re vera, intellectio seu operatio, secundum quam dicitur
fieri processio Filii, nequit excogitari nisi sit alicujus intellegentis;
quando apprehendo eam, praesertim si apprehendo eam ut influentem, necessario apprehendo aliquem qui ea agat, v. gr. intellegat. Eamdem vero bene possum apprehendere, non appre-
henso termino qui illa procedit, nam origine prius est agens et
*principium quo* agit et ipsa actio quam ipse terminus actionis.

**249. II. Indirecte, ex sufficientia istius opinionis** ad sol-
venda omnia quaesita. Recte explicat qui generatio aut spiratio non sit tribus personis communis, seu cur idem intellectus
aut voluntas sit, in certis personis, *principium quo* processionis
et hoc non sit in aliis : quia scilicet, in aliis personis, praesentia
intellectus aut voluntatis connotat earum personalitatem non
ut praeviam, sed, econtrario, ut consequentem ad ipsam processionem. Hinc, applicatione facta ad intellectum et ad Filium,
*in forma* :

Intellectus — aut intellectio — essentialis eatenus est principium *quo* generandi, quatenus connotat personam quidem jam
constitutam, sed actionem intellegendi et expressionem seu dic-
tionem Verbi nondum factam. Atqui intellectus — aut intellectio — essentialis haec duo non connotat nisi in Patre : in
Filio enim intellectus non connotat personam constitutam nisi
quatenus connotat intellectionem et expressionem Verbi jam
peractam. Ergo intellectus — aut intellectio — essentialis in
solo Patre est *principium quo* generandi.

Aliis verbis : Pater intellegitur habere intellectum ut *quo*
dicatur Verbum ; Filius econtra non intellegitur habere intellectum nisi *quia jam* intellectu Verbum dictum est. Filio enim non
communicatur intellectus essentialis nisi in signo originis posteriori elicitioni ipsius actus generativi, siquidem Filius non procedit secundum actum essentialem intellegendi nisi postquam
actus ille positus est : cum ipse sit terminus illius actus, non
potest et ipse illum ponere.

**250.** Hinc, si quaeratur : a) *cur Pater sit foecundus Filii* ;
b) *cur solus Pater* ; c) *cur Pater et Filius foecundi Spiritus et
Spiritus nullius*, respondetur : *ad a*) Pater, intellegendo dicit
Verbum, quia intellectus divinus est naturaliter foecundus
Verbi et Pater illum habet in eo signo in quo nondum editum
est Verbum ; *ad b*) solus Pater, quia ceterae personae eumdem
intellectum non habent nisi in eo signo in quo jam editum est
Verbum ; *ad c*) item simili ratione Filius habet voluntatem
foecundam Spiritus Sancti, sicut et Pater, non autem Spiritus
Sanctus.

**251.** III. **Negative,** excludendo alias opiniones et solvendo
objectiones :

**1⁰ Aliae opiniones non possunt consistere nisi perversis
notionibus philosophicis et theologicis communiter admissis.**

A) Admittendo relationem, quae constituit personam seu
*principium quod*, esse etiam principium quo, tollunt distinctionem
ubique vigentem inter haec duo principia. Nec enim in relatione
potest distingui duplex ratio formalis, relationis scilicet, qua
constituentis personam, et relationis, qua constituentis *principium quo*, nam relatio, qua contradistincta ab essentia, est notio
simplicissima, et constituit personam praecise qua est formaliter relatio. Relatio praeterea, in sua ratione, non habet quidquam dicens operationem.

B) Admittendo *principium quo* personale, inducunt in divinis duplex operandi principium duplicemque operationem,
aliam scilicet ordinis essentialis, cujus natura et intellectus essentialis sint *principium quo* ; aliam ordinis personalis, cujus relatio sit principium. Jamvero duplex hujusmodi operatio est
quid traditioni theologicae inauditum, nec, ex dictis, ullatenus
requiritur ad solvendam quaestiooem.

**252.** 2⁰ **Objectiones contra** thesim oriuntur vel ex eo
quod, in ea, non servetur sufficiens distinctio principii producentis a termino producto, vel ex eo quod non detur ratio sufficiens cur Filius et Spiritus non generent et ipsi.

A) **Objectio ex distinctione necessaria inter principium
producens et terminum productum nititur** principio evi-

denti quod producens et productum realiter distinguantur;
exinde enim est quod, in generatione creata, etsi genitor et genitus sint similes quoad *principium quo* fit generatio, id est, quoad
naturam, tamen natura geniti distinguitur realiter a natura genitoris. In nostra thesi vero *principium quo* Pater generare dicitur invenitur idem numero apud Filium cui communicatur.

   **Sed objectio:** a) Si quid valet, valet etiam de *principio quo*
remoto, proindeque excludat naturam esse *qua* Pater generet,
siquidem eadem numerice est in genitore et in genito. — b) Immerito applicat *principio quo* id quod non est absolute verum nisi
de *principio quod* producit et de *termino qui* producitur. Repugnat sane eum qui producit, seu formaliter generantem, non
distingui realiter ab eo qui producitur, seu a generato formaliter.
At non eadem repugnantia est, ubi agitur tantummodo de principio productionis formali : etiam in creatis, id *quo* generatio
fit invenitur idem, specifice scilicet, apud generatum ; quod
igitur valet absolute de generante et de genito non valet pariter
de *principio quo* generationis. Verum est, in creatis, istud principium, etsi specifice idem, aliud numerice esse in generante ac
in genito ; at hoc est praeter rationem productionis aut generationis qua talis, et potest esse proprium generationum in
creatis. Ibi enim, quidquid filius habet a patre, hoc habet per
productionem proprie dictam ideoque non potest non esse realiter distinctum ; at, in Deo, fide novimus quidquid a Patre in
Filio habetur, hoc ibi haberi sine productione vera, per meram
communicationem. Haud mirum igitur hic non inveniri distinctionem quae alibi datur. Mysterium sane hoc est, sed non aliud
ac mysterium fundamentale unius essentiae per generationem
communicatae Filio secundum identitatem : quod in nulla sententia intellegi potest. Sed satis est dari, etiam in creatis, identitatem specificam *principii quo* generationis apud generantem
et genitum, ut possimus apprehendere dari, apud Deum, generationem quae implicet illius principii identitatem numericam.

   c) *Nec dicatur* : etiam *principium quo* influit in terminum ;
ergo etiam hoc debet distingui ab illo ; nam, etiam influxus
alius est in generationibus creatis ac in generatione divina : ibi
enim influitur ut producatur in termino aliquid absoluti simile
*principio quo* generationis ; hic autem influxus, si quis dici possit, non est ad producendum quidquam in termino sed ad com-
municandum termino pure relativo quidquid est in influente.

Ex modo igitur quo fit generatio in divinis sequitur identitas *principii quo.*

**253.** B) **Objectio, ducta ex insufficiente explicatione cur Filius non generet,** proponitur et solvitur apud Suarez, l. VI, cp. 5, n⁰ 9. Ex nostra thesi sequitur potentiam generandi « quantum ad id quod habet rationem principii, esse in omnibus personis ; unde consequenter dicendum est, in aliquibus, esse quasi impeditam ne possit exire in actum. Hoc autem videtur absurdum, quia naturalis potentia non potest impediri nisi vel ab extrinseco vel praeternaturaliter ; neutrum autem potest tribui Deo ».

« Respondetur, concedendo sequelam ; immo id putamus necessarium, ut, in omni genere potentiae, sit aequalitas in divinis personis. Ad objectionem autem respondeo tamen potentiam non esse proprie impeditam in aliqua persona, si impedimentum privative sumatur. Negative autem verum est non haberi in quacumque persona conditionem necessariam [id est, non in quacumque intellectus connotat eam conditionem quae requiritur ut sit *principium quo* immediatum processionis]. Quod non est inconveniens, quia non est praeternaturale, nec ex impedimento extrinseco, sed ex intrinseca conditione et maxime connaturali divinae naturae. Nam ex se postulat hunc ordinem existendi in pluribus personis, mediante origine, et ideo, in una, postulat conditionem necessariam ut producat ipsa persona et ipsa natura sit principium producendi, in alia vero postulat conditionem oppositam», id est, quod in illa non sit nisi consequenter ad productionem jam factam.

254. Corollaria. 1' De actu formali, secundum quem fit processio.    Ut asscritur in thesi, est ipsa intellectio aut volitio essentialis seu communis, sed prout connotat, in aliqua persona, personalitatem praeviam ipsi processioni. Rationes sunt eaedem ac pro principio formali. Actus intellegendi ideo, apud Patrem, generativus est quia, apud illum, est prius origine quam generatio facta est ; quia vero, apud Filium, non potest concipi adesse nisi consequenter ad generationem jam factam, ideo, apud eum, non potest esse generativus. Cf. Suarez : l. I, cp. 6 et 7, praes. n' 7-12 ; S. Thomas : *pot.* ,q. 2, a. 5, in fine.

255. 2' De termino formali generationis. — Terminus formalis productionis correspondet ,in producto, principio formali productionis, quod est in producente. Sicut igitur principium formale est id producentis *quo* formaliter influit, pariter terminus formalis est id

termini quod, in ǝo, formaliter influitur seu a producente in eo emanat.
Sic, v. gr., in statua, terminus formalis actionis sculptoris est statuae
forma seu figura ; item, in generatione animalis, ipsa anima, nam
animal generatur quatenus producitur anima in materia, quam ani-
met. Hinc, terminus formalis dici possit id quod agens et effectus, generans et genitus, sculptor et statua, habent commune seu in quo
assimilantur.

Apud Deum proinde, terminus formalis generationis dici deberet
ipsa essentia, nam ipsa est quae a generante in genito est, seu in qua
genitus et genitor assimilantur. Sed obstat quod, apud Deum, non
est ulla productio proprie dicta et essentia est a generante in generato
per meram communicationem seu per identitatem. Hoc enim posito,
si essentia divina dicatur, apud Filium, terminus formalis generationis, cum eadem sit, apud Patrem, ejusdem generationis principium
formale, jam nulla manere videtur termini a principio distinctio :
quod repugnat. Propterea, sicut principium formale dictum est non
essentia simpliciter sed essentia qua communicabilis, seu qua connotans personam a qua possit communicari, ita **terminus formalis dici
debet non essentia simpliciter sed essentia qua communicata seu qua
connotans personam cui sit communicata.**

Hinc apparet quo sensu possit et quo non possit dici essentiam,
in Patre, generare, in Filio, generari ; essentiam Filii esse *de* aut *ex*
essentia Patris ; Filium esse essentiam de essentia, substantiam de
substantia, Sapientiam de Sapientia, vel Patris Sapientiam.

Sensus non est : A) essentiam esse *quae* generet aut generetur,
ut voluit abbas Joachim et damnavit concilium Lateranense IV
(D-B. 432 ; C. 601) ; — B) essentiam Patris esse vel ex parte vel ex
toto communicatam Filio, ita ut, apud eum, vel nullatenus vel non
integra permaneat, quod excludit idem concilium ; — C) essentiam
esse tum Patrem, qui generat, tum Filium, qui generatur : quod sane
verum est et exponitur a S. Thoma (q. 39, a. 5 c et ad 5⁰⁰⁰) post idem
concilium ; at non est sensus formularum hujusmodi apud Patres ;
Patres enim, in eis, intellegunt essentiam qua contradistinctam ratione a personis, in quibus illam considerant et affirmant, esse eamdem.

Sensus est essentiam Filii esse quidem eamdem numerice quae
Patris, esse proinde ipsam ipsius Patris essentiam, at, in Filio, esse vi
communicationis seu generationis : quod significant voces « generare », « generari », « de », « ex », sicut cum Filius dicitur esse « Deus de
Deo », « lumen de lumine » (Cf. D-B. 296 coll. cum 295 ; C. 584, 583).
Formulae igitur hujusmodi aptissimae erant, quae exprimerent Filii
cum Patre identitatem substantialem ; at, ubi non jam illa cura mentibus inerat, ansam facile praebuerunt et natae erant praebere falsis
opinionibus [12].

---

[12] De quo cf. plura apud Petavium : *De Trinit.* l. VI. cp. 10-12 ; de Régnon :

ARTICULUS III

## DE DUARUM PROCESSIONUM DISCRIMINE

De hac re, cum profundissime lateat, sedulo distinguenda est fidei doctrina ab ejus explicatione scholastica. Quod fit in thesi sequenti.

**THESIS XII. — Doctrina fidei est et fuit semper in Ecclesia catholica Verbi, non autem Spiritus Sancti, processionem esse veram generationem ; hujus autem discriminis ratio videtur aptissima quod Verbum, cum procedat secundum operationem intellectivam, eo ipso procedat in similitudinem naturae (q. 27, a. 4 et cf. 2-3).**

**256.** PARS PRIMA est evidens. — 1º **Eam esse jamdiu fidem explicitam Ecclesiae** catholicae constat per symbola fidei, in quibus explicite dicitur a) Filium esse genitum, et quidem unigenitum, per Nicaenum, v. gr. et per pseudo-Athanasium (D-B. 54 ; 86 ; 39) ; b) Spiritum non esse genitum : cf. v. gr. pseudo-Athanasian. et Toletanum (D-B. 39 ; 19 ; 277).

2º **Eamdem fuisse ab initio fidem constat.**

A) *Scriptura*, quae vocat Christum « Filium Dei proprium » (*Rom.* 8. 32), verum » (1 *Jo.* 5. 20), « in sinu Patris » (*Jo.* 1. 18), « unigenitum » (*Jo.* 1. 18 ; 3. 16 ; 1 *Jo.* 4. 9) ; cujus filiatio, ut vera et naturalis, opponitur filiationi per adoptionem, qualis est nostra (*Gal.* 4. 4-5) vel angelorum (*Hebr.* 1. 5).

B) *Traditione*, quatenus scriptores ecclesiastici et Patres Filio vindicarunt **semper filiationem aut generationem adeo proprie dictam ut exinde statuerent illius divinitatem seu cum Patre consubstantialitatem.**

---

*op. cit.*, II, p. 252-266 et III, p. 552-557. — Formulas hujusmodi Conventuales franciscani, in concilio Viennensi, denunciabant apud J. F. Olivi (cf. EHRLE in *Archiv für Litt. u. Kircheng.*, t. II (1886), p. 369. Explicatae sunt a Spiritualibus (*ibid.* p. 392-93) nec, in constitutione CLEMENTIS V contra alias ejusdem Olivi opiniones, quidquam de eis agitur.

**257.** a) *Antenicaeni* adeo per fidem tenebant Verbum esse
vera generatione vere Filium ut exinde distingueretur ab entibus
mere creatis (cf., v. gr., S. Dionys. Rom., apud D-B. 49 ; C.
514) ; toti propterea erant in exponenda differentia illius ab
humana generatione ; qua in expositione admiscebant suas proprias de verbi emanatione aut prolatione, at firmum habebant
illum esse a Patre naturali generatione. Cf., v. gr., S. Justinum
(*Dial.* 128) ; Athenagoram (*Leg.* 10 et 18) ; Theophilum (*ad Autol.*
2. 10) ; Tertull. (*adv. Prax.* 7).

b) *Nicaenorum contra Arianos argumentatio* de Verbi natura
divina nitebatur imprimis, ut supra dictum est, filiatione, quae
non esset, ut volebant adversarii, per adoptionem sed per generationem naturalem. Fatebantur quidem eam generationem cujusmodi sit et quomodo fiat, omnino nos latere ; at omnino pro-
fitebantur et extra quaestionem asserebant Deo vere inesse
eam perfectionem, vi cujus dici possit vere pater vereque verum
generare filium. Sic, v. gr., S. Cyrillus Alexandrinus, ad eos
qui Filium proprie dictum negabant quia, aiebant, sine eo Deus
jam est perfectus.

« Perfectus quidem est Pater in sua majestate, ... perfectus autem
est non eo tantum nomine quod Deus, verum etiam quod pater. Nam,
si Deo ademeris patrem esse, foecunditatem e divina natura sustuleris,
ita ut perfectus nequaquam sit, cum generandi facultate careat. Documentum itaque perfectionis est foecunditas, et signum, quod Patrem
esse perfectum ostendit, est Filius, qui ex ipso ab aeterno processit ...
Naturalis itaque est Patri foecunditas, atque ideo perfectus est quod
genuit nullius boni indigus » [13].

Filiationem vero et generationem illam adeo intellegebant
sensu proprio realem ut exinde concluderent absolute Filii divinitatem et cum suo Patre consubstantialitatem [14] : secus, aiebant, Filius non esset vere filius. Sic S. Hilarius de haereticis,
qui vocum « Pater » et « Filius » vim et significationem adeo pervertunt ut nolint eamdem esse utriusque naturam.

« Cum Patris nomen auditur, numquid natura Filii non continetur in nomine ? ... Sed homines mente perversi omnia confundunt et
implicant, et usque ad naturae demutationem sensus, ut quod pater

---

[13] *Thes. assert.* 5 (PG 75. 64 C-D). — Cf. Damascenum : *de Fide*, 1. 8 (PG 94·
812).
[14] Cf., v. gr. Athanasium : *De decr. nic. syn.* 6 ; 10 ; 19-20 (PG 25. 434 B-C ;
439 ; 456 sqq.). Cf. de Régnon : *op. cit.* III, p. 269 sqq.

est Patri adimant dum volunt Filio auferre quod filius est ... Neque
enim filius est, cui alia ac dissimilis erit a patre substantia. Pater
autem quomodo erit, si non quod in se substantiae atque naturae est
genuerit in Filio ?» (*Trinit.* II. 3 et cf. VII. 14-15 ; XI. 11 ; PL 10.
52 ; 210-211 ; 406 C).

**258.** c) **Nec minori firmitate Patres negabant Spiritum
procedere per generationem.** Tenebant enim, cum Scriptura,
Filium esse unigenitum. Sic, v. gr., S. BASILIUS contra Eunomium arguentem quod Spiritus, si creatura non sit, ergo sit
filius :

« Nemo sic prorsus demens est, ut alium praeter Deum universorum audeat ingenitum appellare, at neque Filium, siquidem unus
est unigenitus» (*adv. Eunom.* III. 6 ; PG 29. 665 D-668 C).

Nec minus vivide S. ATHANASIUS.

« Quemadmodum Patris patrem dicere non possumus, ita nec
Filii fratrem ... Nec ullus ... est alius Filius ; unigenitus est» (*ad Serap.*
1. 16 coll. cum 15 ; PG 26. 567 C).

**259.** C) *Ratione,* quae, in processione Verbi, qualem docet
fides, agnoscit **verificari quam perfectissime notionem generationis tum vulgarem tum scientificam :**
a) *Vulgarem,* qualem dat Damascenus, « ut ex gignentis
substantia proles ejusdem cum gignente substantiae producatur» (*de Fide,* 1. 8 ; PG 94. 812 C).
b) *Scientificam,* qualem, post Aristotelem, struxerunt scholastici : « origo viventis a vivente principio conjuncto in similitudinem specifice naturae»[15].

Hic enim, ex una parte, procedens habet cum suo principio similitudinem naturae perfectissimam, — per identitatem
scilicet ; — ex alia vero parte, etsi distinguitur ab illo ut ab
eo originem habens, tamen suum principium habet adeo sibi
conjunctum ut ab eo nullatenus sejungatur sed cum eo, seclusa
sua originali relatione, quoad omnia identificetur. Origo praeterea hujusmodi est ut illa generatio nullam ferat evolutionm, sed
terminum habeat ab aeterno in actu perfectum.

Hinc intellegitur quanto jure Patres professi sint divinam

---

[15] Quam definitionem videas explicatam et applicatam Verbo, inter alios, apud
C. G. IV. 11 ; *in* 3, *dist.* 8, q. 1, a. 1.

generationem praecellere prae omni alia [16], et S. Thomas docuerit

« nomen generationis et paternitatis, sicut et alia nomina quae proprie dicuntur in divinis, per prius dici de Deo quam de creaturis ... Manifestum est enim quod generatio accipit speciem a termino, qui est forma generati. Et, quanto hic fuerit propinquior formae generantis, tanto verior et perfectior est generatio ... » (I, q. 33, a. 2, ad 4m).

Nec **minus excludit ratio Spiritus Sancti processionem esse generationem,** nam, ut supra dictum est, excludit dari apud Deum sive duplicem processionem ejusdem rationis sive ejusdem processionis duplicem terminum : nulla daretur enim ratio qua unus ab altero distingueretur.

**260.** Pars secunda quaestionem tangit, quae oritur ex ipsa praemissa generationis definitione. Cum Spiritus Sanctus, haud minus quam Filius, sit principio suo consubstantialis seu ab illo sibi conjunctissimo originem habens in similitudinem naturae, videretur et ipse dicendus generatus : quod tamen, ut dictum est, omnino excluditur. Hinc igitur quaestio : cur, non obstante similitudine naturae in termino, illa processio non est generatio?

Patres aiunt rationem esse ignotam nec temerario conatu investigandam [17]. Ipsi tamen et, post eos, theologi humili pietate intellectum in fide quaerentes nonnullas conati sunt indicare rationes, quarum praecipuas hic recensere ac judicare est.

**261.** 1o *Rationes insufficientes.* — A) quia Spiritus procedit a duobus ; filius autem nullus habet duos patres. Sic, v. gr., S. Augustinus (*De Trinit.* XV. 27, 48). Quod sane verum est ; attamen, sic non datur ratio cur procedens a duobus, praesertim

---

[16] « Patrem vere patrem, ac multo quidem verius quam qui, apud nos, id nomen obtinent, tum quia proprio et singulari modo pater est, non autem sicut corpora ; tum quia solus, non enim ex conjunctione ; tum quia solius, nempe Unigeniti ; tum quia solummodo, nec enim ipse, priusquam pater esset, filius fuit ; tum quia in totum et totius pater, quod de nobis affirmari nequit ; tum quia ab initio, nec enim posterius pater esse coepit. Filium vere filium, quod et solus sit, et solius et singulari modo et solummodo, etc. » (Gregorius Naz. : *Or.* 25, *in laudem Heronis*, 16 ; PG 35. 1221 B-C ; cf.Gregor. Nyss. : *cont. Eunom.* 1 ; PG 45. 444 ; Cyrill. Alex. : *thes. assert.* 6 ; PG 75. 67 ; Augustinus : *cont. Max. arian. ep.* II, 2 ; PL 42. 771). — Alia apud Petavium : *l.* V, cp. 6-9 ; de Régnon, III, p. 271-274 ; 424-29.

[17] Sic, v. gr. Augustinus : *cont. Max. ar. ep.* II. 14, 1 (PL 42. 770) ; Damascenus: *de fide*, 1. 8 (PG 94. 823 A). — Cf. Petavium : *l.* V, cp. 6 ; Bossuet : *Elév. sur les myst.*, 2e sem., 5e élév. 1.

cum, ut videbimus, sit ab eis tanquam ab uno principio, non sit
filius.

B) Quia procedit a Patre per Filium, proindeque essentialiter
praesupponit generationem aliquam praeviam, quod est extra
communem rationem generationis. Sic aliquatenus S. Basilius
(*epist.* 38. 4) et S. Gregorius Nyssenus (*quod non sint tres dii* ;
PG 45. 134 C). Quod etiam verum est ; at haud magis quam prima ratio explicat cur procedens post praeviam generationem
non sit filius ...

C) Quia Spiritus Sanctus ita procedit ut non recipiat, sicut
Filius, foecunditatem naturalem quam omnis filius habet a
patre suo : a Spiritu enim nullus procedit. — Ita Richardus a
S. Victore (*de Trinit.* VI. 11 et 18-20), quem sequitur S. Bonaventura, ubi ait Spiritum non posse, sicut Filius, dici imaginem,
quia, etsi, sicut et Filius, est expressio Patris, tamen non est illius expressio « *in summo* » seu secundum omnem rationem : non
enim « exprimit » Patrem quatenus est principium personae
procedentis (*in* 1, *dist.* 31, p. 2, a. 1, q. 2) ; item Halensis. Et
hac omnia sane vera sunt ; sed non faciunt ad quaestionem
solvendam, nam nec ipse Filius ita est imago Patris ut illius
in se habeat actum generandi ; praeterea diversitas notata inter
Filium et Spiritum potest esse consequentia modi procedendi, at,
se ipsa, hunc modum non specificat.

**262.** 2º *Ratio sufficiens et ultima.* — Quia Spiritus, cum procedat non secundum intellectum sed secundum voluntatem,
non procedit in similitudinem naturae **vi ipsius modi procedendi.** Naturae scilicet similitudo, quam ad suum principium
habet, oritur ex natura illius principii, — a quo non potest quidquam procedere ad intra quin sit ejusdem naturae, — non autem proprie et formaliter ex ipso modo quo procedit : quod tamen requiritur ut agnosci possit generatio proprie dicta, et
verificatur de modo procedendi Filii.

« Ad cujus evidentiam sciendum est quod haec est differentia
inter intellectum et voluntatem, quod intellectus sit in actu per hoc
quod res intellecta est in intellectu secundum suam similitudinem ;
voluntas autem fit actu, non per hoc quod aliqua similitudo voliti
sit in voluntate sed ex hoc quod voluntas habet quamdam inclinationem in rem volitam. Processio igitur, quae attenditur secundum rationem intellectus, est secundum rationem similitudinis et in tantum

potest habere rationem generationis, nam omne generans generat simile sibi. Processio autem, quae attenditur secundum rationem voluntatis, non consideratur secundum rationem similitudinis ... et ideo quod procedit in divinis per modum amoris non procedit tu genitum » (q. 27, a. 4).

Haec porro solutio ideo probabilior censetur quia : 1º nititur, tanquam solido fundamento, in ipsa diversitate principii formalis proximi utriusque processionis ; 2º repetit diversitatem secundae processionis, non, sicut praemissae solutiones, ex diversitate illius termini, sed ex ipso modo diverso secundum quem fit proindeque in seipsa specificatur ; 3º rationem dat veram et ultimam diversitatum quas invocabant aliae solutiones. Ideo enim quia procedit secundum voluntatem, Spiritus Sanctus procedit a duobus seu a Patre per Filium, praesupponit processionem per intellectum seu generationem, jam non potest esse principium ullius processionis.

CAPUT SECUNDUM

## DE RELATIONIBUS

**263.** A processionibus gressus fit ad relationes, quia, secundum intellegendi modum, relationes a processionibus oriuntur : relationes scilicet ideo intelleguntur adesse in divinis quia personarum datur in divinis processio. Hinc est cur relationes distinguantur a processionibus tanquam consequens ab antecedente ; sed illa distinctio non est nisi rationis et quidem ratiocinantis seu secundum modum significandi, nam, in re, processiones divinae, ut dictum est, non sunt ipsae nisi relationes reales (*De pot.*, q. 10, a. 3 ; 1, q. 41, a. 1, ad 2$^m$).

Quadruplici porro capite agetur de relationibus in divinis : 1º existentia ; 2º distinctio ab essentia ; 3º qualitas ; 4º numerus.

## Articulus I

## *DE EXISTENTIA RELATIONUM IN DIVINIS*

**THESIS XIII. — In Deo, dantur realiter verae relationes originis, quae subsistentes sunt seu substantiales.**

**264.** Sensus et nota theseos. — 1º Relationes originis *dari* in Deo reales, quoad rem, *pertinet ad fidem,* nam ea est mera expressio rei, quam fides docet, dari scilicet in Deo alium et alios a quibus sint origines, alios qui ab alio et ab aliis habeant originem. — 2º Illas relationes *esse subsistentes* seu substantiales et non accidentales, est *theologice certum,* ut necessario connexum cum praemisso dogmate : repugnat enim dari in Deo quidquam accidentale.

**265.** Probatur. — 1º **Scriptura et traditione** asserente, ut jam dictum est, dari in Deo veram et realem paternitatem, veram et realem filiationem, veram et realem Spiritus Sancti a Patre Filioque processionem. Nec, re vera, Pater proprie et realiter esset nisi daretur realiter proprie dicta paternitas, filiatio, etc. Personae scilicet divinae, quas revelatio docet esse realiter tres, cum non distinguantur substantia, nullatenus essent distinctae, si non distinguerentur realiter saltem relationibus. Quod traditio enunciat dicendo, cum concilio Toletano IIº : « In relatione personarum numerus cernitur ... In hoc solo numerum insinuant quod ad invicem sunt » (D-B. 280 ; C. 578).

Dices : Deus est realiter creator et Dominus quin relationem realem habeat ad creaturam ; cur non possit pariter esse vere pater quin relationem realem habeat ad Filium ? — Respondeo : Quia disparitas est maxima, et quidem ex duplici capite, nam inter creatorem et creaturam : A) relatio, ex parte Dei, non potest esse realis, quia Deus non est in eodem ordine quo creatura ; B) etsi relatio non est realis ex parte Dei, manet tamen reale fundamentum cur Deus dicatur vere et realiter creator atque realiter a creatura distinctus, siquidem manet creaturam esse a Deo reali productione productam. — Inter Patrem et Filium econtra : A) relatio potest esse realis, quia uterque est in eodem ordine ; B) deficiente ex parte Patris reali paternitate, jam non est cur Filius dicatur ab eo realiter genitus nec proinde ab illo realiter distinctus.

**266.** 2º **Ratione, ostendendo, negative,** — quod solum ratio, in hac re, potest, — **relationes,** si quas revelatione constat in Deo dari, **non posse esse nisi substantiales proindeque non officere Dei simplicitati aut perfectioni infinitae.**

*Primum* vero evidens est : secus, daretur in Deo aliquid accidentale, nec Deus proinde esset actus purus. Ita clare S. Augustinus.

« In Deo nihil quidem secundum accidens dicitur, quia nihil in eo mutabile est ; nec tamen omne quod dicitur, secundum substantiam dicitur. Dicitur enim ad aliquid, sicut Pater ad Filium et Filius ad Patrem, quod non est accidens, quia et ille semper Pater et ille semper Filius ... Quamobrem, quamvis diversum sit Patrem esse et Filium esse, non est tamen diversa substantia, quia hoc non secundum substantiam dicuntur sed secundum relativum ; quod tamen non est accidens, quia non est mutabile » (*De Trinit.* V. 5, 6).

*Secundum* vero, seu relationes substantiales manere veras et proprie dictas relationes, probatur considerando quid sit : 1º relatio in genere ; 2º relatio realis ; 3º relatio substantialis.

**267.** 1º **Relatio in genere** contradistinguitur ab absoluto. Absolutum vero concipitur ut in seipso, seu solutum ab omni alio ad quod religetur vel concipiatur religari ulla habitudine seu respectu. Sic : homo, substantia. Relativum, econtra, dicitur quod concipitur ut ad aliud religatum seu relatum aliqua habitudine. Sic : causa, effectus, pater, filius. Relatio igitur est habitudo seu respectus ille, quo aliquid ad aliud religatur vel concipitur religatum. De se igitur dicit simpliciter ac tantum *ad aliquid*. Qua talis igitur praescindit ab hoc quod sit in re aut secundum rationem tantum : quo differt ab aliis omnibus generibus seu praedicamentis entis :

« Solum in his quae dicuntur *ad aliquid*, inveniuntur aliqua secundum rationem tantum et non secundum rem. Alia [enim] genera, ut qualitas aut quantitas, secundum propriam rationem, significant aliquid alicui inhaerens — [quantitas scilicet, hoc ipso quod est quantitas, ponit aliquid in re et similiter qualitas] — ; ea vero quae dicuntur *ad aliquid*, significant, secundum propriam rationem, solum respectum ad aliud » (q. 28, a. 1).

Hinc est cur relationis ratio plene verificari possit etiam ubi nihil ponitur in re de qua dicitur.

Relatio scilicet potest esse rationis tantum aut realis : *rationis* tantum, « quando respectus significatus per ea quae dicuntur *ad aliquid* est tantum in ipsa apprehensione rationis conferentis unum alteri, sicut cum ratio comparat hominem animali ut speciem ad genus »; *realis*, quando « ille respectus est in ipsa rerum natura », seu, v. gr., « quando aliquae res, secundum suam naturam, ad invicem ordinatae sunt et ad invicem inclinationem habent » (*ibid.*).

Omnis igitur relatio supponit necessario tria : subjectum, de quo seu cujus esse dicitur ; terminum, ad quem respectus esse dicitur ; fundamentum, seu aliquid vi cujus respectus hujusmodi adesse dicatur. Duo prima praeterea debent ab invicem saltem ratione distingui ; secus enim unius ad alterum ne rationis quidem relatio concipi possit. Fundamentum econtra non requiritur concipi distinctum ab alterutro : sic, v. gr., homo distinguitur ab animali tanquam species a genere ratione sui ipsius et non ratione cujusquam, quod concipiatur ab homine distinctum. Hinc habes relationem qua talem praescindere ab hoc quod fundamentum illius sit ullatenus a subjecto distinctum. Qua talis enim relatio non ponit quidquam in subjecto, sed illi quasi assidet, seu illud quasi contingit ut referat seu faciat tendere in alterum (q. 28, a. 2).

**268.** 2º **Relatio realis,** ex dictis, est ea quae datur in re seu independenter a mentis consideratione aut comparatione subjecti. Requirit propterea : A) Subjectum et terminum esse tum realia tum ab invicem realiter distincta. — B) Fundamentum ipsum esse reale seu dari in re independenter a consideratione mentis.

In ea porro distingui potest ac debet duplex ratio : a) *ratio relationis* qua talis, respectus scilicet ipse seu ipsum *esse ad* ; b) *ratio realitatis*, seu id vi cujus est in rerum natura, quod vocatur illius *esse in*. Quae duo, etsi consideratione mentis distinguuntur, tamen utrumque est de ratione ipsius relationis realis ; sunt etenim duae notae inadaequatae unius rei simplicis, quae simul dicit *esse ad* et *esse in*.

« *Esse in* » porro non competit relationibus creatis, quae passim occurrunt, nisi quatenus inhaeret alicui subjecto per modum alicujus accidentis : sic, v. gr., filiatio, aequalitas, actio, passio, etc. Relatio propterea dicitur subjecto inhaerere quatenus non tantum illi quasi assidet ut illud ad alterum referat, sed in illo habet esse accidentale. Aliis verbis, relatio realis, apud creaturas, est de genere accidentium. Sed quaeri potest num *esse in*

hujusmodi sit de ratione relationis realis qua talis, ita ut ne
concipi quidem possit relatio realis, quae non sit accidentalis.

Ad hoc porro « considerandum est quod, in quolibet novem generum accidentis, est duo considerare. Quorum unum est esse quod
competit unicuique ipsorum secundum quod est accidens : et hoc communiter in omnibus est *inesse* subjecto ; accidentis enim est inesse.
Aliud quod potest considerari in unoquoque est propria ratio uniuscujusque illorum generum. Et, in aliis quidem generibus a relatione,
utpote quantitate et qualitate, etiam propria ratio generis accipitur
secundum comparationem ad subjectum, nam quantitas dicitur mensura substantiae, qualitas vero dispositio substantiae. Sed ratio propria relationis non accipitur secundum comparationem ad illud in
quo est, sed secundum comparationem ad aliquid ad extra» (*ibid.*).

Relatio realis igitur non dicit inhaesionem subjecto accidentalem praecise qua est relatio realis ; qua talis econtra praescindit ab hoc quod ejus *esse in* vel substantiae inhaereat vel cum
ea identificetur. **Accidentalitas proinde non est de ratione
relationis realis.**

Jam igitur, si revelatione constet dari in Deo relationem
realem, non eo ipso infertur dari in eo aliquid accidentale : relatio enim potest esse vera et realis et tamen substantialis.

**269.** 3⁰ **Relatio substantialis** jam intellegitur esse, cujus
*esse in* non accidit aut inhaeret substantiae sed est ipsum esse
substantiae : id scilicet, quo, seu vi cujus, subjectum refertur,
non est aliquid praeter illud sed est illud ipsum, quod, se ipso,
sicut *est in* se, ita etiam *est ad* aliud. Relatio propterea substantialis dicitur esse simul *quod* et *quo* refertur. Cujus rei exemplum,
ut multi saltem putant, invenire est in omni substantia creata :
ea enim, cum secundum se totam sit a Deo, se tota relationem
habet ad Deum ut ad suam causam. Relatio porro hujusmodi,
cum fundetur totali illa ipsius substantiae dependentia, non videtur qui dici possit accidentalis.

Quidquid sit tamen de illo exemplo, patet relationem substantialem non implicare de se realem sui cum subjecto compositionem. Ex hoc igitur capite, non est cur dicatur in Deo repugnare.

**270.** *Sed difficultas aut mysterium est in assignando illius*
**fundamento.** Fundamentum enim reale esse debet, cum relatio

supponatur realis, et tamen, cum non sit quaerendum extra
substantiam ipsam, non apparet *qui* substantia ipsa, quae absolutum quid est, possit fundare relationem. — Respondetur
fundamentum illud esse realem, quae datur in Deo, generationem et processionem : quod jam diximus esse relationum fundamentum logicum, quatenus exinde ducimur ad eas agnoscendas.
Nunc autem additur esse fundamentum ontologicum et reale,
etsi non distinctum realiter ab ipsa relatione aut ab ejus subjecto. Ratio est quia hujusmodi indistinctio non officit ipsi rea-
litati, ut patet per generationem et per operationes divinas in
genere, quae, etsi non distinguuntur realiter a divina substantia, tamen sunt vere et proprie reales. Fundamentum proinde
relationum potest pariter esse reale, etsi ab eis non distinctum.

    Difficultas quidem hic apparet major, nam relationes ita
fundatae in operatione, quae realiter identica est cum substantia simplicissima et absolutissima, sunt ab invicem distinctae
realiter. Ea immo tanta est ut mens humana, si sibi soli relin-
queretur, nec suspicata fuisset nec admitteret dari in Deo relationes hujusmodi ; sed, posito eas revelatione doceri, ratio ipsa
agnoscit eas non posse dici destitutas omni fundamento reali,
propterea quod fundamentum non possit assignari ab eis realiter
distinctum. Exinde enim non oriretur contradictio evidens nisi
quatenus inter relationes distinctas sic fundatas et substantiam,
quacum identificatur earum fundamentum, negaretur omnimoda
distinctio ; haec autem, ut constabit per thesim sequentem, non
negatur. Ergo, non ex defectu fundamenti realis possunt dici
repugnare, in Deo, relationes reales substantiales.


    **271.** Dices : Attamen repugnat simpliciter dari in Deo relatio-
nes, nam hoc induceret in eo *anterioritates et limitationes*. Relatio enim
praesupponit extrema : paternitas, v. gr., praesupponit patrem et
filium ; excludit praeterea a subjecto perfectionem relationis oppositae : paternitas, v. gr., excludit a Patre filiationem et vicissim.
    Respondeo hoc verum esse de relationibus accidentalibus, quia
superveniunt subjecto et realitatem seu perfectionem habent aliunde
ac a realitate seu perfectione subjecti. Ubi vero, ut supponitur apud
Deum, *esse in* relationis identificatur cum ipso esse subjecti, relatio
jam non supervenit nec proinde subjectum praesupponit (I, q. 40,
a. 2, ad 4m). — Quoad exclusionem autem mutuam, considerandum
est eam non dari nisi secundum *esse ad* formaliter : paternitas, v.
gr., non excludit filiationem nisi secundum quod ad invicem oppo-

nuntur ; non opponuntur autem nisi secundum *esse ad*, quod dicunt formaliter. Exinde quidem sequeretur excludi etiam aliquam realitatem, si utrumque *esse ad* haberet realitatem ex *esse in* distincto. At, in Deo, utrumque reale est ex eodem *esse in*, siquidem et paternitas apud Patrem et filiatio apud Filium est relatio substantialis, cujus *esse in* proinde identificatur cum ipso esse unius ejusdemque substantiae divinae [1]. Difficultas igitur non manet, etiam hic, nisi de concipienda substantia simplicissima et absolutissima, quae tamen fundet relationes et quidem plures atque ad invicem oppositas. Hinc articuli sequentes.

## Articulus II

## DE RELATIONIBUS ET ESSENTIA DIVINA : UTRUM ET QUOMODO DISTINGUANTUR

**272.** Status quaestionis. — Quaestio ea est in qua vertitur totum mysterium SS. Trinitatis. Patet enim, cum in Deo sit unica essentia, plures vero relationes, aliquam essentiae et relationum agnoscendam esse distinctionem. Haec autem patet non posse agnosci realis quin inducatur aliqua compositio realis. Sin autem rationis tantummodo, manet inquirendum quousquae pertingat et quomodo sufficiat tollere sive, in ipso Deo, omnem compositionem, sive, in mente nostra, omnem speciem contradictionis. Quod ut intellegatur, recolendae sunt variae species distinctionum.

1º **Distinctio in genere distinguitur :** A) *realis* = quae datur in re, independenter ab omni operatione mentis, ita ut unum sit praeter aliud, nec duo proinde adunentur nisi cum reali aliqua compositione, qualis est saltem potentiae et actus, materiae et formae, substantiae et accidentis.

B) *Rationis* seu virtualis est distinctio inducta ab ipsa mente, quae in una eademque re apprehendat seorsim plures formalitates : sic, in uno eodemque homine, distingui potest animal,

---

[1] Unde, in forma : 1º Quoad anterioritatem : Relatio accidentalis praesupponit extrema, *concedo* ; substantialis, *nego* : hoc non sequitur ex eo quod accidentalis ea praesupponat. — Quoad limitationem : A) Relatio realis dicit limitem in utroque extremo : qua formaliter relativo, *conc.* ; simpliciter seu qua absoluto, *nego*. — B) Excludit enim ab utroque alterius relationis realitatem : absolutam, *nego* ; relativam, *subdistinguo* : consideratam formaliter secundum suum *esse ad*, *conc.* ; consideratam secundum suum *esse in*, *nego*.

Gallus, musicus, pater Jacobi aut filius Petri. Id, quod ita seorsim consideratur seu apprehenditur in ipsa re, vocatur conceptus
objectivus, qui proinde possit et ipse definiri : forma objecti
qua cogniti, seu id objecti quod cognitioni subest.

Haec porro distinctio patet inducere conceptuum ipsorum
compositionem, minime vero, se ipsa, implicare compositionem
in ipsa re, siquidem ex sola operatione mentis est quod aliquid
rei ipsius et non aliud cognoscatur seu consideretur.

**273.** 2º **Distinctiones rationis variae.** — Distinctio autem
rationis potest esse *vel sine fundamento in re,* seu rationis pure
ratiocinantis, *vel cum fundamento in re.* Haec ultima dicitur etiam rationis ratiocinatae, quia praeter mentem est id, quod
eam cogit ad plures hujusmodi conceptus efformandos. Id autem
vocatur fundamentum distinctionis : sic, v. gr., entis divini perfectio ac transcendentia prae mente creata fundat distinctionem rationis, quae agnoscitur tum inter attributa divina, tum
inter attributa ipsa et essentiam divinam.

Distinctio igitur rationis fit per abstractionem seu praeci-
sionem mentis, proptereaque major aut minor est prout unus
conceptus plus minusve adaequate praescindit ab eo quod alio
conceptu exhibetur. Hinc distinctio rationis :

A) *Perfecta* = adaequata = major, quando formalitas una
nullatenus includitur in altera : sic, vivens adaequate distinguitur ab animali, Gallus a musico, etc. Ea fundatur in aliqua limi-
tatione rei de qua agitur, proptereaque non potest dari in Deo.

B) *Imperfecta* = inadaequata = minor, quando formalitas
uno conceptu exhibita, etsi non dicit explicite alteram, tamen
eam implicat, ita ut qui penitus inspiciat conceptum explicitum,
inveniat in eo id quod exhibetur alio conceptu explicito : sic,
animal humanum, etsi non dicit explicite animam rationalem,
tamen eam implicat, proptereaque animal humanum distinguitur ab anima rationali distinctione rationis inadaequata. Sic
pariter distinguuntur ratione tum ens, unum, verum et bonum,
tum essentia et attributa divina.

N. B. — Distinctio potest esse *vel mutua vel non mutua,*
prout praecisio est, vel non, ejusdem rationis in utroque formali-
tate : sic, v. gr., mutua est inter animal et rationale in genere,
quia rationalitas in genere nullatenus implicat animalitatem
et vicissim ; non mutua est inter animal et homo, nam animal
praescindit adaequate ab homine, non autem homo ab animali.

Jam igitur de distinctione quae sit admittenda inter essentiam et relationes divinas : utrum realis sit an rationis tantum ; si rationis tantum, ex quo fundamento et utrum adaequata atque mutua ?

## THESIS XIV. — Relationes in Deo non distinguuntur ab essentia realiter sed distinctione rationis cum fundamento intrinseco ; quae tamen dicenda videtur utrinque imperfecta.

**274.** PRIMA PARS : **Non distinguuntur realiter :** quoad rem, *de fide catholica,* tum ex professione fidei contra Gilbertum Porretanum, quam, post concilium Remense anni 1148, approbavit Eugenius III [2], tum ex definitione concilii Lateranensis IV (1215) contra abbatem Joachim [3] Exinde enim constat Ecclesiam profiteri « nullas omnino res, sive relationes, sive proprietates, sive singularitates vel unitates dicantur, adesse Deo, ... quae non sint Deus » (D-B. 391 ; C. 597, 3) ; « quod una quaedam summa res est, ... quae veraciter est Pater et Filius et Sp. S. ; tres simul personae ac singillatim quaelibet earumdem, ... quia quaelibet trium personarum est illa res, videlicet substantia, essentia seu natura divina » (D-B. 432 ; C. 601).

Quod rationi evidens est, nam distinctio realis induceret Deo realem aliquam compositionem. Nec obstat quod relatio, de se, dicat aliquam habitudinem proindeque comparetur ad aliud, nam « ratio propria relationis non accipitur secundum comparationem ad illud in quo est, sed secundum comparationem ad aliquid extra ». Oppositio scilicet, quam dicunt relationes originis, non est ad ipsam essentiam, sed ad invicem.

**275.** DICES : Obstat relationum ipsarum ab invicem distinctio realis, nam, quae sunt ab invicem realiter distincta, nequeunt cum eodem tertio identica esse realiter. — RESPONDEO, negando antecedens ejusque probationem, nam « argumentum illud, quod quaecumque uni et eidem sunt eadem, sibi invicem sunt eadem, tenet in

---

[2] De Gilberti doctrina et condemnatione, cf. HAYEV, in *Archives d'hist. doctrinale et littéraire du M. A.*, 1935-36, p. 29-102, et WILLIAMS (M. E.) : *The thaching of Gilbert Porreta on the Trinity*, Romae, 1952.

[3] De quo cf. JORDAN, apud DTC, t. VIII, col. 1432 ; FOURNIER : *Joachim de Flore* ; VERNET : art. *Gilbert de la Porrée*, in DTC, col. 1356 ; LANDGRAF, in ZSKT, 1930, p. 180-213 ; GRUNDMANN : *Studien über Joachim de Flore*, et BERGERON, in *Etudes d'hist. littér. et doctrinale au XIIIe siècle*, 1932, p. 142 sqq.

his quae sunt idem re et ratione, sicut tunica et indumentum, non
autem in his quae differunt ratione», ut admittitur de actione et passione. Licet enim actio et passio sit utraque eadem motui, « non tamen sequitur quod actio et passio sint idem, quia, in actione, importatur respectus ut a quo est motus in mobili ; in passione vero, ut qui
est ab alio. Et similiter, licet paternitas sit idem secundum rem cum
essentia divina, et similiter filiatio, tamen haec duo, in suis propriis
rationibus, important oppositos respectus : unde distinguuntur ab
invicem» (q. 28, a. 3, ad 1m). — Aliis verbis, realis relationum ab
invicem distinctio ideo non excludit communem earum cum essentia
identitatem, quia oritur tota ac tantum ex oppositione quam habent,
non ad communem essentiam, sed ad invicem prout relationes sunt.

Jam tamen exinde apparet realem essentiae et relationum identitatem non posse conciliari cum reali et mutua earum distinctione
nisi ipsae, qua relationes, distinguantur ab essentia saltem formaliter seu ratione ... Quod probabitur in secunda parte.

**276.** COROLLARIA. — 1° Ex dictis, **excluditur positio Durandi**
distinguentis relationes ab essentia tanquam «modum ab ipsa re»
(*in* I, *dist.* 33, q. 1, n° 23 sqq.). Modus enim hujusmodi sit, in Deo,
aliud ac ipsa essentia ; supponat immo essentiam esse in se indeter-
minatam, proindeque in potentia ad talem vel talem amodum : jam
igitur exsurgat in Deo compositio saltem metaphysica, quae omnino
excludi debet.

2° **Distinctio formalis ex natura rei**, quam admittit Scotus (in
I, *dist.* 2, q. 7, n° 41-54), si plus dicat quam distinctio rationis, de qua
in secunda parte, et supponat formalitates essentiae et relationum esse
distinctas in ipsa re, citra omnem operationem mentis, abjicienda est
et ipsa. Exinde enim formalitates componerent in re sicut componunt
in mente.

**277.** SECUNDA PARS : **Distinguuntur distinctione rationis
cum fundamento rei intrinseco.**

I. PRAENOTANDA. — 1° **Distinctio rationis** quid sit jam
dictum est. Eadem hic admittitur, quae inter essentiam et attributa divina. Diversitas in hoc tantum est quod attributa non
sunt ab invicem, sicut relationes, distincta.

2° **Fundamentum distinctionis est duplex** — a) dispropor-
tio realis mentis nostrae ad apprehendendam uno conceptu
realitatem divinam : ita etiam pro distinctione attributorum ;
b) realis, in ipso Deo, relationum distinctio : sub hoc respectu

fundamentum distinctionis hic excedit fundamentum distinctionis attributorum, quae apprehenduntur tantum ut diversa.

3º **Fundamentum dicitur intrinsecum,** quia invenitur in ipso Deo, et contradistinguitur a fundamento mere extrinseco, quale sit habitudo Dei ad aliquid extrinsecum : sic, v. gr., habitudo creatoris, revelatoris, salvatoris possit fundare aliquam distinctionem tum Dei tanquam hujusmodi ab ipsa divina essentia, tum creatoris aut revelatoris ab invicem ; sed, quia habitudo hujusmodi non est quidquam apud Deum reale, distinctio sic instituta careret re vera fundamento in ipso Deo.

4º **Nota theseos :** *Theologice certa*, ut necessario connexa cum dogmate tum divinitatis tum distinctionis realis singularum personarum. Nec, re vera, ariana et sabelliana haeresis orta est nisi ex negata distinctione hujusmodi. Exinde enim utraque concludebat tot — haud pauciores, haud plures — dari in divinis naturas aut relationes seu personas quot relationes seu personas aut naturas. Hinc, apud Arianos, qui oriebantur ex multiplicitate personarum seu relationum, multiplicitas etiam naturarum ; apud Sabellianos autem, qui oriebantur ex unicitate naturae divinae, exclusio pluralitatis personarum seu relationum realium in divinis.

**278.** II. PROBATUR. — 1º **Ex historia dogmatis** seu A) ex haereticorum erroribus ; B) ex Patrum contra eos expositione doctrinali.

A) **Ex haereticorum erroribus,** nam, ut jam dictum est, a) Ariani ideo tenebant naturam non posse absque contradictione dici Patri Filioque communem, quia paternitatem aut filiationem repugnat esse communem : hoc enim implicat utramque relationem ne ratione quidem distingui a natura. — b) Sabelliani, econtra, ideo negabant Patrem a Filio realiter distingui quia paternitatem et filiationem non distinguebant tum ab invicem tum ab ipsa natura divina nisi cum fundamento ipsi Deo extrinseco. Volebant enim eas tum ad invicem tum ad Deum se habere haud aliter ac Deum creatorem, Deum revelatorem aut salvatorem. Eas igitur habebant ut relationes rationis, quas cum fundamento quidem reali distinguebant — pro diversitate scilicet termini extrinseci ad quem utraque dicit respectum — at cum fundamento ipsi Deo extrinseco. Pleno proinde jure con-

cludebant exinde eas non esse ullatenus apud Deum reales nec
in illo inducere ullam personarum distinctionem.

### 279. B) Ex Patrum contra eos expositione doctrinali.

Contra Arianos, in specie, qui, ex oppositione ingeniti et geniti
vel paternitatis et filiationis, volebant concludi ad adiversitatem
substantiae in Patre et in Filio, Patres respondent ea esse nomina
aut notiones quae, — etsi non dicunt quidquam cum substantia
componens, — tamen dicunt aliquid reale substantiae, modos
scilicet illius characteristicos seu respectus, qui ad illam se habent, seu ab illa distinguuntur, sicut attributa divina in genere.

Sic, v. gr., S. BASILIUS, postquam, contra Eunomium, evicit ingenitum et genitum non esse nomina substantiae, sicut « lumen » aut
« vita » sed proprietates characteristicas (γνωριστικὰς ἰδιότητας),
quibus subesse potest eadem substantia (*adv. Eunom.* II. 28 ; PG
29. 637 B-C), addit eas dicere aliquid quod non dicit ipsa substantia
seu « lux » : secus enim Filius, sicut dicitur « lux de luce », dici possit
pariter « ingenitus de ingenito » (*ibid.* 29 ; 640 A). Hoc porro statuto,
pergit ostendendo exinde non oriri compositionem substantiae cum
proprietate characteristica, quia « ii modi, quibus ejus proprietates
indicantur, simplicitatis [non] laedunt rationem ; alioquin, hoc pac-
to, omnia quae de Deo dicuntur, compositum esse Deum nobis mons-
trabunt » (640 B). Hinc concludit « ingenitum », seu paternitatem, se
habere ad Deum eodem modo quo omnia de Deo praedicata : « quamcumque in unoquoque illorum excogitaverint rationem, eam quoque
de ingeniti appellatione accipiant » (640-641).

Item in epistola 210, 5, ubi dicit personam Patris non posse apprehendi nisi mens, substantiae divinae tanquam alicui objecto inspi-
ciendo incumbens, perspiciat in illa paternitatem, quae est ejus notio
characteristica (PG 32. 776 C).

Haud aliter S. GREGORIUS NAZIANZENUS, ubi respondet Arianis
Pater « esse nomen, non essentiae, sed relationis, quam habet ad
Filium » (*Or.* 29. 16 ; PG 36. 96 A).

Item auctor *dialogi contra Macedonianos* I : « Nomen « Deus »,
ait, ostendit naturam ; nomen « Pater » autem relativum est et pariter « Filius ». Neque nomen relativum significat naturam, neque nomen naturae exhibet relationem quae est ad Filium » (PG 28. 1292
B). Item *fragm.* 15 AMPHILOCHII ICONIENSIS (PG 39. 112 D).

Quae omnia resumit DAMASCENUS, ubi asserit id quo Pater et
Filius et Sp. S. ab invicem distinguuntur non percipi nisi ratione,
quatenus haec non sunt nisi « modi existentiae » seu « respectus ad
invicem » (*De fide*, I, cp. 10 et 8 ; PG 94. 838 et 828 D).

Consentit S. AUGUSTINUS (*De Trinit.* V). Denunciato « callidis-

simo machinamento, quod Ariani sibi proponere videntur cum dicunt :
Quidquid de Deo dicitur vel intellegitur non secundum accidens sed
secundum substantiam dicitur ; quapropter ingenitum esse, Patri
secundum substantiam est, et genitum esse, Filio secundum substantiam est » (3, 4; PL 42, 913), respondet : « Nihil in Deo secundum accidens dicitur, ... nec tamen omne quod dicitur, secundum substantiam
dicitur ... Quamobrem, quamvis diversum sit Patrem esse et Filium
esse, non est tamen diversa substantia, quia haec non secundum substantiam dicuntur sed secundum relativum » (5, 6 ; PL 42. 914).

**280.** 2º **Ex natura rei,** seu ex ipso dogmate in se considerato. De essentia et de relationibus, quae sunt realiter identicae,
affirmantur et ex fide affirmari debent, etiam prout in se considerantur, propositiones contradictoriae v. p. : Essentia est paternitas ; est etiam filiatio ; est ergo plures relationes ; est tamen unica ; relationes sunt plures ; paternitas non est filiatio.

Jamvero, ut hujusmodi affirmationes sint simul verae, requiritur et sufficit distinctio rationis cum fundamento intrinseco. Etenim :

A) **Requiritur,** nam : a) sine distinctione saltem rationis,
idem affirmaretur et negaretur de eodem sub eodem respectu;
b) sine fundamento reali, distinctio justificans affirmationes
hujusmodi esset mera fictio mentis : haud aliter dicas hominem
non esse mortalem sed animal rationale esse mortale. Ergo requiritur aliquid reale, quod, praeter liberam distinguentis voluntatem, justificet illas affirmationes ; c) sine fundamento ipsi
essentiae et relationibus intrinseco, affirmationes illae non possent esse verae de illis prout realiter in se sunt. Sic, v gr., etsi
Deus creator aut Deus salvator distinguitur ratione a Deo simpliciter propter fundamentum extrinsecum, — respectum scilicet ad extra, quem uterque dicit diversum, — tamen non potest dici : « Creator est realiter Deus ; Salvator est realiter Deus
et tamen Creator non est realiter Salvator ». Dicitur econtra et
dici debet, propter distinctionem rationis inter essentiam et relationes : « Pater est realiter essentia ; Filius est realiter essentia et tamen Pater realiter non est Filius ». Ergo distinctio rationis justificans hujusmodi affirmationes debet fundari in intrinseco.

**281.** B) **Sufficit,** quia sic jam non affirmantur contradictoria de omnino eodem, et tamen utrinque affirmatur quod est
in re.

Videri quidem possit non sufficere quia, ante omnem operationem mentis distinguentis, datur veritas objectiva singularum
affirmationum : essentia scilicet jam est communis, dum paternitas et filiatio non est communis, eaque praecise ratio est cur
aliqui voluerint vel distinctionem realem aut modalem, vel,
cum Scoto, distinctionem formalem intrinsecam. Sed, si consideretur in quo consistat veritas objectiva, jam evanescit apparentia illius insufficientiae.

Veritas enim objectiva non dicit id quod affirmatur dari a
parte rei eodem modo quo datur in affirmationibus nostris,
cum praecisione scilicet conceptibus distinctis propria ; dicit
tantummodo a parte rei dari quod verificet id quod affirmatur
ope conceptuum distinctorum. Veritas proinde objectiva non
excludit diversitatem in modo essendi mentali et in modo essendi
a parte rei ; exigit tantummodo dari a parte rei, quod verificet
tum conceptus distinctos tum affirmationes quae de illis efformantur [4].

Unde, in forma, dici possit : Ante operationem mentis,
habetur id quod affirmatur, id est, habetur quod fundet et cogat
affirmationem nostram, *concedo* ; habetur eo modo quo affirmatur, *nego*. Id enim quod est in re, non potest dici a nobis nisi
per affirmationes plures, quae sint de conceptibus diversis ; necessitas autem multiplicitatis et distinctionum hujusmodi imponitur menti nostrae ab ipsa realitate, quae, etsi in se simplicissima, tamen gaudet tanta plenitudine entis ut sit nobis unico
pariter et simplicissimo conceptu ineffabilis (Cf. I, q. 28, a. 2,
ad 3[m] ; *pot.*, q. 8, a. 2, ad 2[m] et 3[m] ; cf. Franzelin : *De Deo
trino*, p. 341-344).

**282.** III. Difficultates. — Si nulla est, in re ipsa, distinctio inter essentiam et relationes, judicia hujusmodi — essentia
communis est ; paternitas non est communis, et tamen essentia
est paternitas, — cum sint de eodem realiter, sunt vel formaliter contradictoria, vel falsa.

---

[4] Ratio est, quia, in praedicationibus, quae sunt operationes mentales, praedicata affirmantur directe et immediate de subjecto seu de conceptibus formalibus;
immo, etiam quando praedicata affirmantur de subjectis cum addito « ex natura rei »,
subjecta tamen non referunt directe nisi formalem conceptum, et addita particula enunciat tantum esse a parte rei aliquid, quod justificet praedicationem. Cf. Vasquez :
*in* 1, *disp.* 120, cp. 6, n° 25-26. — Aliis verbis, praedicationes fiunt directe de conceptibus formalibus et quidem secundum id quod dicunt explicite.

Respondetur. — 1º **Non sunt contradictoria,** quia, etsi sunt de eodem realiter, tamen non sunt de eodem formaliter. Contradictio autem, cum non sit nisi in dictione, non potest inveniri in re ipsa, sed tantummodo inter conceptus formales. Hic autem, cum subjecta affirmationum sint conceptus formales diversi, contradictio jam non est.

2º **Non sunt falsa,** quia realitas, cum fundet conceptus illos diversos, de quibus fiunt praedicationes illae diversae, utrasque eo ipso justificat. Et, re vera :

**283.** A) *Cur videntur contradictoria* ? Quia, a parte rei seu realiter, essentia est paternitas. At, in judiciis ipsis, essentia et paternitas supponunt directe non pro essentia et paternitate qualiter existunt a parte rei, sed qualiter exhibentur conceptibus suis formalibus. Ex eo proinde quod, a parte rei, essentia sit paternitas, non sequitur, in judiciis efformatis de eis secundum suos conceptus formales, id quod dicitur de una dici de altera [5].

B) *Cur videntur falsa* ? Quia, cum sint plura et ex conceptibus formaliter diversis aut oppositis, realitas tamen correspondens est unica et simplicissima. Ast, exinde non oritur falsitas, siquidem, hoc non obstante, datur a parte rei, et quidem in ea re simplicissima, quod correspondeat tum conceptibus ipsis tum judiciis quae proferuntur :

---

[5] Ponas enim in forma 3 judicia, ex quibus apparet contradictio : 1. Essentia est communis. — 2. Paternitas non est communis. — 3. Essentia est paternitas. — Identitas, quae, in judicio 3, asseritur paternitatis et essentiae, suggerit essentiam posse, in judicio 2, substitui paternitati, ita ut tunc habeantur duo judicia contradictoria : Essentia est communis ; essentia non est communis. At, substitutio illa est omnino illegitima, nam, in judicio 2, paternitas sumitur formaliter et tantum secundum id quod dicit explicite conceptus ejus formalis ; pariter essentia in judicio 1. In judicio autem 3, essentia jam sumitur, non tantum secundum id quod dicit formaliter, sed secundum totum id quod noscitur esse realiter. Substitutio igitur intulit judicio 2 subjectum plura dicens quam ipsa paternitas. Jam proinde, essentia, de qua in judicio 2 sic mutato, non est formaliter eadem quae in judicio 1.

Aliter et magis in forma. — 1º Essentia, formaliter seu secundum id tantum quod dicit explicite, est communis, *conc.* ; realiter seu secundum totum id quod est realiter, est communis, *nego*, cum essentia sit etiam realiter filiatio et Sp. S., qui non est communis. — 2º Paternitas, formaliter seu secundum id tantum quod dicit explicite, non est communis, *conc.* ; realiter seu considerata secundum totum id quod est realiter, non est ullatenus communis, *nego*, cum paternitas sit realiter essentia quae est communis. — 3º Essentia, secundum id quod est tantum formaliter sed etiam realiter, est paternitas, *conc.* ; formaliter, seu secundum solum suum conceptum explicitum, est paternitas, *nego*.

a) Conceptibus ipsis, v. gr., essentiae, paternitatis, seu subjectis affirmationum, correspondet aliquid quod, etsi non est
qualiter repraesentatur, tamen repraesentationem suam con-
ceptualem justificat.

b) Judiciis ipsis correspondet realitas dummodo detur a
parte rei quod justificet nexum affirmatum inter subjectum et
praedicatum. Jamvero hoc datur, siquidem datur, re vera, essentia communis, paternitas non communis.

**234. Difficultas proinde non est alia nisi haec,** in qua
apparet ipsissimum mysterium : **quod realitas unica et in se
simplicissima possit fundare conceptus adeo diversos et
affirmationes adeo oppositas.** Exinde enim videtur sequi eamdem et simplicissimam realitatem dicendam esse absolutam simul
et relativam, quod quomodo sit possibile vel non repugnet
intrinsece, mens humana non videt. Vel enim absolutum est relativum, vel datur in realitate divina aliqua saltem metaphysica
compositio.

**Respondetur.** — A) Tenendum re vera ex fide est absolutum, quod est Deus, esse etiam relativum quod est Pater aut
paternitas ; at non est hoc utrumque sub eodem respectu. Realitas enim divina, seu Deus aut Dei essentia, hoc sensu tantum
dicitur esse absolutum simul et relativum, quod, aliter et aliter
considerata, fundet conceptus tum absoluti tum relativi ; conceptus immo relativi sic fundatus non est relativi inhaerentis
sed relativi subsistentis. Ergo repugnantia, quae esset evidens,
si ageretur de relativo inhaerente, jam non est adeo evidens ut,
si hoc exigat fides, hoc non possit admitti [6].

------

[6] Unde, illa difficultas sic possit proponi et solvi in forma : Unum et idem non
potest esse absolutum simul et relativum : *dist.* : non potest eodem conceptu formali exhiberi ut absolutum simul et relativum, *conc.* ; non potest exhiberi uno conceptu ut absolutum et alio conceptu ut relativum, *subdist.* : ut relativum inhaerens,
*conc.* ; ut relativum in se subsistens, *nego.*

*Instabis.* — Repugnat de absoluto praedicari contradictorium ejus. Atqui relativum etiam subsistens est contradictorium absoluti, et tamen posset praedicari de
illo, si absolutum posset etiam, ut tale, concipi ullo conceptu relativi. Ergo absolutum
non potest concipi ut relativum subsistens.

*Respondeo* : Distinguo majorem et primam partem minoris :
Repugnat de absoluto concepto formaliter ac tantum ut tale praedicari contradictorium ejus formale, *conc.* ; de absoluto, concepto non tantum ut tale sed tale
quale noscitur esse realiter, repugnat praedicari contradictorium solius ejus conceptus
formalis, *nego.*

B) Neque evidens est realitatem non posse fundare conceptus hujusmodi quin sit saltem metaphysice composita. Nam compositio metaphysica adest ubi realitas fundat conceptus distinctos ratione alicujus in se vel limitationis vel contingentiae aut potentialitatis : ita, in omni creatura, datur compositio saltem metaphysica essentiae et existentiae, quia essentia cujuslibet creaturae praescindit, et quidem adaequate, ab existentia : potest enim concipi ut mere possibilis proindeque dicit de se potentialitatem seu indifferentiam ad existentiam. At non ita, apud Deum, essentia quoad attributa aut relationes, siquidem conceptus eorum formales, etsi distinguuntur et, in mente nostra, componunt, tamen non componunt permodum indifferentis ac determinantis : non sunt enim adaequate distincti, ut jam venit, in tertia parte, statuendum, proptereaque, etiam in mente nostra, non componunt nisi per modum expliciti et impliciti (Cf. S. Thomam : *De potentia*, q. 9, a. 5, ad 15ᵐ et 19ᵐ).

**285.** Tᴇʀᴛɪᴀ ᴘᴀʀs. —  **Haec distinctio est utrinque imperfecta.**

I. Sᴛᴀᴛᴜs ǫᴜᴀᴇsᴛɪᴏɴɪs. — Nova jam et ulterior ponitur quaestio. Conceptus noster relationum est distinctus a conceptu nostro essentiae ; at, estne ita distinctus ut praecisio ab eo sit adaequata seu talis ut, ne in confuso quidem, seu implicite, illum non exhibeat ? Sane, dum concipio rationem relationum, non concipio explicite rationem essentiae ; at, nonne eam implicite jam concipio ? Et pariter, ordine inverso, de conceptu essentiae. Quaestio proinde sic poni potest : tres personae suntne de ratione essentiae divinae et vicissim ?

Quaestioni porro sic positae respondet **triplex opinio :** 1ª negat simpliciter proindeque admittit *distinctionem esse utrinque perfectam.* Ita Molina, *in h. l. disp.* 6 ; Vasquez, *disp.* 121. — 2ª negat relationes esse de ratione essentiae, affirmat autem essentiam esse de ratione relationum : admittit proinde *distinctionem* esse *perfectam ex parte essentiae, imperfectam ex parte relationum.* Ita Suarez *l.* 4, *cp.* 5. — 3ª, quam, cum plerisque tenemus *probabiliorem,* affirmat de utraque, ita ut *distinctio sit utrinque imperfecta.*

---

Atqui relativum subsistens est contradictorium absoluti, *contradist.* : absoluti considerati tantummodo ut formaliter tale, *contc.* ; absoluti considerati secundum totum id quod noscitur esse realiter, *nego,* si, re vera, ut supponitur, noscitur realiter identicum cum relativo subsistenti.

Quod tamen ut recte intellegatur, notandum est quaestionem poni quidem de conceptibus secundum totum id quod exhibent et non tantum ac praecise secundum id tantum quod formaliter et explicite dicunt [7] ; secus enim respondendum esset cum Molina, aut potius relaberemur in quaestionem praecedentem : patet enim conceptus illos stricte et praecise formales distingui ita ut unus non dicat alterum explicite. Nunc autem, quia considerantur secundum totum id quod dicunt vel explicite vel implicite, respondemus eos non distingui nisi inadaequate, ita ut quod dicitur explicite ab uno implicetur ab alio et vicissim. Qui proinde unum, relationum, v. gr., conceptum penitus introspiciat, is agnoscat in eo implicatum id quod dicit explicite conceptus essentiae ; id tamen non agnoscat ut cum eo componens per modum exclusi cum excludente sed per modum expliciti cum implicante, eodem fere modo quo componunt inter se attributa divina, quae distinguuntur pariter ab invicem sed inadaequate.

**286.** II. Probatur. — 1º **Conceptus relationis implicat conceptum essentiae,** nam non exhibet tantummodo *esse ad* abstractum sed reale proindeque cum suo *esse in*, quod est ipsa essentia. Haud aliter Pater, v. gr., suo adaequato conceptu, includit etiam essentiam : est enim Deus, prout Filium respicit.

Dices : Conceptus personae divinae, Patris, v. gr., exhibet duos conceptus, unum essentiam, ut determinabilem, alterum, paternitatem, ut determinantem. Ergo secundus non includit primum ... Respondeo : Utique ; secundum modum intellegendi, secundus determinat primum ; at illum determinat non per modum compositionis, addendo aliquid nullatenus exhibitum a primo, sed per expressiorem enucleationem ejus quod est realitas ab illo exhibita [8] : essentia enim, quam exhibet prior conceptus, est realiter id quod explicite dicit posterior.

---

[7] Sic. v. gr., quando dico « *animal humanum* », non dico *formaliter* nisi id quod, in homine, est animale ; at *realiter* dico totum id quod est animal humanum ; ergo etiam rationale.

[8] Sic, v. gr., ubi dico : « *sapiens est in verbis prudens* », conceptus « prudentis » componit aliquatenus cum conceptu « sapientis », non tamen adaequate, nam prudentia fundatur in ipsa sapientia. — Econtra, ubi dico : « *sapiens est musicus* », compositio est adaequata, nam conceptus « musici » est totaliter praeter conceptum « sapientis ».

**287.** 2º **Conceptus essentiae theologice consideratae implicat conceptum relationum.**

A) *Ex simplicitate seu puritate actus divini essentiae.* Hoc enim excludit eam concipi tanquam determinabilem per quidquam ab ea etiam metaphysice adaequate distinctum : secus enim conciperetur ut aliquatenus contingens et componens cum determinante.

B) *Ex cognitione essentiae qualis ex revelatione habetur.* Revelatione enim scimus eam esse talem, quae realiter identificetur cum tribus relationibus, seu tres relationes habeat, non quasi sibi ab extrinseco accedentes, sed quasi ab ipsa necessario fluentes : non intellegeretur enim qualis revelatione manifestatur nisi intellegeretur ut principium, v. gr., intellectionis habens in se terminum qui est ab eo etsi non est quidquam praeter « *ab eo* ». Jamvero essentiae sic cognitae et intellegendae conceptus non potest dici rectus nisi exhibeat saltem implicite totum id quod est realiter essentia.

C) *Objicitur.* Totum id quod est de conceptu essentiae, commune est singulis personis. Atqui relationes non sunt communes. Ergo relationes non sunt de conceptu essentiae. — *Sed objectio eluditur,* advertendo essentiam esse rem simplicissimam, quae realiter est absolutum et relativum, quatenus non potest adaequate concipi nisi duplici conceptu absoluti et relativi ; hinc enim fit ut, quando concipitur explicite ut absoluta, conceptus ille non excludat, sed econtra includat seu implicet, eam concipi etiam ut relativam. Jamvero, ubi dicitur esse communis, sermo non est de ea nisi secundum suum praecise conceptum explicitum, proptereaque relationes manent extra eum praecise conceptum ; sed hoc non impedit quin in eo implicite exhibeantur.

Unde, jam in forma. — Totum id quod est de conceptu *explicito* essentiae est commune, *conc.* ; totum id quod est de conceptu ejus tantum implicito, *nego*. Ratio est quod, dum conceptus essentiae explicitus dicit tantummodo absolutum seu *esse in* commune relationum, conceptus ejus implicitus non dicit nisi relativum seu *esse ad* multiplex, quod alterutrum tantummodo inveniatur apud varias personas.

Atqui relationes non sunt communes, *conc.*

Ergo relationes non sunt de conceptu essentiae *explicito*, *conc.* ; de conceptu ejus implicito, *nego*.

## Articulus III

## *DE QUALITATE RELATIONUM*

**THESIS XV.** — **Relationes divinae, licet sint verae perfectiones, nihil addunt perfectionis essentiae, nec plus perfectionis habetur in tribus quam in singulis.**

**288.** I. Status quaestionis. — 1º **Cur quaestio ponatur, seu quaestionis difficultas.** Quaestio consequitur ad duas praecedentes theses. Posito reales esse relationes seu personas inter se distinctas, quae ab essentia distinguantur ratione, quaestio oritur quomodo earum distinctio realis non officiat infinitae perfectioni sive Dei seu essentiae, quae minus dicat quam tres personae, sive personarum, quarum singulae careant opposita sibi relatione.

Quae quaestio multipliciter quidem seu sub multiplici nomine poni potest : utrum, v. gr., et quae possit esse aequalitas trium personarum, cum Filius careat paternitate sicut Pater caret filiatione et Sp. S. paternitate et filiatione atque spiratione activa. Omnis tamen reducitur ad hanc de qua nunc : utrum relationes, prout ab essentia distinctae, sint perfectiones an non?

Ipsa porro ostendit illius difficultatem. Etenim : A) *Si negentur esse et dicere perfectiones*, pariter negandum erit quod sint ulla realitas, nam omnis realitas, in Deo, est perfectio. Sin autem non dicunt ullam perfectionem seu realitatem, quomodo potest esse inter eas distinctio realis, quae non datur in essentia ? B) *Sin autem sunt et dicuntur perfectiones*, tunc : a) quomodo ulla relatio dici potest infinita seu summe perfecta, cum careat perfectione, quae est relatio opposita ? — b) quomodo conceptus essentiae qua talis non erit adaequate distinctus a conceptu personae, siquidem, qua talis, non dicit perfectionem trium relationum, seu quomodo tres personae non dicent plus perfectionis quam ipsa essentia aut una tantum persona ?

**289.** 2º **Quid sit extra controversiam ?** — Hoc nempe quod statutum est in concilio Remensi (D-B. 390-391) et Lateranensi (D-B. 431) : non est in Deo aliud et aliud seu non est quidquam in eo, quod non sit ipsa divina substantia. Quod jam inculcabat S. Augustinus :

« In illa summa Trinitate, tantum est una quantum tres simul,
nec plus aliquid sunt duae quam una. Et in se infinita sunt, et omnia
in singulis et singula in omnibus et omnia in omnibus et unum omnia »
(*De Trinit.* VI. 10, 12 ; PL 42. 932 et cf. pariter VII. 6, 11 atque
VIII, *prooem.*, *ibid.*, p. 945 atque 947 ; item *conc. Tolet.* XI ; D-B.
278-281).

**290.** 3º **Quid controvertitur?** — Utrum, hoc non obstante,
relationes, prout concipiuntur ab essentia distinctae, **sint ac
dici possint perfectiones.** Responsum, ut patet, pendet ab
opinione de illarum distinctione ab essentia.

A) *Prima sententia* : Qui tenent relationes nullatenus esse
de conceptu essentiae, eo ipso coguntur affirmare eas dicere
perfectiones distinctas et diversas. Ita, inter alios, Suarez
(l. 3, cp. 9-10), cui consentiunt Wirceburgenses (nº 367), Platel
(nº 255), Tepe (t. II, p. 383-392).

B) *Secunda sententia* : Qui negant relationes distingui adaequate ab essentia, non propterea eodem modo loquuntur circa
novam hanc quaestionem.

a) Alii simpliciter negant relationes esse perfectiones, et
rationem dant quod propria ratio seu formalitas relationis non
dicit nisi *esse ad*, quod praescindit ab omni realitate seu a suo
*esse in.* Quod putant esse juxta S. Thomam dicentem (*in* 1, *dist.*
26, q. 2, a. 2) hoc esse proprium oppositionis quae est per relationes quod non sit inter perfectum et imperfectum seu inter
duas perfectiones, siquidem est oppositio non duorum *aliquid*,
sed duorum *ad aliquid.* — Ita Cajetanus (*in* 1, q. 28, a. 2, ad
3ᵐ), Durandus (*in* 3, *dist.* 1, q. 3, nº 13), Molina (*in* 1, q. 28,
a. 2, *disp. ult.*) et thomistae O. P. communius : cf., v. gr., Billuart : *Diss.* 3, a. 5 ; Gonet *disp.* 3, a. 5 ; item Billot, *quaest.*
28, in fine, p. 420.

b) Alii vero affirmant relationes, etsi non addunt quidquam
perfectioni essentiae, esse ac dicere perfectiones. Ita Joannes
a S. Thoma (*disp.* 13, a. 3, nº 8 sqq.) ; Contenson (*l.* 3, *diss.* 1,
cp. 2, *spec.* 3) ; Franzelin (*thes.* 15, *scholion*) ; Pesch (nº 623 sqq.).
Quibus assentiendum videtur, et quidem cum S. Thoma dicente :

α) relationem quidem qua talem seu secundum *esse ad* in genere
consideratam, non posse constituere personam, sed hoc posse relationem divinam (*pot.*, q. 10, a. 3 c) ; — β) « rationi substantiae et relationis respondere aliquid in re quae Deus est, non tamen aliquam
rem diversam sed unam et eamdem », nam, « licet relatio non addit

supra essentiam aliquam rem, sed solum rationem, tamen relatio est
aliqua res, sicut etiam bonitas est aliqua res in Deo, licet non differat
ab essentia nisi ratione » (*pot.*, q. 8, a. 2, ad 2m et 3m) ;  — γ) « in ipsa
perfectione divini esse contineri et Verbum intelligibiliter procedens,
et principium Verbi, sicut et quaecumque ad ejus perfectionem pertinent » (I, q. 27, a. 2, ad 3m). Verbum enim est relatio distincta,
proindeque illa perfectio continetur in perfectione divini esse. —
δ) « Essentiam divinam comprehendere in se omnium generum perfectiones, [ideoque] nihil prohibere id quod est relationis in ea inveniri » (*pot.*, q. 8, a. 2, ad 1m). Hoc porro supponit relationem esse perfectionem, et cf. *quodlib.* IX, a. 4.

**291.** II. PROBATUR. — 1º **Relationes divinae sunt verae perfectiones,** nam: A) Sunt et suo conceptu dicunt ens reale. —
B) Incredibile est mysterium Trinitatis, qua tale, nullam dicere
perfectionem in Deo. — C) Nihil est tam imperfectum quam
id quod de se non dicit ullam perfectionem, seu cui, secundum
suam propriam rationem, nulla competit perfectio. — D) Pater
et Filius, v. gr., sunt amabiles qua tales, nec dici potest eos non
esse amabiles nisi secundum divinitatem, nam, in illis, etiam
secundum rationem personae, est maxima pulchritudo, ita ut,
in humanitate Christi, persona Filii dicatur esse maximum illius
bonum etsi non terminet illam nisi sub ratione praecisa personae.
— E) Sententia negans eas esse perfectiones nititur supposito,
quod quaestio sit hic de solo conceptu explicito τοῦ *esse ad*,
prout praescindit ab omni *esse in* [9]. Jamvero suppositum hoc
falsum est nam, etsi hic agitur de relatione qua distincta ab essentia, tamen agitur de relatione reali divina, proindeque de toto
eo quod dicit sive explicite sive implicite. Ex dictis porro in praecedenti thesi liquet eam, etsi non dicit explicite suum *esse in*,
tamen illud implicare : secus enim non esset conceptus relationis
divinae sed tantum relationis in genere.

**292.** 2º **Nihil tamen perfectionis addunt essentiae divinae.** Hoc est *theologice certum* ex dogmate de relationum et essentiae identitate reali. Redit ad hoc : Qui dicit « Deus » simpliciter, idem et tantum dicit quod et quantum is qui dicit « Deus

---

[9] Hoc adeo verum est ut BILLUART (*loc. cit.*, *initio*) aperte fateatur relationes,
si aliter considerentur, dicendas esse perfectiones. Item GONET : « Non inquirimus
hic an relationes divinae, ut virtualiter ab essentia distinctae, dicant perfectionem, sed
id tanquam certum supponimus » (*loc. cit.*, nº 132).

Pater» vel «Deus trinus». Quod sane non negatur ab affirmanti-
bus relationes esse perfectiones sensu primae sententiae, nam
etiam illi negant exinde quidquam perfectionis addi divinae essentiae, nam, aiunt, perfectio distincta, quam dicunt relationes,
non distinguitur nisi formaliter, in ratione perfectionis, ab ea
quam dicit conceptus essentiae. Nos tamen aliunde rem evinci-
mus, ostendendo : A) male ab eis induci perfectionem relativam,
quae, in ratione perfectionis, distinguatur a perfectione essentiae ; B) perfectionem, quam nos dicimus esse relationum, non
distingui, re vera, ab illa essentiae perfectione.

A) *Non est cur perfectio relationum distinguatur formaliter
a perfectione formali essentiae,* nam ea est perfectio simpliciter
infinita et simplicissima. Jamvero, in ente quod, sua ipsius
entitate infinita et simplicissima, dicit perfectionem infinitam
simul et simplicissimam, repugnat assignari etiam ratione ullam
perfectionem, quae, ut talis, a perfectione hujusmodi distinguatur. Secus enim : a) illa illius perfectio infinita non dicat omnem
illius perfectionem ; — b) completa illius perfectio non consis-
teret in illa simplicissima, sed in complexu illius et relativae perfectionis ab illa formaliter distinctae ; jam igitur perfectio illius
totalis non posset dici formaliter simplicissima.

B) *Perfectio, quam dicunt relationes, non est praeter ipsam
essentiae perfectionem* : repetitur enim tota ex earum realitate
seu ex *esse in,* quod identificatur cum ipsa essentia et implicatur
in ipso conceptu formali relationis divinae. Et, re vera, id quod
implicite continetur conceptu aliquo explicito, non ponit perfectionem praeter eam quae exhibetur illo conceptu. Perfectio
porro, quam dicunt relationes, continetur implicite conceptu
explicito essentiae : essentia enim dicit explicite *esse in,* quod
implicat conceptus relationum et unde est eis tota sua realitas
atque perfectio. Ergo perfectio, quam dicunt relationes, non est
praeter eam quae exhibetur conceptu explicito essentiae.

**293.** Dices : Manet tamen, si relationes sunt perfectiones, uniuscujusque relationis perfectionem esse diversam, nam relationes ipsae
sunt et concipi debent ut realiter ab invicem distinctae. Qui ergo
possunt esse inter se aequales, cum una excludat perfectionem alterius ?

Respondetur : A) Qui tenent primam sententiam concedunt,
ut concedere debent, singularum relationum perfectionem esse diversam. Hoc tamen non obstante, aequalitatem personarum explicant

ex multiplici capite, scilicet : a) quia singulae habent solae perfectionem aequivalentem ei qua carent ; b) quia singulae perfectionem, qua carent formaliter, habent identice vel eminenter ratione essentiae, quacum singulae identificantur ; c) quia immo eam habent quasi formaliter, ratione circumincessionis, quae facit singulas singulis inesse ... Quae omnia vera sunt et possunt ab omnibus admitti.

B) Nos tamen, hoc concesso, negamus difficultati motae esse locum. Data enim ratione ex qua relationes sunt perfectiones, jam apparet singularum perfectionem non esse diversam. Nam, etsi singulae sunt ab invicem realiter distinctae qua ad invicem oppositae, tamen non sunt distinctae aut diversae in ratione perfectionis ; singulae enim perfectiones sunt, non ex sua relativa oppositione, sed ex suo *esse in*, quod est singulis commune et unicum. Quarum porro est una eademque ratio perfectionis, earum non potest perfectio esse aut dici diversa.

Quod argumentum, ut patet, confirmat relationum perfectionem, etsi apud singulas est vera, tamen non dicere ullam perfectionem praeter eam quae est ipsius essentiae. In hoc igitur nihil novi ; modo tantum novo enunciatur iterum summa mysterii ipsius : sicut trium personarum est una eademque substantia, ita trium relationum est etiam idem *esse in* et eadem perfectio.

## Articulus IV

## *DE RELATIONUM NUMERO AC DISTINCTIONE MUTUA*

**THESIS XVI. — Hae relationes originis reales quatuor sunt, quarum tres sunt realiter ab invicem distinctae ; spiratio vero activa est cum paternitate et filiatione realiter identica.**

**294. I. De relationum realitate. —** 1º *Esse quatuor relationes est certum theologice*, ut necessario connexum cum dogmate quod Pater generat, Pater et Filius spirant, Filius generatur, Spiritus Sanctus procedit. Duae scilicet sunt processiones reales, quarum singularum virtute duo existunt extrema ad invicem opposita. — 2º *Tres saltem* illarum *esse reales theologice certum* pariter, quatenus de fide est dari tres personas, quarum certum est distinctionem fundari reali relationum oppositione. — 3º *Quartam*, spirationem scilicet activam, *esse* etiam *realem certum* est, nam relatio inter principium et id quod ab eo procedit est

realis dummodo principium et terminus sint in eodem ordine.
Jamvero Pater et Filius, ut latius infra patebit, sunt vere principium a quo procedit realiter Spiritus S., qui est in eodem ac
illi ordine.

### 295. II. De relationum distinctione ab invicem. —

1º *Tres*, scilicet *paternitas, filiatio, spiratio passiva sunt realiter ab invicem distinctae.* Quod *est saltem proximum* fidei, ex doctrina catholica mox statuenda de personis, quae constituantur
et distinguantur ab invicem relationibus istis.

2º *Spiratio activa, etsi realiter distincta a spiratione passiva,
est realiter identica cum paternitate et filiatione,* nec ab eis distinguitur nisi ratione.

A) *Theologice certum est eam non distingui realiter,* nam dogma est infra statuendum quod Pater et Filius sunt unum et
idem Spiritus Sancti principium, seu non distinguuntur ab invicem quatenus illum spirant. Distinguerentur autem necessario,
si spiratio activa distingueretur realiter ab ipsa, qua ipsi constituuntur, relatione, nam, in divinis, personae distinguuntur
relationibus ipsis. Posita igitur distinctione reali spirationis ac-
tivae a paternitate et a filiatione, quia jam distinguitur realiter
a spiratione passiva, haberetur in Trinitate quaternitas.

B) *Certum est tamen eas distingui ratione cum fundamento
in re*, quod est diversitas termini ad quem singulae ordinantur :
Filius scilicet pro paternitate, Pater pro filiatione, Spiritus pro
spiratione passiva.

Ea porro distinctio est ejusdem rationis ac ea quae dicta est
inter relationes in genere et essentiam, secundum conceptus
explicitos inadaequate ab invicem distinctos. Unde rem optime
explicat Franzelin, *thes.* 25, p. 385 :

« Sicut essentia et paternitas non sunt duo realiter distincta,
sed una summa res sub duplici formali ratione absoluti et relativi,
ita paternitas et spiratio activa non sunt duo relativi sed unus sub
duplici ratione formali ad duplicem realiter distinctum terminum.
Attamen, quia ille unus habet ordinem, sub formali ratione gignentis
et spirantis, ad duplicem realiter distinctum terminum, paternitas
et spiratio sunt duae relationes reales, distinctae ratione cum fundamento in re » [10].

---

[10] Hinc, in forma. Spiratio activa est paternitas : *dist.* : est eadem realiter summa
res absoluta, *conc.* ; est unus et idem relativus :
realiter, *conc.*

Caput tertium

# DE PERSONIS, ABSOLUTE ET IN COMMUNI

Suppositis iis quae philosophice statuuntur, contra agnosticistas, de sensu analogico quo personalitas praedicatur de Deo ; statuta aliunde per revelationem trium personarum existentia, jam, sicut actum est de processionibus et de relationibus, inquiretur theologice de personis : 1º utrum et quo sensu intelligi possint in divinis ; 2º quae sit earum constitutio ; 3º de earum subsistentia ; 4º de earum notionibus.

Articulus I

## DE SENSU QUO SINT, IN DIVINIS, PERSONAE.

**THESIS XVII. — Nomen personae, in divinis, dicit, significatione formali, subsistentem in natura rationali ; significatione vero materiali, relationem. Est autem commune tribus ut denotans individuum vagum (q. 28-30).**

**296.** Pars Hrima : **De usu et significatione nominis personae in divinis.**

**I. De usu. —** Nomen personae adhibetur documentis ipsis fidei ad docendum Deum esse trinum seu tres in Deo distingui personas. Ita in conciliis Florentino (D-B. 703), Lateranensi IV (D-B. 428 ; 432), post symbolum « Quicumque » (D-B. 39) et concilium de tribus capitulis (D-B. 213), inde a Damaso Rom. Pont. (D-B. 79). Antea immo, etsi non occurrit in Scriptura, jam traditionale erat sub forma latina « personae » vel graeca « προσώπου ».

---

formaliter, seu ad terminum :
  realiter distinctum, *conc.*
  realiter identicum, *nego.*
vel aliter : unus et idem relativus :
  realiter, *conc.*
  formaliter :
    secundum conceptum explicitum, *nego*
    secundum conceptum implicitum, *conc.*

Graecum πρόσωπον occurrit primum, sensu stricto personae
distinctae, apud HIPPOLYTUM in suo *adv. Noetum.* 7 et 14 (PG
10. 813 et 821). Latinum « persona » vulgatum est a TERTULLIA-
NO in *adv. Praxeam.* 7 ; 12 ; 18 ; 24 ; 31. Orientalibus quidem utraque vox, ratione suae primaevae significationis scenicae aut mere juridicae, diu movit suspicionem Sabelllanismi, proptereaque,
loco illius, praevaluit, apud eos, vox « hypostasis ». Sed Occidentales, quibus vox « hypostasis » sonabat pro substantia, per-
stiterunt in usu vocis « personae » nec hypostasim dixerunt nisi
in sermone scientifico.

**297. II. De sensu.** — Utraque vox, quamvis usu trita, non
paucas movit difficultates eis qui primi theoretice praxim explicare et justificare conati sunt.

1º **Difficultas.** — A) Hypostases, quae dicebantur tres,
S. BASILIUS, ut supra dictum est, docuit ab essentia, quae agnos-
cebatur unica, distingui notis propriis et characteristicis. Melius
S. GREGORIUS NAZIANZENUS addidit proprium esse hypostasis
quod « in seipsa subsistat » (*Or.* 33. 16 ; PG 36. 236 A). Sed neutrius
explicatio facta est generalis proptereaque natura humana, in
Christo, etsi agnoscebatur non esse in se sed in alio, tamen a
S. Cyrillo Alexandrino et ab aliis dicebatur hypostasis (Cf. *De
Incarnatione,* nº 113) : quod quales et quantas aequivocationes
genuerit superabunde notum est. Accurata theoria de personalitate seu hypostasi non praevaluit ulla apud Orientales ante
LEONTIUM BYZANTINUM, qui, saeculo 6º, resumpta notione S.
Gregorii Nazianzeni, statuit hypostasim in hoc ab essentia seu
substantia differre quod dicat non simpliciter esse sed esse in
se ipso seu apud seipsum (PG 86¹. 1280 A) [1].

B) *Persona,* apud Latinos, haud minus in Christologia quam
in Trinitate usurpata est. Diu tamen haerebant in assignando
jure ac sensu quo tres dici possent in Trinitate personae. Difficultas enim erat quod nomen personae soleat, apud homines,
designare absolutum rationale existens seorsim ab omni alio
ejusdem rationis absoluto : cum, in Deo, non sit nisi unum absolutum hujusmodi, formula « tres personae » videbatur signifi-

---

[1] Cf. DE RÉGNON, *op. cit.* I, p. 167-215 ; TIXERONT : *Des concepts de « nature »
et de « personne » dans les Pères et les écrivains ecclésiastiques des V et VI siècles,* apud
*Rev. d'hist. et de litt. relig.,* 1902, p. 582-592 ; MICHEL : art. *Hypostase,* apud DTC, t.
7, col. 391 ; GALTIER : *L'« unio secundum hypostasim » chez saint Cyrille,* apud *Gregorianum* XXXIII, 1952, p. 351-398.

care tria absoluta. S. Augustinus propterea non semel professus
est se invitum dicere « tres personas » et « necessitate parta esse
haec vocabula », ne omnino taceremus interrogati quid tres, cum
tres esse fatemur (*De Trinit.* V. 9, 10 et cf. VII. 1-4).

*Nec decrevit difficultas,* ubi *inducta est definitio personae a*
BOETIO *elaborata* : « naturae rationalis individua substantia ».
Exinde enim sequebatur vel essentiam divinam qua talem esse
personam vel tres dari in Deo substantias rationales individuas.
Quod quia sentiebat S. ANSELMUS, haud minus quam S. Augustinus se dicebat impeditum in respondendo quaestioni : quid
tres ? (*Monol.* 78 ; PL 158. 221-222). Ex eodem motivo alii
voluerunt personae notionem mutari in divinis : sic, v. gr., RI-
CHARDUS A S. VICTORE, qui, teste S. Thoma (I, q. 29, a. 3, ad
4m), volebat eam dici « divinae naturae incommunicabilem existentiam ». Cum tamen usus praevaleret et ipsis improbantibus
imponeretur, LOMBARDUS (*sent.* I, 25 et 23 ; cf. S. Thom., I,
*dist.* 25, *expos. textus* t°. *de pot.*, q. 9, a. 4) tentavit nodum solvere ; at parum feliciter ; tandem egregie S. Thomas : *in* I, *dist.*
23, q. 1, a. 3 ; *dist.* 26, q. 1, a. 1 ; *pot.*, q. 9, a. 4 ; I, q. 29, a. 4)[2].

**298.** 2º **Solutio.** — Solutio inde ducta est quod, etsi *ratio
formalis* personae sit incommunicabilitas seu id quo ens rationale est indivisum in se et divisum a quolibet alio, tamen illa
*ratio formalis potest, pro diversitate personarum, esse materialiter
seu in re valde diversa.* Idem accidit de aliis rationibus formalibus,
quae, sua realisatione in speciebus diversis, possunt esse materialiter seu realiter valde diversae. Sic, v. gr., ratio viventis :
eadem est formaliter et tamen omnino alia realiter in plantis,
in animalibus et in hominibus. Pariter igitur pro persona.

*Principium constitutivum personae debet esse idem formaliter
apud omnes* personas ; *non propterea tamen idem materialiter
seu realiter.* In hominibus, hoc principium est absolutum individuum, haec scilicet substantia, siquidem ea ipsa est quae, qua
et quia haec, est tota in se et nullatenus in alio. Non ita porro in
divinis. Hic enim, absolutum seu essentia, quantumcumque indivisa in se et divisa a quolibet alio absoluto seu substantia, tamen non propterea est incommunicabilis, siquidem est commu-

[2] De quibus omnibus cf. BERGERON : *La structure du concept latin de personne,*
apud *Etudes d'hist. littér. et doctrinale du XIII siècle,* 2ᵉ série, p. 128 sqq., cum no-
tatis a TECTAERT in *Ephemer. theol. lovan.* 1934, p. 389-390.

nis tribus ; id econtra, quo tres illi realiter ab invicem dividuntur,
est ipsa eorum relatio. Relatio igitur est in quo realiter seu materialiter verificatur, apud Deum, ratio formalis personalitatis.

Et hoc ipsum est quod enunciatur in thesi, *distinctione facta
inter significationem nominis personae formalem et materialem.*
Personae scilicet, in divinis, vocantur nomine, quod, servata
sua formali et communi significatione, significat subsistentem
distincte in natura rationali ; at, significatione sua materiali,
significat aut potius menti exhibet relationem.

**299.** *Quod ut intellegatur nec appareat arbitrarie dictum,*
considerandum est distinctionem eamdem fieri de omnibus nominibus, quae applicantur pluribus specie diversis : prout usur-
pantur praedicando aut asserendo, aliam et aliam habent significationem.

*Sit, v. gr., nomen animal applicatum homini et equo.* De utroque scilicet possum dicere praedicando : hic homo est animal ;
hic equus est animal. Possum etiam, asserendo, dicere : hoc animal est quadrupes ; hoc animal est bipes. In utraque serie illarum sententiarum, nomen animal non habet significationem simpliciter eamdem. In prima, ubi adhibetur per modum praedicati,
adhibetur sensu seu significatione sua formali, nam, in praedicationibus, affirmatur formalitatem inesse subjecto ; omnis vero
formalitas est praecisiva seu communis. In secunda econtra, ubi
adhibetur per modum subjecti de quo aliquid asseritur, adhibetur
sensu suo objectivo seu materiali, siquidem assertio est de illa
realitate, quae, in re, correspondet conceptui expresso illo nomine,
nec proinde praescindit aut communis est sed, econtra, specialis
omnino est et particularis [3].

**300.** *Pariter nunc in divinis.* Si dico, praedicando personam :
« Deus est persona ; Pater est persona », sumo « personam » sensu
suo formali, praecisivo ; dico in Deo verificari formalitatem ex-
pressam illa voce. Dico scilicet Deum, Patrem, esse ens intellec-
tuale existens distincte, seu de Deo, de Patre, verum esse id

---

[3] Nomen propterea, in illo casu, dicitur potius « supponere pro » quam significare.
Significatio enim refertur ad notionem, quae nomine formaliter exprimitur ; suppositio econtra refertur ad ipsam rem, cujus, apud mentem, nomen gerit vicem : nomen
supponit menti rem ipsam.

omne quod dicit notio personae qua talis, nempe habere quidquid est suum aliquo modo sibi exclusive proprio et incommu-
nicabili [4]. Sin autem, asserendo aliquid de personis omnibus aut
singulis, dico, v. gr. « Personae divinae veniunt ad justum ;
Pater est innascibilis » ; pono prae mente personas quales sunt
realiter apud Deum ; nam, sicut non datur in re animal in genere
sed animal hoc aut illud, pariter in re non dantur nisi personae
propriae suae rationis ; habent proinde, praeter notas personae
qua talis seu formalis, notas proprias personarum divinarm,
et nomen « persona », in illo casu, cum designet, non personam
simpliciter, sed personam divinam, habet specialem significationem, quae dicitur materialis.

*Significatio materialis, aliis verbis, distinguitur a formali,
sicut species a genere seu proprium individuo a mere specifico* ;
persona igitur, significatione sua materiali, exprimit id quod est
proprium alicui speciali personarum classi. Jamvero proprium
personarum divinarum, quo differunt ab humanis, est quod
earum incommunicabilitas sit non ab absoluto sed a relativo.
Jure igitur persona, in divinis, dicitur significare, significatione
materiali, relationem.

Si quaeras proinde *significationem adaequatam personae divinae*, dicam : persona divina significat relationem subsistentem.
Qua persona, dicit subsistentem aliquo modo distincte ; qua
divina, dicit subsistentem distincte per relationem. Quia vero
determinatio ad illum modum subsistendi distincte non est per
relationem ut per quod distinguatur sed ut per quod est distinctum, hinc dico simpliciter : Persona, in divinis, significat materialiter ipsam relationem seu supponit pro relatione (Ita S. Thomas, I, q. 29, a. 4 c ; *pot.*, q. 9, a. 3 ; Franzelin, p. 374 ; Billot,
p. 431 ; 435).

**301.** PARS SECUNDA : **De sensu quo hoc nomen est commune tribus**(q. 30, a. 4).

1º **Status quaestionis.** — Posito, ut constat per primam
partem, nomen personae esse, secundum significationem suam
formalem, commune personis divinis cum omnibus in genere
personis, secundum suam significationem materialem, commune

---

[4] N. B. — Non dicitur nihil habere, quod alter etiam habeat, sed nihil habere
quod alter habeat eodem omnino modo.

15 - P. GALTIER — *De Trinitate.*

tribus divinis, jam quaeritur cujusmodi sit illa ultima communitas : utrum scilicet esse personas sit eis commune tanquam
aliqua notio generica specifica, an tanquam aliqua realitas, quae,
sicut essentia, intellectus, voluntas, inveniatur apud singulas.

2º **Solutio.** — Respondetur : 1º *Negative quoad utrumque*,
quia : A) persona, significatione sua formali, non dicit genus vel
speciem, ut patet de hominibus, quibus hoc nomen est commune,
etsi non sicut genus vel species ; a fortiori porro pro personis
divinis, quibus, cum habeant et sint idem esse concretum absolutum, non potest quidquam competere ut genus vel species ;
— B) nomen personae, si esset commune communitate rei, sicut
essentia, etc., sequeretur trium esse unam personam sicut una
est essentia.

2º Manet ergo hoc nomen esse eis commune, sicut omnibus
hominibus, communitate rationis, quatenus omnes designantur
nomine communi « individui vagi », « alicujus ». Et, re vera, nomen personae : A) significatione sua formali, complectitur etiam
personas divinas, quatenus intelleguntur individuum vagum, in
se indistinctum, distinctum vero ab aliis, ita ut sit vere aliquis ;
— B) significatione sua materiali, complectitur tres personas
quatenus eis commune est esse aliquid reale et maxime positivum, subsistens scilicet in natura divina, quod quidem re diversum est, siquidem singulae sunt relatio distincta, sed, propter
similitudinem et analogiam, concipitur merito ut unum secundum rationem. Hoc sensu designantur simul, tanquam aliqua
collectio aut numerus similium, Pater, Filius et Sp. S., dicendo,
plurali forma : personae divinae.

N. B. — Nomen personae, quando, in divinis, usurpatur
sensu suo plene singulari, ad designandam alterutram personam,
jam materialiter significat id quo proprie ea persona constituitur : quod quid sit jam venit determinandum.


ARTICULUS II

*DE PERSONARUM CONSTITUTIONE*


**THESIS XVIII.** — **Personae proprietatibus constituuntur relativis secundum esse ad inspectis, prout intelleguntur
formaliter relationes, non origines.**

**302. I. Constituuntur proprietatibus.** — Personas divinas in se, quales re vera sunt, considerando, jam quaeritur quae sit earum constitutio. In eis porro distinximus ratione quasi duplex elementum : aliud commune, aliud singulis proprium. Et, re vera, Pater, v. gr., definitur : Deus Pater, quasi constans ex essentia et relatione sua ad Filium. Jam igitur quaeritur per quid complexus ille determinetur ad esse formaliter personam, eodem modo fere quo quaeri solet per quid complexus, quem vocamus hominem, determinetur ad esse formaliter hominem.

Responderi sane debet : Sicut homo determinatur ad esse formaliter hominem per id quo distinguitur a mero animali, ita persona determinatur ad esse formaliter personam per id quo distinguitur a mera natura, per id igitur quod est ei exclusive proprium seu per proprietatem incommunicabilem. Quod adeo evidens est ut *theologice certum* dici debeat : de fide enim est tres esse personas realiter distinctas. Nequeunt porro distingui realiter nisi aliquo, quod sit eis realiter exclusive proprium. Eaque, re vera, est communis doctrina Patrum, quam breviter enunciat S. GREGORIUS NAZIANZENUS dicendo : « Tria unum sunt deitate, et unum tria est proprietatibus » (*Or.* 31. 9 ; PG 36. 144 A). Hinc dictum concilii Lateranensis IV : « Trinitas, secundum personales proprietates, discreta » (D-B. 428).

**N. B. De modo concipiendi illam constitutionem.** — Ex dictis et dato nostro modo intellegendi, persona concipitur constare duobus elementis, essentia et proprietate personali, quae componant tanquam indeterminatum et determinans formale. Et, re vera, haec duo, cum ratione distinguantur distinctione, quam diximus inadaequatam, in mente nostra componunt compositione, quae est inter conceptus implicitos et explicitos ; sed, in re, nulla est compositio, proindeque proprietas personalis, qua persona dicitur constitui formaliter persona, non tantum illam constituit sed ea ipsa est. Personae divinae propterea sunt simul quod et quo distinguuntur ab invicem.

**303. II. Proprietatibus relativis, id est, relationibus originis** quibus ab invicem distinguuntur. Non datur enim in divinis quidquam absoluti, quod sit ulli personae proprium, proptereaque improbata est communiter — secluso Scoto (*in* I, *dist.* 26, q. 1, n° 23 sqq.) — opinio Joannis de Ripa († 1325) suggerentis personas constitui aliqua proprietate absoluta, nam, aiebat, prius est esse quam agere, proindeque Pater prius est quam generet seu prius quam relationem habeat ad Filium [5].

Assertum igitur *certum est* et nititur aperta traditione de distinctivis personarum. Etenim :

1º *Concilia* aperte docent aut supponunt personas non habere proprium proindeque sui distinctivum et constitutivum nisi relationes. Sic Toletanum XI (675) :

« In hoc solo numerum insinuant quod ad invicem sunt ; et in hoc numero carent quod ad se sunt » (D-B. 280).

quod est dictum S. Augustini (*in Jo., tract.* 39, nº 4). — Florentinum, in decreto pro Jacobitis :

« Omnia, [in divinis], sunt unum, ubi non obviat relationum oppositio » (D-B. 703),

quod desumptum est ex S. Anselmo dicente :

« Unitas non amittit suam consequentiam, ubi non obviat aliqua relationis oppositio » (*De process. Sp. S.*, 2 ; PL 158. 288 C).

**304.** 2º *Patrum eadem est mens et doctrina*, quae recolligi potest : A) **Pro Latinis,** tum in mox citato dicto S. AUGUSTINI, tum in effato Boetii :

« Relatio multiplicat Trinitatem » (*De Trinit.* 6 ; PL 64. 1255 A).

Hinc enim est assertum S. ANSELMI recitatum in concilio Florentino necnon praemissa illius affirmatio :

« Haec sola causa pluralitatis est in Deo, ut Pater, et Filius et Spiritus S. non possint dici de invicem sed alii sint ab invicem : quod totum potest dici relatio » (*ibid.* 1 ; PL 158. 287 B).

B) **Pro Graecis,** tum in assertione cardinalis BESSARIONIS, in concilio Florentino (*sess.* 18), quod relationes sint quae personas divinas distinguunt (Mansi 31ª. 932 D-E), tum in communi Patrum antiquorum doctrina personas distingui proprietatibus suis, paternitate scilicet, filiatione et processione [6], seu, quod identificant, suo existendi modo (κατὰ τὸν τῆς ὑπάρξεως τρόπον). Summam doctrinae illius dat S. JOANNES DAMASCENUS :

---

[5] Argumenta referunt et expugnant SUAREZ : l. VII, cp. 5, nº 2-3 ; VASQUEZ : nº 1, *disp.* 158, cp. 3 ; BILLUART : *dissert.* 4, qa. 2.

[6] Quam videas clare enunciatam a S. Gregorio Nazianzeno : *Or.* XXXI. 9 (PG 36. 147 C-D).

« Quoad omnia unum sunt Pater Filius et Spiritus S., praeter hoc quod Pater est ingenitus, Filius genitus, Spiritus procedens ... Unum enim Deum novimus, et in solis proprietatibus paternitatis et filiationis et processionis, atque, quantum ad causantem et causatam ac hypostasis perfectionem, hoc est, existendi modum (τὸν τῇ ὑπάρξεως τρόπον), intellegimus distinctionem» (*De fide*, I, 8; PG 94. 828 D).

**305.** Istius porro formulae **sensus primarius** est « modus originis », ut constat per non pauca exempla, v. gr. : a) apud S. Basilium, ubi Filio, qui noscitur esse ex Patre per viam generationis (γεννητῶς), opponit Spiritum, quem sane scit esse a Patre seu habere a Patre τὴν ὕπαρξιν (*Epist.* 105 ; PG 32. 513 A), at modo qui manet ineffabilis (τοῦ δὲ τρόπου τῆς ὑπάρξεως ἀρρήτου φυλασσομένου; *de Spiritu Sancto* 18, 46 ; PG 32. 1528 ; cf. pariter *cont. Sab. et Ar.* ; PG 31. 612 D ; 613 A ; 616 C). b) apud S. Gregorium Nyss. (*adv. Eunom;* PG 45. 316 C ; 404 B-C ; 500 B ; 509 A ; 632 D ; 773 B ; 781 A) ; c) apud Amphilochium Iconiensem, qui etiam Filii originem designat illa eadem formula : sic *Or.* II, 6 : « τὸ ἀκατάληπτον τῆς ὑπάρξεως » et *fragm.* 15 : « ὑπάρξεως τρόπον » (PG 39. 53 B et 112 B).

Exinde igitur sequitur formula **significari relationem originis** ut explicite apparet apud eumdem Amphilochium, ubi dicit « distinctionem ideo esse in personis et non in essentia, quia nomina Pater, Filius, Spiritus Sanctus significant modum existentiae seu relationem, non essentiam simpliciter » [7].

Haud immerito igitur asserere licuit theologis, in concilio FLO-RENTINO : « *Secundum doctores tam graecos quam latinos, est sola relatio quae multiplicat personas in divinis* » (*Sess.* 18 ; apud Mansi 31ª col. 737 D).

**306.** 3⁰ *Ratione theologica* comprobatur, nam : A) Nihil aliud excogitari potest, ex quo sit, in divinis, distinctio proindeque constitutio personarum, siquidem omne aliud distinctivum seu constitutivum induceret aliquam in ipso absoluto distinctionem aut limitationem. — B) Relationes econtra, cum sint simul et realiter distinctae et in se subsistentes, aptae sunt quae personas constituant.

---

[7] « Τὸ γὰρ πατήρ, Υἱὸς καὶ Πνεῦμα τὸ ἅγιον, τρόπου ὑπάρξεως ἤτουν σχέσεως ὀνόματα, ἀλλ'οὐκ οὐσίας ἁπλῶς» (*Fragm.* 15 ; PG 39. 112 D).
De evolutione illius formulae, cf. HOLL (K) : *Amphilochius von Ikonium* (1904), p. 240-245 ; SCHMAUS : *Der liber propugnatorius des Thomas anglicus* ... (1930), p. 385, note 1.

**307. III. Relationibus secundum « esse ad » inspectis.**
— Cum relationes divinae dicant explicite *esse ad*, quod ratione
distinguitur ab *esse in* seu ab essentia, quaestio oritur utrum
personae dici debeant constitui relationibus, prout dicunt *esse
ad* an prout dicunt *esse in* ?

*Ratio dubitandi* est quod relatio, prout dicit *esse ad*, nullibi
constituit personam : qua talis enim est accidens, nec facit subsistere seu esse indivisum in se ad modum substantiae, quod
tamen est de ratione personae. Nonnulli [8] propterea dixerunt et
dicunt relationibus, secundum *esse ad* consideratis, personas distingui quidem at non formaliter constitui ; constituantur econtra relationibus, prout dicunt *esse in*. In quo sibi videntur sequi
S. Thomam, ubi ait

« relationes, in divinis, etsi constituunt hypostases et sic faciunt
eas subsistentes, hoc tamen facere in quantum sunt essentia divina.
Relatio enim, in quantum est relatio, non habet quod subsistant
vel subsistere faciat ; hoc enim solius substantiae est » (*pot.*, q. 8,
a. 3, ad 7m ; cf. ad 8m et ad 9m atque q. 10, a. 3 c).

Sed *aequivocatio est in hoc* quod S. Thomas, ubi negat relationem qua talem constituere personam, loquitur de relatione
simpliciter seu in genere, prout scilicet praescindit ab hoc quod
sit divina an non. At quaestio est praecise de relatione divina.
Eam vero S. Thomas explicite dicit constituere personam :

« Intelligimus relationem ut constitutivam personae ; quod quidem non habet in quantum est relatio, [ut] patet, quia relationes, in
rebus humanis, non constituunt personas ... Sed habet hoc relatio,
in divinis, quod personam constituat, in quantum est divina relatio » [9].

---

[8] Ii scilicet qui, quia subsistentiam intellegunt formam qua existitur ad modum
substantiae proptereaque admittunt eam esse unicam apud singulas personas, communem quidem sed relatione modificatam, volunt personas subsistere ex unica illa subsistentia et non habere ex relationibus nisi quo distinguantur ab invicem. Sic DURANDUS :
*in* 1, *dist.* 13, q. 2, n⁰ 23 ; *dist.* 23, q. 1, n⁰ 17 ; *in* 3, *dist.* 1, q. 2, n⁰ 1 et 7 ; q. 4,
n⁰ 10 ; contra quem cf. BILLUART : *diss.* 4, a. 4, obj. 2ᵃ et GONET : *disp.* 5, a. 2,
§ 3 et 4, n⁰ 50 et 60 sqq. ; — item BILLOT, ubi ait « in significatione personae relationem afferre solum distinctionem et incommunicabilitatem, non autem subsistentiam» (*De Deo trino*, post thesim XI, *coroll.* et cf. ea quae exinde dicit in *De Verbo
incarn.*, thes. *VII*, § 5, obj. 7ᵃ ; thes. *XI*, § 2, obj. 2ᵃ). — De quibus, cf. infra, n⁰
517 sqq.

[9] *De pot.*, q. 10, a. 3 c et cf. q. 8, a. 3 c atque *in* 1, *dist.* 26, q. 2, a. 2, ad 1m;
item 1, q. 40, a. 2 : « Distinctio, in divinis, non est sic intellegenda quasi aliquid commune dividatur, quia essentia communis remanet indivisa sed oportet quod *ipsa dis-
tinguentia constituant res distinctas* » ; a. 3 : « *Relatio est quae distinguit hypostases et*

Et, re vera, relatio divina, etiam ubi consideratur formaliter
secundum *esse ad*, etsi non dicit explicite *esse in* seu subsistere
in se, tamen adeo non praescindit ab hoc adaequate ut econtra
hoc implicite dicat : relatio divina enim de se est substantialis
seu in se est.  Exinde igitur relatio divina apparet dicere totum
id quod est de ratione personae proindeque posse illam formaliter constituere. Hoc negare quia non dicit explicite *esse in*,
quod tamen est de ratione omnis personae, esset idem ac negare
animam rationalem constituere hominem quia non dicit explicite
animal, quod tamen est de ratione omnis hominis.

**308.** Jam igitur, cum theologis communiter [10], **probatur
personam constitui relatione divina considerata formaliter
secundum suum esse ad.**

Persona dicit ens simul in se indivisum seu subsistens et
distinctum. Ergo debet constitui per aliquid quod det rationem
horum duorum. Atqui sola relatio considerata secundum suum
*esse ad*, dat eam rationem. Etenim : A) *Esse ad* divinum, quod
dicit explicite ens distinctum, dicit etiam implicite *esse in* ;
immo est et noscitur esse realiter illud *esse in*, ita ut, ratione
illius *esse in* quod dicit implicite, *esse ad* sit simul distinctum et
in se subsistens. — B) Econtra *esse in* divinum, quod sane dicit
esse indivisum in se, nullatenus, ex sua identitate reali cum *esse
ad*, fit distinctum seu incommunicabile. Etenim, etiam ubi consideratur ut implicite dicens tria *esse ad*, concipitur et concipi
debet ut tribus relationibus commune, proindeque *esse in* relationum est absolute impar dare rationem duorum quae sunt de
ratione omnis personae. Manet igitur non aliud esse, quo persona
sit in se seu existat ad modum substantiae, et aliud, quo distinguatur ab aliis, nam ipsa relatio divina utrumque praestat. Prius
quidem praestat ratione sui *esse in*, posterius ratione sui *esse
ad*, sed haec duo, etsi ratione distinguuntur, non distinguuntur
tamen adaequate sed tantummodo secundum conceptus explicitos. Jure igitur relatio divina dicitur constituere adaequate
personam, siquidem secundum quod est substantialis, facit quod
facit in personis cunctis substantia qua talis ; secundum quod

---

*constituit* ». Hinc, in 1, *dist.* 26, q. 2, a. 1, ad 5 m. « *Etiam personae divinae seipsis
distinguuntur, in quantum personae, secundum rem, sunt ipsae relationes* ».

[10] v. gr. BILLUART: *Diss.* 4, a. 4, obj. 2ª ; SUAREZ : l. VII, cp. 7 ; GONET :
*Disp.* 5, a. 2, § 5, n⁰ 60 sqq.

est *ad*, facit idem quod, in personis creatis, personalitas qua talis
seu constitutivum formale personae.

**309. Difficultates** oriuntur omnes ex eo quod persona in genere
dicit aliquid absoluti seu est *in se*, et quod persona divina in specie,
cum sit unum per se, non potest constitui duobus quasi elementis ita
ut uno .ex illis — *esse in*, essentia — sit in se, et alio — *esse ad*, relatione, — distinguatur ab alio. Sed omnes solvuntur ex dictis sive de
relatione divina, quae realiter est in se simul ac est *ad*, sive de distinctione τοῦ *esse in* et τοῦ *esse ad*, quae, cum non sit nisi quoad conceptus
explicitos, nullatenus officit unitati reali. Unde sic in forma :

a) Persona non est relativa, *dist.* : Non est ita mere relativa ut
non subsistat etiam in seipsa, *conc.* ; est ita non relativa ut non possit
constitui relatione, quae sit ipsa subsistens, *nego.*

b) Persona divina est unum per se. Atqui unum per se non
potest constitui ex absoluto et relativo, *dist.* minorem : non potest
concipi constitui ex absoluto et relativo adaequate distinctis, *conc.* ;
ex absoluto et relativo distinctis inadaequate, *neg.o*

c) Relatio praesupponit suppositum quod refert ad ; ergo relatio
praesupponit, non constituit, personam. *Dist.* antecedens : relatio
accidentalis, *conc.* ; relatio subsistens, *nego.*

d) Persona, etiam divina, dicitur prius ad se quam ad alium.
*Dist.* : per aliquid sui et secundum nostrum intellegendi modum,
*conc.* ; quoad suum esse formale et in re, *nego*, nam dicitur simul ad
se et ad alterum.

**310.** Corollaria : 1° **De distinctiones personarum ab invicem.**
— Hinc apparet quanta et quantula sit realis personarum divinarum
distinctio. Realiter distinguuntur ut tres aliqui ; sunt igitur totidem
realitates, totidem entia (I, q. 39, a. 3, ad 3 et cf. in 1, dist. 25,
q. 1, a. 4), sed singulae sunt realitas qualis est divina essentia ; persona scilicet quaelibet est totus Deus, sed tali modo, qui omnino
non est in aliis personis. Jure igitur dicitur, apud S. Thomam, « quod
divinarum personarum distinctio est minima » ; cum sit per relationem, « est per id quod minimum distinguit » (C. G. IV. 14 et I, q. 40,
a. 2. ad 3m).

2° **Distinctio personarum per sui conscientiam incommunicabilem**
non potest admitti in Deo. Secus enim, ut notabatur in schemate
*Constitutionis dogmaticae* Patribus Vaticanis proposito (*Nota* 29 ;
*Coll. Lacensis*, VII. 541 et Mansi L. 103), tot essent in Deo naturae
quot personae. Ratio est quia, ut notat S. Thomas de « esse et operari » in genere, (III, q. 19, a. 1, ad 4m), cognitio sui seu conscientia
« est personae a natura ».

Nec, re vera, datur in Deo ullus actus cognoscendi, qui sit ulli personae proprius et quo se possit ad alias referre. Econtra, unus idemque simplicissimus est actus, quo omnes et singulae se percipiunt quales sunt, scilicet simul realiter identicas cum eadem essentia et realiter ab invicem distinctas sola sua relatione originis.

Fallacia igitur in hoc sit quod ex diverso respectu quem habent ad invicem ratione originis putetur oriri etiam apud singulas modus diversus percipiendi se et alias. Respectus enim diversus quem habent ad invicem haud aliud est ac ipsa relatio originis, proindeque non inducit actum cognoscendi magis singularem et exclusive proprium quam ipsam essentiam. Modus enim diversus habendi rem non afficit ipsam rem habitam, proindeque modus eam habendi potest esse diversus quin sit et ipsa diversa.

**311 .IV. Proprietatibus relativis, prout intelleguntur formaliter relationes, non origines.** — Nova haec quaestio ponitur, quia relationes et origines sunt unum et idem realiter nec distinguuntur nisi ratione ratiocinante (q. 41, a. 1, ad 2m). Dictum est enim processionem in divinis non dicere nisi esse *ab*, quod est relatio ; sed nos concipimus processiones tanquam origines, quibus personae quasi perveniant ad esse ; relationes econtra tanquam quae afficiant personas jam existentes. Nemo negat eam distinctionem esse tantummodo secundum nostrum intellegendi modum ; sed, posito illo, quaeritur utrum personae divinae debeant concipi constitutae relationibus prout intelleguntur praecise tanquam origines an tanquam relationes.

De hoc porro duplex opinio[11] : alii, post Richardum a S. Victore (*De Trinit.* IV. 23 sqq. et V), volunt personas constitui originibus (Ita S. Bonaventura : *in* 1, *dist.* 27 ; de quo multa apud De Régnon, t. II, p. 244-277 et 435-505 et Stohr. *Die Trinitätslehre des heil. Bonaventura* (1923), p. 96 sqq.) ; alii relationibus (Ita S. Thomas : I, q. 40, a. 2). Posterior haec defenditur ut probabilior, quia constitutivum formale personae debet esse id quod concipitur ut illi intrinsecum, ut quid fixum et permanens, ut identicum ipsi personae constituendae, non ut ea prius aut posterius. Jamvero sola relatio, concepta ut talis, est hujusmodi ; origo enim dicit viam ad esse, proindeque concipitur ut personae extraneum, per modum alicujus actionis ac fluxus ; ap-

---

[11] Cf. Schmaus : *Der liber propugnatorius des Thomas anglicus. II. Teil. Die trinitarischen Lehrdifferenzen*, p. 385 sqq.

prehenditur propterea vel tanquam superveniens personis pro-
ducentibus vel tanquam praevium personis procedentibus.

**312.** *Difficultas* est quod Pater intellegitur esse prius quam
generet Filium ; a fortiori, priusquam habeat Filium, nam prius
est esse quam agere, seu supposita sunt ante suas actiones. —
Sed solvitur advertendo quod :

1º *Quoad rem, nulla est prioritas* Patris prae generatione
ipsa nec prae Filio ; ratio porro addita valeret, si ageretur de
agere aut actione, quae sit agenti accidentalis ; non valet autem,
ubi agitur de agere, quod identificatur cum ipso agente.

2º *Quoad modum intellegendi*, Pater concipitur quidem ut
constitutus prius quam generet, sed, praeterea quod hic modus
intellegendi noscitur esse corrigendus ne sit falsus, quando sic
concipitur, non concipitur sine relatione ad Filium quem possit
generare vel actu generet aut habeat jam generatum. Anterio-
ritas enim quae sic inducitur possit distingui in tria signa rationis : 1m, in quo Pater apprehendatur tantummodo ut principium futuri Filii ; — 2m, in quo apprehendatur ut jam actu
gignens Filium ; — 3m, in quo apprehendatur ut jam habens
Filium. Jamvero, in singulis hujusmodi signis, non apprehenditur vere ut Pater nisi quia dicens ad Filium respectum qualem
unumquodque secum fert. In 1º, v. gr., ubi non intellegitur nisi
ut futurus Pater, adeo tamen intellegitur cum respectu ad Filium
pariter futurum, ut, sublato illo respectu, non intellegeretur vere
ut Pater futurus : jam enim non intellegeretur nisi ut principium
indeterminatum seu quasi indifferens ad producendum Filium
aut Spiritum Sanctum ... De quo plura apud Franzelin, p. 368-
371.

## Articulus III

### *DE SUBSISTENTIA IN DEO ; UTRUM UNA AN MUL-*
### *TIPLEX*

**I. De diverso sensu quo; pro saeculorum aut quaestiouum
diversitate; usurpata est vox « subsistencia».**

**313.** 1º *Apud antiquos.* — Inde a Rufino (cf. De Régnon,
t. I, p. 226), vox latina « subsistentia » posita est pro graeca
« ὑπόστασις », quae, illius jam aetate, ubi agebatur de divinis,

intellegebatur, non, sensu suo etymologico et primaevo, substantia, sed persona. Propterea, in documentis fidei, occurrit
eodem sensu quo « hypostasis » seu « persona ». Sic dicitur esse
in Deo tres « subsistentias » (D-B. 201 ; 213 ; 254), in Christo
vero unicam « subsistentiam » (D-B. 215 ; 217 ; 288 ; 292). Quae
significatio perseveravit ad aetatem usque mediam. Sic S. Gregorius M. scribit « in tribus subsistentiis [esse] unam substantiam » (ad Leandrum ; Jaffe, 1111 ; PL 77. 498 A). Item S.
Thomas, ubi vocem usurpat, non ex « proprietate significationis »,
sed, ut ipse dicit, ex usu « sanctorum ». Sic, v. gr. :

« Sicut nos dicimus, in divinis, pluraliter tres personas et tres subsistentias, ita Graeci dicunt tres hypostases » (I. q. 29, a. 2, ad 2m).
« Fides catholica dicit unionem factam esse ... secundum subsistentiam seu hypostasim » (III, q. 2, a. 6 c).

**314.** 2º *Apud scholasticos.* — Consequenter ad aequivocationem inductam a Boetio, qui « hypostasim » cum « substantia »
identificavit [12], usus invaluit reducendi significationem vocis
« subsistentia » ad substantiam concretam, consideratam ut in
se existentem et non in alio. Quae est S. Thomae explicatio vocis :
I, q. 29, a. 2 ; *pot.*, q. 9, a. 1 c ; cf. *in* 1, *dist.* 23, q. 1, a. 1 c et
ad 4m ; *dist.* 26, q. 1, a. 1, ad 3m et ad 4.m — Vox igitur,
seipsa, signabat *substantialitatem rei per oppositionem ad id omne-
quod* quomodocumque non in se sed in alio est, nec jam distingue-
batur a vocibus « substantia » aut « hypostasi » nisi quatenus
non signabat substantiam substerni (substare) accidentibus ;
quod, econtra, duae ultimae voces, pro sua significatione ety-
mologica, aperte signabant.

Ex eadem consideratione, « subsistere » non dicebat nisi
esse aut existere ad modum substantiae, praescindendo a quaestione utrum substantia existat seorsim seu distincte an sit pluribus communis [13].

Ita de voce usurpata sensu concreto. Sed eadem poterat
usurpari et usurpabatur, re vera, sensu abstracto : tunc signifi-

---

[12] Cf. de Régnon, t. I, p. 242-243 et 237-232. — Ex ea forte identificatione est
quod S. Anselmus dicat, cum Graecis, « tres substantias » pro « tres personas » (*Monol.*, *praef.* ; PL 158. 144 A).

[13] Substantia propterea, ubi praescinditur a verbalibus hujusmodi determinatio-
nibus, definitur eodem modo ac definita est « subsistentia ». Sic, v. gr., *pot.*, q. 7,
a. 3, ad 4m : « Substantia est res cujus quidditati debetur esse non in aliquo ».
Item III, q. 77, a. 1, ad 2ᵘ ; *C. G.* I. 25, 9 ; *de Unione Verbi inc.*, a. 2.

cabat actum seu formam ex qua aliquod ens est substantia et
non accidens aut pars. Tunc actus seu forma hujusmodi non
intellegebatur ut quo ens determinatur ad esse distinctum seu
seorsim sed ut quo determinatur simpliciter ad esse per modum
substantiae.

**315.** 3º *Apud recentiores.* — Quia, in creatis, omnis substantia completa, eo ipso quod est in se seu subsistit ad modum
substantiae, est etiam distincta et unius tantum suppositi propria seu incommunicata et incommunicabilis, usus, saltem
post Cajetanum, invaluit identificandi ens subsistens seu ens in
se et suppositum seu hypostasim aut personam. Consequenter,
subsistentia jamdiu, apud philosophos ac theologos, intellegitur,
sensu abstracto, id quo subsistitur et quidem ad modum suppositi aut personae. Quia vero subsistere hoc modo intellegitur subsistere distincte seu ita totaliter in se ut nullatenus in alio, subsistentia definitur forma existendi distincte seu qua fit ut ens
aliquod : a) sit in se et non inhaereat alteri per modum accidentis ; b) non sit actu aut potentia pars alterius sive naturae,
sicut anima humana, sive personae, sicut natura humana in
Christo, sed omnino sui ipsius sit seu principium *quod* ; c) non
communicetur pluribus, sicut natura divina in Trinitate.

Subsistentia, proinde, ubi agitur de subsistentibus, quorum
natura sit rationalis, idem intellegitur ac ipsa personalitas seu
constitutivum formale personae. Quo sensu quaeri solet utrum
et quo modo subsistentia, in creatis, distinguatur a natura concreta et undenam, in Christo, naturae humanae desit sua con-
naturalis subsistentia. In divinis autem, scitur non distingui
nisi ratione ; sed quaeritur utrum assignari debeat una, an
triplex, an quarta.

**316. II. Opiniones de numero subsistentiarum in divinis.**
— Quaestioni utrum subsistentia, in divinis, sit una an multiplex, respondetur aliter et aliter pro sensu quo intellegitur subsistentia.

*Aliqua* tamen de hac re ab omnibus admittuntur, quae praenotanda sunt *ut extra quaestionem* : A) Tres dari in Deo subsistentes relativos, qui, sensu quidem antiquo, vocari possent « subsistentiae », at jam, dato usu vocis, non ita recte vocentur. —
B) *Esse in*, seu esse substantiale trium illorum subsistentium,

esse unum et idem, proindeque, si, ut fit apud S. Thomam, subsistentia intellegatur forma existendi in se ad modum substantiae, subsistentiam dici debere unicam.

Sed, his extra quaestionem positis, ubi inquiritur de subsistentia, prout dicit formam essendi non tantum ad modum substantiae sed etiam ad modum suppositi aut personae, — qui,
ut dictum est, est communis apud hodiernos vocis sensus —
distinguuntur tres opiniones.

**317. Iª opinio,** quia stare vult modo loquendi S. Thomae,
dicit **unicam, et quidem absolutam, dari in Deo subsistentiam.**
Quod, *si intellegatur sensu a S. Thoma exposito de subsistentia*, prout dicit tantummodo esse in se ad modum substantiae,
*jam dictum est ab omnibus admitti.* Sed sic abstraheretur a quaestione de qua nunc, quam tamen eo suo responso opinio illa se
solvere putat. Nec, re vera, ab ea abstrahere potest, nam : a) nimis patet subsistentiam esse de ratione personae qua talis et
quidem tanquam illius constitutivum, proindeque singulis personis divinis subsistentia competere debet. — b) Praeterea persona Verbi fide cognoscitur esse humanae naturae unita sola,
ita ut ille solus subsistat in illa natura. Verbo igitur subsistentia
competere debet, qua possit subsistere solus, seu quae illi, qua
personae, sit exclusive propria. Explicat igitur illa opinio subsistentiam absolutam illam unicam constituere singulas personas
quatenus, apud singulas, earum proprietate relativa modificetur. Tres proinde, etsi habent eamdem subsistentiam absolutam,
possunt dici habere singulae suam propriam subsistentiam, eaque ratio sit cur Verbum potuerit incarnari solum. Fundamentum
igitur hoc est opinionis, quae tenet unionem hypostaticam terminari formaliter ad ipsum esse seu existere divinum, prout
est in Verbo : patet enim subsistentiam personalem sic intellectam identificari cum ipso esse tribus, etsi diverso modo, communi.

Ita Durandus : in 1, *dist.* 13, q. 2, nº 23 ; *dist.* 23, q. 1, nº 17 ;
in 3, *dist.* 1, q. 2, nº 1 et 7 ; q. 4, nº 10 ; — Capreolus, quatenus,
in divinis, etsi tres agnoscit subsistentias, unicum tamen vult dari
subsistere, quia subsistentia addit τῷ subsistere incommunicabilitatem (*in* 1, *dist.* 26, q. 1, *ad argum. contra* 3am *concl.* ; in 3, *dist.* 1, q.
1, *ad argum. cont.* 4am *concl., ad argum. Durandi* ; ed. Paban, t. II,

p. 233-235 ; t. V, p. 12) ; — Billot : *De Deo trino,* post *thes.* XI,
§ 2. Quem sequitur dАlès : *De Verbo incarnato,* p. 244, ubi pronun-
ciat « imaginationem triplicis esse in Deo relativi pertinere ad tritheismum », ita ut « sola notio catholica sit unius esse absoluti, quod di-
verse possident tres inter se distincti per relationes oppositas ».

**318.** 2º opinio, etsi, ut dictum est, admittit unicam subsistentiam intellectam cum S. Thoma de esse simpliciter substantiali, **tenet subsistentiam intellectam de constitutivo personae
triplicari in Deo.** Admittit propterea tres saltem hoc sensu
subsistentias, quas, quia sunt constitutivae personarum rela-
tivarum et identificantur re vera cum ipsis relationibus, vocat
relativas. — Ita communiter, seclusis praemissis, theologi, v.
gr., Suarez : *l.* 3, cp. 4 ; Billuart : *diss.* 4, a. 4 ; Gonet : *disp.*
5, a. 2, § 2, nº 42-47 ; Franzelin, p. 378 ; Pesch, nº 605.

**319.** 3º **opinio** vult, **praeter tres illas relativas, subsistentiam
agnosci quartam, quam dicit absolutam,** quia competat substantiae qua tali. Eam porro intellegit sensu omnino speciali formae, qua existatur, non quidem incommunicabiliter,
sed ad modum substantiae ab omni alia substantia distinctae.
Effectus illius dicitur esse perseitas independentiae, ex qua
non habeatur quidem persona sed tamen principium *quod* opera-
tivum ad extra. Rationes dantur quia Deus, seu natura divina,
etiam praecisis per intellectum aut ignoratis relationibus, intellegitur et est una substantia in se ab omnibus aliis prorsus distincta atque exhibetur ut principium *quod* operationum ad extra.
Sic enim : a) Judaei et philosophi, etsi non cognoscunt in Deo
ullam relationem, eum tamen agnoscunt ut principium *quod*
immo ut personalem ; b) S. Thomas (III, q. 3, a. 2-3) docet naturam divinam qua talem posse assumere naturam humanam ;
c) concilium Lateranense (1215) Deum vocat « unicum universorum principium, creatorem omnium » (D-B. 432) ; d) liturgia
Deum qua talem alloquitur et adorat, v. gr., ubi ait : « Regi
saeculorum immortali, soli Deo honor et gloria ».

— Ita Suares : l. 4, cp. 11 et Thomistae O. P. communiter,
v. gr., Joannes a S. Thoma : *disp.* 14, a. 2 ; Billuart : *diss.* 4, a. 4.
— Dissentit tamen Pègues : *Commentaire fr. de la Somme,* t. II,
p. 172-177 et 260-261.

Quas inter opiniones, etsi non nostrum est tantam componere litem, et cavendo quantum fieri potest verborum aequivocationem subjacentem, censemus secundae adhaerendum esse, ita ut tres ac tantum relativae agnoscantur in Deo subsistentiae.

**THESIS. XIX** — Subsistentiae, quae intelleguntur constituere personas, dantur in Deo tres relativae, praeter quas non est cur agnoscatur subsistentia absoluta, quae dicitur quarta.

**320.** PARS PRIMA, ex dictis, est contra paucos illos qui subsistentiam nolunt dari nisi absolutam. Probatur, quia :

I° Subsistentia intellecta ut constitutiva personae nequit esse nisi id quo persona constituitur in se simul et nullatenus in alio. — Atqui, in divinis, solae relationes possunt esse constitutivum hujusmodi. Ergo, in divinis, subsistentia, intellecta ut constitutivum personae, nequit esse nisi relativa.

Major est definitio subsistentiae, de qua agitur, et personae [14].

Minor probata est thesi praecedenti, ubi demonstratum est personas non posse constitui nisi relatonibus consideratis secundum suum *esse ad*, quia eae solae sic consideratae dicunt simul substantialitatem et incommunicabilitatem.

Volunt quidem adversarii haec duo competere relationibus ex duobus virtualiter distinctis, subsistentia scilicet absoluta et modo relativo, quo ea, apud singulas personas, habetur. At hoc exclusum est supra, ubi agebatur de *esse in* relationum quod, qua tale, constitueret personas, nam, sicut *esse in*, ex sua identificatione reali cum *esse ad*, non fit incommunicabile sed manet commune, ita subsistentia quae dicitur absoluta non ita modificatur relationibus personalibus ut exinde personae dici possint subsistere distincte. Absoluta enim, in divinis, etsi omnia inveniuntur apud singulas personas diverso modo, non tamen apud eas sunt distincte : secus enim dicas singulas intellegere, vel agere distincte. Jamvero personae singulae subsistunt sane dis-

---

[14] « Deitati, prout significatur ut natura quaedam, non convenit ratio personae dupliciter : primo, quia non significatur ut per se subsistens ; secundo, quia est communis pluribus et persona significat distinctum quid » (*in* 1, *dist.* 23, q. 1, a. 3 c; cf. *pot.*, q. 8, a. 3, ad 7m).

tincte ; ergo non per meram modificationem subsistentiae communis [15].

**321.** 2⁰ **Relationes,** fatentibus adversariis, **conferunt personis incommunicabilitatem. Atqui eam eis conferre nequeunt nisi faciendo ut subsistant.** Secus enim eam conferrent adveniendo personis jam subsistentibus. Hoc autem repugnat, nam hoc supponat personas concipi subsistentes et tamen praescindere ab incommunicabilitate, quae est de earum ratione formali [16]. S. Thomas propterea dicit,

« remota per intellectum proprietate personali, tolli intellectum hypostasis. Non enim proprietates personales sic intelleguntur advenire hypostasibus divinis sicut subjecto praeexistenti, sed fuerunt secum sua supposita, in quantum sunt ipsae personae subsistentes, sicut paternitas est ipse Pater. Hypostasis enim significat aliquid disdistinctum in divinis, cum hypostasis sit substantia individua. Cum igitur relatio sit quae distinguit et constituit hypostasim, relinquitur quod, relationibus personalibus remotis per intellectum, non remanneant hypostases » (I, q. 40, a. 3 c) [17].

**322.** 3⁰ **Si personae non sunt subsistentes nisi ex participata unica et absoluta forma subsistendi, haud magis dici possunt tres subsistentes quam ex participata forma deitatis possunt dici tres dii.** Ratio est quia dicere tres subsistentes

---

[15] Cf. GALTIER : *De Incarnatione ac Redemptione*, n⁰ 188-192.

[16] Aliter apud GONET (*loc. cit.*, n⁰ 56) : « Incommunicabilitas, quam dicunt personae divinae, non est pura negatio sed fundatur in aliquo positivo. At illud non potest esse nisi subsistentia, [nam], si non esset subsistentia, se haberet per modum formae adjacentis, et, cum sit constitutivum personae in esse personali, persona divina, ex sua formali ratione, se haberet per modum formae adjacentis rei existenti : quod est absurdum et accedit ad errorem Gilberti Porretani. — [Praeterea], si positivum illud, in quo divinarum personarum incommunicabilitas fundatur, ex propria sua ratione, non esset subsistens, sequeretur quod essentia divina, praeintellecta positivo hujusmodi, esset suppositum et persona ... Suppositum [enim] seu persona est substantia incommunicabilis alteri ut supposito. Sed essentia divina ut praeintellecta positivo hujusmodi, esset incommunicabilis alteri ut supposito, ... quia non esset communicabilis nisi illi positivo, quod ex se non esset subsistens sed potius per eam subsisteret et ad eam se haberet ut forma ad subsistens. Ex eo autem quod aliquid fit communicabile alteri ut formae ad illam sustentandam, non tollitur ab eo quod sit suppositum, ut patet in Verbo divino, quod communicatur hoc modo humanitati ad illam sustentandam ».

[17] Item S. THOMAS : « Non istae relationes se habent ad divinas personas ut speciem dantes, sed magis ut supposita distinguentes et *constituentes* » (*Pot.*, q. 9, a. 5, ad 18 m). — « Persona divina significat relationem ut subsistentem et hoc est significare relationem per modum substantiae » (I, q. 29, a. 4 c et cf. ad 1 m).

est dicere tria supposita, ita ut vox « subsistentes » hic sit nomen
substantivum. Nomina porro substantiva multiplicari nequeunt
nisi multiplicata forma quam significant : sic dici possunt plures
homines, quia multiplicatur forma, qua sunt homo ; non possunt
econtra dici plures dii quia non multiplicatur forma, qua tres
personae sunt Deus.

Immo vero, *nec adjective tres personae dici possent subsistentes.* Hoc enim dicerentur eodem modo ac sensu quo, ex participata eadem divinitate, sapientia, voluntate, dicuntur adjective
tres divini, tres sapientes, tres volentes. Jamvero, ex participata
unica forma subsistendi non possent dici eo sensu tres subsistentes. Ideo enim et ideo tantum, non obstante identitate formae
participatae, dici possunt tres divini aut tres sapientes, quia,
independenter ab illa forma communi, sunt tres seu tria supposita. Pariter igitur, ut, non obstante identitate subsistentiae participatae, dici possent tres subsistentes, deberent esse tres seu
tria supposita independenter ab illa subsistentia communi. Hoc
porro non sunt, nam suppositum non potest concipi ullum independenter ab omni subsistentia.

**323.** 4º **Si Filio non competeret sua propria subsistentia, non potuisset incarnari solus,** quia, in Incarnatione, unio
terminatur formaliter ad ipsam subsistentiam personalem. —
Quod argumentum videas expositum in nostro *De Incarnatione*
(nº 176-191), vel immo agnoscas jam hoc praeformatum in probatione prima.

**324.** 5º S. Thomas : A) locis quae ab adversariis opponuntur,
subsistentiam aut subsistere *non intellegit* de existere aut de forma
existendi *ad modum personae* sed simpliciter de existere aut de forma
existendi *ad modum substantiae,* eoque sensu dicit relationes aut proprietates personales non habere de se ut subsistant aut subsistere
faciant ; ex essentia econtra, quacum identificantur, habent quod
sint in se ad modum substantiae seu substantiales. Ita ex definitione
« subsistentiae », quam ipse dat I, q. 29, a. 2 et *pot.*, q. 9, a. 1 c ; quorum sub lumine si legas ea quae habet, v. gr., *pot.*, q. 8, a. 3, ad 7m
et ad 8m ; q. 9, a. 5, ad 13m c. G. IV. 14, nº 4, videbis aequivocationem : dicta ab eo de subsistentia, applicantur subsistentiae prout
nunc intellegitur personae constitutivum formale.

B) Ipse, econtra, explicite negat essentiam seu absoluta, in divinis, contrahi aut determinari per proprietates relativas : I, q. 39,

a. 5, ad 5ᵐ ; *in* 1, *dist.* 7, q. 1, a. 2, ad 3ᵐ ; item *pot.*, q.  2, a. 6
c, ubi negat duplex dari in Deo esse, essentiae et personale ...

**325.** Pᴀʀs sᴇᴄᴜɴᴅᴀ : **Non est agnoscenda in Deo subsistentia absoluta, quae dicitur quarta.**

Cum contra sentientibus quaestio jam est fere tota de nomine, nam :

1º *Subsistentiam jam intellegunt sensu omnino novo et arbi-
trario,* diverso scilicet a sensu quo alias ubique intellegi solet :
non de constitutivo personae, sicut ipsi intellegunt ubi propug-
nant tres subsistentias relativas ; nec tantum, ut apud S. Thomam, de forma existendi ad modum substantiae ; sed de per-
seitate independentiae, qua substantia sit in se et distincte ab
omni quidem alia substantia at non incommunicabilis alii supposito ; sit principium *quod* agendi et tamen, etsi rationale, non
persona. Ea porro notio subsistentiae notionem communem
pervertit, siquidem ea subsistentia absoluta : A) non intellegitur complere naturam : ea enim communicata personis, natura
tamen intellegitur compleri ulterius per earum subsistentiam relativam ; — .B) non constituit personam ; — C) naturam subsistentem non facit incommunicabilem.

Dɪᴄᴇs : At, in Deo, subsistentia potest non esse ejusdem rationis ac in creatis, proindeque potest, in Deo, non dicere incommunicabilitatem, quam dicit in creatis. — Rᴇsᴘᴏɴᴅᴇᴏ : Admitto antecedens et nego consequens et consequentiam : *Consequens,* quia haec
differentia tollat aliquid, quod admittitur esse de ratione formali
subsistentiae, proindeque ea jam non sit subsistentia proprie dicta ;
*consequentiam,* quia differentia inter subsistentiam divinam et creatam
sufficienter assignatur, ubi una dicitur relativa, alia vero absoluta.

**326.** 2º *Nulla est ratio admittendi in Deo subsistentiam hoc
sensu intellectam.* Sola ratio, tandem aliquando, est quod Deus,
etiam ignoratis aut praecisis per intellectum relationibus, intellegitur esse in se distincte ac principium *quod.* Jamvero ea ratio
nimis probat vel nihil probat :

A) Nimis, quia pariter dicatur intellegi persona, ut constat
per Judaeos et philosophos, qui Deum sane intellegunt esse personalem.

B) Nihil, quia, quotiescumque de Deo sic agitur, hoc nomen
« Deus », etsi significat naturam, tamen, quia eam significat ut

in habente ipsam, designat indeterminate aliquam personam, ita ut ex adjunctis constet utrum designet unam aut alteram, aut duas aut tres simul. Dicitur propterea supponere indeterminate modo pro alterutra persona, modo pro duabus, modo pro tribus. Ita S. Thomas, ubi ait :

« In proprietatibus locutionum, non tantum attendenda est res significata sed etiam modus significandi. Et ideo, quia hoc nomen Deus significat divinam essentiam ut in habente ipsam, sicut hoc nomen homo significat humanitatem in supposito, alii melius dixerunt quod hoc nomen Deus, ex modo significandi, habet ut proprie possit [18] supponere pro persona, sicut hoc nomen homo. Quandoque ergo hoc nomen Deus supponit pro essentia, ut cum dicitur : Deus creat, quia hoc praedicatum competit subjecto ratione formae significatae quae est deitas [19] ; quandoque vero supponit personam, vel unam tantum, ut cum dicitur : Deus generat ; vel duas, ut cum dicitur : Deus spirat ; vel tres, ut cum dicitur : Regi saeculorum immortali, invisibili, soli Deo honor et gloria » (I, q. 39, a. 4 c).

Item, ubi explicat quomodo Pater et Filius sint unum principium Spiritus Sancti.

« Hoc quod dico, principium, non habet determinatam suppositionem ; immo confusam pro duabus personis simul ... Non supponit pro una persona tantum sed indistincte pro duabus » (q. 36, a. 4, ad 4m et 5m).

**327.** Exinde intellegas quo sensu (III, q. 3, a. 3) dicat « naturam, abstracta per intellectum personalitate, posse assumere » : hoc scilicet sensu quod, abstracta personalitate, quam fide cognoscimus, « remanet in intellectu una personalitas Dei, ut Judaei intellegunt, ad quam poterit terminari assumptio » (ad 3m). Ipse enim, articulo praecoden-

---

[18] N. B. illud « possit ». Hoc enim implicat Deum « posse » quidem aliquando supponere pro persona, at non per se, proindeque « per se » supponere pro natura communi. Quod addit in ad 3 m : « Deus per se supponit pro natura communi, sed ex adjunctis determinatur ejus suppositio ad personam. Unde, cum dicitur : Deus generat, ratione actus notionalis [de quo agitur], supponit hoc nomen Deus pro persona ». — Cf. *ibid.* a. 5 c, ubi explicat « ea quae sunt propria personarum posse praedicari de hoc nomine Deus », non quia Deus qua talis sit persona, sed quia « ex modo suae significationis naturaliter habet quod possit supponere pro persona » alterutra.

[19] Cum haec suppositio distinguatur ab alia qua Deus supponit pro persona qua tali, essentia, pro qua dicitur hic supponere, intellegi debet, *non ut quod, sed ut quo* aliquid fit. Cf. III, q. 3, a. 3, « sed contra », ubi dicitur : « Remotis proprietatibus personalibus per intellectum, adhuc remanet Dei omnipotentia, *per quam* facta est Incarnatio ».

te, dixit « esse terminum assumptionis *non convenire naturae divinae secundum seipsam sed ratione personae in qua consideratur* » (a. 2 c). Sensus igitur est naturam ideo posse, demptis personalitatibus relativis, intellegi assumere quia, etiam tunc, intellegitur donata aliqua personalitate indeterminata (*in* 1, *dist.* 23, q. 1, a. 3 c).

Concilium Lateranense pariter, ubi vocat Deum « unum universorum principium » et « creatorem omnium » (D-B. 428), sic vocat eum, quem simul dicit « esse tres personas », proindeque hoc nomine designat, non ipsam tantum formaliter substantiam divinam, sed tres in confuso personas. Ubi vero (D-B. 432) dicit « essentiam seu naturam esse solam universorum principium », addendo « illam rem », quae « est quaelibet trium personarum », « non esse generantem neque genitam », significat se intellegere « principium » non ut *quod* sed ut *quo*.

Articulus IV

## DE PERSONARUM NOTIONIBUS (q. 32, a. 2-4).

**328. Quid sint notiones.** — Notiones, in Trinitate, dicuntur notae characteristicae seu proprietates uni duabusve personis propriae, quibus dignoscuntur seu innotescunt : hinc vox « notio ». Hinc etiam est cur, in Trinitate, notionale dicatur quidquid non est commune.

Ut patet ex jam dictis, notiones non sunt quidquam ab ipsis personis realiter distinctum, sed a nobis exhibentur, nomine abstracto — v. gr. paternitas, filiatio — ad modum formae, qua personae discernantur. Quia vero personae non discernuntur nisi ratione originis, proprietates illae pertinent omnes ad originem.

*Notiones sic intellectas dari in Deo de fide est* eo ipso quod de fide est dari in Deo relationes et personas realiter distinctas. Earum quasi theoriam confecere Patres imprimis Cappadocenses, ubi, contra Eunomianos, statuere unitatem naturae non posse conciliari cum distinctione personarum nisi per distinctionem proprietatum personas signantium. Sic S. Basilius :

« Cum una sit deitas, fieri non potest ut propriam Patris aut Filii notionem assequamur nisi id quod mente concipimus [concipiendo Deum], distinguatur accessione proprietatum » (*adv. Eunom.* II. 29 ; PG 29. 640 A-B). Quod alibi sic explicat : « Si non consideremus definitas uniuscujusque proprietates, puta paternitatem, filiationem,

sanctificationem, sed ex communi essentiae ratione Deum confitea-
mur, fieri non potest ut sana fidei ratio reddatur. Oportet igitur ut
communi proprium adjungentes, ita fidem profiteamur : Commune
deitas, proprium paternitas, atque, haec conjungendo, dicamus :
Credo Deum Patrem» (*epist.* 236. 6 ; PG 32. 883 B) ; item *epist.* 38.
3, ubi definit quo personarum notio habeatur : « Oportet per proprias
notiones inconfusam Trinitatis distinctionem habere » (PG 32. 329 A).

Eodem sensu S. GREGORIUS NAZIANZENUS (*Or.* 25. 16), ubi
ostendit vitari polytheismum simul et sabellianismum aut Ju-
daïsmum eo ipso quod, praeter id quod est tribus commune in
Deo, assignatur id quod est singulis proprium (PG 36. 1221 A).

Quae omnia resumit S. JOANNES DAMASCENUS :

« In his dumtaxat personalibus proprietatibus — ingeniti, geniti,
processionis — tres sanctae Trinitatis personae inter se distinguuntur non essentia, sed peculiari cujusque personae nota discretae »
(*De fide.* I, 8 ; PG 94. 824 B et cf. 10 ; 837 C).

**329.** 2º **Quot et quae notiones.** — Cum, ex dictis, notiones
pertineant ad origines, notio est quod quis sit vel sine origine,
vel originans, vel originatus. Hinc habentur quinque :

duae solius Patris : innascibilitas et paternitas.
una solius Filii : filiatio.
una solius Spiritus : spiratio passiva.
una Patris simul et Filii : spiratio activa.

Hinc apparet : 1º notiones latius patere quam relationes
aut proprietates stricte personales ; siquidem omnes relationes
sunt notiones, sed, praeter relationes, datur notio innascibilitatis ; — 2º notiones et relationes differre secundum modum
significandi, quatenus notiones dicunt id quod est in re, relationes dicunt respectum ad aliam rem.

**330.** SCHOLION. — Si velis, comparando, recolligere quae dicta
sunt de relationibus, habebis :

1º *Processiones* idem sunt ac actus notionales et origines.

2º *Processiones et relationes* non distinguuntur nisi ratione tanquam viae ad formas et formae ipsae permanentes.

3º *Proprietates et personae* sunt idem nec distinguuntur nisi tanquam forma et habens formam.

4º *Proprietates distinctivae* sunt quatuor, quarum tres, paternitas,
filiatio, spiratio passiva, sunt personarum constitutivae ; quarta,
innascibilitas, est distinctiva tantum.

CAPUT QUARTUM

## DE PERSONIS ABSOLUTE ET IN PARTICULARI

Cum personae qua tales non habeant singulae proprium nisi proprietates quibus constituuntur, exponetur in hoc capite doctrina in Ecclesia communis de eis quae secum ferunt singulae illae proprietates. De quibus haud importune notentur ea quae habet S. Thomas (q. 32, a. 4) de diversis opinionibus, quae hac in re vigere potuere aut possunt, quamdiu non constitit aut non constat periculose aliter et aliter sentiri. Exemplum hujusmodi dissensus inter doctores etiam eximios videre possis, quoad notionem innascibilitatis, apud De Régnon, t. II, p. 470-492.

ARTICULUS I

### *DE PERSONA PATRIS* (q. 33).

**THESIS XX. — Pater adeo est, in Trinitate, personae primae nomen proprium ut nulla alia, etiam ratione nostrae adoptionis communis, vocari possit « Pater noster ».**

**331.** PARS PRIMA significat nomen « Pater » primae personae dari sensu proprio et exclusive. — 1º **Sensu proprio**, quia, quoad secundam personam, est vere et proprie pater, ita ut hoc nomen, quantum ad rem significatam, per prius dicatur de Deo quam de creaturis (a. 2, ad 4m et a. 3). Cf. dicta supra de processione Filii, quod sit vera generatio. Unde jure dicitur « nemo tam pater », quippe qui « proprio et singulari modo pater sit », quia scilicet « solus, solius, solum, in totum et totius et ab initio » (S. Greg. Naz. *Or.* 25. 16 ; PG 35. 1222). — 2º **Exclusive,** quia paternitate sua constituitur persona a duabus aliis distincta.

**332.** SCHOLION. — **De aliis nominibus,** quae sunt etiam, consequenter, Patris propria, cf. S. THOMAM : « *genitor* » (q. 33, a. 2, ad 2m et q. 40, a. 2 c) ; « *ingenitus* » vel « *innascibilis* » (q. 33, a. 4 ; cf. De Régnon, II, p. 473-505).

Quoad nomen « **principium** », n. b. : 1º Quatenus « hoc nomen significat id a quo aliquid procedit quocumque modo », jure et absque

ulla ambiguitate Pater vocatur « principium » tum Filii tum Spiritus
Sancti (q. 33, a. 1), seu, ut dicunt Graeci et approbatum est a concilio
Florentino, « causa » utriusque (D-B. 691 et 1084). — 2° Quatenus
significat illum solum qui, in Trinitate, sine principio est et a quo
duae aliae personae habent divinam essentiam, Pater dici potest et
dicitur esse principium aut fons totius divinitatis. Sic S. Gregorius
Nazianzenus vult Patrem omnino dici « principium (ἀρχήν) divinitatis et bonitatis, quae in Filio et in Spiritu consideratur » (Or. 2. 38 ;
PG 35. 446 C). Eodem sensu S. Athanasius vocat eum « fontem sapientiae », quae est Filius (cont. Ar. I. 19 ; PG 26. 52) ; nec aliter S.
Cyrillus Alexandrinus, ubi dicit Filium ab aeterno esse in Patre
tanquam in suo « fonte » (in Jo. I. 1 ; PG 73. 25 C-D). Quae resumit
S. Joannes Damascenus : « Cum mutuum respectum personarum
contemplor animo, novi Patrem esse solem superessentialem, fontem
bonitatis, abyssum essentiae, rationis, sapientiae, potentiae, luminis,
divinitatis, fontem genitricem et productricem boni in se ipsa oc-
culti » (De fide. I, 12 ; PG 94. 848 C-D).

Nec dissentit S. Augustinus, ubi de Patre ait : « Totius deitatis
principium Pater est » (Trinit. IV, 20, 29 ; PL 42. 908 et cf. VII.
1, 2 ; 934-936, quo sensu dicitur « Pater essentiae suae »).

Ea enim omnia non implicant divinitatem, qua talem seu absolute consideratam, esse in Filio aut in Spiritu Sancto minus a se quam
in Patre (cf. S. Basilium : epist. 38. 4 ; PG 32. 332 A), sed revocant
in memoriam duas personas non esse nisi per processionem, qua
Patris habent identice essentiam.

**333.** Pars secunda aliquid supponit et aliquid affirmat,
quod illi supposito videtur contradicere.

I. **Supponit,** quod extra controversiam est, **filiationem
adoptivam nostram esse a tribus in communi personis.**

Ratio est quia adoptio fit per operationem ad extra, quae
non potest non esse communis : tres scilicet nos faciunt consortes suae naturae, nosque in jura haereditatis suscipiunt, ideoque « hujusmodi assumptio communis est ex parte principii et
ex parte termini » (III, q. 3, a. 4, ad 3m ; cf. q. 23, a. 2 et
in 3, dist. 10, q. 2, a. 1 ; I, q. 33, a. 3, ad 1m).

**334.** II. **Affirmat solam primam personam, hoc non
obstante, vocandam esse « Pater noster ».**

Contrarium quidem dicit S. Thomas, ubi dicit nos esse
« filios totius Trinitatis » (III, q. 23, a. 2, ad 2m) et observat,
« cum Deo dicimus « Pater noster », hoc pertinere ad totam Tri-

nitatem, sicut et cetera omnia quae dicuntur de Deo relative ad
creaturam» (*ibid.* «*sed contra*»). Addit propterea adoptionem,
proindeque nomen «Pater», quoad nos, per appropriationem
tantummodo reservari soli personae primae.

Quae omnia, quoad rem, sunt extra controversiam.

Sed, si agitur de modo loquendi, haec constant :

1º *Nec in scriptura, nec in liturgia nomen «Pater», quoad
nos, usurpatur de ulla alia persona ac de prima*[1]. Sic, v. gr. :

A) In oratione dominicali, etsi ea quae petuntur a tribus
aut de tribus, tamen a Christo jubemur invocare solum Patrem
suum : quem enim nos ibi docet vocare «Patrem», non est
ipse sed Pater ejus.

B) Christus, sua oratione in horto, solum Patrem vocat
«Patrem», etsi sane voluntas sibi facienda sit etiam sua.

C) Idem, dum ad discipulos dicit : «*Ipse Pater amat vos*»,
solum intellegit Patrem, etsi sane amorem communem intellegit.

D) In sacrificio missae, etsi sacrificium tribus sane offertur,
tamen, quando dicitur «*Suscipe, sancte Pater*», vel «*Te igitur
clementissime Pater*», non tres hoc nomine vocantur sed sola
prima persona.

2º *Aliunde, claritati saltem et rectitudini sermonis repugnat* :
A) Illum qui, in Trinitate, solus est pater et hoc nomen habet
exclusive proprium, eamdem appellationem quoad nos habere
cum aliis communem. — B) Eum, qui solus est Pater Filii,
cujus fratres per adoptionem sumus, non dici solum patrem
nostrum. — C) Filium, cujus fratres sumus secundum carnem
et secundum Spiritum, seu cujus filiationis similitudinem in nobis
recipimus, vocari tamen patrem nostrum. Sic enim diceremus
Patrem nos habere fratrem nostrum[2].

**335.** Dicas : 1º *Si prima persona dicenda est sola «Pater noster»,
ergo ad eam habemus relationem filiationis specialem, seu illius magis
filii sumus.* — Respondeo negative, nam, non obstante hoc modo
loquendi, qui imponitur illius denominatione stricte personali, Pater
nihil proprium agit in adoptione nostra, nec filiatio nostra magis ad
illum quam ad duos alios terminatur.

----

[1] Quo non excluditur nomen, pro lubitu, in oratione privata, posse accommodari
ad tres simul personas aut ad alterutram. Cf. Suarez : *De oratione*, l. I, cp. 9, nº 15 ;
l. III, cp. 8, nº 3.

[2] Thomassinum : *De Incarn.* VIII, 9, 7-15.

2° *Cum simus fratres Christi et cum illo unum quid, nonne participamus propriam et personalem ejus ad Patrem relationem, proindeque specialem aliquam ad Patrem relationem habemus* ? — RESPONDEO negative, quia : A) Nostra conjunctio et unitas specialis cum Christo est ad illum qua hominem, seu fundatur participatione ejusdem naturae humanae ejusdemque vitae supernaturalis ; haec autem non habet ipsa relationem ad Patrem Filii propriam. — B) Nostra filiatio adoptiva est ad similitudinem filiationis Christi naturalem ; per gratiam igitur recte dicimur induere similitudinem cum Filio qua tali ; at, haud minus eadem gratia conformamur Patri et Spiritui Sancto qua talibus. Unde S. Thomas recte notat adoptionem nostram posse, secundum alium et alium respectum, appropriari alii et alii personae : « Filiatio adoptiva est quaedam similitudo filiationis aeternae, sicut omnia quae in tempore facta sunt. Assimilatur autem homo splendori aeterni Filii per gratiae claritatem, quae attribuitur Spiritui Sancto. Et ideo adoptio, licet sit communis toti Trinitati, appropriatur tamen Patri ut auctori, Filio ut exemplari, Spiritui Sancto ut imprimenti in nobis hujus exemplaris similitudinem » (III, q. 23, a. 2, ad 3m).

ARTICULUS II

## DE PERSONA FILII (q. 34)

**THESIS XXI.** — **Filius, cum sit Dei Verbum a Patre procedens secundum quod Pater se et omnia intelligit, praeter realem relationem quam ad Patrem habet, specialem et omnino personalem relationem rationis habet ad ea omnia quae Pater illo et in illo dicit, seu ea omnia repraesentat quae, sine ulla differentia temporis, Pater in se cognoscit.**

**336.** Thesis ea est corollarium eorum quae supra dicta sunt de modo quo Filius a Patre procedit ; sed in ea explicatur quo modo omnia sint ab aeterno in Filio cognita et amata.

**I. Doctrina generalis exponitur:** 1° *In memoriam revocari debet Filium, etsi procedit quatenus Pater intelligit, non esse formaliter ipsum intelligere Patris.* Aliud enim est formaliter intelligere, aliud « dicere » Verbum seu gignere Filium. Intellectione enim, qua tali, nihil ab intellegente, in Deo, procedit ; dictione econtra procedit ab intellegente ac « dicente » Verbum, quod propterea habet ad illum relationem realem.

2º *Verbum porro, dato modo quo procedit, est imago eorum omnium quae Pater intellegit*, proindeque ad ea omnia habet relationem, quam habet omnis imago seu repraesentatio ad res in se repraesentatas. Haec autem relatio non potest esse realis nisi quando repraesentatio in imagine consequitur ad realem aliquem influxum rei in ipsam. Sed hic, ex eis quae in Filio repraesentantur, solus Pater est qui habeat influxum hujusmodi ; cetera repraesentantur in Verbo, non quasi ipsa, ratione sui, intellegantur, sed tantummodo quia a Patre et in Patre cognoscuntur. Verbum igitur, qua Verbum, relationem realem non habet nisi ad Patrem, a quo procedit seu a quo dicitur ; ad alia relationem non habet nisi rationis. Relatio tamen ea est ipsi exclusive propria et personalis, quippe qui solus, in Trinitate, ea repraesentet et quidem ratione ipsius suae processionis modi.

3º *Ex illa rerum omnium in Verbo repraesentatione apparet* : a) cur et quo sensu omnia fuerint ab aeterno vita in Deo (I, q. 18, a. 4) ; b) quo modo detur in Deo rerum omnium idea aeterna, quae non in se quidem subsistat sed identificetur cum Filio, ita ut ipse sit ad cujus exemplar sint omnia condita.

**337. II. Specialia explicantur** — 1º Formulae variae : A) Pater dici nequit « *intellegere formaliter Verbo* », quasi Verbum sit formalis ejus intellectio seu actus intellegendi ; sed potest dici « intellegere Verbo terminative », quatenus Verbum est intellectionis ejus formalis terminus necessarius. — B) Potest dici : a) « *loqui Verbum* », seu « *dicere Verbum* » : hoc enim est gignere filium ; — b) « *loqui per Verbum* » seu « *Verbo* », ablativo casu, nam, loquendo seu dicendo Verbum, dicit etiam id quod intellegit seu id quod Verbo procedente repraesentatur (I, q. 34, a. 1, ad 3ᵐ) ; — c) « *loqui soli Verbo* », quatenus « soli Verbo » ut « termino a se procedenti » communicat totum id quod est, praeter « dicere Verbum » : communicat igitur illi etiam suum intellegere formale seu formalem suam rerum cognitionem; — d) « *intellegere in Verbo* », quatenus, in Verbo, visione quasi reflexa, videt repraesentata ea omnia, quae cognitione directa intellegit (*in* 1, *dist.* 27, a. 2, ad 2, *sol.* 1, ad 4ᵐ).

**338. De eis quae, in Verbo, repraesentantur.** — Difficultas nobis est concipiendi quomodo possint in Verbo, vi generationis ipsius, ea repraesentari, quae sive in Deo sive extra Deum non sunt nisi consequenter ad illius generationem. Sed ea difficultas oritur tota ac tantum ex eo quod imaginamur aliquam prioritatem principii prae principiato. At, re vera, nulla est, nisi originis, quae non dicit ullam temporalem, immo nec proprie naturae, nam principium non est prius in potentia ad principiandum sed semper in actu principiandi, proindeque non est principium nisi eo ipso quod principiatum ab eo procedit. Hinc intellegitur ea omnia, quae a Deo cognoscuntur simul sine ulla differentia temporis, repraesentari posse in Verbo, etsi ad illius generationem vel ratione vel realiter consequuntur (I, q. 34, a. 3).

## Articulus III

### DE PERSONA SPIRITUS SANCTI

Praemissa paragrapho de nominibus ejus, agetur in specie de illius processione.

### § 1. — De nominibus Spiritus Sancti

**339.** 1º Nec Scriptura nec traditione nomen ullum est, quod tertiae personae sit exclusive proprium eodem sensu ac modo quo propria sunt primae aut secundae nomina Patris aut Filii et Verbi. Haud pauca quidem ei, — sicut Patri nomen « Creator » et Filio nomen « Dominus noster », — appropriari solent : ita, in specie, ea quibus Deus significatur ut actione sua attingens immediate creaturas in ordine ad earum sanctificationem. Sic dicitur : Digitus Dei ; Paracletus ; Unctio ; Ignis, Fons vivus.

Praeter haec autem, tria nomina : Spiritus Sanctus, Amor, Donum, etsi de se dicunt aliquid in Deo tribus commune, tamen ex usu scripturistico et ecclesiastico facta sunt tertiae personae propria, quatenus dicuntur relative ad Patrem et ad Filium.

Possunt quidem proferri et intellegi sensu absoluto, et tunc nullius personae sunt propria. Pater enim et Filius sunt spiritus et quidem sanctus ; tres personae sunt realiter amor formalis, quo se et creaturas diligunt ; eaedem se omnes et singulae donant hominibus. Prout autem haec nomina dicuntur et intelleguntur sensu relativo, apta sunt quae designent personam a duabus aliis procedentem.

**340.** A) **Spiritus Sanctus** (q. 36, a. 1). — Hoc nomen factum est ab initio tertiae personae proprium, quatenus spiritus intellegitur esse alicujus, Dei Patris scilicet et Filii : quod relationem dicit. Postea vero, ratione habita etymologiae vocis, nomen intellectum est etiam relativum, quatenus spiritus alicujus apprehenditur impelli et emitti ex intimis ejus visceribus. Ex utroque igitur capite potest usurpari sensu personali (Cf. c. *G.* IV. 19 ; De Régnon, t. IV, p. 287-384).

B) **Amor** (q. 37, a. 1 et 2). — Hoc nomen factum est tertiae personae proprium consequenter ad dictum S. Pauli : « *Caritas Dei diffusa est in cordibus nostris per Spiritum Sanctum, qui datus est nobis* » (*Rom.* 5. 5). Dignoscitur autem aptum quod sit nomen personale, quatenus amor apprehenditur tanquam impulsus in amante et ex amante ortus in rem amatam, proindeque relativum. Hoc sensu Pater et Filius dici solent se amare Spiritu Sancto : non quasi Spiritus sit formalis amor, quo se ipsi amant, sed quatenus non se possunt amare quin in se, tanquam in amatum, ferantur et quasi impellantur. Quae amoris analysis, a scholasticis post S. Augustinum elaborata, notionem induxit alicujus termini, qui, apud amantem, exprimatur analogice ad expressionem verbi mentalis, apud intellegentem.

C) **Donum** (q. 38, a. 1 et 2). — Hoc nomen desumptum est ex variis Scripturae locis, ubi sermo est de donatione Spiritus Sancti, v. gr. : « *Accipietis donum* (δωρεάν) *Spiritus Sancti* » (*Act.* 2. 38). « *Donum Dei existimasti pecunia possideri* » (*Act.* 8. 20). « *Dedit pignus Spiritus in cordibus nostris* » (2 *Cor.* 1. 22 et 5. 5 ; cf. *Eph.* 1. 14 ; *Rom.* 8. 15-16).

Nomen autem hoc esse relativum per se patet, nam

« in nomine Doni importatur aptitudo ad hoc quod donetur. Quod autem donatur, habet aptitudinem vel habitudinem et ad id a quo datur et ad id cui datur. Non enim daretur ab aliquo nisi esset ejus » (q. 38, a. 1 c).

Posita vero theoria processionum psychologica ad mentem S. Augustini et S. Thomae, intellegitur etiam personam, quae procedit secundum voluntatem seu per modum amoris, jure vocari donum, nam : a) dato modo processionis, ipsa sola est, in Trinitate, quae donari quidem seu donabilis dici potest at nullatenus ipsa aliam donare potest ; — b) ipsa dici potest principium, in quo omnia a Deo donantur, nam

« ratio gratuitae donationis est amor. Ideo enim damus gratis
aliquid alicui, quia volumus ei bonum. Primum ergo quod damus ei
est amor, quo volumus ei bonum. Unde manifestum est quod amor
habet rationem primi doni, per quod omnia nobis gratuita donantur.
Unde, cum Spiritus Sanctus procedat ut amor, procedit in ratione
doni. Unde dicit S. Augustinus (*Trinit.* XV. 19, 34) quod « per donum,
quod est Spiritus Sanctus, multa propria dona dividuntur membris
Christi » (q. 38, a. 2 c).

## § 2. — DE SPIRITUS SANCTI PROCESSIONE.

De Spiritus Sancti processione jam dictum est cujusmodi
sit et quantopere maneat menti humanae impervia. Illam praeterea supposuimus interim esse a Patre simul et a Filio, quod
quidem dogma catholicum est, at a schismaticis photianis jamdiu negatur. Quorum error ut intellegatur, praemittuntur aliqua
historica de istius controversiae origine ac statu hodierno [3].

## I

### PROLEGOMENA HISTORICA

**341. I. Error Arianorum et Macedonianorum** fuit olim
Spiritum Sanctum, cum esset non proprie Deus seu Patri consubstantialis, nec a Patre nec a Filio procedere processione ad
intra, sed procedere tantum, ad modum creaturarum, a Filio,
per quem, sicut et alia entia, factus esset. Contra eos propterea,
in synodo Romana, sub Damaso, anathema dictum est eis, qui
dicant « Spiritum Sanctum esse per Filium factum » seu Filii
« facturam » (D-B. 58 et 76) eumque negent esse « de Patre vere
ac proprie, sicut Filius, de divina substantia et Deum verum »
(*ibid.* 74). Ex eodem motivo Nicaeno-Constantinopolitano symbolo insertum est eum « a Patre procedere » (*ibid.* 86).

**342. II. Explicita fidei professio, quod Spiritus etiam
a Filio procedat, viget in Ecclesia Occidentali saltem inde
ab exeunte saeculo 4°,** et quidem, non ut mera opinio, sed
tanquam veritas de fide ab omnibus tenenda.

---

[3] Plura apud DE RÉGNON : *Etudes*, 23, t. IV, p. 177-285 ; PALMIERI, art. *Esprit-
Saint* et *Filioque,* apud DTC, t. V, col. 762-829 et 2309-2343 ; JUGIE : *Theol. dogm.
christianorum Orient.,* t. II, p. 296-533.

Ita, apud S. Augustinum saepissime[4], necnon apud fidei professiones, quas Ecclesia hispanica, saeculis 4°-7°, edidit contra Arianos et Priscillianistas : cf. v. gr. D-B. 19 ; 277 ; 296 : cujus ceterum doctrina confirmatur per S. Isidorum Hispalensem (*Etym.* VII. 3. 1 ; PL 82. 268) necnon per S. Hildefonsum Toletanum (*Liber de cognitione baptismi.* 55 ; PL 96. 134).

Nec minus explicite in aliis *Ecclesiis occidentalibus*, ut constat, *pro Ecclesia Rhotomagensi*, per professionem fidei S. Victricii (apud Hahn : *Biblioth. der symb.*, p. 286) ; *pro Massiliensi*, per Gennadium (*de eccl. dogm.* 1; PL 58. 981) ; *pro Lugdunensi*, per S. Eucherium (*Instr.* I. 1 ; PL 50. 774) ; *pro Viennensi*, per S. Avitum (*De divinit. Sp. S.* ; PL 59. 385-86) ; *pro Africana*, per Vigilium Tapsensem (*De Trinit.* 1 ; PL 62. 244) et S. Fulgentium Ruspensem (*De fide.* 52 ; PL 65. 696) ; *pro Ecclesiis Italiae*, per S. Paulinum Nolanum (*Carmen* 27. 93 ; PL 61. 650), per Cassiodorum, per Boetium (*De Trinit.* 5 ; PL 64. 1254), per Agnellum Ravennatensem (*De ratione fidei* ; PL 68. 383).

*In genere pro tota Ecclesia Occidentali*, per symbolum « *Quicumque* » (D-B. 39) et *Libros carolinos*, in quibus, anno 794, asseritur : « Ex Patre et Filio Spiritum Sanctum, non ex Patre per Filium, procedere creditur et usitate confitetur »[5].

*In specie, pro Ecclesia Romana*, per S. Leonem M., qui praedicat Spiritum S. esse « Patris Filiique spiritum, non sicut quaecumque creatura, quae et Patris et Filii est,' sed sicut cum utroque vivens et potens et sempiterne ex eo quod est Pater Filiusque subsistens » (*Sermo* 75. 3 ; PL 54. 402 A et cf. 76. 2 ; 404) ; per S. Hormisdam, qui dicit « Spiritum S. procedere a Patre et a Filio sub una substantia « deitatis » (*Jaffe* 857 ; PL 63. 514 B) ; per S. Gregorium M., qui dicit Christum dare Sp., « qui a se procedit » (*Moral.* I. 22 ; PL 75. 541 B). « Missio Spiritus Sancti processio est, qua de Patre procedit et Filio » (*In ev. h.* II. 26, 2 ; PL 76. 1198 C) ; « Paracletus Sp. a Patre semper procedit et Filio » (*Dial.* II. 38 ; PL 66. 204 B) ; per Leonem III, qui simul ac improbabat, in usu liturgico, addi symbolo formulam « Filioque », explicite tamen profitebatur se credere et credendum esse « Sp. S. a Patre et Filio aequaliter procedentem » (*Jaffe* 2534 ; PL 102 ; 1031 A), seu « a Filio, sicut a Patre procedere » (*Disp. de symb. fidei* ; Mansi 14. 20 C ; PL 102. 974 A) ; per Paschasium diaconum (saeculo 6°), qui, in suo tractatu *de Spiritu Sancto* scribit : « Sp. S. et Patris et Filii esse spiritus declaratur et merito ex utroque procedere dignoscitur » (L. I. 10 ; PL 62. 21 C et cf. 8 ; 17 B).

---

[4] v. gr. *Cont. Max. ar. ep.* II. 14, 1; 17, 4 ; *De Trinit.* XV. 26, 47 (PL 42. 770-771 ; 784-85 ; 1094-95). Plura apud Palmieri, col. 801-804.

[5] L. III, cp. 3 (PL 98. 1118 A) ; item episcopi concilii Francofurtensis, in sua ad praesules hispanos epistula etc. (apud MGH. *concilia aevi carol.* I¹, p. 163).

**343. III. De formulae « Filioque» additione.** — Formula
« Filioque » quando, ubi, a quo vel sub cujus influxu fuerit addita
symbolo Constantinopolitano, non constat. Insertio occurrit primum in *Actis* concilii Toletani 3[i] (589) (Mansi 9. 981), ut jam antiqua, vel imo, juxta mentem concilii, ut primitiva. Exinde,
in conciliis hispanicis (Toletano 8º, 12º, 13º, 15º ; 17º ; Bracarensi ;
Meritensi (Mansi X. 1210 ; XI. 77 ; 154 ; 1027 ; XII. 10 ; 96)
symbolum recitatur cum additione.

Eamdem additiónem, ut antiquam et legitimam, vindicat
PAULINUS, patriarcha Aquileiensis, in concilio Forojuliensi anni
796 (MGH : *conc. aevi carol.* I[1], p. 181-182). Immo, jamdiu mos
erat, in Ecclesia gallica, ut, in missa, symbolum decantaretur
cum addita formula : hoc explicite testantur monachi franci,
Hierosolymis versantes, in epistola data anno 810 ad Leonem
III de querelis contra eos, propter hujusmodi usum, ex parte
Graecorum, motis (De Régnon, IV, p. 210 sqq. ; Palmieri, *loc.
cit., col.* 2316).

**344. IV. Querelae de hac re :** A) *Ante Photium.* Non obstante explicita et aperta fide Occidentalium, nulla fuit hac de
re, ante saeculum 9[m], contestatio ex parte Graecorum. Latinis
econtra Caroli Magni episcopis mirationem movit quod S. TA-
RASIUS, in concilio Nicaeno (787), professus est Spiritum procedere non quidem ex Patre solo, sed « ex Patre per Filium » ;
contra eum ipsi propterea, in *Libris*, qui dicuntur, *carolinis*,
protestati sunt Spiritum procedere non « per Filium » sed « ex
Patre et Filio » (cf. supra) : quibus respondit ADRIANUS I, Rom.
Pont., formulam Tarasii esse et ipsam orthodoxam necnon
testimonio Patrum confirmatam (Jaffe 2483 ; PL 98. 1249).

Graecorum prima quae noscatur querela est monachorum
hierosolymitanorum contra monachos francos ibidem commo-
rantes, qui, prout erat consuetudo in sacello Caroli Magni, symbolum in missa decantabant cum addito « Filioque » (809-810).
His vero, cum, jurgiis et saevitiis propterea vexati, scripsissent
ad Rom. Pontificem (PL 129. 1257-59 ; cf. De Régnon, IV, p.
211), LEO III rescripsit, mittendo quidem professionem fidei de
duplici processione (Jaffe 2534 ; PL 129. 1260 B), at non appro-
bando additionem formulae « Filioque ». Eam immo additionem
explicite improbabat et apud Carolum Magnum impugnavit
tum ex necessitate non mutandi symbolum a Patribus traditum,

tum ex inutilitate inserendi symbolo omnes articulos fidei (*Disp.
de symb. fid.*; PL 102. 974) ; textum immo symboli curavit in-
scribi argenteis ad limina confessionis S. Petri graecum simul
et latinum sine addito « Filioque » [6].

B) *Aetate Photii.* — Photius, cum, anno 857, invasisset
sedem Constantinopolitanam, frustra petiisset agnosci a Rom.
Pont. Nicolao, et, ab eo jussus restituere S. Ignatium, doleret
Bulgaros ad Romanum Pont. propendere, anno 867, encyclicam
scripsit ad Ecclesias Orientales, qua eas commoveret contra
abusus et scandala Occidentalium. Eorum porro « absurditati-
bus », tanquam « impietatis coronidem » annumeravit quod jam
docerent « Spiritum Sanctum non de solo Patre sed etiam ex
Filio procedere » (PG 102. 725 C-D) [7]. — At, mox a sede patriar-
chali dejicitur, et, cum, mortuo S. Ignatio, in eamdem restitui-
tur, tacita omni querela, communionem Joannis VIII († 882)
rogat et fingit se obtinuisse ; sua tamen synodo anni 879, qua
vult irritam fieri pristinam suam depositionem damnat « omnes
qui aliquid addant symbolo sine necessitate confutandae haeresis » [8] (Mansi XVII. 516).

C) *Post Photium.* — Detruso Photio, anno 886, Orientalium
communio viget cum Occidentalibus profitentibus duplicem
processionem. Nec eam impugnant Leo episcopus Achridanus
et Nicetas Pectoratus in scriptis, quibus, sub Michaele Caeru-
lario, abusus Latinorum iterum impetunt [9] ; eam pariter tacet
Leo IX in epistola, qua denunciat eorumdem calumnias contra
Ecclesiam Romanam (Jaffe 4302 ; PL 143. 744-769). Postea tantummodo, cum M. Caerularius, detrectata legatorum Roma-
norum communione, excommunicatur, documentum excommu-
nicationis Graecos, inter alia, accusat quod, « sicut Pneumato-
machi seu Theomachi, a symbolo absciderint Spiritus processionem a Filio » (PL 143. 1003 B). Cui M. Caerularius respondit
iterando accusationes Photii contra additum « Filioque » necnon
alios Latinorum abusus (PG 120. 738 sqq.).

[6] Quandonam, Romae etiam, consuetudo inducta sit cantandi symbolum cum
addito « Filioque » non constat. Forte, si fides sit alicui anonymo graeco, sub Christo-
phoro (903-904) ; probabilius sub Benedicto VIII (1012-1024).

[7] Cf. JUGIE : *Les origines de la controverse sur l'addition du « Filioque »*, apud *Rev.
des sc. philos. et théol.* 1929, p. 369 sqq.

[8] De quo tamen, cf. DVORNIK : *Légendes de Constantin et de Méthode vues de By-
zance.*

[9] LEONIS ACHRIDANI, *epist. de azymis et sabbatis* (PG 120. 835-844); NICETAE
PECTORATI, *libellus contra Latinos* (PG 120. 1011-1022).

### 345. V. De formulae additione et origine schismatis. —

Schimatis igitur, quod dicitur, Photiani causa proprie non fuit doctrina de duplici processione aut additio formulae « Filioque » [10]. Exinde tamen ea fuit praecipua episcoporum et doctorum Orientalium querela contra Romanam Ecclesiam, proptereaque, quoties in conciliis unio tentata est, controversia ex hoc capite fuit acerrima et « unitis » edicta est explicita fides in processionem Spiritus non a Patre solo sed ex Patre per Filium seu ex Patre Filioque (D-B. 460 ; 463 ; 1084 ; C. 535 ; 534 ; 538).

Non propterea tamen edicta est semper aut imposita Orientalibus insertio formulae « Filioque » in symbolum : hoc quidem voluit olim Nicolaus III (1278) et Callistus III (1455) ; at explicite Clemens VIII (1595) edixit hoc non requiri, dummodo dogmati ipsi sit explicita fides ; quod confirmavit Benedictus XIV (1742) bulla *« Etsi pastoralis »* :

« Etsi Graeci teneantur credere etiam a Filio Spiritum S. procedere, non tamen tenentur in symbolo pronunciare ; contraria tamen consuetudo ab Albanensibus laudabiliter recepta est ; quam ..., ubi viget, servari volumus ». — Plura apud Palmieri, *loc. cit.*, *col.* 2340-41.

### 346. VI. Hodierna « orthodoxorum » doctrina manet additionem formulae « Filioque » esse illegitimam simul et catholicae veritati oppositam. a) *Illicitam*, tum quia contradicit symbolo Nicaeno-Constantinopolitano, quo sancita est fides Ecclesiae de Spiritu Sancto, tum quia hujusmodi additiones prohibitae sunt in concilio Ephesino (D-B. 125 ; C. 674 b). — b) *Oppositam catholicae veritati*, tum quia non consonat Evangelio asserenti solam ex Patre processionem (*Jo.* 15. 26), tum quia non docetur ab ullo septem priorum conciliorum oecumenicorum [11].

Non propterea tamen eis pro dogmate fidei est, quod voluit Photius, Spiritum ita a solo Patre procedere ut Filius, in illius processione, partes non habeat ullas. Ea quidem communis est doctorum apud eos doctrina ; sed professiones fidei authenticae et libri liturgici enunciant simpliciter processionem a Patre tanquam a solo vero fonte omnis divinitatis : quod, ut cons-

---

[10] Ita jam, saeculo 13°, patriarcha latinus Beccos, de quo cf. *Échos d'Orient*, 1930, p. 396-415, et, apud DTC, art. *Schisme byzantin*, col. 1354-1358.

[11] Cf. Encyclicam patriarchae Constantinopolitani Anthimi, datam occasione Encyclicae Leonis XIII anni 1895, apud *Questions actuelles*, t. 32 (febr. 1896), p. 315-17.

tabit, non est, logice, excludere processionem a Filio qualem intellegit dogma catholicum[12].

Immo, in collationibus, quae habitae sunt, vel, post concilium Vaticanum cum vetero-catholicis, vel recentius cum doctoribus, qui dicuntur, anglo-catholicis, haud defuere, praesertim in Russia, qui agnoscerent formulam « Filioque » posse intellegi sensu formulae « per Filium », vel saltem doctrinam de duplici processione esse merum « theologoumenon » seu meram opinionem theologorum, a qua, in fovenda unione, posset utrinque praescindi[13].

## II

### Dogma catholicum

**THESIS XXII.** — **Spiritus Sanctus non ex Patre solo, sed ex Patre per Filium, seu, quod idem est, ex Patre Filioque procedit.**

**347. Sensus theseos.** — 1º Doctrina, aut potius, dogma catholicum, in thesi enunciatum, non contradicit proprie et directe nisi errori asserentium, cum Photio, Spiritum ita esse a solo Patre ut, in aeterna illius processione, Filius non habeat partes ullas. Id autem ita enunciatur ut, quod prima pars theseos tantummodo implicat, secunda explicite affirmet.

Haec porro affirmatio fit duabus formulis, quarum una est potius Graecorum, altera Latinorum. Synonymae quidem dicuntur quoad id quod utraque asserit, Spiritum scilicet esse etiam a Filio, ita ut duo sint a quibus tanquam a sua « causa », ut aiunt Graeci, vel a suo « principio », ut aiunt Latini, subsistentiam habeat.

Cf. declarationem concilii Florentini (D-B. 691 ; 703-704 ; C. 537-538), quam resumit professio fidei Gregorio XIII imposita pro Graecis (D-B. 1084).

Quoad modum vero significandi, duae formulae adeo diversificantur ut neutra aperte dicat totum id quod utrinque intellegitur, eaque causa est cur explicatione indigeant ne aliquibus moveant suspicionem erroris.

---

[12] Cf. Jugie : *Où en est la question de la procession du Saint-Esprit dans l'Eglise gréco-russe*, apud *Echos d'Orient*, juillet-septembre 1920, p. 259.
[13] Cf. Palmieri, *loc. cit.*, col. 2331-36 ; Jugie : *Theol. dogm. orientalium dissidentium*, t. II, p. 478 sqq.

**348.** 2º *Latina et graeca formula comparantur.* — *Latina*
Graecis aequivoca est quoad duo : 1º quia vocem « procedere »
usurpat indifferenter de Patre et de Filio ; 2º quia duas personas
simpliciter coordinat in munere spirandi. Exinde enim sequi videtur principia Spiritus agnosci duo pariter prima et independentia : formula scilicet non dicit, se ipsa, a Patre esse Filio
quod Spiritum spiret, Patremque proinde esse solum qui Spiritum principiet non principiatus.

*Quem scrupulum Graeci sua formula vitant,* nam : 1º particula « per », se ipsa, significat aperte Filium, in munere spirandi,
pendere seu accipere a Patre ; 2º processio, apud eos, prout intellegitur esse a Patre aut a Filio, enunciatur verbis ἐκπορεύεσθαι (egredi, exire) aut προϊέναι (prodire), quorum prius, apud
eos, contradistinguitur a γεννᾶσθαι — proptereaque non usurpatur de Filii processione [14] — et se ipso dicit Patrem esse omnis
deitatis et processionis quasi primarium fontem ; posterius vero
Filium indicat ut a quo quidem immediate, sed non ut a primario fonte, processio fiat.

Formulae tamen hujusmodi periculum est ne Filio videatur abnegare omnem in processione influxum, ita ut sit quasi
merus canalis, per quem non influentem Spiritus a Patre procedat.

Latinorum, aliis verbis, formula est potius *statica* : Spiritum
nominat, qui est ab utroque. Graecorum econtra est potius
*dynamica* : actum ipsum exhibet, quo Spiritus quasi a Patre
exiens per Filium subsistentiam consequitur.

Duae igitur formulae se mutuo complent, ideoque jure conjunguntur. Ex latina clarius intellegitur Spiritum esse etiam a
Filio realiter influente ; ex graeca Spiritum esse quidem ab utroque, sed, ut aiebat S. Augustinus, « de Patre principaliter », seu
ita ut ille sit verus processionis ejus « auctor » [15].

His porro praemissis, jam intellegitur : a) qui, in conciliis
unionis, v. gr. in Florentino, potuerit utraque formula probari
ut eamdem, eamque catholicam, doctrinam enuncians ; b) posse,
in futuro concilio, formulas aut anathematismos excogitari, qui,

----

[14] Ideo, ait DAMASCENUS, procedens Spiritus non est alter Filius, quia ex Patre
quidem ἐκπορεύεται, ἀλλ᾽οὐ γεννητῶς, ἀλλ᾽ἐκπορευτῶς (*De fide*, 1. 8 ; PG 94.
816 C ; cf. III. 5 ; 1000 B ; item *De hymn. trisag.* 28 ; PG 95. 60 C-D). — Item
S. GREGORIUS NAZ. *Or.* 39. 12 (PG 36. 348 B). De quibus cf. DE RÉGNON, IV, p. 102
et FRANZELIN : *De Deo trino*, p. 536-542.

[15] *Trinit.* 15. 17, 29 ; *cont. Max. ar. ep.* 2-6 et 14 (PL 42. 1081 ; 761 et 770).

cum excludant quidquid erroris videri possit in utraque formula
latitare, apertius exprimant totam veritatem, quae recte intellegitur in utraque formula[16] ; c) non necessario contradicere
dogmati catholico formulas Graecorum liturgicas aut alias, quibus simpliciter dicitur Spiritum procedere — ἐκπορεύεσθαι,
eorum sensu — a solo Patre[17].

**349.** PROBATUR THESIS, quia Spiritus Sanctus nullatenus
significatur procedere a solo Patre ; multipliciter autem significatur procedere etiam a Filio seu per Filium.

## I. Spiritus nullatenus significatur procedere a solo Patre.
— 1º *Non explicite*, ut constat per loca tum Scripturae tum conciliorum aut symbolorum, quibus de illa processione agitur.
Pro Scriptura, cf. *Jo.* 15. 26, ubi dicitur « procedere a Patre » ;
*Mt.* 10. 20 et 1 *Cor.* 2. 11-12, ubi dicitur Spiritus Patris. —
Pro conciliis aut symbolis, cf. D-B. 86, etc. — 2º *Non implicite*,
non ex eo scilicet quod sola a Patre processio affirmatur, sive apud
*Jo.* 15. 26, sive apud symb. Constantinop., nam hujusmodi assertio non est exclusiva. Etenim :

A) *Quoad Jo.* 15. 26 : a) In eadem oratione, Christus haud
semel asserit explicite Spiritum missum iri ab alterutro — « *quem
mittet Pater* » (14. 26) ; « *quem mittam vobis* » (15. 26) ; « *mittam
eum ad vos* » (16. 7) — quin alium nominet nec unquam formula
plurali, dicat : « mittemus ». Ergo asserere aliquid tantummodo
de Patre non excludit idem valere etiam de Filio[18]. — b) Ratio
erat cur Christus, hoc loco, non loqueretur nisi de processione
a Patre, nam hoc faciebat ad scopum quem prosequebatur, ostendere scilicet testimonium sibi reddendum a Spiritu procedere
ab ipso Patre. Sermonem enim habebat ad discipulos, quos vo-

---

[16] Cf. canones, quos suggerebat V. DE BUCK, in art. : *Essai de conciliati on sur le
dogme de la procession du Saint-Esprit*, in *Etudes*, II (1857), p. 346.

[17] *Ibid.* — De processione juxta libros liturgicos Graeco-Russorum, cf. plura
apud JUGIE, *op.* mox *cit.*, p. 482-484.

[18] Haud immerito forte addas ex eo quod ipse Spiritus a Filio missus dicatur « procedere a Patre » sequi eum procedere etiam a Filio. Mitti enim a Filio est aliquem
a Filio subire influxum. Jamvero repugnare videtur eum qui procedat a Patre subire
influxum qui non sit identicus cum ipso Patris influxu in ipsum, siquidem influxus
alius non posset esse nisi ordinis inferioris ; repugnat autem essentiali Spiritus cum
Patre identitati subire influxum ordinis inferioris. Cum tamen a Filio, re vera, mittatur nec mitti possit nisi subeundo influxum ab illo realem, necessario exinde sequitur
influxum, vi cujus dicitur a Filio mitti, esse identicum cum influxu vi cujus a Patre
procedit.

lebat confirmare in fide, non obstante tum odio quo apud Judaeos habebatur tum condemnatione sibi imminente. Propterea asserit se « gratis odio haberi » seu illegitime condemnatum iri (v. 25) et addit sibi testimonium redditum iri a Spiritu, quem ipse quidem mittet at qui procedit a Patre ipso. Posita enim hujusmodi processione, jam Spiritus testimonium erit testimonium ab ipso Patre redditum.

B) *Quoad symbolum Constantinopolit.* (D-B. 86) : Processio a Patre inserta est sola quia sola legebatur in Scriptura et, per eam, contra haereticos tenentes Spiritum esse solius Filii facturam, seu procedere tantum a Filio, apte docebatur eum esse, sicut et Filium, ab ipso Patre proindeque non meram facturam sed vere Deum seu Patri, sicut et Filium, consubstantialem. Nulla igitur erat ratio affirmandi processionem a Filio ; erat econtra affirmandi processionem a Patre. Cf. supra, n⁰ 341.

**350. II. Spiritus multipliciter significatur procedere etiam a Filio seu per Filium.**

1⁰ *In Scriptura,* quatenus :

A) **Dicitur Filii,** sicut et Patris, Spiritus : « *Misit Deus Spiritum Filii sui in corda vestra* » *(Gal.* 4, 6). « *Si quis Spiritum Christi non habet* » *(Rom.* 8. 9). « *Spiritus Domini* » (2 *Cor.* 3. 17). « *Subministrationem Spiritus Jesu Christi* » *(Phil.* 1. 19). « *Vetati sunt a Spiritu Sancto ... Non permisit eos Spiritus Jesu* » *(Act.* 16. 6-7). In Trinitate enim, ideo tantum aliqua persona dicitur et dici potest esse alterius quia ab ipsa est seu ad ipsam relationem habet originis, ut constat : a) pro Filio, qui ideo tantum dicitur esse Patris, seu, ut contra Arianos arguebant Patres, Patris proprium, quia a Patre est ; b) pro Spiritu, quoad Patrem, idem est dicere « *Spiritus Dei* » et « *Spiritus, qui ex Deo est* » (1 *Cor.* 2. 11-12). Et, re vera, genitivo significatur relatio, quae, inter personas saltem divinas, non potest esse nisi originis.

Nec dicatur genitivo significari tantummodo consubstantialitatem, nam ea non est vocis ipsius vis aut sensus immediatus : consubstantialitas enim consequitur quidem, at tantummodo consequitur, ad originem. Nec aliter intellexere olim Patres, qui, contra Arianos, Filii consubstantialitatem deduxerunt ex eo quod esset Patris seu a Patre.

**351. B) Dicitur a Filio mitti :** *Jo.* 15. 26 et 16. 7. — Ib i enim agitur non tantum aut proprie de dono Spiritus creato, sed de dono personali, nam «Paraclitus», qui a Patre promittitur mitti, est ipse Spiritus, qui ibidem dicitur «a Patre procedere» et in *Act.* 2. 33 dicitur missus. Jamvero missio temporalis a Filio facta implicat necessario processionem aeternam, ut constat:

a) *Ex comparatione cum missione Spiritus pariter temporali seu ad extra*, quae, apud *Jo.* 14. 26, dicitur *fieri a Patre in nomine Filii.* De eadem utroque loco agitur nec diversitas est nisi in formulis, quibus missio significatur fieri ab utroque. Hic (14. 26) Pater dicitur missurus Paraclitum in nomine Filii; ibi (15. 26) Filius dicitur missurus Paraclitum, qui a Patre procedit. Si comparentur porro duae formulae, manifestum est aequivalens esse, pro Filio, quod Spiritus dicatur ab eo mitti vel mitti in nomine suo; pro Patre vero quod Spiritus dicatur ab eo mitti ve ab eo procedere. Ergo, sicut, pro Patre, idem est Spiritum ab eo mitti et ab eo procedere, ita, pro Filio, idem est Spiritum ab eo mitti et ab eo procedere.

b) *Ex eo quod missio temporalis ad extra dicat formaliter aliquam sive mittentis in missum auctoritatem sive missi a mittente dependentiam.* Inter personas autem divinas non potest ulla agnosci auctoritas aut dependentia nisi ea quae sit secundum originem, seu fundetur in ipsa processione. Missio igitur ad extra implicat seu manifestat eam secundum originem dependentiam, eaque ratio est cur illi tantum, in Trinitate, mitti dicantur qui procedunt et a quibus procedunt: de quo infra[19].

**352. C) Quatenus dicitur « audire », « accipere », et quidem quia, quaecumque habet« Pater», Filii etiam « sunt»** (*Jo.* 16. 12-15). — Agitur scilicet directe et litteraliter de missione temporali in ordine ad doctrinam discipulis communicandam. Doctrinae enim plenitudinem, quam Filius habet, discipuli « non possunt portare modo »; propterea eam Filius nondum ipse docet. Sed eam per Spiritum docebit, nam « Spiritus non loquetur a semetipso sed quaecumque audiet loquetur, et annunciabit », et ita Filium clarificabit, nam, pergit Filius, « de meo accipiet et annunciabit ... Omnia quaecumque habet Pater, mea sunt; propterea dixi, quia de meo accipiet et annunciabit ».

Spiritus igitur ibi dicitur non locuturus a semetipso; dic-

---

[19] N. B. interim. Si quando Christus, seu Filius, dicitur a Spiritu missus, hoc intellegitur secundum quod est homo, non secundum quod est Deus.

turus quae audit seu dicturus, ex auditione, ea quae Filius habet dicenda sed nondum dicit. Ratio porro cur ita sit auditurus
a Filio est quia accipiet a Filio ; ideoque tandem accipiet a Filio
quia quaecumque habet Pater, ea sunt etiam Filii. Jamvero
ea omnia evidenter implicant aeternam Spiritum a Filio processionem. Etenim :

a) *Auditio realis ab aliquo dicit necessario realem aliquam
« acceptionem ».* — Jamvero, inter personas divinas, acceptio
realis unius ab alia nequit esse nisi secundum processionem :
secus enim supponeretur inter eas aliqua relatio realis superveniens eis praeter originem. — Aliter : Doctrina, quam Spiritus
docebit, est ipsi immanens, seu profertur ex ipsa ejus essentia.
Jamvero doctrinam, quam manifestabit, accipit a Filio et tanquam aliquid de Filio. Ergo accipit, et tanquam aliquid de Filio,
suam immanentem doctrinam seu essentiam.

b) Quod argumentum confirmat comparatio cum eis quae
Filius dicit de sua a Patre auditione. Loquens enim et ipse de
missione sua temporali, qua doctrinam homines docet, dicit
se non a seipso loqui sed ea quae audivit a Patre, sibi immanente, a quo missus est. « *Qui me misit verax est, et ea quae audivi
ab eo, haec loquor in mundo* » (*Jo.* 8. 26). « *Verba quae ego loquor
vobis, a me ipso non loquor. Pater in me manens, ipse facit opera,
Non creditis quia ego in Patre et Pater in me est ?* » (*Jo.* 14. 11).
— Jamvero hujusmodi « auditio » non potest intelligi nisi ratione processionis, qua Filius a Patre habet quidquid est et docere novit ; seu, de Filio, dici quod non a semetipso sed a Patre
loquitur, est dici quod a Patre procedit. Pariter igitur de Spiritu :
dici quod non a semetipso sed a Filio loquitur, est dici quod
a Filio procedit seu a Filio habet quidquid est et docere novit [20].

**353.** c) *Ratio data (Jo. 16. 14-15) cur Spiritus audiat seu
accipiat etiam a Filio manifestam facit illius etiam a Filio aeternam
processionem.* — Filius enim dici : « de meo (ἐκ τοῦ ἐμοῦ) accipiet » seu meum vere est id unde accipit Spiritus. Jamvero, ideo
« *de meo accipiet* » quia « *quaecumque habet Pater mea sunt* ». Hoc
autem significat id Filii, de quo Spiritus accipiet, esse etiam
Patris, immo non esse Filii nisi quatenus est quid Filio Patri-

---

[20] Immo, hoc a fortiori verum est de Spiritu, nam, in Spiritu, non est, sicut in
Christo, alia natura secundum quam possit intelligi audire aut mitti ab aliqua persona
divina.

que commune. Patri porro Filioque commune non est nisi ipsa
eorum essentia, seu quidquid in ipsis essentiale est. Ergo id Filii,
de quo Spiritus accipiet, est ipsa ejus essentia. Jamvero accipere
de ipsa Filii essentia haud aliud est ac ab ipso aeternaliter procedere [21].

Aliter et brevius : Ideo Spiritus accipit de eo quod est
Filii quia quidquid est Patris est etiam Filii. Ergo ideo accipit
de eo quod est Filii quia accipit de eo quod est Patris. Jamvero,
pro Spiritu, accipere de eo quod est Patris est procedere a Patre.
Ergo, pro eo, accipere de eo quod est Filii est procedere a Filio.

Brevius adhuc : Cum Spiritus accipiat de eo quod Patri
Filioque commune est, non potest non procedere ab utroque.

**354.** 2º **In traditione.** — Patres, etiam Graeci, Filio in Spiritum adeo, etsi multiplici modo, agnoscunt influxum realem ut
penitus excludant doctrinam Photii et Orientalium de Spiritus
processione, quae sit a Patre solo immediate, seu Filio nullatenus
mediante [22]. Hujus assertionis probatio dari potest generalis et
specialis.

A) *Generalis, quatenus, ad saeculum usque nonum, ea fuit
Ecclesiae saltem Occidentalis professio fidei aperta quin ulla Ecclesia de hoc dissentiret.* Hoc jam supra statutum est, quoad formulam « ab utroque », inde ab aetate S. Augustini. Idem porro
constat per doctores anterioris aetatis. Sic, v. gr. :

TERTULLIANUS,

cum dixerit Filium esse Patris « secundum », quia « prodit ex »
illo tanquam radicis « fruticem » et fontis « fluvium » seu flumen »
et solis « radium », — addit Spiritum esse « tertium a Deo et Filio »
sicut « fructum ex frutice, rivum ex flumine, apicem ex radio » (*adv.
Prax.* 8). Hinc sensus quo, ad modum Graecorum dicit : « Spiritum
non aliunde deputo quam a Patre per Filium » (*ibid.* 4).

---

[21] Aliter possit argumentum institui, v. gr. : Communis possessio eorum quae
habet Pater est ratio cur Spiritus accipiat de Filio. Atqui hoc implicat Filium habere
et dare Spiritui id quod accipit a Patre, — secus enim communis possessio non esset
ratio cur, accipiendo a Patre, acciperet a Filio. — Jamvero hoc implicat Spiritum
a Filio procedere, siquidem Spiritus accipit a Patre essentiam, proindeque illam accipit etiam a Filio.

[22] « Ἀμέσως ὁμοίως », ait PHOTIUS (*Mystag.* 62 ; PG 102. 340). « Οὐδὲ τὸ
πνεῦμα τὸ ἅγιον ἐκπορεύεται ἐκ τοῦ πατρός, μεσιτεύοντος τοῦ Υἱοῦ », aiebant
Orientales ad Anglos, anno 1718, apud Mansi. XXXVII, 423.

**355.** S. HILARIUS, qui, ad modum Graecorum, dicit Spiritum
esse « ex Patre per Unigenitum suum » (*Trinit.* XII. 57 ; PL
10. 472), tamen Filium vocat Spiritus Sancti « largitorem » et
« auctorem » (*ibid.* II. 4 ; 53 A et B), ita ut Spiritus, « Patre et
Filio auctoribus, confitendus sit » (*ibid.* II. 29 ; 69). — Filii
vero consubstantialitatem cum Patre dicit manifestari in hoc
quod Spiritum « mittat a Patre » : quod arguat illius in Spiritum
potestatem, nam « qui mittit, potestatem suam in eo quod mittit ostendit » (VIII. 19 ; 250 B). Hanc autem potestatem urget
in eo esse quod « a Filio accipiat qui ab eo mittitur ». Quod ipsi
adeo vim habet ut insinuet « id ipsum esse a Filio accipere, quod
a Patre procedere », vel, si cui discpliceat haec identificari, saltem « id ipsum atque unum esse existimetur a Filio accipere, quod
sit a Patre accipere » ; nam Filius aperte docet ea quae sunt Spiritui « a Patre accipienda, a se tamen accipi » : cum enim « omnia quae Patris sunt, sua sint, non differt a quo acceptum sit,
quod datum a Patre, datum referatur a Filio » (VIII. 20 ; 251
A-B).

**356.** S. AMBROSIUS, probando Filium, haud minus quam
Deum ipsum, esse « bonum » quia « bonitatis substantia assumpta
ex Patre non degeneravit », id est, non facta est in eo minor, sub-
jungit exinde etiam Filium probari « bonum », quia eadem « bonitatis substantia » haud magis « degeneravit in Spiritu », qui
eam tamen habet a Filio, nam, « si bonus Spiritus, qui accepit
a Filio, bonus utique et ille qui tradidit » (*In Lc.* VIII. 66 ; PL
15. 1785 B-C). Quae, cum dicantur contra Arianos, ad vindicandam Filii naturam divinam, aperte dicunt Spiritum habere a
Filio eam ipsam naturam quam Filius a solo Patre habet.

Idem vero dicit, in *De Spiritu Sancto* (I, 15, 152-54), ubi
refert « plerosque » agnoscere Filium, sicut et Patrem, vocari
« fontem vitae » quia « fons Spiritus Sancti », et quidem, non
Spiritus Sancti sensu gratiae creatae sed sensu « divinae illius
gratiae », quae est ipse « Spiritus Sanctus » (PL 16. 739 B-C).
Quod explicatur per verba ipsius Christi : « Omnia quae habet
Pater mea sunt », nam, « quae accepit ipse per unitatem naturae,
ex ipso, per eamdem unitatem, accepit et Spiritus ». Propterea
« quod loquitur Spiritus, Filii est ; quod dedit Filius, Patris est »
(*ibid.* II. 12, 134 ; PL 16. 771 C).

Hinc comparatio missionis Spiritus a Filio cum ipsa Filii
a Patre processione :

« Non quasi ex loco mittitur, aut quasi ex loco procedit, quando
procedit ex Filio », sed, « sicut ipse Filius, cum dicit : De Patre pro-
cessi et veni in mundum ». Sicut igitur Filius, « cum de Patre exit »,
non a Patre recedit aut separatur, ita Spiritus, « cum procedit a Patre
et Filio, non separatur a Patre, non separatur a Filio » (*ibid.* I. 11,
119-120 ; PL 16. 732-733) [23].

**357.** B) *Specialis* : a) **Ex ordine personarum in formula
Trinitatis,** quem Ecclesia semper habuit adeo fixum ut non posset absque impietate aut errore in fide mutari aut inverti. Ita
S. BASILIUS, in professione fidei, quam imposuit Eustathio Se-
bastiensi subscribendam :

« Necesse est quoque declarare eos qui ordinem nobis a Domino
traditum transvertunt, et Filium ante Patrem, et Spiritum Sanctum
ante Filium, collocant, fugiendos esse ut qui aperte cum pietate pu-
gnent » (*epist.* 125. 3 ; PG 32. 549 D). Item, *De Spiritu S.*, ubi ait
eum « qui confundat ordinem praescriptum a Domino haud minus
peccare quam impietas eorum », qui velint personas ita subnumerari
ut deorum multitudinem inducant (18. 47 ; PG 32. 153 C).

Immutabilitatis porro hujus ordinis rationem dat S. Basilius, quae implicat Filii, in processione Spiritus a Patre, influxum
realem. Dicit enim illum ordinem fundari in ea personarum ad
invicem dependentia et conjunctione, quae excludat Spiritum
esse a Patre aliter ac per mediantem Filii influxum.

« Quemadmodum [enim] Filius se habet ad Patrem, ita Spiritus
se habet ad Filium, secundum traditum in baptismo verborum ordinem. Sin autem Spiritus Filio conjungitur (συντέτακται), et Filius Patri,
liquet etiam Spiritum Patri conjungi » (17. 43 ; PG 32. 148 A) : quo
manifeste declaratur Spiritum non conjungi Patri nisi ratione suae
cum Filio conjunctionis. Nec ea est mera, sine influxu, conjunctio,
nam, « sicut nemo novit Patrem nisi Filius, ita nemo potest dicere
Dominum Jesum nisi in Spiritu Sancto », siquidem Spiritus « in seipso
ostendit gloriam Unigeniti verisque adoratoribus praebet in seipso

---

[23] Cf. eodem sensu ZENO VERONENSIS : *Tract.* 2 (PL 11. 391-392) ; item MARIUS
VICTORINUS : *cont. Arianos,* 1, 12-13 : « A Christo Spiritus, sicut Christus a Deo ...
Paracletus quaecumque habet, a me habet », ait Christus. « Paracletus a Deo et
Christo ... Ex Filio Spiritus S., sicut ex Deo Filius conrationaliter et Spiritus Sanctus
ex Patre ... Spiritus a Christo accipit, ipse Christus a Patre et idcirco Spiritus a Pa-
tre » (PL 8. 1046 D ; 1047 B et D ; 1048 B).

Dei cognitionem». Ratio porro est quia «nativa bonitas et naturalis
sanctimonia et regalis dignitas — [quae est divinae essentiae pro-
prietas] — permanat (διήκει) ex Patre per Unigenitum ad Spiritum»
(18. 47 ; 153 A-B).

Nec, re vera, assignari potest ulla alia ratio cur ille ordo
debeat adeo manere immutatus. Fac enim Spiritum a Patre
procedere tam immediate quam Filium ipsum, seu independenter ab omni Filii influxu, jam eodem titulo ac jure praemit-
tatur Filio ut Patri immediate conjunctus [24].

**358.** b) Explicita Patrum Graecorum doctrina quod **Spiritus sit Filii sicut et Patris, se habeat ad Filium sicut Filius
ad Patrem, accipiat de Filio, prodeat a Filio, sit ex Filio :**
haec enim omnia id ipsum significant quod asserimus, Spiritum
scilicet esse a Filio non quidem ut a principio fontali et coordi-
nato seu independente et principali, sed tanquam ab eo, per
quem sit a principio principali.

Hujus porro doctrinae haec sint pauca, inter multa, spe-
cimina [25] :

ORIGENES, pro suo modo referendi omnium originem ad
Patrem per Filium, docet Spiritum esse « ordine primum eorum
omnium quae a Patre per Filium facta sunt », suggeritque eum
ideo non vocari Filium quia

« indigere videatur Filio tanquam a quo suae hypostasi ministre-
tur non tantum esse sed etiam esse sapientem, rationabilem, justum,
et alia omnia quae necesse est eum esse ut sit particeps attributorum
Christi » [26].

S. DIONYSIUS Alexandrinus, in sua *Apologia,* dicit Spiritum
haud minus Filio quam Patri esse in manibus, quippe qui haud
magis a ferente — Filio — quam a mittente — Patre — sejungi queat.

« In manibus illorum est, qui neque a mittente neque a ferente
separari potest » (Apud S. Athan. : *De sent. Dion.* 17 ; PG 25. 505 A).

---

[24] Cf. 1, q. 36, a. 2 c : « In rebus, in quibus non est sola materialis distinctio, —
[qualis est multorum cultellorum ab eodem fabro productorum] — semper invenitur
in multitudine productorum aliquis ordo ... Si ergo ab una persona Patris procedunt
duae personae, ... oportet esse aliquem ordinem earum ad invicem, nec potest aliquis
ordo alius assignari nisi ordo naturae, quod alius est ex alio ».

[25] Cf. plura apud JUGIE : *De processione Spiritus Sancti.*

[26] *In Jo.* II. 6 (PG 14. 128 D-129 A ; éd. Preuschen, II, 10. 6, p. 65[15-16]. — De
illa Origenis doctrina, num implicet Spiritum proprie creari, cf. PRAT : *Origène*, p.
54-61.

S. GREGORIUS THAUMATURGUS, in sua professione fidei,
dum Filium dicit esse « solum ex solo » Patre, de Spiritu econtra
dicit :

« Ex Deo existentiam habet et per Filium apparuit hominibus,
Filii perfecti imago perfecta, ... in quo manifestatur Deus Pater et
Deus Filius » (In ejus *vita*, apud S. Gregor. Nyss. ; PG 46. 912 D-
913 A).

**359.** S. ATHANASIUS dogma divinitatis Spiritus S. astruit
imprimis in eo quod Sp. eamdem habet ad Filium relationem,
quam Filius ad Patrem ; haud minus est Filii quam Patris proprium et quidquid est habet a Filio :

« Si Filius, propter suam ad Patrem unitatem, admittitur non
esse ex eis quae facta sunt, ... cur Sp. S., qui ad Filium habet eamdem
unitatem, quam ipse ad Patrem, dicatur esse creatura ? A Patre procedit (ἐκπορεύεται) et, cum sit Filii proprium, ab eo datur discipulis »
(*ad Serap.* I. 2 ; PG 26. 533 A et B). « Cum insufflasset [Dominus],
dedit eum ex seipso (ἐξ αὐτοῦ) discipulis, et hic modus est quo Pater
eum effudit super omnem carnem ... Qualem enim novimus proprietatem esse Filii ad Patrem, talem invenimus Spiritum habere ad Filium. Et, sicut Filius dicit omnia, quae Pater habet, esse sua, ita
ea omnia inveniemus esse etiam in Spiritu per Filium. — Et, quod
mirabile est, sicut Filius dicit ea, quae sua sunt, esse Patris, ita Patris
est Spiritus, qui Filii esse dictus est ... Quod in universa divina Scriptura occurrit : Spiritus S., qui dicitur esse Filii, idem dicitur esse Dei ...
Proinde, si Filius, propter suam ad Patrem proprietatem et quia est
proprius ejus substantiae foetus, [agnoscitur] non esse creatura, ...
ita nec Spiritus potest esse creatura, propter suam ad Filium proprietatem, et quia ex eo datur omnibus, atque ea quae habet sunt Filii »
(*ad Serap.* III. 1 ; PG 26. 625 A-628 A).

S. CYRILLUS Hierosolymitanus catechumenos docet

« Patrem dare Filio et Filium communicare Spiritui Sancto »,
quia ipse Filius dicit tum omnia esse sibi tradita a Patre tum Spiritum
a se ipso accipere (*Cat.* XVI. 24 ; PG 33. 952-953).

S. EPIPHANIUS, in sua symboli forma longiori, explicite dicit
Spiritum

« ex Patre procedere (ἐκπορευόμενον) et ex Filio accipere (λαμβα-
νόμενον),

quod alibi asserit vel iisdem verbis (*ibid.* 7 ; PG 43. 28 A) vel
explicite dicendo Spiritum esse

« ex eadem Patris et Filii substantia » (*ibid.* 29 A),

eumque, sicut Christus creditur esse ex Deo Patre, ita

« esse ex Christo seu ab ambobus » (παρ'ἀμφοτέρων) (*ibid.* 67
et 71 ; 137 B et 148 B).

DIDYMUS Alexandrinus Spiritum dicit ideo,

« Filio loquente, non audire quae [prius] nesciat, cum [ipse]
hoc ipsum sit quod profertur a Filio, id est, procedens a veritate,
consolator manans de consolatore, Deus de Deo (*De Sp. S.* 36 ; PG
39. 1064-1065) ... Neque enim quid aliud est Filius, exceptis his quae
ei dantur a Patre, neque alia substantia est Spiritus Sancti, praeter
id quod datur ei a Filio » (*ibid.* 37 ; 1065 C).

**360.** S. CYRILLUS Alexandrinus processionem ex utroque
aperte profitetur : 1° **ante controversiam nestorianam,** commentando S. Joannis evangelium, explicat Filium, ratione suae
consubstantialitatis, dare Spiritum ut quid sui sicut et Patris
proprium, quod a se vel per se ex Patre effluat.

Filius enim Spiritum vocat « Paracletum tum Patris tum
suae ipsius substantiae » (*In Jo.* 9 ; PG 74. 256 D). « Est
enim Spiritus ejus » et vocatur « Spiritus veritatis quia Filius
dicitur Veritas » (*ibid.* 257 B). Ratio vero cur dicatur indifferenter dari vel a Patre vel a Filio est quia

« Filius, cum sit Patris bonorum substantialiter particeps, Spiritum habet eo ipso modo quo eum Pater habet, ... eumque ex intimis
visceribus profundit (προχέει) ; ... ad modum quo ex ore humano
prodit spiritus corporaliter, sic etiam ex divina substantia profunditur [Spiritus] qui est ex eo (τὸ ἐξ αὐτοῦ) ... Idcirco, cum Pater [Spi-
ritum] dare dicitur, eum dat Filius, per quem sunt omnia, et, cum Filius [eum] dare dicitur, [eum] dat Pater, ex quo sunt omnia » (*ibid.*
257 C-D).

Hinc ratio cur Spiritus noverit omnia quae sunt Filii : « Est
enim Spiritus Christi et mens ejus » ideoque, « citra doctoris ope-
ram, novit omnia, quae sunt ejus, ex quo et in quo est » (*In
Jo.* X ; 301 B).

« Sicut Spiritus est Filii proprius naturaliter, et in ipso existens
et per ipsum prodiens (προϊόν), ita est etiam Patris » (*ibid.* 417 C).
« Proprius [quidem] Patris Spiritus, sed nihilominus proprius etiam

Filii, quia Filius, cum sit verus ejus substantiae fructus, sibi secundum naturam attrahit (ἐπάγεται) proprium Patris Spiritum, qui effunditur quidem ex Patre sed creaturae traditur per ipsum Filium, non tanquam per famulum aut ministrum, sed tanquam ex ipsa quidem Patris substantia propendens (προκύπτον), at per Verbum consubstantiale effusum (χεόμενον) in eos qui suscipere digni sunt ... Spiritus [igitur] Patris apparet esse Filii, et, quando Pater [eum] mittit, ... rursus eum Filius largitur ut proprium propter identitatem substantiae quam habet ad Patrem» (*In Jo.* XI. 10 ; PG 74. 540 C-541 A ; et cf. 541 B : « in quo et per quem est atque prodit Spiritus vivificans»).

Quod *ne intellegatur de mera Spiritus effusione ad extra,* nam aperte docetur Spiritus esse ex intima Filii substantia. Etenim, qui docetur esse ex Patre tanquam « naturalis divinitatis ejus proprietas, sicut dulcedo mellis vel bonus odor ex flore» (*Thes.* 34 ; PG 75. 596 A), idem docetur ex Filio accipere

« quemadmodum dulcedo ex melle, calor ex igne, refrigeratio ex aqua» (*ibid.* 593 D). « De Filio enim ac Spiritu intellegendum est haud secus ac de odore, quem ex se spargit flos fragrantia nobilis,... siquidem Spiritus sapientiae et veritatis — [quae Filius est] — totam servat in seipso efficaciam, quae est ex toto eo a quo profunditur, et in sua natura exhibet naturam ejus cujus est» (*De Trinit. dial.* VI ; PG 75. 1012 B).

**361.** **2o Controversia nestoriana iam exorta,** in ipsa synodica, qua Nestorium jubet suis anathematismis subscribere, aperte dicit

« Spiritum ideo non esse Filii alienum, quia vocatur Spiritus veritatis, quae Christus est, et profunditur ab eo perinde ac ex Deo Patre» (PG 77. 117 C).

Hinc *anathematismus* 9 (D-B 121) et illius explicatio :

« Quia Verbum, homo factum, manet Deus et est, seclusa paternitate, totum quod et Pater, habet etiam [ut] proprium Spiritum S., qui est ex ipso eique substantialiter innatus est» (*Explic. duod. capit.* 9 ; PG 76. 308 D).

Haud mirum igitur eum dicere : a) Christum

« cum summa potestate mittere eum qui ex illo est et ipsius proprium» (τὸ ἐξ αὐτοῦ καὶ ἴδιον αὐτοῦ)

baptizatosque

« ungere Spiritu sibi proprio, quem ipse, tanquam ex Deo Patre
Verbum immittit et ex propria natura quasi ex quodam fonte in nos
transfundit (ἐξ ἰδίας ἡμῖν ἀναπηγάζει φύσεως)²⁷. — b) « Spiritum
vivificantem prodire per ambos » (*Ad reginas*. 51 ; PG 76. 1408 B).
— c) « Spiritum, quando in nos venit, prodire et ex Patre et ex Filio
(ἐκ πατρὸς καὶ Υἱοῦ), quia est divinae essentiae, essentialiter in
ea et ex ea prodiens » (*Thes*. 34 ; PG 75. 585 A). — d) Spiritum ideo,
Christo leges ferente, et ipsum ferre, « ut in ipso et ex ipso naturaliter
existentem » (*ibid*., 600 D ; item 608 B).

**362. N. B. De S. Cyrilli doctrina.** — Anathematismus ejus 9ᵘˢ
impugnatus est ab adversariis ejus, praesertim a Theodoreto Cyrensi,
quasi dixerit « Spiritum non ex Patre procedere, secundum Christi
verbum, sed ex Filio existentiam habere »²⁸. Gloriatur immo Theodoretus, post symbolum, quod dicitur, unionis, S. Cyrillum inductum
a se fuisse ad mutandam sententiam (*epist*. 171 ; PG 83. 1484 C).
Unde gloriatur Photius, glorianturque post eum Photiani, doctrinam
S. Cyrilli non fuisse tunc in Ecclesia communem.

Sed eorum Theodoretique gloriatio vana est, nam : 1° Theodoreti
accusatio est mera calumnia, cum S. Cyrillus non negaverit unquam
Spiritum a Patre procedere. — 2° Suis in explicationibus, S. Cyrillus
nunquam retractavit id quod anathematismo suo asseruerat ; hoc
econtra explicite confirmavit in suo utroque *Apologetico*, ubi explicite
affirmat Spiritum « procedere quidem ex Deo Patre, sed non esse
Filio alienum, siquidem [Filius] omnia habet cum Patre … [et] Spiritus [in Christo] miracula operatus est tanquam Spiritus ejus et non
[tanquam] virtus [ei] aliena eove, qua Deo, praestantior » (PG 76.
433 B-C et 357-360.)

**363. c) Ex scopo et sensu quo, ut communius solent,
asserunt Spiritum procedere a Patre per Filium.** — Formula
enim, ab initio, scopum habuit, non quidem excludendi realem
Filii influxum, quem nemo negabat, sed determinandi eum esse
influxum, qui a Patre penderet, ita ut Spiritus, etsi per Filium,
tamen a Patre vere originem haberet. Hoc enim ipsum nega-

---

²⁷ *De recta fide ad Theodosium*, 36 et 37 (PG 76. 1188 B et C) ; cf. *in Joël*, 35 :
« ἴδιον αὐτοῦ τε καὶ ἐν αὐτῷ, καὶ ἐξ αὐτοῦ τὸ πνεῦμα ἐστι» (PG 71. 377 D).
²⁸ *Epist*. 151 (PG 83. 1417 D). In sua anathematismi impugnatione, ait : « Spiritum esse Filii proprium, si dixit tanquam ejusdem cum eo naturae et [ut] ex Patre
procedentem, confitebimur et nos et tanquam piam accipiemus vocem. Sin autem dixit
tanquam ex Filio et per Filium existentiam habentem, hoc ut blasphemiam et impium
rejiciemus » (PG 76. 432 D). — Ineptius adhuc Orientales anathematismum intellexerunt quasi negaverit Christum in Spiritu seu per Spiritum daemones ejecisse et
miracula operatum esse (*ibid*. 353-356).

batur ab Arianis et ab Eunomianis, qui adeo volebant Spiritum esse per Filium ut solius Filii esset opus seu factura nec a Patre procederet [29].

Contra quos quia fuit inculcandum Spiritum per mediantem quidem Filium at vere esse ex ipso Patre, fuit explicite asserenda Spiritus a Patre processio. Sic jam S. ATHANASIUS, in sua *ad Serapionem epist.*, I. 20, asserebat

« sanctificantem et illuminantem atque vivam [Filii] energiam et donationem — [quae est Spiritus] — dici ex Patre procedere, quia ex Verbo, quod ex Patre esse conceditur, effulget et mittitur et donatur » (PG 26. 580 A).

Item S. BASILIUS ostendebat tum Spiritum

« per unum Filium uni Patri copulatum », tum « naturalem bonitatem, naturalem sanctimoniam, regiamque dignitatem », id est, divinam essentiam, « ex Patre per Filium permanare » (*De Sp. S.*, 18. 45 et 47 ; PG 32. 152 A et 153 B).

Explicitius adhuc S. GREGORIUS NYSSENUS : Spiritus hoc quidem habet cum Filio commune quod

« causam subsistentiae (τῆς ὑπάρξεως) habet ex Deo universorum », sed in hoc ab eo differt quod « non subsistit per viam unigenerationis (μονογενῶς) ex Patre et quod per ipsum Filium manifestetur » (πεφηνέναι) (*cont. Eunom.* I. PG 45 336 D). « Alius enim est ex primo [principio] immediate (προσεχῶς), alius autem per eum qui est immediate ex primo, ita ut Filius haud ambigue servet suam Unigeniti proprietatem, nec dubium sit quin Spiritus sit ex Patre, nam mediatio Filii, etsi facit quod ipse maneat Unigenitus, tamen non arcet Spiritum a naturali ad Patrem habitu » [30].

---

[29] Sic, jam EUSEBIUS, in suo *De eccles. theol.* III, 6 : « Solus Filius operatus sit et produxerit subsistentia creata omnia, ... atque adeo ipsum quoque Spiritum Paracletum ... Spiritus [propterea] neque Deus neque Filius [est], quoniam non de Patre perinde atque Filius genesim accepit, sed est unum ex his quae per Filium condita sunt » (PG 24. 1013 B et D) ; nec aliter, in sua *Praep. evang.* VII. 15 (PG 21. 459 C-552 B). — Sic S. EPIPHANIUS *de Arianis* : « Spiritum S. creaturae, [id est, Filii], esse creaturam asserunt » (*Haer.*, 69. 56 ; PG 42. 289 A). Et Eunomium, re vera, S. Basilius dicit Spiritus Sancti causam ita « soli Unigenito ascripsisse » ut illum « a Patre auferret » propterea quod pronunciaret esse deitatis expertem (*adv. Eunom.*, II. 34 et III. 5 ; PG 29. 652 A-C et 665 A).

[30] *Quod non sint tres dii* (PG 45. 133 C) ; item *de spiritu S. cont. Pneumatom. hom.* 2 (*ibid.* 1304). — Cf. eodem sensu *de orat. dom. hom.* 3, recitata apud BARDENHEWER: *Gesch. d. altchristl. Litt.*, t. III, p. 213-214, ubi simul vindicatur illius operis genuinitas.

**364. Hinc autem intellegitur quo sensu tum symbolo Nicaeno sit, contra Eunomianos et Macedonianos, de Spiritu additum « qui ex Patre procedit », tum S. Gregorio Nazianzeno tam cordi fuerit inculcare Spiritum haud minus quam Filium ex Patre procedere** (Sic, v. gr. *Or.*, XX. 11 ; XXVI. 16 ; XXXI. 9 ; XXXIX. 12). Quae ejus doctrina adeo non excludebat Spiritum procedere per Filium, ut, econtra, approbaret, quoad hoc, comparationes significantes eum esse ex Patre ad modum quo flumen per fontem est ab oculo fontis, vel luminis apex per radium est ab ipso sole [31] ; explicite immo, in aliquo suo carmine, scripserit « unum Deum [esse] ex Genitore per Filium in Magnum Spiritum » (I. 2, v. 688 ; PG 37, 632 A).

Qui loquendi modus occurrit etiam apud CYRILLUM ALEXANDRINUM : quem vidimus adeo explicite docere processionem ex Filio, idem saepius tamen asserit Spiritum procedere per Filium, sive ope comparationum, v. gr., digiti, qui per manum corpori adhaeret (*Thes.* 34 ; PG 75. 576 D-577 A), sive explicite duas formulas identificando, v. gr. in *De adoratione*, I :

« Est Dei Patris et Filii ille qui substantialiter ex utroque, nimirum ex Patre per Filium, profluit Spiritus (PG 68. 148 A). « In duobus est Spiritus, propter identitatem essentiae, non divisim sed tanquam ex Patre per Filium dimanans in creaturam» (*In* 1 *Cor.*, 1. 21-22 ; PG 74. 921 C-924 A).

**365.** *Posteriores igitur graeci scriptores*, cum priorum doctrinam vel immo formulas exscribant, intellegendi sunt eodem sensu inculcasse Spiritum per Filium quidem, at omnino ex ipso Patre, procedere. Sic, in specie, S. Maximus Confessor (580?-662?) et S. Joannes Damascenus (circa 750), ad quos Photiani maxime appellant. Et, re vera :

S. MAXIMUS de Patre scribit :

« Sicut mens est auctor Verbi, ita et Spiritus [Sancti], per Verbum tamen intermedium » (*Quaest. et dub.* 34 ; PG 90. 813). Ea porro Verbi mediatio adeo non est sine influxu ut ea ratio sit cur Spiritus sit Filii sicut et Patris : « Spiritus enim Sanctus, uti natura essentialiter (κατ'οὐσίαν) est Dei Patris, ita Filii etiam essentialiter est natura (φύσει κατ'οὐσίαν), utpote qui procedat (ὡς ἐκπορευόμενος) essentialiter

---

[31] Sic. v. gr., *Or.* XXXI, 31-32 (PG 36. 169 A-C) ; cf. apud DIDYMUM : *De Trinit.* II. 5 ; *De Sp. S.* 20 (PG 39. 504 B ; 1051) comparationes digiti, manus et ejus cujus est manus.

ex Patre per Filium [ab eo] genitum» (*Quaest. ad Thalass.*, 63 ; PG
90. 672 C) [32].

*Quod confirmat explicatio ab eo data formulae Latinorum* :
procedere etiam ex Filio. Dicit enim Constantinopolitanos —
Monotheletas scilicet mox in synodo Romana 649 et in oecu-
menica damnandos — male exinde scandalum sumpsisse, siquidem ab ipso interrogati Latini ostenderunt tum dictiones
ejusdem rationis occurrere non tantum apud Patres latinos sed
etiam apud S. Cyrillum Alex., tum se hujusmodi formula Filium
non significare esse causam — [audi primam et independentem]
— Spiritus Sancti :

« Unicam enim norunt Filii et Spiritus Sancti causam [esse]
Patrem, alterius quidem per generationem, alterius vero per processionem (κατὰ τὴν ἐκπόρευσιν) ; sed [ea sua formula volunt] significare quod per eum prodeat (τὸ δι'αὐτοῦ προιέναι) et ita manifestare
conjunctionem substantiae atque illius absque ulla variatione similitudinem» [33].

**366.** S. JOANNES DAMASCENUS omnino quidem vult Spiritum dici ex Patre et non ex Filio, nam Filius, sicut et Spiritus,
est causatus (αἰτιατός), solus autem Pater est causans [34], proptereaque est

« tum Verbi genitor (γεννήτωρ) tum Spiritus per Verbum productor (προβολεύς). Filii [igitur] et Spiritus Sancti fons est atque
causa, sed pater Filii tantum et productor Spiritus Sancti» [35].

Attamen omnino vult Spiritum esse etiam Filii, ita ut

« Filio Spiritus haud magis unquam defuerit quam Patri Verbum
(*De fide*, I. 7 ; PG 94. 804-805 C). « Spiritus [enim] est imago Filii,
Spiritus Christi, mens Christi» (*ibid.*, 13 ; 856 B). Virtus scilicet est
« a Patre procedens et in Filio conquiescens» (*ibid.*, I. 7 ; 805 B ; I.

---

[32] Ergo ideo est Filii essentialiter, quia per eum procedit. Atqui procedere per
Filium non faceret eum esse essentialiter Filii nisi processio per Filium induceret
naturalem illius cum Filio connexionemκατ᾿οὐσίαν. Ergo processio per Filium inducit realem Spiritus cum Filio connexionem. — Porro naturalis connexio κατ᾿οὐσίαν
orta ex processione nequit esse nisi consequenter ad realem aliquem Filii influxum.
[33] *Ad Marinum epist.* (PG 91. 136 A-B et C) ; de qua cf. DE RÉGNON, IV, p. 189
et 191-192 atque DTC, loc. cit. 794.
[34] *De fide*, 1. 12 (PG 94. 849 A-B) et cf. III. 5, ubi tres hypostases dicuntur distingui proprietatibus, scilicet ἀναι ἰῳ καὶ πατρικῇ, τῇ αἰτιατῇ καὶ υἱϊκῇ, τῇ
αἰτιατῇ καὶ ἐκπόρευεν (1000 B).
[35] *De fide*, 1. 12 (PG 94. 848 D-849 B). Hinc Filius dicitur Patris γέννημα, Spiritus autem Patris ἐκπόρευμα καὶ πρόβλημα (*De hymn. trisag.* ; PG 95. 60 D).

13 ; 856-857), quae, sicut « est reconditorum deitatis Patris declarativa »
(ἐκφαντορική) (I. 12 ; 849 A), ita « Verbi vim manifestat illiusque est
declarativa » (ἐκφαντική) (I. 7 ; 805 B).

Hinc est cur Spiritus, qui dicitur

« et ex Patre et Patris », non dicatur « ex Filio sed tantummodo
Filii » et « per Filium » : « Per Filium enim manifestatur et impertitur
nobis ... sicut ex sole quidem est tum radius tum splendor [ejus] :
— ipse enim tum radii tum splendoris fons — sed per radium splendor nobis impertitur, nos illuminat et a nobis participatur » (I. 8 ;
832-833).

**367.** CONCLUSIO. — **Comparantur formulae Graecorum
et S. Augustini.** Patet, ex mente Damasceni et Graecorum,
Patrem esse solum *ex quo* dici possit esse Spiritus. Jamvero
eodem omnino sensu, ex mente S. Augustini, Pater est solus
quem Spiritus dici possit habere « *auctorem* » et de quo « *procedat principaliter* ».

« In hac Trinitate, non dicitur Verbum Dei nisi Filius, nec Donum
Dei nisi Sp. S. nec de quo genitum est Verbum et de quo procedit principaliter Spiritus S. nisi Deus Pater. Ideo autem addidi principaliter, quia et de Filio Sp. S. procedere reperitur, sed hoc quoque Pater
illi dedit ... Sic [enim] eum genuit ut etiam de illo Donum commune
procederet et Sp. S. spiritus esset amborum » (*Ttinit.*, XV. 17 ; 29 ;
PL 42. 1081).

« De Patre est Filius, de Patre est Sp. S. ; sed ille genitus, iste procedens ; ideo ille Filius est Patris, de quo est genitus ; iste autem
Spiritus utriusque, quoniam de utroque procedit. Sed ideo, cum de
illo Filius loqueretur, ait: De Patre procedit, quoniam Pater processionis ejus est auctor, qui talem Filium genuit, et, gignendo, ei dedit
ut etiam de ipso procederet » [36].

Quem consensum Latinorum et Graecorum testatur etiam
approbatio, quae, in concilio Nicaeno 2º, oecumenico VIIIº,
consentientibus legatis Rom. Pont., data est professioni fidei
S. TARASII, qua profitebatur se credere « et in Spiritum S., qui
ex Patre per Filium procedit » (PL 98. 1117 C ; cf. Mansi XII.
1077 E ; 1122 D ; 1125 B ; 1153 B).

---

[36] *Cont. Max. ar. ep.* II. 141 (PL 42. 770) ; cf. pariter 5 (761), ubi omnino probat
« auctorem propterea dici Patrem, quia de ipso est Filius, non est autem ipse de Filio ; et, quia de illo et de Filio sic procedit Sp. S. ut ipse hoc dederit Filio, gignendo
cum tamen ut etiam de ipso procederet Sp. Sanctus ».

Recte igitur concilium Florentinum declaravit ad eamdem intelligentiam tendere utramque formulam (D-B. 691).

**367**bis. SCHOLION. — **De decreto Ephesino contra additiones ad fidem nicaenam** (D-B. 125). Invocatur pertinaciter ab Orientalibus ut contra quod vox « Filioque» fuerit addita symbolo. Volunt enim prohibitam esse omnem omnino mutationem, quae ab ulla auctoritate fiat. Quae interpretatio ut appareat quam sit arbitraria, satis sit haec notasse.

1° *Decreti occasio et textus* [37]. Editum est, quia a presbytero Charisio denunciata est concilio formula fidei, quam certi presbyteri Nestorio addicti proferebant conversis ab haeresi profitendam et subscribendam ; quae aperte nestoriana erat.

Lectis igitur documentis quibus haec constabant, concilium « *edixit aliam fidem nemini licere proferre vel conscribere aut componere praeter illam quae constituta est a sanctis Patribus Nicaeae congregatis cum Sp. Sancto. Illos vero, qui audeant vel componere aliam fidem vel proferre aut proponere volentibus ad scientiam veritatis converti, si sint episcopi vel clerici, alienos fieri episcopos ab episcopatu, clericos a clericatu ; si vero laici sint, anathema esse* ».

Hinc patet : *a)* eos, quorum occasione decretum editum est, egisse nomine proprio et quidem sensu haeretico ; *b)* eos, contra quos poena edicitur, intellegi agentes nomine privato.

2° *Sensus quo intellectum est*. Historice constat mentem concilii non fuisse excludendi additiones factas ab auctoritate legitima. Etenim :

A) Concilium ipsum, in eadem sessione, non improbavit formulam fidei ab ipso Charisio professam, qua tamen de Spiritu Sancto fidei Nicaenae addebantur voces « spiritum veritatis, paracletum, similis substantiae cum Patre et Filio » [38].

B) S. Cyrillus, una cum Joanne Antiocheno et Orientalibus, intra duos annos post concilium, convenit de symbolo quod dicitur « unionis », in quo multa adduntur symbolo nicaeno. Quod quomodo concilietur cum decreto Ephesino Cyrillus ipse explicat (*Epist.* 40, ad Acacium Melitinum) dicendo non novam per hoc conditam esse fidem, sed rationem esse redditam consensus cum fide Nicaena (PG. 77. 188 B-189 B). « Quid » immo, interrogat, « ipse Nestorius », quando urgebatur sua dogmata condemnare et veritatem amplecti, « si scriptam de eis rebus confessionem exhibuisset, quispiam dicturus erat illum novum fidei symbolum conscripsisse ? » (188 D).

[37] In sessione quae dicitur 6ª ; apud Mansi, IV, 1361-1364 ; editio magis accurata apud SCHWARTZ : *Acta conc. oecum.*, t. I, vol. 7, nᵒˢ 76-77, p. 95-106.
[38] Mansi, 1348 B-C ; SCHWARTZ, p. 97.

C) Concilium Chalcedonense approbavit, tanquam a concilio
Constantinopolitano anni 381 editum, symbolum, in quo non pauca
Nicaeno adduntur, in specie de Spiritu Sancto.

D) Idem concilium, etsi immutata voluit quaecumque decreta
erant in conciliis praecedentibus, tamen edidit et ipsum novam fidei
professionem, cujus in fine pariter « definivit alteram fidem nulli licere
proferre aut conscribere vel componere aut sentire aut alios docere »
(D-B. 148).

3. *Ex his liquet* decretis hujusmodi concilia voluisse quidem excludere privatas fidei expositiones, quippe quae sanam doctrinam
pervertere possint ; minime vero sensisse aut edixisse non licere, per
auctoritatem in Ecclesia legitimam, mutationes aut additiones, quae
formulam Nicaenam aut alias possint exponere aut tueri [39].

**368. 3° Ratio etiam theologica probat processionem a
Filio** (I, q. 36, a. 2).

A). *Ex perfecta Filii generatione.* Pater enim, gignendo, communicat quidquid est et habet, praeter hoc quod sit Ingenitus
et Pater ; illi igitur communicat totam essentiam, intellectum
et voluntatem, necnon omnem actum quo ad intra agit, praeter
generandi actum ; ergo illi communicat tum id quo spirat tum
ipsum spirandi actum. Quae ratio et sensus est verbi Christi :
« *Omnia quaecumque habet Pater mea sunt, propterea dixi quia
de meo accipiet* » (*Jo.*, 16. 15). (Cf. D-B. 691).

B). *Ex lege unitatis in Trinitate* vigentis, quae docet omnia
in divinis esse unum ubi non obviat relationum oppositio. Hinc
enim sequitur : a) Filium non distingui realiter a Patre qua Spiritum spirat, siquidem, qua spirans, Pater non habet ad Filium
ullam relationis oppositionem. Qua talis igitur, Pater identificatur cum Filio, proindeque, spirante Patre, spirat et Filius. —
b) Filium eatenus tantum distingui a Spiritu quatenus ad eum
habet relationem spirantis seu quasi causantis : hac enim relatione sublata, jam nulla datur ratio cur duo a Patre procedentes
distinguantur realiter ab invicem.

**369.** *Hoc quidem negat Scotus* (*in* 1, *dist.* 11, q. 2, n° 5-11) cum suis,
nam, aiunt, distinguerentur disparitate relationis seu relatione dispa-
rata, quam uterque haberet ad Patrem, quatenus unus generaretur,

---

[39] De his plura apud PALMIERI, art. *Filioque, loc. cit.*, col. 2321-2331, et JUGIE :
*Le décret du concile d'Ephèse sur les formules de foi*, apud *Echos d'Orient*, 1931, p. 257-
268.

alter non, seu unus procederet per intellectum, alter per voluntatem.
Sed non valet exceptio, nam : a) Constat relationem disparatam,
apud Deum, non inducere distinctionem realem : generatio enim et
spiratio activa non distinguuntur realiter ; ergo nec filiatio et spiratio
passiva. b) Intellectio et volitio, secundum quas fiunt processiones,
sunt realiter unum et idem, nec proinde in se habent unde oriatur ulla
realis distinctio. Terminorum scilicet, quorum sit realiter unum et
idem tum principium *quod* — Pater — tum principium *quo* — intellectus et voluntas, — non intelligitur unde possit repeti distinctio
realis. Formalis enim distinctio intellectus et voluntatis divinae facit
nobis possibilem apprehensionem processionum, quas aliunde constet
esse realiter distinctas ; seipsa vero non exigit aut inducit illarum distinctionem esse realem.

   *Argumentum Scoti sic procedit* : Quocumque aliquid constituitur,
eodem distinguitur, quia eodem est ens et unum. Sed Filius constituitur filiatione. Ergo distinguitur etiam filiatione.

   In eo vero distinguenda est major et conclusio. — Quo constituitur quid, eodem distinguitur ab omni ente, quod possit saltem concipi distinctum ab eo, *conc.* ; ab ente, quod ne concipi quidem possit
ab eo distinctum seu aliud, *nego.* — Concessa proinde minore, distinguitur pariter conclusio. Ergo filiatione distinguitur ab omni alia
persona, quae concipi possit ab illo distincta, *conc.* ; ab ea persona,
quae ne concipi quidem possit ab illo distincta, *nego.* Jamvero, negatur, donec probetur, Spiritum posse concipi distinctum a Filio nisi
ab eo spiretur.

   DICES : Si generatus esset idem ac spiratus, unus et idem produ-
ceretur duabus productionibus totalibus : quod repugnat. — RES-
PONDEO : negando suppositum, generationem scilicet et spirationem
sive activam sive passivam esse realiter duas processiones ratione suae
disparitatis. In divinis enim, nulla disparitas constituit seipsa dualitatem ; sic, v. gr., apud Patrem, generatio non est alia a spiratione
activa, qua est generatio formaliter, sed qua est ad alium terminum.

   **370.** C) *Ex principio formali immediato utriusque processionis.* — Posito scilicet Filium procedere secundum actum intellegendi et Spiritum secundum actum volendi, sequitur Spiritum procedere etiam a Filio. Procedit enim secundum actum,
qui connotat seu supponit actum intellegendi jam positum.
Jamvero hoc est connotare seu praesupponere personam Filii
jam constitutam, proindeque procedere secundum actum volendi, qui sit duarum personarum. Is porro qui procedit secundum
actum duarum personarum, necessario procedit ab utraque, siquidem utriusque est principium *quo* processionis ejus. Personae

porro, quarum est principium *quo* aliquid causatur, necessario
illud singulae causant. Ergo duae personae, quarum est actus
volendi, secundum quem spiratur Spiritus, illum sigulae spirant.

**371.** COROLLARIUM. — **De unitate principii spirationis et
actionis spirandi.** Ex dictis sequitur Spiritum procedere a Patre et a Filio tanquam ab uno spirationis principio et una tantummodo spiratione. Quae est fides catholica tum definita in
concilio (D-B. 460 ; 691 ; C. 535 ; 538), tum exlicite enunciata
in professione fidei Orientalibus imponenda (D-B. 1084) [40], tum
tandem ab ipso Christo insinuata, ubi ait Spiritum ideo « de
suo accipere » quia quidquid Patris est, suum etiam est (*Jo.*
16. 14-15) : eo enim ipso significat id, de quo Spiritus accipit,
esse unum quid sibi cum Patre commune. Quo sane non excludit, immo implicat, hoc non esse suum independenter a Patre ;
at omnino suggerit hoc, — secluso modo quo apud utrumque
est, — vere et realiter esse utriusque. Influxus proinde Patris
est influxus personae prorsus et sub omni respectu independentis,
quae propterea vocari potest, cum Graecis, primum Spiritus
principium, et, cum S. Augustino, Spiritus processionis « auctor » : Filii econtra influxus est personae origine dependentis,
proptereaque non influentis nisi ratione suae a Patre processionis.
Sed ea est unius ad alterum diversitas quoad modum habendi
id quo spiratio fit, non quoad ipsum actum spirandi seu quoad
ipsum influxum spirativum. Pater enim et Filius, quatenus
actu spirant, non distinguuntur ab invicem sed unum sunt,
proindeque, sicut unum et idem est apud utrumque id quo spirant seu de quo accipit Spiritus, ita una eademque est utriusque
actio spirativa. Haud aliter intellegitur esse, apud tres personas,
unum creationis principium unaque actio creativa, etsi diversitas est in modo quo singulae unicum illud principium unicamque
illam actionem acquirunt seu possident.

374. QUAERI tamen solet utrum unicum illud  principium spirationis intellegi debeat *quod* an tantummodo *quo* ?

------

[40] Patres graeci, etsi quaestionem non tangunt ex professo, tamen, quoad rem,
consentiunt, quatenus, ut dictum est, ex Patris Filiique consubstantialitate repetunt
quod Spiritus sit non tantum Patris sed etiam Filii proprius. — Notanda tamen in
specie sunt certa eorum dicta, quibus principium dicunt non esse in Filio aliud ab ipso
Patre. Sic, v. gr., S. ATHANASIUS : *cont. Ar.* IV. 1. si est ejus (PG 26. 468 B) ; S. BA-

*Respondetur et responderi debet* ab omnibus : 1° Intellegi debet saltem unum principium *quo*, ut patet per praemissas explicationes [41].

— 2° Hoc non obstante, sunt duo qui spirant seu duo spirantes, sicut, etsi est unica creativa actio, sunt tamen tres creantes seu tres qui creant.

*Utrum vero debeat agnosci etiam unum principium quod seu unus spirator, quaestio est mere logica seu de recta locutione.* Nonnulli velint, quia sunt duo spirantes, agnosci etiam duos spiratores, nec dissentit S. Thomas junior (*in* 1, *dist.* 29, a. 4, ad 2[m]). Melius tamen et communius cum eodem seniore (I, q. 36, a. 4, ad 7[m]), negatur duos spirantes posse dici duos spiratores, et, sicut tres creantes intelleguntur unus creator, ita duo spirantes intelleguntur unus spirator. Ratio est in utroque casu eadem, quia scilicet, etsi plures sunt personae agentes, tamen unica est forma seu principium *quo* constituuntur agentes. Nomina porro substantiva, qualia sunt creator, spirator, nequeunt logice multiplicari nisi multiplicentur ipsae formae, ex quibus denominantur : in recto enim exprimunt ipsam formam. Non ita vero nomina adjectiva, qualia sunt creans, spirans, bonus etc. : haec enim in recto exprimunt suppositum cui inest forma aliqua, proptereaque, etiam non multiplicata forma, multiplicantur si multiplicentur supposita quibus inest forte una eademque forma.

Hinc apparet, ubi dicuntur duo spirantes vel tres creantes, non significari plures esse formas, quibus plures personae constituantur creantes : plures enim participare possunt eamdem formam. Sin autem dicerentur duo spiratores aut tres creatores, significaretur totidem esse formas spirandi aut creandi [42].

Conclusio : Unus spirator in duabus personis, quae participant eamdem numerice formam. Nomen spiratoris « significat » unam vim spirativam subsistentem et « supponit » modo pro duabus personis

---

silius : *Hom. cont. Sab. et Ar. et Anom.* 3 (PG 31. 605 A) ; S. Gregorius Naz. *Or.* 20. 7 (PG 35. 1073 A) ; S. Gregor. Nyss. 8 : *In Verbo Faciamus hom. or.* 1 (PG 44. 260 D).

[41] Putat quidem Durandus et Gregorius Ariminensis unicum non dici principium nisi improprie, quatenus scilicet unicus est spirationis terminus. Sed hoc est manifeste erroneum, nam, ubi Latini Graecis quaerentibus num duo ponantur Spiritus principia respondent non poni nisi unicum, eorum responsio esset mera aequivocatio : quaerentibus de unitate principii non responderetur nisi de unitate termini.

[42] Sic « legislator » significat potestatem concretam qua leges feruntur, v. gr. totum coetum legislativum, et supponit, non pro singulis deputatis ad leges ferendas, sed pro eorum collectione : non potest unusquisque eorum dici legislator, nisi vocem « legislator » audias sensu adjectivo « legis ferentis ». — Comparatio tamen claudicat : apta quidem est, quatenus, in legislativo coetu, etsi sunt multi volentes, tamen est una collective voluntas legem efficiens ; inepta vero est, quatenus illa una voluntas non est nisi unum ens morale, cujus unitas est accidentalis ex libero plurium consensu, dum, apud Deum, virtus spirativa aut creativa est ens physicum et unum identitate essentiali.

collective, modo pro una vel altera divisim, sicut nomen creator aut
Deus modo pro tribus collective modo pro singulis seorsim.

**373.** QUAERAS : 1º Utrum virtus spirandi Patris sufficeret an non?
— 2º Utrum spiratio sit personalis an essentialis ?
RESPONDEO : Ad 1ᵐ. Sufficeret et sufficit virtus Patris ; at non
ideo superflua est virtus Filii, siquidem est eadem numerice. — Ad
2ᵐ. Potest dici personalis, sed duabus personis communis. Melius
tamen dicatur nec personalis, quia non unius tantum personae, nec
essentialis, quia non communis tribus, sed notionalis, quia pertinet
ad originem et ad dignitatem atque dicit distinctivum duarum personarum.

**374.** SCHOLION : 1º *Ad quaestionem num Pater et Filius diligant
se Spiritu Sancto*, respondetur eodem modo quo ad quaestionem
num Pater intellegat se Verbo (I, q. 37, a. 2). Pater scilicet et Filius
non diligunt se formaliter Spiritu, quasi Spiritus sit ipsum Patris et
Filii diligere ; est potius eorum diligi seu eorum ad se inclinari. Spiritus igitur non est amor divinus essentialiter acceptus, sed amor notio-
naliter acceptus, quatenus significat originem amoris procedentis.

2º *Ad quaestionem num Spiritus procedat ex amore mutuo Patris
et Filii*, responderi debet potius negative, nam amor mutuus supponit
distinctum duorum ad invicem amorem ; hic autem unicus est duorum
amor. Duo quidem sunt se amantes, sed uno eodemque amore uterque utrumque amat. Cf. supra, nº 336-338.

3º *De objectis ex quorum amore procedit Spiritus*, eadem est doctrina, mutatis mutandis, quae de processione Verbi (q. 37, a. 2, ad 3ᵐ).

CAPUT QUINTUM

# DE PERSONIS INTER SE COMPARATIS

Agendo de personis comparative, S. Thomas eas considerat
1º relative ad essentiam (q. 39), 2º relative ad relationes seu proprietates (q. 40), 3º relative ad actus notionales (q. 41), 4º relative ad invicem, utrum sint aequales in perfectione ac potentia
atque mutuo sibi inexistant (q. 42). Ex quibus, cum cetera nos
supra jam attigerimus, non manet consideranda nisi communitas et appropriatio attributorum aut operationum ad extra
necnon earum circumincessio. Hinc duo articuli.

ARTICULUS I

## DE ATTRIBUTORUM COMMUNIONE
## ET APPROPRIATIONE

**THESIS XXIII.** — Ut ipsa essentia, sic etiam attributa absoluta et omnes operationes ad extra, tribus personis sunt communia ; datur tamen quorumdam appropriatio.

**375. I. Communio attributorum et operationum ad extra** *de fide catholica* est et ut talis proponitur in concilio Lateranensi anni 649, ubi trium dicitur « una eademque » non solum « deitas, natura, substantia », sed etiam « virtus, potentia, regnum, imperium, voluntas, operatio incondita, creatrix omnium et protectrix » (D-B. 254). Quod resumit et exponit, ut ad fidem pertinens, concilium Toletanum anni 675 :

« Nullam ante aliam, nullam post aliam, nullam sine alia vel exstitisse, vel quidquam operasse aliquando creditur ; inseparabiles enim inveniuntur et in eo quod sunt et in eo quod faciunt » (D-B. 281).

Damnata est praeterea, in concilio Senonensi (1140), propositio Abaelardo tributa.

« Quod Pater sit plena potentia, Filius quaedam potentia, Spiritus Sanctus nulla potentia » (D-B. 368) [1].

**376. PROBATUR** autem : 1º *Scriptura*, quae operationes proprie divinas ascribit modo uni, modo alteri, personae : sic creatio, quae est Patris, attribuitur etiam Filio : « *Omnia per ipsum facta sunt* (*Jo.* 1. 3). « *Tu, in principio, Domine, terram fundasti et opera manuum tuarum sunt caeli* » (*Hebr.* 1. 10). Pariter, quoad distributionem charismatum, dicitur « *operari omnia in omnibus* » modo « Deus » seu Pater, modo « Spiritus » (1 *Cor.*, 12. 6 et 11).

2º *Traditione*, qua constat unitatem operationum esse qua quam maxime, contra haereticos, demonstrata est divinitas sive Filii sive Spiritus Sancti. Ad abundantiam, hic recitantur

---

[1] Utrum vero Abaelardus haec dixerit et senserit aliter ac per appropriationem, dubium saltem est. Ipse tum in sua professione fidei, tum in sua *Apologia*, aperte negat hoc se dixisse quasi eorum « quorum omnino eadem est substantia vel essentia, ulla possit esse potentiae diversitas » (PL 178. 106 ; cf. PELSTER, apud *Gregorianum*, 1931, p. 191).

trium Patrum loca, quibus constet quanta et quousque ea fuerit communis in Ecclesia fides.

### 377. S. Augustinus :

« Catholica fides habet quod Patris et Filii opera non sunt separabilia ... Quomodo Pater et Filius inseparabiles sunt, sic et opera Patris et Filii inseparabilia sunt ... Non tantum Patris et Filii sed et Spiritus Sancti, sicut aequalitas et inseparabilitas personarum, ita etiam opera inseparabilia sunt. Non dicit catholica fides quia fecit Deus Pater aliquid, et fecit Filius aliquid aliud, sed quod fecit Pater, hoc et Filius fecit, hoc et Spiritus Sanctus fecit » (*In Jo. tract.* 20. 3 ; PL 35. 1557-58).

Quod quomodo intellegendum sit exponit in *Contra sermonem Arianorum*, 15 :

« Eadem sunt opera Patris et Filii, ... quia nullum opus est Filii, quod non per eum Pater faciat ; nec ullum Patris, quod non per Filium simul facientem faciat ... Non sunt ergo alia Patris opera, sed haec eadem ; nec dissimiliter fiunt a Filio sed similiter. Cum autem non alia similia sed haec eadem fiant a Filio quae fiunt a Patre, quid est similiter nisi non dissimili facilitate, non dissimili potestate ? ... Nec utique sine Spiritu Sancto : neque enim a faciendis amborum operibus ullo modo amborum separabitur Spiritus. Miro itaque eodemque, utique divino, modo ab omnibus fiunt opera omnium, ab omnibus etiam singulorum ... Non potest operatio esse divisa, ubi non solum aequalis, verum etiam indiscreta natura » (PL 42. 694).

### S. Cyrillus Alexandrinus :

« Mysterii magnitudinem ad nihilum dejicit dividens quodammodo per quaedam opera illam sanctae Trinitatis efficientiam et cuique hypostasi privatim tribuens quod non fecit altera ... Eadem igitur operatur sancta Trinitas, et quaecumque gesserit et voluerit Pater efficere, eadem et Filius eodem modo facit ; similiterque Spiritus Sanctus. Singulis vero hypostasibus tribuere seorsim operationes cuique proprias, nihil est aliud quam tres seorsim et prorsus inter se distinctos pronunciare deos. Nam, in sancta Trinitate, illa naturalis unitatis ratio unam prorsus in omnibus operibus motionem ostendit » (*adv. Nest.* IV. 2 ; PG 76. 177 D-180 C). [2].

S. Leo Magnus, commentando Transfigurationem, inducit Patrem dicentem :

---

[2] Item saepe saepius, v. gr. *In Jo.* II. 8 ; IV. 1 ; X. 2 ; *De Trinit. dial.* VI (PG 73. 588 A ; 553 D ; 74. 3374 ; 75. 1057 C).

« Hic est Filius meus, per quem omnia facta sunt, et sine quo factum est nihil, quia omnia quae facio similiter facit, et quidquid operor, inseparabiliter mecum atque indifferenter operatur » (*Sermo* 51. 6 ; PL 54. 312 B).

**378.** 3o *Ratione*, nam, ut arguebant Patres, consubstantialitas secum fert, non cooperationem, sed unitatem operationis numericam. Agere enim sequitur esse ; quorum proinde est unum esse, est etiam unum agere. Nec, re vera, actio ad extra, apud Deum, dicit quidquam nisi aeternum ejus esse et velle cum connotato aliquo termino extrinseco.

**379.** 4o *Solutione difficultatum.* — A) Adversarios illa doctrina non potest habere ullos, qui Trinitatem recte intellegant. Güntheriani, econtra, tentaverunt ostendere unitatem essentiae **non excludere diversitatem operationum ad extra**, nam, aiebant, ea **non excludit diversitatem operationum ad intra :** Pater enim solus generat ; Pater et Filius soli spirant, etsi principium *quo* fit generatio aut spiratio est tribus communis. — Sed negatur paritas.

**Disparitas** enim est in hoc quod operationes ad intra ideo possunt esse et sunt alicujus personae propriae, quia constituuntur formaliter relationibus realibus et oppositis, quae sunt formaliter praeter essentiam communem et excludunt sui communitatem. Operationes ad extra vero : a) non constituuntur relationibus realibus sed, in Deo, non dicunt nisi ipsam essentiam aut intellectum et voluntatem cum connotato termino aliquo extrinseco. Proinde, si essent alicujus personae propriae, dicerent aliquid absoluti personae proprium ; — b) illa qualiscumque relatio, id est, illa connotatio, in qua potest concipi consistere, non dicit ullam oppositionem ulli personae, nec proinde dari potest ulla ratio cur non sit communis.

Pro utraque quidem principium *quo* est idem, eaque ratio est cur non apprehendamus positive qui generatio non sit communis ; sed : a) pro operatione ad intra, videmus eam non debere esse communem, immo nec posse esse communem, ratione oppositionis ; b) pro operatione ad extra, econtra, videmus eam non posse non esse communem, nam nulla apparet ratio cur aliqua persona excludatur ab aliqua actione : non principium *quo*, quod est commune ; non oppositio, quae non datur ulla ;

non connotatio alicujus personae ut jam constitutae, alia nondum constituta, siquidem omnis actio ad extra connotat actum
volendi jam elicitum proindeque etiam Spiritum Sanctum jam
constitutum.

**380.** B) Alia tamen difficultas oriri possit **ex missionibus.**
Nam videntur esse operationes ad extra et tamen aliquae saltem
sunt alterutri personae propriae : sic, v. gr., in Incarnatione,
solum Verbum unitur naturae humanae : solus Spiritus missus
est in Apostolos in die Pentecostes. — Sed, ut explicabitur infra, difficultas solvitur distinguendo efficientiam termini extrinseci, cui unitur seu ad quem relationem habet persona quae dicitur missa, et hanc ipsam unionem seu relationem. Prior tantum
est vere operatio ad extra, ideoque est communis : non solus
Filius sed tres personae simul efformaverunt naturam humanam
in sinu Virginis illamque conjunxerunt Verbo hypostatice. Posterior econtra non est de se operatio sed tantummodo relatio
ad terminum extrinsecum, proindeque potest esse propria.

**381.** II. **Appropriatio.** — 1º *Definitur.* Est communium at-
tributio uni prae aliis personis, non exclusiva quidem, sed fre-
quentissima, ita ut exinde ea persona manifestetur plenius. At-
tributio enim hujusmodi censetur non esse arbitraria sed fundamentum habere aliquod. Hoc autem, cum non possit esse quidquam reale ipsi personae proprium, censetur esse aliqua specialis
analogia rei sic attributae ad proprietatem personalem Personae
cui attribuitur ; exinde igitur aliquod indicium datur de proprietate illa personali. Sic, v. gr., ex eo quod creatio, omnipotentia, appropriatur Patri, aliquid suggeritur de proprietate ejus
personali. Pariter de Filio, cui appropriatur sapientia, aut de
Spiritu, cui appropriantur ea quae conferunt immediate ad hominum perfectionem et sanctificationem.

**382.** 2º *Vindicatur.* Appropriatio non est inventum theologorum, sed factum, quod theologis constat per ipsam Scripturam
et traditionem ecclesiasticam. Ea enim ipsa est apud quam vel
nomina, vel attributa, vel operationes divinae apparent aliae
aliis personis speciali modo attributae. Theologi igitur nomen
tantummodo indiderunt modo loquendi, quem notarunt in
documentis fidei. Et, re vera :

A) *In Scriptura*, v. gr., 1 *Cor.* 12. 4-6, apparent appropriata :
a) nomina « Deus » ad Patrem ; « Dominus » ad Filium ; « Spiritus » ad Spiritum Sanctum ; b) charismatum divisiones : « operationum » ad Patrem ; « ministrationum » ad Filium ; « gratiatum » ad Spiritum. — Immo Christus ipse solet appropriare Patri, quasi soli, voluntatem, scientiam, opera divina ; Spiritui Sancto miracula sua, confirmationem suae missionis, remissionem peccatorum, etc.

B) *In symbolis fidei* : nomen Deus, omnipotentia, creatio, appropriantur Patri ; conceptio virginea Christi, inspiratio prophetarum, sanctificatio Spiritui Sancto.

C) *Apud Patres*, vox ipsa non occurrit, bene vero res, quatenus exponunt opera divina ad extra, etiam ubi alterutri personae singulariter ascribuntur, manere tamen opera aliarum. Sic, v. gr. :

S. BASILIUS. Postquam dixit posse in creatione distingui « primariam causam, Patrem ; conditricem, Filium ; perfectricem, Spiritum, ita ut voluntate quidem Patris [angeli] sint administratorii spiritus, Filii vero operatione perducantur ad esse, Spiritus autem praesentia perficiantur », id est, sanctificentur perseveranter, — addit se non propterea censere operationem Patris aut Filii esse imperfectam nisi compleatur operatione Spiritus.

« Nemo me credat tres originales hypostases (ἀρχικάς) ponere, aut Filii operationem dicere imperfectam. Principium enim eorum quae sunt unum est, per Filium condens et perficiens in Spiritu » (*De Sp. S.* 16. 38 ; PG 32. 135 B).

S. GREGORIUS NYSSENUS :

« In hominibus quidem ... quia discreta cujusque est in iisdem officiis ἐνέργεια, quilibet eorum ... pro ratione sui peculiaris negotii ab aliis separatur ... At, in divina natura, non ita ... Non separatim cujusque atque peculiare circa aliquam rem studium est, sed quidquid fit ... per tres quidem fit, non tamen tria sunt quae fiunt ... Non, quoniam tres personas ac tria nomina proponimus, tres etiam vitas, separatim unam ab unoquoque eorum largitam nobis esse arbitramur ; sed eadem vita et a Patre praestatur, et a Filio expeditur et a Spiritus pendet voluntate » (*Quod non tres sint dii* ; PG 45. 125 C-D).

S. CYRILLUS ALEXANDRINUS. Postquam, — commentando verbum Christi : *Ego sum vitis vera, Pater meus agricola est,* —

exposuit « Verbum sanctis inserere quamdam cognationem naturae Patris atque suae », explicat eam Verbi operationem esse etiam Patris.

« Non otiosus erga nos est Pater, dum Filius nos mutat atque fovet in Sancto Spiritu ; sed totius quodammodo atque consubstantialis Trinitatis opus instauratio nostra est, et ad totam naturam divinam pertinet omnium quae ab ipsa fiunt voluntas et potestas, proindeque in solidum etiam in una persona a nobis glorificatur. Servatorem etenim vocamus Deum, non seorsim quidem Patri, seorsim autem ipsi Filio sive Sancto Spiritui gratiarum actiones referentes, sed, re vera, divinitatis unius opus nostram salutem esse dicentes. Licet ergo cuique personae tribui videatur aliquid eorum quae erga nos aut erga creaturam fiunt, nihilominus tamen credimus cuncta esse a Patre per Filium in Spiritu » (*In Jo.*, X. 2 ; PG 74. 334 D-335 A). Item, *in Jo.* IV. 1 (PG 73. 556 C) et *De Trinit.* VI (PG 75. 1056 A et 1057 C-D).

S. LEO M. :

« Beata Trinitas una est in substantia, indivisa in opere, concors in voluntate, par in potentia ... De qua cum Scriptura sic loquitur ut aut in factis aut in verbis aliquid assignet quod singulis videatur convenire personis, non perturbatur fides catholica sed docetur, ut per proprietatem aut vocis aut operis insinuetur nobis veritas Trinitatis, et non dividat intellectus quod distinguit auditus. Ob hoc enim quaedam sive sub Patris, sive sub Filii, sive sub Spiritus Sancti appellatione promuntur, ut confessio fidelium in Trinitate non erret ; quae cum sit inseparabilis, nunquam intellegeretur esse Trinitas, si semper inseparabiliter diceretur » (*Sermo* 76. 2 ; PL 54. 405).

**383.** 3º *Explicatur.* Ratio cur appropriationibus usa sit Scriptura et traditio jam indicata est verbis S. Leonis mox recitatis. Haud aliter scilicet poterat manifestari pluralitas personarum in Trinitate consubstantiali. Ex eo enim et ex eo tantum dignoscuntur esse personae quod operationes eis ascribuntur personales. Addit S. Thomas per appropriata singulis attributa divina magis declarari earum proprietates personales, eamque esse rationem convenientiae appropriationum hujusmodi. « Licet enim Trinitas personarum demonstratione probari non possit, ... convenit tamen ut per aliqua manifesta declaretur. Essentialia vero attributa sunt nobis magis manifesta secundum rationem quam propria personarum » (q. 39, a. 7 c).

DICES : Ergo appropriatio fundatur in aliquo singulis proprio ?

— Utique ; sed illud est *aliquid in illis*, non aliquid in nobis singulariter operatum. — Quod non impedit agnosci in nobis aliquid quod magis repraesentet singulas personas, juxta dicta I, q. 45. a. 7. Sed hoc non est habere ad nos speciales relationes.

**384.** 4º *Recensentur praecipuae appropriationes.* — S. Thomas (q. 39, a. 8) eas revocat ad quatuor classes, secundum quod Deus consideratur :

A) *Quoad esse* : distingui potest in eo aeternitas, quae appropriatur Patri ; species seu pulchritudo, quae appropriatur Filio ; usus seu fruitio, — nam, utendo, fruimur bonis, — quae appropriatur Spiritui Sancto.

B) *Quoad unitatem* : unitas appropriatur Patri ; aequalitas Filio ; concordia Spiritui Sancto.

C) *Quoad virtutem operandi* : a) prout consideratur operationum principium, potentia appropriatur Patri ; sapientia Filio ; bonitas Spiritui Sancto ; — b) prout considerantur nomina personarum agentium, nomen Deus appropriatur Patri, ut primo principio ; Dominus Filio, ut efficienti et regenti ; Spiritus Spiritui Sancto, ut sanctificanti ; — c) prout consideratur in specie opus religionis institutionis, operatio miraculorum appropriatur Patri ; dispositio ministeriorum Filio ; opera sanctificantia Spiritui Sancto.

D) *Quoad habitudinem ad effectus*, formula « ex quo » appropriatur Patri ; « per quem » Filio ; « in quo » Spiritui Sancto. Hinc formulae apud Patres, in specie Graecos, tritissima : omnia quae a Deo fiunt esse ex Patre per Filium in Spiritu Sancto. Qua significatur, haud ulla diversitas influxus in effectu, sed originalis ipsorum influentium ad invicem dependentia [3].

**385.** QUAERES : **I. De cultu singularum personarum :** utrum locus sit cultui speciali ?

RESPONDEO : 1º Patet singulis deberi et exhiberi posse eumdem cultum qui Deo seu toti Trinitati : singulis enim inest totum id ex quo debetur cultus. Personae enim quidquid habent ex-

---

[3] Ita ex usu et modo intellegendi apud doctores. In re vero, seu in loco unde formula desumpta est, scilicet *Rom.* 11. 36, non agitur de Trinitate. Deus enim qua talis est « a quo, per quem et ad quem sunt omnia ».

Ceterum, de particularum illarum usu, quod non sit adeo fixus et significativus, cf. S. BASILIUM : *De Spiritu Sancto* III-VIII, apud GALTIER : *Le Saint Esprit en nous d'après es Pères grecs*, p. 145-147.

cellentiae, dignitatis, amabilitatis, beneficentiae, est ex earum natura. Ad nos non possunt habere ullam relationem (rationis) nisi consequenter ad aliquam operationem, quae non potest esse eis propria. Nos autem non possumus illas attingere nisi in quantum sunt verum, bonum, esse. Hoc vero totum est eis commune.

Hinc est cur, ubi aliqua signate colitur, aliae non ab eodem cultu excipiuntur aut excluduntur. Sic, in missa, ex eo quod sacrificium offertur signate soli Patri, non sequitur illud non offerri simul etiam Filio et Spiritui Sancto (Cf. Suarez, *De oratione*, 1. I, cp. 9, n⁰ 12-13).

2⁰. *In cultu Ecclesiae publico*, nullum est festum aut ullus cultus in honorem alterutrius tantummodo personae. Nam, ut notavit SS. P. Leo XIII, « si singula incarnati Verbi mysteria certis diebus festis celebrantur, non tamen proprio ullo festo celebratur Verbum secundum divinam tantum naturam ; atque ipsa etiam Pentecostes sollemnia non ideo antiquitus sund inducta ut Spiritus Sanctus per se simpliciter honoraretur, sed ut ejusdem recoleretur adventus sive externa missio. Quae quidem omnia sapienti consilio sancita sunt, ne quis forte a distinguendis personis ad divinam essentiam distinguendam prolaberetur » (*Encycl.* « *Divinum illud ...* », die 9 maii 1897).

**386. II. In specie de festo in honorem Dei Patris.** — Addit ibi SS. Pontifex : « Innocentius, decessor noster, sollemnia quaedam honori Patris propria postulantibus omnino negavit ». Quo alludit ad « preces Innocentio XII exhibitas pro concessione Officii et Missae propriae, et consequenter festi, in honorem Patris aeterni », de quibus refert Benedictus XIV (*De servorum Dei beat. et canon.*, 1. IV, p. 2, cp. 31, n⁰ 3-4). Etsi « non deerant qui assererent conveniens esse ut annueretur petitioni, tamen, auditis animadversionibus promotoris fidei, operae pretium existimatum fuit ab instantia recedere et curare ut Relator de ea, in Sacra Congregatione, ne verbum quidem faceret »[4].

« Additum fuit, quod, sicut nonnulli tunc petebant speciale festum in honorem Patris aeterni, sic alii, tractu temporis, instare et petere potuissent consimile festum in honorem Filii, non ut in carne

---

[4] S. R. Congr., jam anno 1657, renuerat approbare officium et missam Patris aeterni capitulo Leodiensi concedendam. — (Decretum, — quod abest a recentiori collectione, — refertur sub n⁰ 1576 inter decreta authentica edita anno 1864, apud *Analecta juris pontificii*, t. VII, p. 344).

nostra amicti, sed ut procedentis a Patre per aeternam generationem,
et etiam festum Spirationis aeternae, sive processionis Spiritus Sancti.
Praeterquam quod distinctio Personarum quoad festa occasionem rudibus praebere potuisset, ut essentiae unitatem negarent, et plures
naturas divinas, quae singulis personis respondeant, admitterent ...
ad quod periculum avertendum Ecclesia adeo caute processisse videmus ut nulla sit Oratio, nullae ad Patrem aut ad aliam divinam personam preces fundantur, in quibus mentio non fiat reliquarum duarum ... Sic in litaniis, in hymnis» (Benedictus XIV, *loc. cit.*, ubi videas
plura).

### Articulus II

## DE CIRCUMINCESSIONE PERSONARUM

**387. I. Vox.** — 1º *Circumincessio, vel circuminsessio*, prout
ducitur ex circumincedere vel ex circuminsidere, — quae duplex
est etiam significatio verbi graeci περιχωρεῖν — etymologice
intellegitur plurium rerum mutua commeatio et inexistentia.

2º *Theologico sermone*, usurpata est : a) in Christologia, ad
significandam duarum naturarum in una persona conjunctionem
et compenetrationem, ex parte naturae divinae ; — b) in Trinitate, vox ipsa περιχώρησις non occurrit nisi apud S. Joannem
Damascenum, ut enuncians communem Patrum graecorum doctrinam de trium personarum distinctione simul et consubstantialitate [5].

**388. II. Res ipsa.** — 1º **Quomodo et quid intellegitur
in Trinitate.**

A) *Non est mera personarum divinarum ad invicem praesentia*, nam : a) valde improprie dicerentur sibi mutuo praesentes
personae, quae relatione praesentiae ad invicem omnino carent.
Facile sane intelleguntur singulae esse praesentes omni creaturae ubivis detur, nam ea est relatio ad aliquid extra creatum,
a quo singulae etiam in ratione praesentiae distinguuntur ; sed
male intellegitur Sp. S. praesentem dici posse Patri et Filio,
nam praesentialitas, qua talis, requirit distinctionem naturarum,
quae hic non datur ; — b) praesentia hujusmodi datur erga
creaturas omnes, quibus tamen personae non dicuntur circumincedere ; — c) Pater et Spiritus S. praesentes sunt hoc modo hu-

---

[5] Cf. DENEFFE : *Perichoresis, circumincessio* apud ZSKT, 1923, p. 497-532.

manitati Christi, nec propterea — ad differentiam naturae divinae Verbi — dicuntur ad eam habere circumincessionem.

B) *Est unius in altera persona inexistentia propter consubstantialitatem seu illapsus unius in alteram propter processionem immanentem.* Circumincessio supponit igitur consubstantialitatem, sed dicit explicite aliquid quod consubstantialitas se ipsa non dicit : non disjunctionem scilicet personarum, quas consubstantialitas dicit tantummodo non esse naturae diversae ... De utriusque tamen ratione est distinctio personarum, siquidem consubstantialia dici nequeunt nisi distincta : attributa, v. gr. divina non possunt dici essentiae immanentia. Personae econtra dici possunt sibi mutuo immanentes, tum quia, etsi distinctae, ejusdem tamen identice naturae sunt, tum quia, etsi distinctae, se tamen mutuo comprehendunt quatenus ad intra procedunt (Cf. Franzelin, p. 225-238).

**389.** 2⁰ **Quomodo constet.** — A) *Scriptura*, quatenus personae distinctae dicuntur sibi mutuo inesse. Sic Pater in Filio et vicissim : « *Ut ... credatis quia Pater in me est* » (*Jo.*, 14. 10). De Patre et Sp. S. : « *Spiritus, qui in ipso est* » (1 *Cor.*, 2. 11).

B) *Traditione*, nam Patres haud aliter solebant demonstrare consubstantialitatem Filii aut Spiritus S. cum Patre ac ostendendo illorum conjunctionem, inseparabilitatem, immanentiam.

Per modum exempli sit S. Basilius :

« Filium si quis vere apprehenderit, habebit eum utrinque, hinc quidem Patrem suum, illinc vero Spiritum proprium una secum adducentem. Neque enim a Patre, qui semper est in Patre abscindi poterit, neque a proprio Spiritu unquam sejungetur qui in ipso efficit omnia ... Non enim potest ullo modo sectio aut divisio excogitari, ita ut aut Filius absque Patre intelligatur, aut Spiritus sejungatur a Filio, sed in his ineffabilis quaedam et incomprehensibilis tum societas tum distinctio ... Idem [enim] et conjunctum et discretum esse dicimus et quamdam cogitamus, velut in aenigmate, novam et admirabilem discretionem conjunctam et conjunctionem discretam » (*Epist.* 38. 4 ; PL 32. 331 C-333 A).

Hinc assertiones conciliorum : D-B. 271 et 704. — Hinc etiam explicita doctrinae Patrum expositio apud S. Joannem Damascenum, qui totam eam recolligit in notione περιχωρήσεως : *De fide*, I. 8 et 14 ; III. 5 ; IV. 18 ; *De recta sent.*, 1 ; *cont. Jacobitas*, 78 ; *De natura composita cont. Aceph.* 4 (PG 94. 829 A ; 860 B ; 1000 B ; 1181 B ; 1424 A ; 1476 B ; 95. 118 D). — S. Thomas (I, q. 42, a. 5), omissa voce circumincessionis, rem astruit ex consideratione communis essentiae, relationum, originis.

Plura de circumincessione apud Petavium, l. IV, cp. 16 ; Franzelin, p. 225-238 ; De Régnon, I, p. 419 sqq.

# PARS SECUNDA

## DE SS. TRINITATE IN NOBIS

**390.** SS. Trinitas est revelata, quatenus duae personae cognitae sunt ad nos missae, quae in nobis habitarent. In hoc enim apparuit personarum divinarum distinctio quod Christus significavit se esse Filium a Patre missum et promisit Spiritum esse mittendum, qui apud suos maneret. SS. Trinitatis igitur datur apud homines praesentia omnino specialis, quae, ad missionem alicujus personae consecuta, distinguitur ab universali illa Dei praesentia, qua singulis entibus inest tanquam illorum creator et conservator.

De ea jam agendum est ita ut, statuta in genere notione missionum hujusmodi, determinetur in specie qualis sit tum missio seu praesentia invisibilis, qua justi donantur in hac vita, tum missiones visibiles, quibus alterutra persona in terris manifestata est.

Hinc tria capitula : 1º De missionum divinarum notione generali. — 2º De missionibus invisibilibus. — 3º De missionibus visibilibus.

### Caput primum

## MISSIONUM DIVINARUM NOTIO GENERALIS

**391.** I. Praenotanda. — Ut apprehendatur **quid sibi velit personam divinam mitti,** duo praenotanda sunt: 1º De missione in genere ; 2º de modo quo Deus potest incipere esse de novo alicubi.

1º **Missio in genere** dicit aliquem, qui dicitur missus, aliquo, ubi nondum erat, ire aut advenire ex influxu alicujus, qui dicitur mittens. Omnis igitur missio implicat : a) realem

missi a mittente distinctionem ; b) realem influxum mittentis
in missum, seu dependentiam realem missi a mittente ; c) missum, vi illius influxus, ire aut incipere esse ubi antea non erat.

2⁰ **De divino adventu.** Quomodo persona divina possit
incipere esse ubi antea non erat, intellegatur si attendatur ad
varios modos, quibus Deus dicitur esse alicubi praesens. Dicitur
porro Deus praesens ubique : a) *per potentiam,* quatenus ubique
potentia ejus exercetur, seu quatenus ubique operatur : Deus
enim singulis entibus inest, ut eorum ipsum esse conservans seu
continuo producens eorumque operationibus concursum prae-
bens ; b) *per praesentiam,* quatenus omnia ei coram sunt, seu
omnia ei, non a longe sed immediate, nuda et aperta sunt, ita
ut nihil eum lateat ejusque conspectui et providentiae subtra-
hatur ; c) *per essentiam,* quatenus ejus essentia adest ubicumque operatur : hinc est cur Deus adsit et insit per essentiam
suam omnibus entibus, quae intuetur et in esse conservat (I,
q. 8, a. 3).

Consequenter autem Deus dicitur esse alicubi speciali modo, quatenus : vel ejus *potentia* specialem operationem operatur ; vel ejus *providentia* speciali modo exercetur, dum alicujus
curam habet specialem — sic Deus aliquando dicit : *Ego ero
tecum* ; — vel ejus *essentia* speciali modo adest alicui enti, v. gr.
naturae humanae Christi.

**392.** *Hoc porro posito,* jam intellegitur Deum, etsi semper
et ubique praesens est, tamen posse dici *venire,* quando alicubi
incipit fieri praesens aliquo speciali modo ; *recedere,* quando alicubi jam desinit hoc speciali modo praesens esse. Cum autem
accessus et recessus hujusmodi fiat sine ulla in ipso Deo mutatione, sed consequatur ad effectum aliquem novum in termino
extrinseco productum, specialis seu nova Dei praesentia jam intellegitur consistere in nova illa ejus habitudine ad terminum
extrinsecum sic ab eo mutatum. Quae habitudo, ut patet, rationis est ex parte Dei sed realis ex parte creaturae sic a Deo mu-
tatae.

Praeterea, quod dicitur de Deo, dici potest etiam de omnibus et singulis Trinitatis personis, ita ut singulae dici possint
venire seu incipere fieri praesentes speciali modo alicubi, quoties et eo ipso quod, in aliquo termino extrinseco, producitur

aliquis effectus novus, qui sit earum proprius aut appropriatus.
Sic Deus dicitur visitare populum suum, ubi speciale aliquod
ei praestat auxilium ; item Spiritus Sanctus venit in sinum B.
Virginis, ubi incarnationem Filii dicitur effecisse.

**393.** II. NOTIO MISSIONIS DIVINAE (q. 43). — 1o **Quid implicet.** Nunc autem accessus seu nova hujusmodi praesentia, si
est alicujus personae, quae tota quanta est pendet ab alia tanquam a suo principio, ita ut quidquid habet aut agit non habeat aut agat nisi vi illius suae dependentiae, **jam intellegitur illam personam, quando venit, posse dici mitti :** novam
enim illam habitudinem ad terminum extrinsecum, in qua consistit nova illius praesentia, non acquirit nisi dependenter ab
illo suo principio et ex illius influxu, proindeque jam adest quidquid est de ratione missionis in genere : personarum distinctio
realis ; accessus seu nova praesentia ; realis unius personae influxus in eam quae dicitur venire seu fieri de novo praesens. Qui
influxus tamen nec est nec potest esse nisi originis, nam, apud
Deum, nec datur nec potest dari unius personae in alteram ullus
influxus liber aut non aeternus.

**394.** 2o **Quomodo definiatur.** Cum omnis missio sit actus,
vi cujus missus habet, ex influxu mittentis, impulsum aut voluntatem veniendi de novo ad eumdem locum ; apud Deum vero,
actus hujusmodi non possit excogitari alius ac ille secundum
quem fiunt processiones, missio, in divinis, definiri solet : *aeterna
processio missi a mittente cum habitudine ad aliquem effectum
temporalem in creatura productum.* Qua in definitione duplex est
elementum essentiale : 1º processio, quae dicit habitudinem
missi ad mittentem seu influxum aeternum quidem at etiam in
tempore continuum, ex quo fit ut missus acquirat novam ad aliquem locum habitudinem ; — 2º habitudo ad effectum temporalem, qui alicubi producitur a persona procedente et vi cujus
illa persona dicitur ibi fieri de novo praesens. Utrumque igitur
est de ratione formali missionis, sed posterius est illius formaliter
determinativum seu constitutivum, ita ut missio non possit quidem intellegi sine processione at non detur formaliter nisi adsit
effectus ille temporalis in creatura productus.

**395.** 3º **In quo differat ab aliis missionibus.** — In hoc

quod : A) Non est absentis ad aliquem locum accessus, sed jam
praesentis praesentia nova. — B) Non potest fieri sine aliqua
nova Dei in creatura operatione. — C) Influxus mittentis in
missum non fit per ullum voluntatis actum — imperii scilicet
aut consilii, — neque per impulsum de novo personae missae
inditum, sed est ipse aeternus influxus, secundum quem missus
a mittente procedit.

**4° Cujus personae esse possit. Non omnis persona di-
vina potest dici missa, sed illae tantum quae procedunt
(a. 4).** — In quo observa differentiam : a) omnes et singulae
dici possunt venire, et, re vera, omnes et singulae veniunt, ubi
aliqua dicitur mitti : hoc sequitur omnino ex eo quod venire
seu fieri de novo praesens consistit in productione novi effectus,
quae est eodem titulo ab omnibus et singulis personis ; persona
pariter quaelibet dici potest dari saltem a seipsa ; b) sed, ubi
omnes et singulae veniunt aut dantur, illae solae dici possunt
mitti, quae veniunt aut dantur vel se ipsae dant cum et dependenter ab influxu ex aliqua persona : quod non potest unquam
esse de Patre ; nam, etsi se ipse dare potest, tamen de illius ratione formali est quod se donet independenter ab omni influxu
alieno.

**396. 5° A qua persona esse possit.** — Personae divinae
missio non potest esse nisi ab ea a qua procedit. Negatur quidem
hoc a Photianis, ut nimis evidenter implicans processionem Spiritus a Filio ; at hoc consequitur omnino ad notionem missionis in divinis.

**Nec obstat** quod Christus dicitur a Spiritu Sancto « *ductus in
desertum* », vel de eo est quod legitur apud *Is.*, 48. 16 : « *Misit me Dominus Deus et Spiritus ejus* », nam ea intellegi debent de Christo in
sua humanitate considerato.

Occurrit quidem hoc ultimum applicatum Christo qua Deus,
ita ut tum apud S. Augustinum (*Trinit.*, II. 5, 9, quoad rem potius
quam ad verbum), tum in concilio Toletano XI° (D-B. 285), Filius
dicatur missus et a Spiritu Sancto et a se ipso ; sed haec intellegi
debent, sicut in utroque loco explicantur, de missione inadaequate
sumpta, id est, de productione effectus, secundum quem intellegitur
fieri missio : illa enim productio, cum sit a tribus unica operatione
operantibus, si vocetur alicujus personae missio, dici potest esse a
qualibet persona, proindeque et ab ipsa persona missa. Sic, quia a

Spiritu dicitur efformatum corpus, ratione cujus Filius dicitur visibiliter missus, Filius dici potest a Spiritu missus. Pariter, quia et a Spiritu simul cum aliis producta est columba, sub cujus specie dicitur visibiliter missus, Spiritus dici possit et a se ipso missus ; sed eae sunt formae loquendi impropriae, nam missio non est proprie et simpliciter illa productio (a. 8).

**397.** 6° **Qui libera esse possit.** — **Omnis missio,** etsi praesupponit seu includit processionem ab aeterno et necessariam, quia tamen est formaliter ex productione effectus novi, **ipsa libera est ac fit in tempore.**

QUAERAS : Cum effectus ille libere producatur ab aliis personis haud minus quam a persona missa, cur, ratione illius, haec et non alia dicatur missa ? Patet enim habitudinem ad effectum sic productum esse trium eamdem, triumque proinde exinde esse praesentiam novam ...

RESPONDEO : Ita dicitur ex duplici capite : A) Propter processionem, ex qua fit ut illae solae personae dici possint missae, quae per processionem habent esse et operari : hinc excluditur Patrem, etsi et ipse operatus est Incarnationem et illuminavit prophetas, dici missum. — B) Propter appropriationem, ex qua est ut certi effectus certae personae potius ascribantur ; illa dicitur missa, cui effectus solet appropriari : sic Spiritus Sanctus dicitur missus ad prophetas aut ad justos, quia illi solet appropriari illuminatio supernaturalis et sanctificatio.

N. B. Si effectus habeat, praeter relationem consequentem ad sui productionem, respectum aliquem specialem et exclusivum ad alterutram personam procedentem, — ut accidit in missionibus visibilibus, — tunc, sub hoc respectu, illa persona dici debet mitti hoc modo sola.

**398.** III. DIVISIO. — Effectus novus, secundum quem fit missio, seu ratione cujus persona missa dicitur esse de novo praesens, potest esse invisibilis aut visibilis humano sensui. Hinc distinguuntur missiones invisibiles et visibiles : 1° *Invisibiles,* quando, v. gr., in anima humana, producitur aliquis effectus invisibilis, sine ullo signo visibili quo manifestetur : ita, v. gr., in justificatione. — 2° *Visibiles,* quando producitur aliquod objectum sensibile, quo alterutra persona manifestetur praesens : ita in Incarnatione, qua Filius missus est visibiliter ; item in baptismo Christi, quando, sub specie columbae, Spiritus visibiliter missus est in Christum.

CAPUT SECUNDUM

# DE MISSIONIBUS INVISIBILIBUS
seu
# DE SS. TRINITATIS APUD JUSTOS INHABITATIONE

1º Utrum et quarum personarum sit apud justos inhabitatio. — 2º Quo modo personae divinae fiant justis substantialiter praesentes.

ARTICULUS I

## UTRUM ET QUARUM PERSONARUM SIT INHABITATIO

### § 1. UTRUM SIT

**THESIS XXIV.** — Ad justos, praesertim in prima justificatione, dantur missiones, quibus Deus fiat eis substantialiter inhabitans.

PARS PRIMA

Ad justos, praesertim in justificatione prima, dantur missiones.

**399.** DECLARATUR ASSERTIO. 1º **Dicendo ad justos, non excluditur etiam ad peccatores dari missiones.** — Nam, ex praemissa notione, patet missionem posse aliquo vero sensu agnosci quoties Deus supernaturale aliquid operatur in homine: sic, ubi prophetam aut auctorem inspiratum movet; sic, ubi, apud peccatorem, fidem et spem conservat seu continuo producit informem; item, ubi per gratias actuales Deus cor peccatoris excitat ut ad se convertatur.

**Attamen,** quia, ex usu loquendi theologico, missio non dicitur nisi ubi persona divina ad aliquem ita venit ut apud eum habitet seu apud eum granter maneat eique se tradat colendam atque amandam, missiones non solent considerari nisi quae sint ad justos. Apud alios enim, Deus non tam habitat quam operatur [1], nec, si dicitur manere, manet tanquam in templo ubi colatur et ametur sed potius tanquam in diversorio : nondum se sed sua dona tradit [2].

**400.** 2º **Dicendo « praesertim in prima justificatione »**, insinuatur etiam ad jam justificatos dari missiones : quod proinde probandum erit. Praecipua tamen est prima, seu qua primum homo Deum suscipit in se, tanquam in templo, inhabitantem.

Missionem porro dari in prima justificatione, significat Deum, ubi justificat, non tantum homini conferre gratiam, qua, tanquam vitae et operationis principio, donetur, sed etiam se ipsum seu suam ipsius substantiam constituere illi speciali modo praesentem, ita ut justificatio adaequate sumpta includat haec duo : et donum gratiae creatum et donum increatum, quod est ipse Deus.

Quomodo haec duo se habeant in justificatione, paucis dicetur in secunda theseos parte ; sed justificationem omnino asseritur non fieri sine missione invisibili personae divinae in animam justi : homo scilicet, eo ipso quod justificatur, substantiam Dei adeo vere accipit sibi speciali modo communicatam ut, si, per impossibile, illa nondum ei adesset tanquam auctor naturae et gratiae, tamen illi jam adesset tanquam ex amore donata.

**401.** ADVERSARII : 1º Ariani, ut patet, et Macedoniani, seu quotquot negarunt dari in Deo ullam personam, quae mitti possit. — 2º Photiani, qui « nihil in voce scriptisque frequentius habent quam ... errare Latinos, qui, quod de donis et charismatibus dictum est, ad personam ipsam accommodent » [3]. — C) Paucissimi theologi catholici, [4] qui missionem Spiritus Sancti adeo jejune explicant ut substantialem ejus praesentiam non

---

[1] Hinc dictum concilii Tridentini (XIV. 4) de « Spiritu Sancto non adhuc quidem inhabitante sed tantum movente » (D-B. 898).

[2] Cf. SUAREZ : *De Trinit.*, l. XII, cp. 5, nº 6 et 15.

[3] Ita PETAVIUS : *De Trinit.*, VIII. 5, 17. Non aliter hodierni plerique. Attamen non desunt qui practice, gratia moti et gratiae adhaerentes, doctrinam catholicam agnoscant et profiteantur. Cf., v. gr., ea quae aiebat JOANNES e Cronstadt († 1908): *Ma vie en J.-C.* (versio gallica a D. STAERK, p. 17 et 150).

[4] Sic, v. gr. RIPALDA (*De ente sup. disp.* 132, nº 95) et VIVÀ (*De gratia, disp.* 4, q. 3, nº 4). — De quibus cf. PESCH, nº 679-680. De anterioribus, cf. SUAREZ, l. XII, cp. 5, nº 2.

admittant ullam aliam ac communem, qua singulis entibus, inest ... Ii scilicet omnes volunt ea omnia, quae, in Scriptura, leguntur de missione aut praesentia Spiritus Sancti apud justos intellegi tantum de donis ejus creatis, imprimis de gratia quae est participatio divinae naturae. Spiritus proinde justis inhabitet virtute (ἐνεργείᾳ), non substantiali praesentia (οὐκ οὐσίᾳ καὶ ἐνυπάρξει).

**402.** Nota theseos. — Doctrina proposita admittitur econtra, seclusis paucissimis praedictis, ab omnibus theologis et quidem ut *theologice certa*, quippe quae deducatur, ut videbitur, necessario ex doctrina fidei de Deo justis inhabitante, eos sua ipsius communicatione deificante et in templum sibi consecrante.

Nec noviter in scholas inducta putetur, siquidem invenitur explicite proposita non tantum apud Lombardum, qui eam exaggerando male intellexit (1, *dist.* 17), sed etiam apud omnes omnium scholarum duces aut doctores: sic, v. gr. S. Thomas (*c. G.* IV. 21; I, q. 43, a. 3; *in* 1, *dist.* 14, q. 2, a. 1; *q. un. de carit.* a. lc. etc.); S. Bonaventura (*Brevil.* 5, 1); Suarez (*De Trinit.*, l. XII, cp. 5, n° 8). — Renovata tamen est, ut melius et plenius ex Patribus hausta, atque vividius, — et non sine exaggeratione quadam; — proposita a Lessio (*de perfectionibus divinis*, l. 12, cp. 11, n° 78 et *de summo bono*, l. II, cp. 1) atque Petavio (*Trinit.*, l. VIII, cp. 4, n° 5-11; cp. 5, n° 8-11; et cp. 6, n° 1-4). *Item* Thomassinus (*De Inc.* l. III, cp. 11 n° 9-11; l. VI, cp. 11 sqq.); Ramière (*Les expérances de l'Eglise*, pars I, ch. 1, a. 2, p. 42; par III, p. 742; *Le Coeur de Jésus et la divinisation du chrétien*, passim; in specie, p. 2, ch. 7). Hodierni porro consentiunt omnes ut dicetur intra in scholio.

**403.** Probatur. — I. **In prima justificatione datur missio personarum**, quia tum per Scripturam tum per traditionem constat justorum esse proprium ut Deus ad illos veniat et apud eos speciali modo inhabitet:

1° Per Scripturam, nam: A) Christus dicit: «*Si quis diligit me, sermonem meum servabit, et Pater meus diliget eum et ad eum veniemus et apud eum mansionem faciemus*» (*Jo.*, 14. 23). Promittit praeterea se fore et mansurum apud suos: «*Cognoscetis quia ego sum in Patre, et vos in me, et ego in vobis*» (*Jo.*, 14. 20). «*Manete in me ... Qui manet in me et ego in eo, hic fert fructum*» (*Jo.*, 15. 4-5). Promittit tandem se missurum esse Spiritum, qui maneat in suis: «*Ego rogabo Patrem et alium Paracletum da-*

*bit vobis, ut maneat vobiscum in aeternum ... Apud vos manebit
et in vobis erit»* (*Jo.*, 14. 16-18).

B) S. JOANNES scribit : «*Si diligamus invicem, Deus in nobis manet ... In eo manemus et ipse in nobis ... Qui manet in charitate, in Deo manet et Deus in eo*» (1 *Jo.* 4. 12-13 et 16).

C) S. PAULUS inculcat justificatorum esse proprium ut habeant tum Christum tum Spiritum Sanctum sibi inhabitantem,
Deique propterea sint vere templum. a) Christus inhabitat :
«*Vivit in me Christus*» (*Gal.*, 2. 20). «*Si Christus in vobis est*»
(*Rom.*, 8. 10). «*Flecto genua mea ad Patrem ... ut det vobis...
Christum habitare per fidem in cordibus vestris*» (*Eph.*, 3. 14 et
17). — b) Spiritus inhabitat : «*Quia estis filii, misit Deus Spiritum Filii sui in corda vestra clamantem*» (*Gal.* 4. 6). Ei sunt
«non in carne, sed in spiritu», id est, justificati, in quibus «*Spiritus Dei inhabitat. Si quis autem Spiritum Christi non habet,
hic non est ejus*» (*Rom.*, 8. 8-9 et cf. 11 ; 14-16 ; 26 &). — c)
Sanctorum «membra templum sunt Spiritus Sancti, qui in *eis*
*est et quem habent a Deo*» (1 *Cor.*, 6. 19). An «*nescitis quia templum
Dei estis et Spiritus Dei habitat in vobis ?*» (1 *Cor.*, 3. 16). «*Vos
estis templum Dei vivi*» (2 *Cor.*, 6. 16).

**404.** 2° *Per traditionem*, qua constat christianos seu justos
ab [initio **habitos esse ut quorum esset proprium habere
Deum sibi inhabitantem** :

A) S. IGNATIUS fideles hortatur «suam carnem tanquam
Dei templum servare» (*Philad.*, 7. 2).

«Omnia facere, quasi Dominus in nobis habitet, ita ut simus
templa illius et ipse sit in nobis Deus noster» (*Eph.*, 15. 3). Eosdem
propterea vocat «theophoros» et «christophoros» (*Eph.*, 9. 2).

B) S. IRENAEUS explicat hominem fieri perfectum,

«cum Spiritus commixtus [est] animae ... Neque enim anima
ipsa secundum se [est] homo, sed anima hominis et pars hominis.
Neque Spiritus homo : spiritus enim et non homo vocatur. Commistio
autem et unitio horum omnium perfectum hominem efficit ... Perfecti
igitur, qui et Spiritum Dei in se perseverantem habuerint»[5].

Idem, in sua *Demonstratione praedicationis apostolicae*,
exponit

---

[5]*Adv. haer.*, V. 6, 1 et cf. 2 atque 8. 1-2 (PG 7. 1137-39 et 1141-42).

« eos qui baptizantur suscipere Spiritum Dei » nec manere justos
nisi « Spiritus Sanctus maneat eis stricte conjunctus. Spiritus vero a
Deo in baptismo datus manet in eo qui illum suscepit quamdiu vivit
in veritate et sanctitate » [6].

**405.** C) *Communis est antiquorum doctrina* **Spiritum Sanctum, qui in regeneratione baptismali suscipitur, amitti per
peccatum restituique per paenitentiam.**

Pro quibus omnibus sit TERTULLIANUS, ex quo : a) paenitentia baptismo praemissa « mundam pectoris domum super-
venturo Spiritui Sancto parat, quo se ille cum caelestibus donis
inferat » (*De paenit.*, 11. 6). — b) Qui, post baptismum peccat,
is « acceptam a Deo Patre substantiam, utique Spiritus Sancti, ...
prodigit » (*De pud.*, 9. 9). — c) Sin autem veniam accipiat ab
episcopo, idem « recuperat quod [non] timuit prodigere, vestem
[scilicet] priorem, indumentum Spiritus Sancti » (*ibid.*, 9, 10-11).
Hinc est cur, apud antiquos, absolutio seu reconciliatio paeni-
tentium per impositionem manuum dicatur dare seu restituere
Spiritum Sanctum. (De quo plura in *De paenitentia tractatus
dogmatico-historicus*, n⁰ 151-153).

**406.** D) *Graecorum Patrum* communis est doctrina **homines
et creaturas omnes non justificari seu sanctificari et deificari
nisi per participatas personas divinas** [7]. Exinde enim est
solemne eorum argumentum de divinitate Verbi aut Spiritus
Sancti : Sanctificatio seu deificatio nostra consistit in participata
divina sanctitate seu deitate; sanctificatio porro nostra fit per
participatum Filium aut Spiritum Sanctum ; ergo Filius aut
Spiritus S. est ipsa sanctitas substantialis seu ipsa substantia
divina. Quod satis est ostendere per duos tresve.

S. ATHANASIUS : *De Filio* :

« Non ex participatione (ἐκ μετουσίας) est Filius. Opificia quidem
omnia ex participatione habent Dei gratiam ; ipse vero est Patris
sapientia et Verbum a quo omnia participant (οὗ μετέχει τὰ πάντα).
Manifestum est [igitur] quod, cum ipse sit id quo Pater deificat et vivificat, in quo scilicet omnia deificantur et vivificantur, non alienae

---

[6] 7 et 42. De quo cf. D'ALÈS : *La doctrine de l'Esprit dans saint Irénée*, apud
RSR, 1924, p. 521 et 525-530.
[7] Cf. GROSS : *La divinisation du chrétien d'après les Pères grecs*, et GALTIER : *Le
Saint Esprit en nous d'après les Pères grecs*.

a Patre substantiae est sed consubstantialis. Hujus enim participatione, Patris efficimur participes, eo quod ipse proprium sit Patris Verbum » [8].

— Item *de Spiritu Sancto,* occasione dicti apud 1. *Jo.,* 4. 13 : *In hoc cognoscimus quia in Deo manemus et ipse in nobis, quoniam de Spiritu suo dedit nobis* :

« Si Spiritus communicatione divinae naturae consortes efficimur, nemo certe nisi insanus dixerit Spiritum non Dei sed creatae esse naturae. Propterea enim et hi in quibus ille est dii efficiuntur. Sin autem deificat, absque dubio, ejus natura Dei est » (*ad Serap.,* I. 24 ; PG 26. 585 C-588 A) et cf. 22-23 ; 584 A-D).

### 407. S. Basilius, de Spiritu Sancto :

« Nihil sanctitatem adipiscitur nisi per Spiritus Sancti praesentiam (*In ps.* 32. 4 ; PG 29. 333 C). « Deus in nobis per Spiritum Sanctum habitare dicitur : nonne [igitur] manifesta impietas est, ipsum Spiritum dicere deitatis exsortem ? Et, si eos, qui virtute perfecti sunt, deos nominamus, perfectio autem est per Spiritum, quomodo, qui alios efficit deos, ille ipse destitutus est deitate ? » (*Adv. Eunom.* III ; PG 29. 665 B). « Sicut cernendi vis est in oculo sano, sic operatio Spiritus in anima purgata ... Et, quemadmodum ars est in eo qui illam adeptus est, ita gratia Spiritus in eo qui recepit eam, semper praesens at non perpetuo operans ... Spiritus semper quidem adest dignis, sed operatur prout opus est ... Sicut in corporibus est sanitas, aut calor, ... sic et in anima frequenter est Spiritus ... Quemadmodum verbum est in animo, interdum ut in corde cogitatum, interdum ut lingua prolatum, sic et Spiritus Sanctus, vel cum testimonium praebet spiritui nostro et clamat in cordibus nostris : Abba, Pater, vel cum loquitur pro nobis » (*De Sp. S.,* 26. 6 ; PG 32. 180 C-181 A).

### 408. S. Cyrillus Alex. :

« Nostra ad Deum reversio non aliter per Salvatorem Christum facta intellegitur ac per participationem Spiritus et sanctificationem. Spiritus enim est qui nos conjungit atque, ut ita dicam, unit cum Deo, quo suscepto, participes et consortes reddimur divinae naturae, eumque suscipimus per Filium et in Filio Patrem » (*in Jo.* XI. 10 ; PG 74. 544 D-545 A et cf. I. 13 ; 73. 157 A). « Si, inhabitante in nobis per participationem Spiritu, Deus est qui inhabitat, nosque in ipso

---

[8] *De synodis,* 51 (PG 26. 784 A-B) et cf. 53 (788 C-D) ; item *cont. Ar.,* 1. 9 (29 A) et *De decretis nic. syn.* 24 (PG 25. 460 A).

sumus et ipse in nobis, quia Spiritum ejus gestamus, quomodo non
erit Spiritus Deus ?» (*Thes.* 34 ; PG 75. 576 C et cf. 584 D ; 592 D).

S. AUGUSTINI eadem est doctrina, in sua, *ad Dardanum*,
*epist.* 187. 5, 16 : *De praesentia Dei.*

« Illud est multo mirabilius quod, cum Deus ubique sit totus, non
tamen in omnibus habitat ... Quis porro audeat opinari, nisi quisquis
inseparabilitatem Trinitatis penitus ignorat, quod in aliquo habitare
possit Pater aut Filius, in quo non habitet Spiritus Sanctus, aut in
aliquo Spiritus Sanctus, in quo non et Pater et Filius ? Unde faten-
dum est ubique esse Deum per divinitatis praesentiam, sed non ubique
per habitationis gratiam. Propter hanc enim habitationem, ubi procul
dubio gratia dilectionis ejus agnoscitur, non dicimus : Pater noster,
qui es ubique, cum et hoc verum sit, sed : Pater noster, qui es in
caelis, ut templum ejus potius in oratione commemoremus, quod et
nos ipsi esse debemus, et in quantum sumus, in tantum ad ejus socie-
tatem et adoptionis familiam pertinemus » (PL 33. 837-838).

**409. II. Etiam ad jam justificatos dantur missiones
invisibiles,** toties scilicet quoties apud eos fit augmentum
gratiae, praesertim quoties per sacramenta sanctificantur specialiter in ordine ad peculiares actus et accipiunt propterea specialia auxilia et gratias sacramentales. Hoc negare quidem videntur aut, re vera, negant aliqui theologi, de quibus apud Suarez (XII. 5. 16). At thesis, cum S. Thoma (a. 6, ad $2^m$ et $3^m$)
et Suarez (*ibid.*, 17-19), videtur ut certa tenenda, nam :

1º « *Quilibet gradus gratiae de se sufficiens est ut secum afferat
ad animam divinam personam* » (Suarez, nº 17). Nec obstat quod
jam antea aderat, nam hoc est per accidens seu praeter rationem
missionis ; hoc praeterea, si impediret agnoscis missionem aut
novam praesentiam, impediret agnosci novam ad jam justificatos missionem omnem ; quod tamen nemo admittit. Et, re vera,
S. Thomas, dicendo missionem attendi *praecipue* quando fit
magnum augmentum gratiae, eo ipso agnoscit missionem dari
etiam ubi fit minus augmentum. Quod bene intelligitur, si ad-
vertitur omni augmento gratiae magis adhaereri Deo seu magis
firmiter et amicabiliter cum eo conjungi (*in* 1, *dist.* 15, q. 5, a.
1, sol. 2, ad $1^m$).

2º *Mirum esset per sacramenta*, quibus confertur augmentum
gratiae, per ea in specie quae seipsis ordinantur ad conferendum
Spiritum Sanctum, v. gr., confirmationem, paenitentiam minis-
tratam, ordinem, *jam justificatis non fieri missionem.*

3º S. Augustinus dicit

« tunc unicuique mitti Filium cum a quoquam cognoscitur atque percipitur, quantum cognosci et percipi potest pro captu vel profi-cientis in Deum vel perfectae in Deo animae rationalis » (*Trinit.* IV. 20, 28) et explicat justos exinde esse alios aliis justiores seu sanctiores, quia « abundantius habent Deum habitatorem » (*Epist.* 187. 5, 17 ; PL 33. 838).

Plenior autem haec inhabitatio fit quatenus Deus ipse eis inhabitans perficit quod ipse sibi in eis aedificat et habitat tem-plum, et eos ita deducit ut, quem habebant nescientes habita-torem, paulatim percipiant sibi inesse :

« Non percipiebant cognitione Spiritum Sanctum, qui habitabat in eis ; et habitante in se Spiritu Sancto, adhuc animales nondum spiritales erant, quia nondum poterant habitatorem suum Spiritum cognitione percipere. Habitare [tamen] et in talibus dicitur, quia in eis occulte agit ut sint templum ejus ; idque in proficientibus et pro-ficiendo perseverantibus perficit » (*Ibid.* 8, 26-27 ; 842).

## Pars secunda

### De munere formali illius inhabitationis quoad justifi-cationem.

**410.** I. *Non potest admitti eam esse unicam et totalem cau-sam justificationis formalem*, ita ut consortium divinae naturae consistat unice in illa divina praesentia.

Ita sensit Lombardus (1, *dist.* 17), ubi docuit « Spiritum Sanctum esse amorem sive caritatem, qua nos diligamus Deum et proximum, tumque mitti ac dari nobis, cum ita est in nobis ut nos faciat diligere Deum et proximum ». Quod deducebat ex *Rom.* 5. 5, ubi putabat « ca-ritatem in cordibus nostris diffusam per Spiritum Sanctum » esse di-vinam et substantialem caritatem, qua Deus et se et nos diligit et nos facit sui dilectores. Non eo quidem ipso excludebat actum creatum quo nos diligamus Deum, sed excludebat habitum caritatis, unde actus ille procederet. Spiritus ipse esset in nobis pro hujusmodi habitu.

**Lombardo immerito dicuntur consensisse Lessius et Petavius.** *Lessius* enim nullatenus excludit habitum gratiae creatum ; eum, econtra, explicite admittit — quia, secus, « nulla in nobis per justi-ficationem ex adoptione fieret intima mutatio et renovatio » (*De perf.*

*div.*, XII. 11, n° 76), — ut qui « reipsa vere uniat nobis Spiritum Sanctum ac formaliter nos efficiat filios Dei» (*Append.* ad *h. l.*, n° 9) ;
tantummodo excludit donum illud creatum nos facere formaliter
filios Dei, « consideratum secundum suam entitatem physicam » ;
nos faciat filios Dei « quatenus facit nos possidere Deum» (n° 74 et
*append.*, n° 9 et 12) [9].

*Petavius* pariter explicite excludit, tanquam fidei decreto contrariam, doctrinam Lombardi (*De Trinit.* l. VIII, cp. 6, n° 3), et profitetur, in justificatione, utrumque intervenire « et Spiritum Sanctum,
qui filios faciat, et charitatis habitum ipsum, sive gratiam, quae sit
vinculum quoddam sive nexum, quo cum animis illa Spiritus Sancti
substantia copuletur» [10].

**411.** II. *Impossibilis est praesentia divina sine gratia seu*
*dono creato* [11], nec, re vera, unquam Patres significaverunt ex
Filii aut Spiritus Sancti conjunctione cum anima non oriri, in
ipsa anima, mutationem et quasi recreationem, qua divinarum
personarum in se referret imaginem ; econtra, explicite docent
exinde oriri veram Dei in nobis imaginem. Sic S. Cyrillus Alex.
describens quomodo Sp. S. nos reformet :

« Transformans in seipsum quodammodo hominum animas, divinam in eis imprimit imaginem et supremae omnium substantiae
effigiem insculpit» (ἐγχαράττει μόρφωσιν) (*In Jo.* XI. 11 ; PG
74. 553 D). « Per hunc, [id est, Sp. S.], divinus etiam nobis imprimitur
character ; reformamur enim in Christum Jesum veluti in divinam

---

[9] In hoc forte excesserit quod admiserit, *de potentia absoluta*, filiationem adoptivam posse conferri sola Dei praesentia et inhabitatione (*loc. cit.*, append., n⁰ 1-5). Quoad
rem vero asseruit absque ulla dubitatione tenendum quod justificatio et filiatio adoptiva nobis per modum unius conferatur et quidem « per infusionem gratiae habitualis »
tanquam « per unicam causam formalem » (*Ibid.*, n⁰ 6 et cf. *De summo bono*, II. 1, n⁰ 4).
— De quo plura apud DUMONT : in *Rev. des sc. relig.* XIV (1934) p. 63-70.

[10] *Item* l. III, cp. 6, n⁰ 11 et *De incarnatione*, l. XI, cp. 12, n⁰ 6. — Adde cp.
4, n⁰ 5, ubi distinguit substantialem unionem ab accidentaria per gratiam, et n⁰ 7.
ubi, cum Nazianzeno, distinguit duplicem Spiritus communicationem, aliam ἐνεργείᾳ
aliam οὐσιωδῆ. — In hoc tantummodo excessisse videtur quod addiderit Sp. S.
« adeo nos facere filios, ut, si nulla infunderetur creata qualitas, sua nos ipse substantia adoptivos filios efficeret » (cp. 6, n⁰ 3). In quo nimis, et ipse, distinxit rationem
formalem filiationis, qua talis, a ratione formali justificationis. (De quo cf. PESCH,
t. II, n⁰ 676 ; t. V, n⁰ 347-351). At probabiliter voluit tantummodo significare non
dari plenam rationem justificationis et adoptionis, qualis re vera fit, nisi, cum traditione patristica, ratio etiam aut imprimis habeatur habitationis divinae in nobis : secus enim illi minores quam decet agnoscerentur partes in explicando nostro divinae
naturae consortio.

[11] Quo sensu asseritur missionem invisibilem esse solum secundum donum gratiae
gratum facientis (1, q. 43, a. 3).

quamdam imaginem ; non quod corpoream aliquam conformationem
subeamus, — istud namque opinari desipere est —, sed quod, Spiritus Sancti participes effecti, ipsum in nobis Christum habeamus »
(*De recta fide ad Theod.*, 36 ; PG 76. 1188 B). « Formatur autem in
nobis Christus, Sancto Spiritu nobis divinam quamdam formam
(μόρφωσιν) per justificationem et justitiam indente ; sic enim in animis nostris elucet character substantiae Dei ac Patris » [12].

**412. III.** *Praesentia divina non est mera consequentia seu
merus effectus justificationis*, quae sit per solam gratiam, quasi
consortium divinae naturae, quale per Scripturam et traditionem
constat, habeatur et adaequate explicari possit quin ratio habeatur divinae illius praesentiae. Gratia enim est quid creatum ;
Patres autem excludunt per aliquid mere creatum posse conferri
sanctitatem, qua Deus substantialiter participetur seu homo dei-
ficetur.

« Spiritus Sanctus, ait S. Cyrillus Al., operatur in nobis per seipsum, vere sanctificans nos et uniens nos sibi ipsi per conjunctionem
nostri secum (διὰ τῆς πρὸς αὐτὸ συναφείας) atque divinae naturae
[sic] nos faciens participes » (*Thes.* 34 ; PG 75. 597 C). Idem dicit
« putidi et angusti animi esse ascribere creaturae id per quod et in
quo deitatis natura in nobis sit. Nam non in creatura communicabile
est id quod supra creaturam est » (*De Trinit.*, dial. 7 ; PG 75. 1121 C) [13].
Adeo immo tenet nos per ipsam Spiritus Sancti substantiam justificari ut dicat supervacaneam creaturam, qua mediante sanctificemur :
« Ipsam illam virtutem sanctificatricem, quae ex Patre naturaliter
procedit et imperfectis perfectionem tribuit, dicimus esse Spiritum
Sanctum. Et supervacaneum est, ut apparet, per medium aliquod sanctificari creaturam, cum Dei benignitas non dedignetur ad minutissi-
mas etiam res pervenire, easque per Spiritum Sanctum sanctificare »
(*Thes.* 34 ; PG 75. 597 A).

**413. IV.** *Propterea communior est in dies sententia, quae
tenet specialem illam in anima habitationem esse de ratione causae*

---

[12] *In Is.* IV. 2 (PG 70. 936 B). — N.B. Ex his omnibus apparet gratiam creatam
seu imaginem divinae substantiae in nobis efformatam melius, juxta Patres, dici logice consequi quam antecedere ad praesentiam personarum in nobis. — De quo,
legas DE RÉGNON, t. IV, p. 553-558.

[13] Alia testimonia congerit PETAVIUS (l. VIII, cp. 5), qui concludit : « Patres asse-
verantes audivimus cum nullo interjecto medio sanctos nos fieri per ipsam Spiritus
Sancti substantiam, tum nullam id creaturam perficere posse, tametsi substantiae Dei,
qua sanctificamur, comes sit infusa qualitas, quam vel gratiam vel charitatem dicimus » (cp. 6, n⁰ 3). — N. B. Caveas hanc Petavii demonstrationem confundere cum
explicatione qua, in subsequentibus (n⁰ 5 sqq.), conatur probare eam Spiritus communicationem esse non tantum illi appropriatam sed propriam.

*formalis justificationis nostrae* : consortium proinde divinae naturae consistat quidem in nostra cum illa natura assimilatione
entitativa per gratiam ; at etiam et praesertim in substantiali
praesentia Dei in anima ab ipso ad sui imaginem conformata.
Quo nullatenus significatur animam a Deo seu ab ulla persona
divina informari, sed tantummodo eum animae ita substantialiter donari et conjungi ut, eo ipso, anima inveniatur illius imaginem in se referens et instructa potentia atque virtute agendi
ordinis proprie divini, seu ex Dei simul et animae conjunctione
oriatur principium permanens vitae supernaturalis.

   *Nec propterea ullatenus contradicitur concilio Tridentino* (VI, 7
et *can.* 11) docenti justificationis « unicam causam formalem esse
justitiam Dei, non qua ipse justus est, sed qua nos justos facit » et
quae nobis inhaereat (D-B. 799 et 821 ; C. 879 et 892[11]) ; nam doctrina
concilii est tantummodo contra eos qui volebant aut vellent justificationem esse formaliter per aliquid nobis mere extrinsecum, per im-
putatam scilicet justitiam Christi seu per merum Dei favorem, ita ut,
sine illa vel imputatione vel favore externo, non sit formalis justificatio — (Cf. Pesch, t. V, n° 349-351 et t. II, n° 668). — Praemissa
porro doctrina nil hujusmodi implicat, et ab ipso concilio invenitur
potius insinuata ; iisdem enim locis docet Deum esse justificationis
« causam efficientem », seu nos efficere « ablutos et sanctificatos »,
quatenus nos « signat et ungit Spiritu promissionis Sancto » et « gratia » atque « caritas », quae nobis « inhaeret », « diffunditur in cordibus nostris per Spiritum Sanctum » : quod est docere nos immediate
« ungi et signari » ipsa Spiritus Sancti substantia, ita ut ille sit in nobis non tantum efficienter, — ut causa efficiens gratiae seu suae in
nobis imaginis, — et exemplariter, — ut causa exemplaris secundum quam reformamur, — sed etiam terminative, seu ut terminus
relationis realis, qua anima refertur ad illum tanquam sibi vere communicatum et donatum[14].

   **414.** *Haec relatio cujusmodi proprie sit difficile determinatur*,
cum sola fide cognoscatur rationisque transcendat conceptus
omnes. Patet tamen eam **non esse mere moralem**, nam non
oritur proprie ex actibus moralibus, quibus nos ad Deum refe-
ramus ; propterea dicenda est physica, quatenus datur in ordine

---

[14] Haud pauci velint Spiritum — seu Deum in genere, id est, tres personas —
esse in nobis per modum formae, non quidem *inhaerentis* sed *adhaerentis*. Cf. Pesch,
t. II, n° 681-682. Quaestio est de vocibus. Vox ipsa formae *inhaerentis* legitur apud
S. Thomam : *in* 3, *dist.* 10, q. 2, a. 1, *sol.* 3. — De quibus omnibus plura in tractatu
de justificatione seu de gratia sanctificante.

rerum antecedenter ad omnem operationem nostram. Patet etiam eam **non esse mere dynamicam,** quatenus personae divinae, una cum anima ornata gratia sanctificante, constituant
principium completum vitae supernaturalis. Influxus enim hujusmodi in actus hominis supernaturales consequitur quidem ad
inhabitationem : Deus justo praesens illum movet et impellit
atque adjuvat ; at ea non est formaliter inhabitatio qualis apud
Patres describitur. Praeterea inhabitatio sic intellecta non ex-
cederet nisi permanentia sua unionem cum anima quae datur
quotiescumque, etiam apud non justos, Deus cum anima con-
currit ad actus salutares producendos.

*Sunt qui velint* eam dici *unionem substantialem* ; at ea
denominatio abjicienda est propter duo motiva : a) substantialis substantiarum unio non agnoscitur nisi ex qua oritur vnitas
vel substantiae novae ex duabus ortae vel personae duas sibi habentis substantias : quod, in casu, excluditur ; b) apud Patres, in
specie apud Cyrillum Alexandrinum, unio Spiritus Sancti cum anima tum nostra tum ipsius Christi opponitur, tanquam non substantialis (οὐσιώδης) sed mere relativa (σχετική, κατὰ σχέσιν), unio-
ni Verbi cum humana natura, quae sola sit substantialis vere
et proprie. — Melius igitur dicatur **unio physica et accidentalis,** vel potius **habitatio substantialis :** sic enim clare exprimitur Deum esse justis praesentem non tantum per specialem
in eis operationem sed etiam per specialem suae substantiae
apud eos habitationem.

### § 2. QUARUM PERSONARUM SIT INHABITATIO.

**THESIS XXV. — Cum tres personae justis inhabitent
eodem titulo eodemque modo, missiones invisibiles non
dicuntur esse Spiritus Sancti nisi per appropriationem.**

**415.** STATUS QUAESTIONIS. — De hoc, si excipiatur opinio
singularis Lombardi, de qua supra, inter doctores catholicos diu
non fuit ulla disceptatio. Posito enim missionem dari quatenus
producitur in creatura novus effectus, cum, data unitate operationum ad extra, effectus hujusmodi sit eodem modo eodemque
titulo a tribus personis, omnino sequitur unam personam non
posse, ratione illius, dici venire aut mitti quin aliae dicantur eo-

dem titulo venire aut mitti (I, q. 43, a. 5 et 7; cf. Suarez: XII, 5, 19). Quae doctrina manet etiam hodie *communissima* et videtur, ut ex dicendis constabit, omnino *certa*.

Ex quo tamen vividius inculcatum est justificationem inferre etiam specialem illam et ontologicam cum personis divinis conjunctionem, de qua supra dictum est, opinio, duce Petavio [15], orta est quae, distinctione prorsus facta istius conjunctionis ab ipsa gratiae productione, velit gratiae quidem productionem esse a tribus, conjunctionem vero vel specialem et stricte propriam cum solo Spiritu Sancto, vel diversam seu titulo diverso cum singulis personis.

**416. Opinio Petavii** ducta est tota et unice ex eo quod Patres graeci docuerint, ut ipse putat, proprium esse Spiritus Sancti sanctificare per sui ipsius communicationem seu conjunctionem. Quod sic ei constare videtur. — A) Mira constantia, tum in Scripturis tum apud Patres, sanctificatio ascribitur Spiritui Sancto, qui ad hoc specialiter nobis donatur. — B) Ceterae personae non dicuntur nobis dari aut adesse nisi ratione Spiritus Sancti, seu suae a Spiritu inseparabilitatis. — C) Spiritus Sanctus dicitur esse ipsa Patris et Filii virtus sanctificatrix (δύναμις ἁγιαστική), ita ut ipse quidem se ipso sanctificationem praestet (αὐτουργεῖν), Pater autem et Filius tantummodo per ipsum et in ipso. — D) Haec autem virtus seu sanctitas dicitur, saltem aliquando, esse illi eodem modo propria quo Patri paternitas et Filio filiatio (VIII. 6, n⁰ 5-9 ; cf. Thomassin : *De Incarnatione*, l. VI, cp. 10-11).

Hinc conclusio : Spiritus Sanctus conjungitur justis titulo ac modo ei prorsus speciali : *titulo*, quia ipse, tanquam formaliter sanctificativus, uniatur ratione sui, dum aliae personae non uniantur nisi ratione suae a Spiritu formaliter unito inseparabilitatis ; *modo*, quatenus uniatur secundum personam ipsam, proindeque unione quae, etsi non proprie hypostatica, haud minus tamen sit ei propria quam Verbo sua cum humanitate [16].

---

[15] *De Trinitate*, l. VIII, cp. 4-7. Cf. l. III, cp. 6, n⁰ 11-12 et *De Incarnatione*, l. XI, cp. 7, n⁰ 1, 5, 8.

[16] Non igitur confundenda est Petavii opinio cum explicatione sententiae Lombardi ab aliquibus excogitata, ex qua Spiritus S. uniretur personaliter voluntati justorum. — De quibus cf. S. THOMAM : *in* 1, dist. 17, q. 1, a. 1 et LANDGRAF in *Recherches de théol. anc. et médiév.*, 1929, p. 338-340.

**417. Opiniones a Petavio derivatae.** Petavio asserenti directam et immediatam animae cum ipsa divinarum personarum substantia conjunctionem consenserunt, ut dictum est, multi, et consentiendum, ut diximus, existimamus. Quoad unionem econtra cum solo Spiritu specialem, dissenserunt communiter theologi ; ex eis immo qui consenserunt, nonnulli opinionem Petavii judicaverunt potius emendandam et perficiendam. Quos inter notandi videntur in specie tres :

A) SCHEEBEN docet personalem et specialem cum justis unionem competere non tantum Spiritui sancto sed etiam Filio ; eamdem praeterea vult esse non physicam sed moralem, per mutuam scilicet animae justae et personae divinae donationem atque possessionem : sicut Filius, uniendo sibi naturam humanam, illam habuit sibi physice propriam, ita Spiritus Sanctus — aut Filius — animam justi cui donatur trahit in moralem sui possessionem [17].

B) DE RÉGNON asserit singularum personarum unionem cum justis esse specialem et diversam, quatenus singulae singularem et specialem in eos habent influxum, ita ut justi ipsi singulares ad singulas personas habeant relationes reales realiter distinctas (*Op. cit.* IV, p. 551-553).

C) WAFFELAERT, reservata pro statu gloriae unione personali cum Filio, vult, jam in terris, Spiritus Sancti personam uniri cum justorum non natura sed persona qua tali, ita ut illa unio exinde differat ab unione naturae divinae cum humana in Christo et ipsa sit causa formalis, non quidem justificationis, sed filiationis adoptivae [18].

**418. Nota theseos.** — Thesis *omnes hujusmodi opiniones abjicit ut falsas*, tum quia contradicunt explicitae doctrinae Patrum de natura et effectu formali unionis justorum cum personis divinis, tum quia incompossibiles sunt cum recta notione unitatis et simplicitatis SS. Trinitatis [19].

---

[17] *Dogmatik,* t. I, § 125, n⁰ 1065-1074 ; t. II, § 169, n⁰ 843 ; *die Mysterien des Christent.* § 30, 1ª ed., p. 152; 3ª ed., p. 146. — De quo cf. ERÖSS : *Die Lehre über die Einwohnung des heil. Geistes bei M. Jos. Scheeben,* apud *Scholastik,* XI, 1936, p. 370-395 et SCHAUF : *Einwohnung des heil. Geistes* (1941).

[18] *Disquisitio dogmat. de unione justorum cum Deo,* apud *Coll. Brugens.,* t. XV, p. 442-453 ; 625-27 ; 673-687 ; t. XVI, p. 6-16. — *L'union de l'âme aimante avec Dieu* (1916), passim, — *La colombe spirituelle prenant son essor vers Dieu* : 3ᵉ partie (1919), p. 85-159.

[19] Cf. GALTIER: *Le Saint Esprit en nous d'après les Pères Grecs* (1946) et *L'habitation en nous des trois personnes* (1950) *première partie.*

**419. Probatur. — Ex doctrina Patrum de natura et effectu immediato unionis justorum cum Spiritu Sancto.** Omnes istae opiniones oriuntur ex facto, quod supponunt a Petavio statutum, justos, ex mente Patrum, *uniri Spiritui Sancto, formaliter qua persona est et distinctus ab aliis personis, ita ut unio cum aliis sit praeter rationem formalem unionis,* qua proprie fit sanctificatio : Pater scilicet et Filius non communicentur et non inhabitent ipsi justis ad eos formaliter sanctificandos, sed *tantummodo consequenter ad unionem et inhabitationem Spiritus personalem,* ad modum quo, consequenter ad unionem Filii personalem, Pater et Spiritus Sanctus adsunt humanae Christi naturae.

Jamvero, *non tantum factum illud non constat, sed contrarium potius.* Patres scilicet docent : 1º Unionem Patris et Filii cum justis ita esse de ratione formali sanctificationis ut intendatur propter seipsam. — 2º Eamdem, non consequi proprie ad communicationem Spiritus Sancti, sed in ea formaliter consistere. — 3º Spiritum vero communicari justis, non praecise et formaliter secundum id quo distinguitur ab aliis personis, sed econtra secundum id quod habet cum eis commune, secundum scilicet substantiam divinam seu sanctitatem substantialem.

**420. I. Unio cum Patre et Filio est de ratione formali sanctificationis, seu intenditur propter seipsam.** Nam :

1º *Lapsus humani generis consistit in* « *repulsione a Deo et in direptione conjunctionis cum Filio, quae est per Spiritum* (S. Cyrill. Al. *De Trinit. dial.* 4 ; PG 75. 908 D).

2º *Renovatio vero consistit in hoc quod* creatura « vocetur ad participationem ejus naturae per Spiritum » (*ibid.,* 909 A).

« Id [enim] quod divinam nobis imaginem indit est sanctificatio, id est, *participatio Filii* (ἡ τοῦ Υἱοῦ μέθεξις) in Spiritu » (*Dial.* 6 ; PG 75. 1013 D). « Generationem spiritualem geniti sumus, quia *configurati sumus ad Filium* ... et naturae divinae participes reddimur, consequendo *participationem Filii ut Dei* ... Divinae enim naturae participes sumus habitudine quam, per Spiritum, *habemus ad Filium,* et [sic] Deo evadimus configurati. *Formatur enim in nobis Christus* ineffabiliter ... ut increatus et Deus in natura creata et facta» (*Dial.* 4 ; 904 A-B et 905 A).

3º *Unio vero cum Filio ideo nos renovat, quia nos cum Deo Patre conjungit.*

« *Per Christum* copulati sumus *Patri*, per spiritualem, ut patet, cognationem. Pacem enim habere ad Dominum est *illi uniri* spiritualiter *per mediatorem Christum*» (*In Is.*, III. 1 ; PG 70. 580 C-D). « Pacem cum Deo inimus, *cum ipsi Patri per Filium* conglutinamur, quippe qui *suscipiamus in nobis Filium* ex ipso genitum et in Spiritu clamamus : Abba, Pater» (*In Jo.*, XI. 8 ; PG 74. 509 C). « Nos sanctos efficit participatione suae ipsius naturae et ita nos per seipsum conjungit *Deo et Patri*» (*In Hebr.* 2. 17 ; PG 74. 968 C). « Consummati igitur sumus in unitatem, quae est ad *Deum et Patrem*, per *mediatorem Christum.* Suscipiendo enim in nobis tum corporaliter [per Eucharistiam] tum spiritualiter eum, qui natura *est Filius substantialemque habet cum eo unitatem, participes evadimus et consortes naturae supremae*» (*In Jo.*, XI. 12 ; PG 74. 564 D-565 A et cf. 577 A).

4º *Participatio igitur Filii est, quae homines deificat seu facit Dei filios et vocari deos* :

Quia « *ineffabiliter in nobis habitat*, per suum Spiritum, *Filius*, ad filiationem spiritalem nos vocatos esse dicimus ... *Ad filiationem conformamur*, dum nos ad suam veluti gloriam *Filius effingit*, et *suae formae characterem imprimit*, ac suscipientium animabus quodammodo insculpit» (*De Trinit. dial.* 3 ; PG 75. 833 C et 837 A). « Si qui homines dicti sunt [in scriptura] dei. certe non ex natura sed *quia Filii participes facti sunt*» (τοῦ Υἱοῦ τῇ μετουσίᾳ ; S. Athanas. : *ad Serap.* II. 4 ; PG 26. 613 C). « Illi quibus dictum est : Dii estis, hanc *gratiam non habent a Patre nisi participatione Verbi* per Spiritum» (*Cont. Ar.*, I. 8 ; PG 26. 29 A et cf. Didymum : *De Spiritu S.*, 53 ; PG 39. 1078 A).

**421.** II. **Unio Patris et Filii cum justis non consequitur ad communicationem Spiritus sed in ea formaliter consistit; id est, ideo se communicant in Spiritu ut communicent seipsos.**

1º *Hoc jam per praemissa constat*, nam unio Patris et Filii, de qua ibi, dicitur esse ea quae fit in Spiritu vel per Spiritum. Sed idem explicitius adhuc enunciatur.

S. CYRILLUS enim Alex. notat, ut quid de se manifestum, Christum habitare in justis per Spiritum Sanctum :

« *Inhabitat et ipse Christus*, — per Spiritum S., ut patet, — conjungens in unitatem spiritalem per seipsum Deo ac Patri eum qui noverit ipsum» (*In Jo.*, XI. 12 ; PG 74. 577 A). « Id enim quod nos connectit et, ut ita dicam, unit Deo est Spiritus, quem suscipientes participes et consortes reddimur divinae naturae *et ipsum Patrem per Filium atque in Filio accipimus*» (*ibid.* 10 ; 545 A). « Id enim quod *nos conjungit Salvatori Christo* est Spiritus ejus» (*ibid.*, X. 2 ; 333 A). « Per Spiritum tantummodo *Christus formatur in nobis, propriosque characteres suos quodammodo imprimit*» (*Thes.* 34 ; PG 75. 609 A et cf. 604 D).

### Item S. ATHANASIUS :

« Spiritus est unctio et sigillum in quo Verbum omnia ungit et signat ... Sigillum vero signantis effigiem servat, cujus qui signantur participes effecti ad eam conformantur atque ita omnis creatura fit particeps Verbi in Spiritu. Omnes per Spiritum dicimur Dei participes ... Filius [enim] nos, per Spiritum qui in ipso est, Patri conjungit» (*Ad Serap.*, I. 23-24 ; PG 26. 585 A-D et cf. 31 ; 600).

Nec aliter S. BASILIUS : « Vita nobis suppeditatur a Deo per Christum in Spiritu Sancto. Nam vivificat quidem Deus ; ... vitam autem largitur Christus ... et vivificamur per Spiritum» (*Adv. Eunom.*, III, 4 ; PG 29. 664 D-665 A).

**422.** 2º *Hoc autem explicatur quia Spiritus est quid Patris et Filii ita proprium ut, pro eis, idem sit uniri aut sanctificare per Spiritum et uniri aut sanctificare per seipsos.*

Sic jam audivimus, nº praecedenti, apud S. CYRILLUM, Filium formari et se suosque characteres proprios imprimere justis per Spiritum ; sic, in specie, apud eumdem, Filius dicitur se suae carni univisse quo modo unitur nobis, — habitudine (σχετικῶς) scilicet et non physice (φυσικῶς), — et ita carnem suam, sicut et animam justorum, sanctificasse per seipsum simul et in Spiritu.

« Sanctificatur in Spiritu Sancto, non quasi aliquis alius eum sanctificet, sed *ipsomet potius seipso operante* (αὐτουργοῦντος ἑαυτῷ) ad sanctificationem suae carnis : suscipit enim Spiritum qui est suus» (*In Jo.* XI. 10 ; PG 74. 548 B). Caro igitur ejus « sanctificata est, quatenus *Verbum in ipsa habitans* sanctificat per Spiritum Sanctum suum proprium templum ... Sanctificata est per Spiritum, quatenus, ad similitudinem alterius creaturae, *Verbum Dei Patris*, quod natura sua sanctum est, in eo, — (id est, in Spiritu), — *perungit suum proprium corpus* ... *Filio* [autem] *sic perungente proprium suum corpus, Pater dicitur illud facere, nam Pater non operatur nisi per Filium*» (*Ibid.* 549 B et D). « Ipse [Christus], suo proprio Spiritu, sanctificat suum proprium templum» (*ibid.*, 11 ; 560 A). « Uno diversante in nobis Spiritu, unus omnium Pater in nobis est Deus, per Filium ad

unitatem mutuam et suam adducens ea quae Spiritum participant»
(*ibid.*, 561 B).

Idem propterea dicitur esse modus quo et nos et suam
humanam carnem Christus adduxit ad unionem cum Patre et
cum seipso, quae est secundum meram habitudinem et non secundum naturam [20].

«Modus enim unionis cum Deo, — etiam ubi agitur de Christo
quatenus est homo, — non aliam viam habet nisi hanc, [scilicet,
quod] caro sanctificetur, per modum ineffabilis conjunctionis, unione,
quae est cum Spiritu, et ita ascendat ad unionem cum Verbo Deo et
per ipsum cum Patre, habitudine, ut patet, et non natura» (σχετικῶς
δῆλον ὅτι καὶ οὐ φυσικῶς) (*In Jo.*, XI. 12; PG 74. 564 B).
« Christus enim vult nos suscipi ad unionem, quae est cum Deo Patre ...
Per seipsum [porro] ad unionem cum Patre [ipse] attollit eos qui fide
et charitate sincera cum ipso conjuncti sunt» (*Ibid.*, 565 A).

**423.** 3⁰ *Hujus porro ratio est quia sanctitas, quam Spiritus,
se communicando, confert, non ejus propria est sed est ipsa substantiae divinae sanctitas, quae trium personarum unica est et
per modum unius a tribus confertur.*

Sic S. ATHANASIUS, ubi dicit eodem modo explicari tum
quod omnis gratia aut donum Spiritus sit etiam gratia aut donum Patris et Filii, tum quod, praesente in nobis Spiritu, praesens sit etiam Pater et Filius, quia scilicet Spiritus est «*proprium*»
*Filii et Patris et ad eos se habet sicut calor ad ignem, fulgor ad
lucem aut sapientia ad sapientem, et unica sit trium sanctitas.*

*Ad Serap.*, I. 27; PG 26. 593 B et C; 30; 600 B-C; 20; 577 B-
580 A; cf. praeterea recitata supra, n⁰ 406, ubi Filium dicit pariter
esse Patris «τὸ φωτιστικὸν καὶ τὸ θεοποιόν» (*De Synodis.* 51: PG
26. 784 A).

Consentit S. BASILIUS, ubi explanat «*bonitatem nativam et
naturalem sanctimoniam* (ὁ κατὰ φύσιν ἁγιασμός) *permanare ex
Patre per Filium ad Spiritum*» (*De Sp. S.*, 18, 47; PG 32, 153
B) ... Spiritum vocari sanctum, «*sicut sanctus est Pater et sanctus
Filius*, quia Spiritui, [ad differentiam creaturarum], sanctitas
est completiva naturae ... et *hoc nomen illi cum Patre et Filio
commune est* propter consortium naturae» (*ibid.*, 19, 48; 156
B-C). Illi enim, *sicut et Patri et Filio, sanctificatio est ex natura* :

---

[20] Audi unionem, quae fit per gratiam habitualem seu secundum sanctitatem
Christi quae dicitur accidentalis et illi nobiscum communis est.

« Quemadmodum natura sanctus est Pater, et natura sanctus
Filius, ita natura etiam sanctus est Spiritus veritatis ... Sanctitas igitur illi natura est sicut Patri et Filio » proptereaque Seraphim, apud
Isaiam, ter exclamant : Sanctus, quia in tribus hypostasibus cernitur
sanctitas, quae est secundum naturam» (ὁ κατὰ φύσιν ἁγιασμός;
adversus Eunom., III, 2-3 ; PG 29. 660 C-661 A).

Item S. CYRILLUS ALEX., qui « praesentiam seu adventum et
participationem (μέθεξιν) » annumerat, una cum operatione et
verbis, eis quae tribus personis omnino communia sunt « ratione
unitatis earum naturalis » (De Trinit. dial. 7 ; PG 75. 1093 D
1096 A). Ex eodem S. Cyrillo, sicut Filius est Patris virtus et sapientia, sine qua Pater non concipitur operari, ita ut Filii operatio sit ipsa Patris operatio (in Jo. XI. 3 ; PG 74. 477 C), pariter
Spiritus S. est Patri id quo ipse sanctis inhabitat.

« Deus Pater habet ex seipso et in seipso proprium suum Spiritum, id est, Sanctum, per quem sanctis inhabitat ... Deus enim non
inhabitat creaturae aliter ac per Filium in Spiritu. Ille ceterum Spiritus est etiam proprius Unigeniti » (ibid., 2 ; 452 B-C).

Ratio est, quia utriusque virtus et sapientia naturalis est,
et ad eos se habet sicut fragrantia ad aromata ex quibus est tota
virtus, quam habet et exserit :

« Est enim veluti quidam odor substantiae Dei, vivus et efficax,
qui quae a Deo sunt creaturae transmittit et per seipsum imprimit
participationem (μέθεξιν) supremae omnium substantiae » (ibid.,
452 D-453 A). « Est substantia et natura sanctificatrix et Dei Patris
deitatis, ut ita dicam, qualitas, quemadmodum dulcedo ex melle et bonus
odor ex flore » (Thes. 34 ; PG 75. 596 A).

Hinc est cur, ipso sanctificante, Pater et Filius dici possint
ipsi sanctificare, non consequenter tantum sed formaliter, haud
minus quam mel ipsum formaliter lenit, ignis calefacit et aqua
refrigerat. Sanctificatio enim quae est per Spiritus participa-
tionen, est ab eis

« quemadmodum dulcedo est ex melle, calor ex igne, refrigeratio
ex aqua» aut suavitas odoris ex flore (Ibid., 593 D et cf. De Trinit.
dial. 6 ; 1012 A-B).

**424. III. Spiritus communicatur seu unitur justis, non
praecise et formaliter secundum aliquid ei proprie et forma-**

liter **personale, sed, econtra, secundum id quod habet cum
Patre et Filio commune, id est, secundum divinam suam
substantiam.**

1º *Hoc jam deducitur ex praemissis,* nam : **A)** Dicitur sui
communicatione seu unione **conferre participationem formalem
et immediatam naturae divinae.** Jamvero *hoc non faceret si
uniretur formaliter secundum aliquid stricto sensu sibi personale,*
ut patet per unionem Verbi cum natura sua humana : haec
enim, etsi omnino immediata est et intima, tamen, quia stricte
personalis, linquit humanitatem Christi destitutam participatione naturae divinae, quae non ei confertur formaliter nisi
ex gratia habituali, seu ex praesentia divina ejusdem rationis
ac praesentia qua donantur justi in genere. — **B)** Sui unione
et communicatione, **causa est formalis cur et aliae personae
pariter uniantur et participentur.** Unio vero per aliquid
proprie personale *non tantum hoc non causaret, sed econtra excluderet,* ut patet pariter per unionem Verbi hypostaticam.
Haec enim, praecise quia fit formaliter secundum id quod est
Filio stricte personale, nullatenus secum trahit Patrem aut Spiritum uniri naturae Christi humanae : duae illae  personae
non inhabitant illi nisi ad modum — salvo gradu — quo inhabitant omnibus gratia sanctificante ornatis (Cf. *De incarnatione
et Redemptione,* nº 184-185 et 316-317).

**425.** 2º *Hoc explicite affirmatur a Patribus* : **A) in genere,**
quatenus ex sanctificatione, quae est per Spiritus participationem, arguunt ad illius substantiam divinam. Non loquuntur
enim de illius munere in sanctificatione **ut quo secernatur a
Patre et a Filio,** sed econtra **ut quo constet esse ejusdem
cum eis essentiae.** Quae eorum argumentatio ad hoc redit :
*Sanctificatio, ut constat per Scripturam, consistit in participatione
naturae divinae, seu naturae Patris et Filii. Jamvero haec participatio habetur, quatenus Spiritus substantialiter communicatur.
Ergo substantia Spiritus Sancti est divina seu eadem ac Patris
et Filii*[21]. Nemo porro non videt eam argumentationem fundari
totam in eo quod participetur et uniatur formaliter secundum
substantiam, quam habet cum aliis personis communem.

---

[21] Sic, in brevi, apud DIDYMUM : « Pater et Filius sanctos bo nos sui communicatione perficiunt ; sic Sanctus quoque Spiritus participatione sui bonos efficit sanctos-
que, et ex hoc etiam unius cum Patre et Filio substantiae esse docetur » (*De Sp. S.*,
53 ; PG 39. 1078 A).

**B) In specie,** quatenus explicite asserunt per Spiritus communicationem **haberi formaliter naturae divinae participationem :**

S. Athanasius :

« Si Spiritus communicatione (μετουσία) efficimur consortes divinae naturae, nemo certe nisi insanus dixerit Spiritum non Dei sed creatae esse naturae. Nec enim alia de causa hi, in quibus ille est, dii efficiuntur. Quod si deos efficit, dubium non est quin ejus natura Dei sit » (*ad Serap.*, I. 24 ; PG 26. 585 D-588 A).

S. Basilius :

« Deus in nobis per Spiritum habitare dicitur, nonne manifesta impietas est, ipsum Spiritum dicere deitatis exsortem ? Quomodo qui alios efficit deos, ille deitate destitutus est ? » (*adv. Eunom.,* III. 5 ; PG 29. 665 B). Item locis mox citatis, ubi dicit Spiritui Sancto sanctitatem, cujus est fons, esse ex natura, vi naturae, in complementum naturae, quam habet a Patre et a Filio. Item, in libro *De Spiritu Sancto*, ubi explicat supernas virtutes in hoc praecise, quoad sanctitatem, differre a Spiritu Sancto, quod sanctitas illis est praeter essentiam nec « sanctae sunt natura sua » (16. 38 ; PG 32. 136 D-137 A).

Magis adhuc S. Cyrillus Alex. : Inexcusabilis ignorantiae esse dicit eos

« qui sanctitate naturali audent spoliare Spiritum, qui natura et vere sanctus est. (Nam), si sanctus secundum naturam Deus est, sanctus autem qui ex ipso et in ipso intelligitur Spiritus, quaenam demum erit diversitatis ratio quoad substantiam ? aut quomodo putidi et angusti animi esse non deprehendentur qui creaturae ascribunt id quod per deitatis naturam in nobis est ? » (*De Trinit. dial.* 7 ; PG 75. 1121 C). « Deus ergo est Spiritus, qui ad Deum efformat, non tanquam per ministerialem gratiam, sed tanquam divinae naturae participationem seipsum dignis largiens » (*ibid.*, 1089 B). Primus homo « factus est Spiritus divini particeps et per hunc consors divinae naturae ... Factus est particeps essentiae Dei per inhabitantem sibi Spiritum Sanctum ; plane [igitur] necessarium est dicere Spiritum Sanctum non esse factum vel creatum sed ex essentia Dei, videlicet Deum cum Patre et Filio secundum identitatem naturae adorandum » (*Thes.* 34; PG 75. 585 B-C et cf. A). « Cum, inhabitante in justis Spiritu, Christus sit qui inhabitat, necessarium est divinae essentiae esse Spiritum, quippe qui divinae essentiae eos participes efficiat » (*ibid.* 608 C-D et cf. 621 A).

« Spiritus Sanctus per seipsum in nobis operatur, vere sanctificans et uniens nos sibi ipsi, et, per conjunctionem ac copulam nostri secum, naturae divinae participes facit » (*Thes.* 34 ; PG 75. 597 C et cf. similia 593 D-596). « Nam, cum Deus sanctus sit secundum naturam, sanctus substantialiter est Spiritus, [proptereaque] per ipsum ac in ipso licet cuilibet fieri Dei sancti particeps » (*De Trinit. dial.* 7 ; PG 75. 1120 A).

**426.** OBJICIES, quae sunt Petavii argumenta (VIII, cp. 6, n⁰ 6-7) : Attamen, apud Patres, Spiritus : 1⁰ dicitur sanctitatis αὐτουργός, seu sanctitatem (ἁγιασμόν) se ipso conferens ; 2⁰ vocatur Dei « virtus Sanctificatrix (δύναμις ἁγιαστική) et fons sanctitatis (πηγὴ ἁγιασμοῦ) ; 3⁰ affirmatur esse in quo adeo proprie Deus sanctificat ut ne Pater quidem aut Filius aliter ac in eo sanctificent. — Nonne haec omnia arguunt Spiritui inesse, ad modum proprietatis personalis, aliquid, cujus formali communicatione sanctificatio proprie conferatur ?

**427.** RESPONDETUR negative, nam ea conclusio nititur tota in factorum aut textuum invocatorum interpretatione illegitima Etenim :

1⁰ *Quoad* 1ᵐ *et* 2ᵐ: **A) Appellationes aut assertiones illae non proferuntur de Spiritu ut quibus distinguatur a Patre aut a Filio, sed econtra et tantum ut quibus distinguatur ab entibus creatis,** quorum sanctificatio est praeter naturam suam, non ex seipsis, ab extrinseco, per participationem naturae sibi alienae, quae sanctificantur proinde cum eum qui est naturaliter sanctus habent in se communicatum, sed non sanctificant quia habentur. In hoc enim vertitur tota fere argumentatio Patrum de divinitate Spiritus Sancti. Contra haereticos annumerantes illum creaturis, ostendunt eum ab eis in hoc praecise differre, quod non sanctificatur sed sanctificat, non habet sanctitatem ex participatione sed ex natura sua, non sanctificat ad modum ministri sed se ipso (αὐτουργός), non habet sed habetur, sanctitatem non habet adventitiam sed ipse est fons sanctificationis [22]. — **B) Propterea adhibentur etiam explicite aut aequivalenter de Patre et de Filio ;** nam et ipsi dicuntur naturaliter sancti, haberi et non habere, sui communicatione

---

[22] Demonstrationem per ipsos textus videas apud : *Le Saint Esprit en nous d'après les Pères grecs*, p. 221-233 vel *L'habitation en nous des trois Personnes*, p. 53-85.

sanctificare, esse immo a quibus Spiritus habeat suam naturalem
sanctitatem seu virtutem sanctificatricem [23]. — **C)** De Filio,
sicut de Spiritu, demonstratur divinitas ex eo quod sui participatione sanctificat et deificat ; dicitur esse virtus Patris dei-
fica et illuminativa ; dicitur non per alium sed seipso sanctificare (αὐτουργεῖν) ; in eadem epistola ps-Basilii, in qua Spiritus
opponitur creaturis tanquam « fons sanctitatis » [24], Filius, una
cum eo, vocatur eodem nomine :

« Omne sanctum, cujus natura est circumscripta, [id est, finita],
sanctitatem habet adventitiam. Filius autem et Spiritus Sanctus
fons est sanctificationis, a quo omnis creatura rationalis sanctificatur »
(*ibid.*, 2 ; PG 32. 249 B).

**428.** 2º *Quoad* 3^m, conclusio non sequitur, **nam modus iste
loquendi fundatur, non in aliqua personali Spiritus proprietate, cujus formali ad extra communicatione sanctitas creaturis conferatur, sed tantummodo in universali modo quo
Deus ad extra operatur aut dicitur relationes ad extra acquirere.** Consequenter enim ad modum quo processiones in Deo
fiunt, Pater non potest quidquam ad extra operari seu ullam
creaturam contingere nisi per Filium in Spiritu. Nec, re vera,
sanctificare tantum aut habitare sed etiam ullum operari aut
ullum donum Patres negant esse a Patre aliter ac per Filium
in Spiritu.

« Quomodo », quaerit S. CYRILLUS ALEX., si Filius « suum ipse
templum » sanctificavit, « Pater dicitur ipsum sanctificasse ? » —
« Quoniam », respondet, « quoniam omnia sunt a Patre per Filium in
Spiritu » (*De Trinit. dial.* 7 ; PG 75. 1017 A-B). Quod alibi sic exponit :
« Totius ... Trinitatis opus instauratio nostra est, et ad totam naturam
divinam pertinet omnium, quae ab ipsa fiunt, voluntas ac potestas ...
Licet ergo cuique personae tribui videatur aliquid eorum quae erga
nos aut creaturam fiunt, nihilominus cuncta credimus esse a Patre
per Filium in Spiritu » (*In Jo.*, X. 2 ; PG 74. 333 D-336 A) ; proptere-
que postea dicit « Deum creaturae non conversari (ὁμιλεῖν) aliter ac
per Filium in Spiritu » (*Ibid.*, XI. 2 ; 452 C et cf. *De Trinit. dial.* 5 ;
988 C-989 B, quomodo justificatio hominis dicatur tribus et non
partialiter singulis ascribenda).

Cui consentit S. Basilius, ubi exponit « Spiritum Sanctum in omni
operatione conjunctum et inseparabilem esse a Patre et Filio ». Ra-

---

[23] Cf. S. EPIPHANIUM : *Ancoratus*, § 68 ; 66 ; 10, recitata a DE RÉGNON, IV, p.
543-544 ; S. BASILII recitata supra, n. 423.
[24] *Epist.* VIII. 10 (PG 32. 261) ; epistola jam agnoscitur esse potius EVAGRII.

tionem enim dat, quia «eorum quae sunt, principium unum est,
per Filium condens et perficiens in Spiritu» (*De Sp. S.* 16. 37 et 38 ;
PG 32. 133 B-C et 136 A-B).

Hinc doctrina ab ipso vel ab ejus fratre, S. Gregorio Nysseno enunciata, sanctificationem non esse tribuendam praecipue ( κατ᾽ἐξαίρετον ) Spiritui Sancto :

« Intelle[gamus] unam [esse] et Patris et Filii et Spiritus Sancti
operationem, nihil in ulla re differentem aut variantem ... Sanctificat,
et vivificat, et illuminat, et consolatur, et omnia ejusmodi pariter
facit Pater et Filius et Spiritus Sanctus. Nec quisquam praecipue
tribuat Spiritui Sancto potestatem sanctificandi ... Similiter reliqua
omnia ex aequo (κατὰ τὸ ἴσον) peraguntur in iis qui digni sunt a
Patre et Filio et Spiritu Sancto» (*Epist.* 189. 6-7 ; 693 A-B).

Hinc est cur *Spiritus Sancti omnis virtus aut actio sit, per
identitatem substantialem, ipsius Patris et Filii,* Patresque propterea Spiritus naturam divinam deducant ex variis illius operationibus eodem modo ac ex illius virtute sanctificatrice. Cf.,
v. gr., S. Cyrillum Al., in suo *Thesauro,* 34, arguentem ex signis
ab apostolis patratis (PG 75. 604 A-B), ex remissione peccatorum
(604 C-D), ex vivificatione (605 C-D), ex renovatione (608 A-B),
ex inhabitatione (608 C-D), ex formatione Christi in nobis (609
A-B), ex cognitione et manifestatione intimorum Dei (612 D-
613 A), ex charismatum distributione (613 B-C), ex creatione
616 C), ex ejectione daemonum (616 C-D), etc.

**429.** INSTABIS : S. BASILIUS saltem profitetur *sanctitatem
seu vim sanctificatricem esse Spiritus distinctivam,* haud minus
quam Patris paternitatem et Filii filiationem. Ergo, saltem ille
censet vim sanctificandi, proindeque et praesentiam sanctifi-
cativam esse proprietatem illius personalem. (*Epist.* 214, 4 et
236, 6 ; PG 32. 789 B et 884 B).

RESPONDEO : **A)** Utique hoc dicit, at quod nullatenus potest
accipi stricto sensu : secus enim dixerit sanctitatem aut virtutem sanctificandi nullatenus competere Patri aut Filio, sicut
Spiritui nullatenus competit paternitas et filiatio. — **B)** Et, re
vera, idem aperte et saepe docet *Spiritum esse sanctum quomodo
sanctus est Pater et sanctus Filius* (*De Sp. S.,* 19. 48 et *epist.* 125.
3 ; PG 32. 156 B et 549 B) ; sanctificationem esse illius, sicut
et Patris et Filii, naturam (*adv. Eunom.,* III, 2-3 ; PG 29. 660

B-661 A) ; *sanctificationem, sicut et alia omnia, non ejus esse nisi quia ab eis derivatam* (*De Sp. S.* 18. 47 ; 153 B). Eo in specie loco (*hom.* 15 : *de fide*, 3), ubi dicit « sanctificationem » haud magis posse separari a Spiritu quam « calefactionem ab igne » (PG 31. 469 A), praemisit eam illi competere « coessentialiter cum Patre et Filio » (*ibid.*, 468 C). — **C)** Alibi idem fatetur notam Spiritus distinctivam difficile assignari vel in hoc esse quod post Filium cognoscatur procedere a Patre (*adv. Eunom.*, III. 3-6 ; PG 29. 665 C-668 C ; *De Sp. S.* 17. 46 et *epist.* 38. 4 ; PG 32. 152 B et 329 B-C). — **D)** Ergo dicta ejus allegata intelligi debent de sanctitate, quae, per accommodationem, facta sit nomen ejus praecipuum et practice distinctivum, ut postea notabit S. Thomas de omnibus nominibus, quibus tertia persona significari solet [25].

**430. Ex ratione theologica.** — Omnes opiniones adversae sunt incompossibiles cum recta notione unitatis substantialis SS. Trinitatis, quia omnes implicant dari aliquid Spiritui stricte proprium, quod a nobis attingatur seu ad quod terminetur unio. Omnes enim exigunt unionem Spiritus cum anima vel animae cum Spiritu fieri formaliter per, seu secundum, aliquid quod sit ei stricto sensu proprium seu personale : secus non esset ratio cur unio esset ei propria et non communis, seu cur relatio realis animae terminaretur ad eum et non ad omnes simul personas. Spiritui porro, sicut et singulis personis, non est quidquam stricte proprium praeter id quo formaliter subsistit distincte. Cum igitur unio non admittatur fieri formaliter secundum subsistentiam quam Spiritus communicet justo, et, praeter subsistentiam suam, Sp. Sanctus non habet quidquam sibi proprium, jam non invenitur quidquam personale ad quod terminetur unio specialis cum eo solo. Praeterea, seclusa relatione unionis secundum hypostasim, Dei relationes ad creaturam non possunt consequi nisi ad operationem [26], et, re vera, omnes relationes reales, quas habemus ad Deum, consequuntur ad aliquam illius in nos actionem. Specialis proinde unio seu relatio ad aliquam

[25] 1, q. 36, a. 1 c et cf. q. 27, a. 4, ad 3ᵐ ; q. 28, a. 4 c; q. 37, a. 1 ; q. 38, a. 1, ad 2ᵐ et 3ᵐ ; a. 2. — De tota illa S. Basilii mente, cf. GALTIER : *L'habitation en nous des trois Personnes*, p. 72-85.
[26] Cf. S. Thomam, qui saepe asserit omnem relationem consequi vel ad quantitatem vel ad operationem. Cum autem, apud Deum, non possit consequi ad quantitatem, manet eam consequi necessario ad operationem. 1, q. 13, a. 7 ; q. 28, a. 4 ; q. 34, a. 3, ad 2ᵐ ; *de pot.*, q. 7, a. 9 et a. 10 ; q. 8, a. 1.

personam divinam non posset concipi enata in nobis nisi consequenter ad specialem aliquam illius in nos actionem : secus
enim iterum, ratio non daretur cur terminaretur tantummodo
ad illam et non eodem modo eodemque titulo ad alias.

**430.** bis. N. B. de praemisso argumento. Impossibilitas unionis specialis cum Spiritu Sancto repetitur tota, non ex eo quod
nequeat concipi unio personarum quae non sit hypostatica —
siquidem admittitur ea unio communis de qua agitur — sed ex
eo quod qualiscumque unio, si non sit hypostatica, repugnet
esse unius tantum personae.

Dicat forte quis : Ex eo quod unio personalis non hypostatica non possit a nobis explicari non sequitur eam non dari, nam
haud magis explicare possumus unionem hypostaticam et tamen
ea datur.

At hujusmodi instantia seipsam confodit. Nam unionem
hypostaticam non possumus quidem explicare ; immo adeo est
mysterium ut, si non fide doceretur, diceretur impossibilis ; sed
habet saltem pro se quod fide etiam docemur dari in Filio illud
proprium ad quod terminetur. Pro Spiritu Sancto econtra, ex
una parte fide docemur non dari in eo quidquam proprii ad quod
terminari possit unio non hypostatica ; ex alia vero parte, existentia unionis hujusmodi nullo argumento positivo constat.
Nulla igitur est paritas cum unione hypostatica Filii ; manet
econtra eam non tantum non doceri sed etiam excludi per id
quod de Spiritu Sancto positive fide docemur.

**431. Nec difficultatem effugiunt qui opinionem Petavii attem-
perare conati sunt,** nam: A) **Unio moralis,** per mutuam sui possessionem
moralem, quam excogitavit Scheeben, consistit in actu voluntatis,
quo unus ad alterum se tradit cognoscendum et amandum seu fruendum. Jamvero hujusmodi actus, apud Spiritum, non potest esse notionalis seu stricte personalis ; liber enim est, proindeque illi cum
Patre et Filio communis [27].

INSTET forte quis et dicat : Spiritus Sanctus, ex Scriptura et
traditione, habet nomen proprium « **donum**» : ergo proprium illi est
et vere personale quidquid est de ratione essentiali hujusmodi appel-
lationis. De ratione porro essentiali « doni» est relatio ad donatarium,
relatio scilicet possessi, quo possidens uti et frui possit : ea enim do-

---

[27] De qua opinione et falsis ejus suppositis cf. plura in *L'habitation en nous des
trois personnes*, p. 110-118.

nata dicuntur, quae hoc modo possidentur. Cum igitur proprium et
personale sit Spiritus Sancti hoc modo possideri a justis, dicendus
est illis inesse modo ei proprio et speciali, ita ut ipsi ad illum relationem habeant, quam non habent ad personas non sibi donatas.

RESPONDEO, negando consequentiam, nam aequivocatio
hic adest saltem duplex :

alia circa vim et sensum nominis « donum », alia circa formulam
« adesse » seu « uniri speciali modo ».

**432. a) Circa vim et sensum nominis « donum » : α)** *Nomen illud
non est stricto sensu Spiritui Sancto proprium*, non eodem scilicet modo
quo Pater aut Filius ; nam etiam aliae personae aliquo vero sensu
donantur et sunt donum nobis collatum ; quoad hoc differentia est
tantum quod illae et se et aliam personam dare possunt : sic Pater
et se et Filium atque Spiritum ; Filius et se et Spiritum ; Spiritus
autem se quidem donare potest non autem ullam aliam personam.
Hinc est cur etiam illud nomen non factum sit illi proprium nisi per
accommodationem [28]. Non licet ergo ex illo arguere sicut arguitur ex
nominibus Pater et Filius. — β) Praeterea et praesertim, nomen
illud *est proprium Spiritus, non praecise sensu quo dicit « donatum »,
sed tantummodo sensu quo dicit « donabile »* [29] : secus enim dicas Spiritum esse « donatum » ab aeterno, seu vi processionis suae ; quod
est falsum, nam non donatur nisi in tempore et vi actus liberi. —
γ) Praeterea iterum, « *donabile* » *dicitur*, non praecise quia dandum est
aut donabitur creaturae, aut ratione modi quo ab ea possidetur, sed
*ratione modi quo, ad intra Dei, procedit*. Ideo enim vocatur « donabile »,
tum quia procedit per modum amoris et « primum quod damus » alicui
« est amor quo volumus ei bonum » (I, q. 38, a. 2 c), tum quia voluntatem seipsum dandi non habet nisi a Patre et a Filio, ita ut ipse
solus, in Trinitate, « donari » possit at nullam possit ipse donare personam.

Ex his porro omnibus apparet nomen « donum », per se, non dicere
quidquam de modo quo Spiritus, ubi animae communicatus est, illam
contingit aut ab ipsa attingitur. Cum sit illi proprium, ratione relationum Deo intrinsecarum, et non ratione ullius specialis ad extrinsecum, per se non implicat donatum possideri aliter ac personas non
donatas quidem sed vere possessas. Sic, in duo praedia, quorum
unum forte via emptionis, aliud via donationis acquisivi, jus proprietatis jam habeo omnino idem.

[28] 1, q. 36, a. 1 c et cf. q. 27, a. 4, ad 3m ; q. 28, a. 4 c ; q. 37, a. 1 ; q. 38,
a. 1, ad 2m et 3m ; a. 2.
[29] 1, q. 38, a. 1 c et ad 4m ; cf. DE RÉGNON, IV, p. 486 sqq.

**433. b) Circa formulam « adesse vel uniri speciali modo».** Intellegi potest vel hoc sensu quod modus praesentiae, seu relatio ad creaturam, sit, pro diversis personis, diversa, vel hoc sensu quod personae praesentes se habeant ad invicem modo diverso ita ut Pater, v. gr., sit praesens tanquam gignens, Filius tanquam genitus, Spiritus tanquam ab utroque procedens seu donatus. Hoc ultimo modo nemo negat aut negare potest tres personas esse praesentes singulas suo speciali modo, seu, ut dicit S. Thomas, « suo ordine », id est, « secundum rationem suae processionis » (I. q. 45, a. 6, ad $2^m$ et c ; cf. q. 43, a. 7) : sic enim singulae suo modo creant, sanctificant et operantur omnia ad extra ; hinc est cur, ut notatum est supra, n° 177 et 384, dicantur posse dignosci in creaturis aliqua vestigia Trinitatis ; sed exinde non oritur ulla diversitas in operatione aut in relatione consequente [30]. Priori vero sensu intellecta, formula implicaret diversitatem in relatione, cujus ratio non posset esse nisi in diversitate operationis [31].

**434. B) Influxus personalis,** quem de Régnon vult esse pro singulis personis diversum, proptereaque gignentem relationes reales animae ad singulas personas diversas, nihil est, si non est vere singularum operatio diversa.

C) **Unio personarum formalis,** qualis fingitur a Waffelaert : a) quatenus contradistinguitur ab unione naturarum, inintelligibilis est, nam persona non potest personam aliam contingere nisi per naturam ejus ; b) non potest concipi oriri nisi ex mutuo unius in alterum influxu : personarum enim inter se unio non potest esse nisi accidentalis. Spiritus autem influxus in personam creatam non potest dari specialis quin detur illius ad extra operatio specialis.

Nec dicas : Trium personarum operatione communi solus Filius unitur hypostatice naturae humanae ; *a pari ergo possit operatione communi Spiritus uniri solus accidentaliter* animae justi. **Paritas enim non est ulla,** nam unio hypostatica statuitur formaliter secundum sub-

---

[30] Sic, v. gr., rem, quam possideant indivisim pater ex haereditate, filius ex donatione, frater ex emptione, tres simul alicui vendant venditione, quae ipsa sit ex parte singulorum ejusdem rationis.

[31] Hinc, jam in forma objectio ejusque solutio : Spiritus S. possidetur ut donatus. Atqui donatus unitur possidenti aliter ac non donati seu speciali modo. Ergo Sp. S. unitur speciali modo.

*Dist.* majorem : Sp. possidetur ut donatus, ratione suae processionis seu relationis specialis, quam habet ad donantes, *conc.* ; ratione modi specialis, quo contingit donatarium et ab eo contingitur, *nego.* — *Contradist. minorem* : Donatus unitur speciali modo : hoc sensu quod possidetur vi donationis ab alio factae, seu tanquam procedens a donantibus, quos ipse non donet, *conc.* ; hoc sensu quod attingatur a donatario modo speciali seu diverso ab eo quo donantes et ipsi attingantur, *subdist.*: ubi donatus dicitur ratione specialis modi quo attingatur a donatario, *conc.* ; ubi donatus dicitur ratione relationis specialis, quam habet ipse ad donantes, *nego.*

sistentiam, quae est unicuique personae divinae propria ; datur ergo
in hoc casu id quo, trium operatione communi, Filius intellegatur
uniri solus, seu ad quod solum terminetur formaliter unio naturae as-
sumptae. Econtra, in unione Spiritus, quae fingitur, cum unio non
fiat per subsistentiae communicationem, non datur quidquam solius
Spiritus proprium, ad quod terminetur formaliter animae justi conjunctio.

**435.** Corollaria. — 1° **Ergo trium personarum unio,
praesentia, habitatio apud justos est ejusdem omnino rationis.** — Singulae praesentes sunt suo singulari modo, quatenus inter se sunt distinctae, sed nulla est diversitas in titulo aut
modo quo singulae communicantur animae justi aut ab illa at-
tinguntur. Singulae eodem et communi amore eademque et
communi operatione se donant et tradunt cognoscendas et amandas ; eadem et communi operatione singulae suam in anima
imprimunt imaginem, ita ut in anima discerni quidem possit
quod magis cum una quam cum altera dicat similitudinem ; at
non quod sit effectus unius plus quam aliarum : trium, sicut
unica est operatio, ita etiam unicus est amor, unica donatio,
unica praesentia affectuosa simul et substantialis seu habitatio ;
tres nos possident et a nobis possidentur.

2° **Ratio vero cur haec habitatio, missio, sanctificatio
approprietur Spiritui Sancto,** non quaerenda est in ulla
diversitate sive quoad modum quo se nobis communicet, sive
quoad modum quo nos illam attingamus, sed tantummodo in
intima illius apud Deum constitutione. Quia procedit per voluntatem, et est quasi fructus amoris quo Pater et Filius se simul
et nos amant, primum autem donum quod nobis conferunt est
ille ipse amor, ita ut ab illo incipiat opus sanctificationis nostrae,
hinc est cur nobis exhibere aut immittere charitatem suam sit
etiam in nos effundere Spiritum suum.

SCHOLION

De inhabitatione Spiritus Sancti ante Christum (a. 6)

**436.** 1° **Rationes dubitandi** utrum Spiritus seu tota Trinitas inhabitaverit justis ante Christum : A) Dictum S. Joannis
interpretantis verbum Christi « *de Spiritu, quem accepturi erant*

*credentes* : *nondum enim erat Spiritus datus, quia Jesus nondum
erat glorificatus* » (*Jo.* 7, 39). Quo significat Spiritus Sancti aliquam esse donationem, quae non futura erat nisi post Christum
exaltatum. — B) Auctoritas S. Cyrilli Alexandrini, qui, ubi
ex professo explicat hoc evangelistae dictum, putat illo significari Spiritum, apud prophetas et justos ante Christum, operatum esse seu praesentem fuisse ἐνεργείᾳ, non autem substantialiter [32]. — C) Opinio Petavii, S. Cyrillo imprimis innixa, justis ante Christum infusa esse dona creata, quibus sanctificaren-
tur, non autem ipsam Spiritus substantiam, sine cujus participatione non conferatur filiatio adoptiva (*Trinit.*, VIII, cp. 7,
no 1-11).

**437.** 2º **Solutio quaestionis.** — A) Cum inhabitatio et filiatio sit de ratione formali justificationis, seu, cum gratia sanctificans non oriatur in anima nisi ex communicatione et quasi
applicatione trium personarum, non possit dubitari de illarum
habitatione apud justos ante Christum, nisi censeatur illos non
fuisse formaliter sanctificatos, seu eorum justitiam et gratiam
fuisse alius rationis ac nostram. Hoc autem nemo admittat nec
Patres docuerunt, nam, econtra, docuerunt explicite, ante Christum, fuisse qui filii Dei et dii vocarentur : quod supponit eos
jam fuisse Spiritus Sancti participes, siquidem, ut dictum est,
doctrina firmissima est Patrum neminem fieri filium Dei nisi
per participatam, in Spiritu Sancto, Filii Patrisque substantiam.

**438.** *Eos vero docuisse, ante Christum, praesertim glorifi-
catum, fuisse qui filii aut dii vocarentur, satis sit probare per paucos* :

S. ATHANASIUS, ut supra dictum est, explicat eos qui, in
Scriptura, dicti sunt dii, ideo hoc nomine vocatos esse quia Filium participabant in Spiritu (*Cont. Ar.*, I. 9 et *ad Serap.* II. 4 ;
PG 26. 29 A et 613 C). Quod confirmat *Oratio contra Arianos*
4ª, quae, etsi non sit ejus, tamen possit haberi ut ejus doctrinam
generalem referens : ibi, explicite agendo de Veteri Testamento,
dicit Spiritum « tunc et nunc sanctificare eos qui illum reci-
piunt » ; addit justos, etiam « tunc, adductos esse a Filio ad filiorum conditionem » (29 ; PG 26. 513 A).

___

[32] *In Jo.*, V. 2 (PG 73. 749-760). — De cujus sententia, cf. MAHÉ, in *Rev. d'hist.
ecclés.*, 1909, p. 485-491.

S. Gregorius Nazianzenus, *Or.* 41, *in Pentecosten*, exponit
Spiritum Sanctum «semper fuisse participatum, non partici-
pantem; perficientem, non ab alio perfectum ; ... sancti ficantem,
non sanctificatum ; deificantem, non deificatum» (9 ; PG 36.
441 B). Addit illum eam suam vim perficiendi, quae est sanctificandi, exseruisse «primum in angelicis virtutibus ... Eis enim
perfectio et splendor non est aliunde ac a Spiritu Sancto ... Deinde in Patribus et in prophetis, quorum alii Deum per imaginem
viderunt ..., alii autem etiam res futuras praesciverunt, impres-
sam nimirum habentes per Sp. S. principem animi partem»
(11 ; PG 36. 444 A-B) [33].

**439.** S. Cyrillus Alexandrinus : a) Saepe explicite affirmat Deum primo homini indidisse Spiritum Sanctum ; lapsum
hominis induxisse illius privationem ; restaurationem ad justitiam non esse nisi per restauratam participationem Spiritus
Sancti [34]. — Ergo non agnoscit aliam justificationem ac eam
quae sit per Spiritum, proindeque, si sensit Spiritum non esse
ulli homini restitutum ante Christi glorificationem, debuit negare
ullam fuisse, antea, justificationem veram, etiam apud eos qui
in Scriptura dicuntur pleni Spiritu Sancto : quod, etsi forte
verum [35], sit tamen valde mirum. — b) Doctrinam suam proponit, non ut firmam et certam, sed, ad summum, ut possibilem
solutionem quaestionis difficillimae : quo sensu potuerit evangelista dicere nondum fuisse datum Spiritum, cum econtra extra
dubium et ipsi sit «mentem sanctorum non fuisse vacuam (ἐρή-
μην) Spiritus Sancti», sed ipsos fuisse «pneumatophoros» (*loc.
cit.*, 752 A). Propterea solutioni suae praemittit quaestionem
forte excedere vim mentis nostrae, soliusque Dei esse quid in

---

[33] Dices : Attamen ipse, paulo post, eodem loco, distinguit adventum ejus substantialem (οὐσιωδῶς), quo venit in Apostolos die Pentecostes, ab ejus praesentia
per solam operationem. — Respondeo : Utique, at hoc dicit, non ut opponat praesentiam ejus post Christum praesentiae ejus ante Christum, sed tantummodo ut opponat tertium modum, quo Christus eum dedit Apostolis, duobus prioribus modis,
quibus eisdem eum jam, post resurrectionem, dederat. Tribus scilicet temporibus eum
dedit : 1⁰ quando eos misit ad sanandas infirmitates et ejiciendos daemones ; 2⁰ quando,
post resurrectionem, eis insufflavit Spiritum ; 3⁰ die Pentecostes, quando Spiritus,
sub forma corporea. Hic porro adventus est qui, ut οὐσιωδῶς seu σωματικῶς, opponitur duobus primis, qui fuerint tantummodo ἐνεργείᾳ (*Ibid.*, 444 B-C).
[34] Cf. textus citatos supra, v. gr., *Thes.* 34 (PG 75. 584 D-585 A) ; item *in Jo.*,
V. 2 (PG 73. 752 C ; 756 D-757 A).
[35] Eo enim ipso loco de quo agimus, eam ipse sibi aliquatenus facit objectionem
et solvere conatur (PG 73. 757 A-D).

hoc sit veri (752 B). — Immerito igitur haec S. Cyrilli hypothesis opponatur firmae aliorum Patrum doctrinae de justorum,
etiam in Vet. Lege, sanctificatione per inhabitantem Spiritum
Sanctum.

**440.** S. LEO M. : « Non ambigamus quod, cum, in die Pentecostes, discipulos Domini Spiritus S. implevit, non fuit inchoatio muneris, sed adjectio largitatis ; quoniam et patriarchae
et prophetae et sacerdotes, omnesque sancti qui prioribus fuere
temporibus, ejusdem sunt Spiritus sanctificatione vegetati »
(*Sermo* 76, de Pentecoste 2, 3 ; PL 54. 405 C).

S. CYRILLUS HIEROSOLYMITANUS, in sua prima de *Sp. S.*
*catechesi*, multos enumerat, in quos, in Vet. Lege, descendit
Sp. S. (no 25-32) seu qui « Spiritum participaverunt (no 28). Explicat differentiam in hoc fuisse quod olim « partialis erat gratia, nunc autem largitio ... In die Pentecostes descendit apud
nos, sed descendit etiam antea super multos » (PG 33. 956 B).

S. DIDYMUS Alex. explicite et late probat gratiam Spiritus
Sancti replevisse omnes sanctos tam Veteris quam Novi Testamenti (*De Sp. S.* 2 et 43 ; PG 39. 1034 et 1071).

**441.** B) *Dictum S. Joannis* (7. 39), quod S. Cyrillo movit
difficultatem, intellegendum est de Spiritus effusione et donatione, qualis, juxta prophetiam Joël, facta est die Pentecostes
in Apostolos et postea per Apostolorum manus in fideles. Ea
enim est, quam intellegunt Scriptores aetatis apostolicae, ut
quae sit prae omnibus donatio Spiritus Sancti. Nec, re vera,
unquam cum tanto apparatu, tanta plenitudine, tanta vi miraculorum datus erat Spiritus. Hinc apta expositio S. AUGUSTINI :

« Certa illa Spiritus Sancti datio vel missio post clarificationem
Christi futura erat, qualis numquam fuerat... Illa datio... Spiritus Sancti habitura erat quamdam proprietatem suam in ipso adventu, qualis
antea numquam fuit. Nusquam enim legimus linguis, quas non nove-
rant, homines locutos, veniente in se Spiritu Sancto, sicut tunc factum est » [36].

---

[36] *Trinit.*, IV. 20, 29 (PL 42. 908-909). — Bene LAGRANGE : « Ce qui est opposé,
ce sont deux grandes économies. Dans l'ancien ordre, la grâce de l'Esprit Saint était
pour ainsi dire sporadique, comme un secours fourni par Dieu dans les grandes cir-
constances. Après que Jésus aura été glorifié, il y aura Esprit : les croyants en seront
animés ; il sera répandu partout et avec abondance ; ce sera un état normal de
grâce, que l'Eglise reconnaît dans l'action des sacrements » (*L'év. selon Saint Jean*
p. 217).

## Articulus II

## *DE MODO QUO PERSONAE JUSTOS INHABITANT SUBSTANTIALITER*

**THESIS XXVI.** — **Personae divinae justis qua talibus fiunt substantialiter praesentes, non quatenus ab ipsis cognoscantur et amentur, sed quatenus, in ipsa justificatione ita se simul communicant et faciunt cognitione et amore perceptibiles ut, vi solius status gratiae, quilibet justus illas jam habeat vere suas** [37].

**442.** Status quaestionis. — 1º **Agitur hic de praesentia substantiali,** quae dicta est esse de ratione justificationis, proindeque invenitur actu apud justos quoslibet : in thesi propterea dicitur « justis qua talibus ».

Distinguenda est a praesentia, quae dici possit mere *psychologica,* ab ea scilicet quae oritur ex sola defixione mentis in Deum, qui fide noscitur esse ubique praesens et justis inhabitans. Duplex et ista distingui potest : *alia,* quam prosequuntur justi vitae asceticae dediti, ubi fovent in se continuam et affectuosam cogitationem de Deo sibi ubique praesenti : eo sensu dicuntur coram Deo ambulare semper, illique vivere eo magis uniti quo magis manent et agunt sub influxu illius suae de Deo cogitationis. — *Alia est,* qua gaudent quotquot, in oratione etiam communissima, fiunt aliquo modo conscii Deum sibi adesse, qui audiat et quasi alloquatur.

In utroque hoc casu, Deus non constituitur formaliter praesens animae nisi *secundum esse repraesentativum et* « *per modum alicujus impulsus amoris* ». In anima scilicet, fit conceptus quidam repraesentans Deum, et excitatur « aliquis impetus amoris, ratione cujus homo dicitur esse in Deo tanquam in termino suae inclinationis et Deus in eo tanquam trahens eum ». — Nihil igitur novi « est vere et realiter in homine », praeter hunc « conceptum mentis et impulsum voluntatis » [38].

---

[37] Cf. Galtier : *L'habitation en nous des trois personnes,* 2ᵉ partie. — Item Chambat : *Mission des personnes de la Sainte Trinité selon saint Thomas.*

[38] Suarez : *De Trinit.,* XII, 5, nº 10. — De natura illius sensus praesentiae divinae occurrente in oratione communi, cf. notata a Chansou : *Les sources et l'efficacité de la prière,* p. 46-49. Etiam in excellentiori contemplatione, P. Gardeil censet eam Dei perceptionem manere « intentionalem » (*La structure de l'âme,* II, p. 159-161).

**443.** 2º **Opiniones.** — De modo, quo personae divinae constituuntur substantialiter praesentes justis, duae imprimis distingui solent opiniones :

A) Alia praesentiam illam explicat *per ipsam gratiae productionem.* Deus scilicet, cum nequeat quidquam usquam agere nisi sit per essentiam praesens, fiat animae justorum substantialiter praesens eo ipso quod gratiam in eis producit et conservat : illa igitur productio dici possit causa formalis istius praesentiae, siquidem, si, per impossibile, nondum adesset, ex hoc solo jam adesset. Ita Vasquez : *disp.* 30, cp. 3, et nonnulli alii [39].

B) Alia vult personas fieri praesentes *per ipsos justorum actus cognitionis et amoris.* Quod non intellegit sane de omni actu cognitionis et amoris, sed de illa imprimis affectuosa cognitione, quae elicitur ope charitatis et donorum Spiritus Sancti. Nititur tota in effato S. Thomae « specialem modum »,

praesentiae divinae animae rationali proprium consistere in hoc quod Deus in ipsa « sit sicut cognitum in cognoscente et amatum in amante ... Quia, cognoscendo et amando, anima rationalis sua operatione attingit ad ipsum Deum, secundum istum specialem modum Deus dicitur non solum esse in creatura rationali sed etiam habitare in ea sicut in templo suo » (I, q. 43, a. 3 ; cf. q. 8, a. 3 ; in 1, *dist.* 14, q. 2, a. 1 ; *dist.* 37, q. 1, a. 2).

Remote vero nititur in duplici dicto S. Augustini :

« *Filius mittitur, cum a quoquam cognoscitur atque percipitur ... Filio mitti est cognosci quod a Patre sit* » [40].

**444.** Ubi vero ratio danda est, qui actibus cognitionis et amoris Deus possit fieri substantialiter praesens et non tantum objective seu repraesentative, duplex via initur.

a) Plerique, *cum* Suarez (XII, 5, nº 12-14), oriuntur *ex perfecta amicitia*, quae per gratiam et charitatem constituitur inter Deum et hominem. « Amicitia, aiunt, ex se petit unionem inter amicos, non solum per conformitatem affectuum, sed etiam per inseparabilem praesentiam et conjunctionem, quoad fieri possit ». Hic autem, amicitia est perfectissima et unus ex amicis est potentissimus ; ergo nihil hic obstare potest conjunctioni, quam de se amicitia petit. — Jure proinde dici possit amicitiam, qualis existit inter Deum et justos, adeo

---

[39] Vasquez brevius de hac sua opinione loquitur ; videas illam expositam a Terrien : *La grâce et la gloire*, t. I, l. IV, ch. 4. — Consensisse dicuntur : Ruiz : *disp.* 109, s. 3 ; Alarcon : *disp.* 9, cp. 9.

[40] *De Trinit.*, IV. 20, 28 et 29 (PL 42. 907 et 908). Prius recitatur a S. Thoma : 1, q. 43, a. 5, ad 2ᵐ ; posterius, in 1, dist. 14, q. 2, a. 2, 3ª obj.

secum ferre intimam Dei praesentiam in anima ut, quamvis alio titulo ibi non esset, hic sufficeret ad illum facere substantialiter praesentem [41].

b) Aliqui, *cum* JOANNE A S. THOMA (*in* I, q. 43, *disp.* 17, a. 3, nº 4 sqq.), negant quidem amicitiam et actus cognitionis et amoris, quibus in Deum ferimur, posse seipsis constituere Deum *substantialiter* praesentem, sed censent Deum fieri praesentem justis substantialiter simul et tanquam cognitum et amatum *per experimentalem illius perceptionem,* qua frui possunt justi in illis suis actibus. Manifestum est enim illos actus elici ope gratiae et donorum, quae a Deo producuntur, conservantur et applicantur ad agendum. Jamvero, aiunt, sicut anima, in suis naturalibus actibus, se percipit immediate tanquam illorum subjectum simul et principium, ita ut hac sui perceptione fiat sibi praesens tanquam cognitum in cognoscente, pariter justus, ubi actibus suis supernaturalibus fertur in Deum, illum immediate et experimentaliter percipit tanquam illorum principium et tanquam radicem sui totius esse supernaturalis. Eo igitur ipso, concludunt, Deus fit justo praesens tum ut cognitum in cognoscente et amatum in amante, tum substantialiter siquidem percipitur seu fit praesens qualis est in anima ; jamvero tanquam principium activitatis illius supernaturalis, est in anima substantialiter : ergo duo simul habentur, et praesentia per modum cogniti et praesentia substantialis [42].

---

[41] Ita, quoad rem, SALMANTICENSES : *De Trinit.*, disp. 19, *dub.* 5, § 1 et 2, nº 81-91 et *De gratia*, I. 19 ; BILLUART : *De Trinit.*, diss. 6, a. 4, quaeritur 4º ; GONET: *disp.* 13, a. 3, n. 33-38 ; FRANZELIN, p. 640-641 ; FROGET : *De l'habitation du S. Esprit*, 2ᵉ partie, p. 3. — Eam sententiam exponit TERRIEN, *op. cit.* l. IV, ch. 5.

[42] Ita, ad verbum, Joannem a S. Thoma secutus, L. GARDEIL, O. P., apud *La structure de l'âme et l'expérience mystique*, t. II, p. 41-87. — Patet igitur, juxta opinionem hujusmodi, praesentiam Dei, qua substantialem, illa experimentali perceptione non produci sed praesupponi. Ceterum hoc adeo agnoscitur ut duae distinguantur praesentiae substantiales : alia, quae obtineatur ratione ipsius animae per gratiam et habitus infusos sanctificationis, alia, quae obtineatur ubi Deus, auctor hujusmodi sanctificationis, experimentaliter percipiatur : « *Les deux présences substantielles, par l'immensité et l'opération d'une part, et par la connaissance et l'amour de l'autre, sont sans doute distinctes et spéciales, mais aussi complémentaires* » (*Op. cit.* p. 13). *Prior,* communis quidem est omnibus justis, at non differat specifice ab ea qua Deus praesens est substantialiter omnibus entibus ; *posterior,* in qua sola dentur proprie missiones divinae, non detur nisi apud eos paucissimos justos qui Deum sibi substantialiter praesentem percipiant *actu* cognitione et amore experimentaliter.

« Les missions divines rencontrent une âme déjà substantiellement divinisée par la grâce sanctifiante ... C'est lorsque de l'âme divinisée irradient les vertus et les dons, spécialement la vertu de charité et le don de Sagesse, que *l'habitation en l'âme des divines personnes s'actualise* et qu'elle devient vie en exercice de vie, vie en laquelle les opérations et touches de la divinité sur l'âme s'entrecroisent avec les opérations par lesquelles l'âme répond aux divines avances. *C'est à ce stade de notre vie divine qu'interviennent les missions invisibles du Verbe et de l'Esprit Saint* » (*L'expérience mystique pure dans le cadre des missions divines*, apud *La vie spirituelle*, t. 32, 7ᵇʳᵉ 1932, supplément, p. [65-66]. — Cf. *La structure de l'âme*, t. II, p. 139-141 et aliis locis citatis apud GALTIER : *L'habitation en nous des trois personnes*, p. 169-180.

**445.** C) *Tertia opinio, quam thesis proponit,* censet primam, qualis saltem proposita est, esse insufficientem. Quoad secundam, non negat animae rationali, justorum imprimis, esse proprium habere Deum sibi praesentem tanquam cognitum in cognoscente et amatum in amante : jure igitur modus iste praesentiae plane distinguitur ab omnibus aliis. Haud magis negat justos posse percipere et aliquos aliquando percipere experimentaliter Deum sibi praesentem substantialiter ; at existimat praesentiam, qualiscumque sit, productam per actus cognoscendi et amandi qua tales, *non esse eam quam doctrina catholica docet competere justis omnibus vi justificationis ipsius.* Secundam propterea opinionem, sub utraque sua forma, abjicit ut quae saltem quaestionem propositam non attingat.

Ipsa vero asserit substantialem personarum divinarum praesentiam, de qua agitur, oriri **ex ipso modo** quo fit justificatio : eo scilicet ipso quod personae divinae animae se communicant, *suam in ea imaginem imprimendo seu gratiam et dona in ea producendo,* **non tantum fiunt ei substantialiter praesentes, sed etiam se tradunt aut donant percipiendas et amandas,** siquidem animam instruunt donis seu facultatibus, quarum ope possit, prout fert actualis ejus conditio, illis uti et frui. Jam igitur, etsi nondum illam circa eas eliciat actum cognoscendi et amandi, **tamen illas habet actu sibi substantialiter praesentes et vere suas,** quatenus illas habet apud se ut quibus uti possit et frui.

Haec igitur opinio, differt a 1a, quia, suo complexu, praesentiam statuit alius omnino rationis ac per solam immensitatem. Differt a 2a, quia praesentiam Dei substantialem statuit quae possit esse de ratione justificationis qua talis : datur enim actu, vi solius status gratiae, antecedenter ad omnem justi actum cognitionis et amoris ; quod in 2a opinione excluditur.

PRIMA PARS :

**446.** **Non per ipsorum justorum actus cognoscendi et amandi.**

I. **Quia actuum hujusmodi per se non est constituere Deum substantialiter praesentem.**

1º *Hoc conceditur ab eis qui tuentur secundam opinionem,
sub sua secunda forma,* nam Joannes a S. Thoma : A) hoc explicite opponit eis qui primae illius formae adhaerent :

« Undenam inferunt realem et intimam praesentiam ?... In hoc
puncto videntur laborare difficultate fere omnes qui istam praesentiam
et unionem realem Dei ad animam conantur explicare per ipsum amorem, quatenus perfectissimus est et exigit praesentiam amicabilem ipsorum amantium ; hoc enim verum est quod amor talem praesentiam
exigit et quaerit, sed non formaliter facit ; nec enim solus amor est
ratio faciendi praesentes realiter ipsos amantes, sed, quando fiunt
realiter praesentes, id fit per contactum et praesentiam corporalem,
quam amans ex amore quaerit non amore constituitur praesens. Res-
tat ergo his auctoribus assignare formalem rationem, qua Deus, nos
amans amore illo perfecto, realiter conjungatur animae amanti in
ratione cogniti et amati» (*loc. cit.,* nº 8).

B) Idem agnoscit de sua ipsius explicatione, nam asserit
et probat experimentalem illam et immediatam Dei perceptionem, ad quam confugit, adeo *praesupponere et requirere praesentiam Dei substantialem,* quae fit per productionem tum naturae
tum gratiae, ut sine illa omnino dari nequeat :

« Iste specialis modus existendi per gratiam in nobis praesupponit et requirit necessario praesentiam realem Dei per immensitatem
et sine ipsa salvari non potest, licet sit distincta ab ipsa ... Hoc requirit et praesupponit Deum operari intus operatione influente intra animam non solum esse naturale, sed etiam esse supernaturale, ex quo
oritur in anima nova habitudo ad Deum sic intime operantem ... ut
principium intime influens esse naturale et supernaturale» (*Ibid.,*
nº 13 et cf. 6).

**447.** 2º *Hoc probatur* : A). **De actibus cognoscendi et
amandi,** quia de eorum ratione non est facere objectum cognitum et amatum *substantialiter* praesens. Seipsis non producunt
nisi praesentiam objectivam, proindeque

« esse cognitum et amatum dicit solum denominationem extrin-
secam in objecto, quantumcumque cognoscatur Deus per gratiam et
supernaturalem cognitionem. Unde, si, per impossibile, Deus non
esset ubique sed absens in caelo, possemus per fidem et charitatem ipsi
conjungi et eo frui fruitione imperfecta viae, sicut conjungimur Christi
humanitati per fidem et amorem, et Beatissimae Virgini, qui tamen
corporaliter sunt in caelo» [43].

[43] JOANNES A S. THOMA, *loc. cit.,* nº 8 ; item SUAREZ, *loc. cit.,* nº 10.

B) **De amicitia,** seu de amore perfectissimo, quia, etiam
inter absentes, potest dari hujusmodi amor, proindeque unio
secundum substantiam actu realis non est de ratione illorum.
« Amor, ait S. Thomas, est et in absentia et in praesentia »
(I. II, q. 28, a. 1, ad 1ᵐ). — Nec juvat appellare ad dictum Dionysii : « amor quilibet est virtus unitiva », nam, ut explicat S.
Thomas, *loc. cit.*, amor unitivus est duplici sensu : quatenus scilicet unit actu per affectum et actu movet ad desiderandam et
quaerendam praesentiam realem seu substantialem amati. At
hanc praesentiam seu unionem realem non seipso « formaliter
facit » ; non illam facit nisi « effective », quatenus ad illam, quantum potest, tendit. Unde melius S. Augustinus : « Amor est
quasi junctura quaedam duo aliqua copulans vel copulare appe-
tens » (apud S. Thomam, *ibid.* c).

**448.** Dicunt : in casu, cum amor sit perfectissimus et unus amantium sit potentissimus, nihil obstare potest quin unio realis appetita
sit actualis. — Sed *negatur consequentia,* nam ex Dei potentia et
perfecto amore sequitur tantummodo eum posse, si velit, ratione suae
amicitiae, se constituere substantialiter praesentem. Quaestio porro
est num hoc velit jam dum sumus in via. Notum est enim statum
viae in hoc differre a statu visionis quod, in ratione cogniti et amati,
dum sumus in via, Deus non se dat actu in se fruendum. Quamdiu
vero non fruitur, amor desiderat et quaerit, proindeque nondum tenet.

Instant : immo, per modum principii assumunt : « *Gratia nihil
aliud est quam inchoatio gloriae in nobis* » (II. II, q. 24, a. 3, ad 2ᵐ).
Ergo, cum gloria consistat in actu, quo anima Deum in seipso apprehendit eoque fruitur, etiam in via, per gratiam justus aliquatenus sua
operatione substantiam divinam quasi tangendo percipit experimentaliter eaque fruitur [44].

Sed *haec argumentatio,* quam mirum est poni per modum fundamenti in statuenda theoria de Dei inhabitatione per cognitionem,
*dicto praemisso obtrudit sensum et vim illi manifeste alienam.* S. Thomas hoc dicit tantummodo ad probandum gratiam et gloriam, sicut
materiam et formam, referri ad idem genus proptereaque aliquatenus
ad invicem proportionem habere. Argumentatio, econtra, ex illo
assumit gratiam et gloriam ita entitative identificari ut quidquid est
actu de ratione gloriae sit etiam actu, etsi inchoative tantum, de ratione gratiae : exinde enim deducit, in gratia, sicut in gloria, esse actu

---

[44] Froget : *De l'habitation du St. Esprit dans les âmes justes,* 2ᵉ *partie,* ch. 5, p.
156-157.

operationem, qua Deus in seipso tangatur. Assumptio porro hujusmodi plane gratuita est nec quisquam ignorat quam multae gratiae
superaddi debeant ut operatio visionis beatificae habeatur actu. Quod
ceterum manifestum est per ipsum exemplum in confirmationem al-
latum. Ex semine glandis, sane, scio fore aliquando quercum. At,
quis dicat glandis eamdem jam esse actu operationem, quae erit quer-
cus ? Et infans, sane, jam habet animam suam sat sibi ontologice
praesentem ut eam possit, ubi aget, in suis actibus percipere. At
aliud est posse aliquando cognoscere, aliud actu cognoscere. Objectum
non fit in cognoscente per modum cogniti nisi actu cognoscatur, vel
maneat habitualiter cognitum.

**449.** 3º *Hoc supponitur* a S. AUGUSTINO, ubi ex professo
docet Deum inhabitare apud eos qui illum non cognoscunt vel
illi non adhaerent affectu perfecto, apud pueros scilicet baptizatos et apud eos, quos S. Paulus vocat « parvulos non carnis
aetate sed mentis ». Haec enim habet in sua *ad Dardanum* « de
praesentia Dei » :

« Multum mirabilis res est quemadmodum quorumdam nondum
cognoscentium Deum sit inhabitator Deus ... Ad templum Dei pertinent parvuli sanctificati sacramento Christi, regenerati Spiritu Sancto, qui certe per aetatem nondum possunt agnoscere Deum (*Epist.*
187. 6, 21 ; PL 33. 840) ... Dicimus ergo in baptizatis parvulis, quamvis id nesciant, habitare Spiritum Sanctum ... Neque hoc in parvulis
mirum debet videri, cum Apostolus quibusdam etiam majoribus dicat : *Nescitis quia templum Dei estis et Spiritus Dei habitat in vobis,*
de qualibus paulo ante dixerat : *Animalis homo non percipit quae sunt
Spiritus Dei* ... Non percipiebant igitur cognitione Spiritum Sanctum
qui habitabat in eis ; et, habitante in se Spiritu Sancto, adhuc animales nondum spirituales erant, quia nondum poterant habitatorem suum,
Spiritum, cognitione percipere » (*ibid.* 8, 26 ; 841-842).

Nec sibi contradicit, ubi scribit verba praemissa, quibus
inniti diximus opinionem istam : « *Mitti Filio est cognosci* ».
Istud enim « cognosci » patet intellegi, non de cognitione actuali,
sed de cognoscibilitate, quae cognitionem actualem faciat possibilem, eo scilicet sensu quo rex cognoscitur in sua imagine aut
quo quis dicitur se facere cognosci, ubi aliquid operatur, ex quo
possit cognosci.

**450.** *Dictum sic intellexere scholastici,* de producto nempe
in anima aliquo habitu ad Filium, ex quo possit cognosci.

Sic, v. gr., Alexander Halensis :

« *Mitti non dicitur de Filio vel Spiritu Sancto ratione cognitionis actualis, sed ratione alicujus effectus appropriabilis Filio vel Spiritui Sancto, in quo potest cognosci* Filius vel Spiritus S. esse ab alio » [45]. Cum dicitur « mitti est cognosci », etc. ibi dicitur cognitio, non actus ipsius cognitivae, sed repraesentatio ipsius processionis in effectu, ordinata ad actum cognitivae : unde illud cognosci est repraesentari in effectu, sive per effectum aliquid, per quod potest cognosci Filium vel Spiritum Sanctum esse ab alio. Et est talis modus loquendi, sicut cum dicitur : « in hoc opere cognoscitur sapientia vel bonitas artificis », id est, in hoc opere repraesentatur aliquid, per quod potest cognosci sapientia vel bonitas artificis » [46]. « Unde, cum efficitur aliquid in mente, in quo habet cognosci processio Filii vel Spiritus Sancti, tunc dicitur mitti Filius vel Spiritus Sanctus » [47].

Item S. Thomas :

« Ad rationem missionis non requiritur quod sit ibi cognitio actualis personae ipsius, sed tantum habitualis [48], in quantum scilicet, in dono collato, quod est habitus, *repraesentatur proprium divinae personae sicut in similitudine* ; et ita dicitur quod mitti est cognosci quod ab alio sit per modum repraesentationis, sicut aliquid dicitur se manifestare vel facere cognitionem de se, *in quantum se repraesentat in similitudine* » (*in* 1, *dist.* 15, q. 4, a. 1, ad 1<sup>m</sup>). Unde, « missio dicitur, in quantum propria relatio ipsius personae divinae repraesentatur in anima *per similitudinem aliquam receptam*, quae est exemplata et originata ab ipsa proprietate relationis aeternae ... Quia, secundum receptionem donorum [amoris et sapientiae], *efficitur in nobis similitudo ad propria* [Spiritus et Filii], ideo, secundum novum modum essendi, *prout res est in sua similitudine*, dicuntur personae divinae in nobis esse, *secundum quod de novo eis assimilamur* » (*ibid.*, *sol.* — Cf. q. 2, ad 5<sup>m</sup> ; dist. 17, q. 1, a. 4, ad 1<sup>m</sup> et ad 4<sup>m</sup>, ubi alludit ad « largum modum », quo S. Augustinus loquitur de cognitione).

**451.** Hanc *scholasticorum* sui dicti interpretationem suadet ipse S. Augustinus, ubi, paulo antea, plenius exponit quid « sit missum esse Filium Dei ». Ibi enim dicit missionem Filii

---

[45] *Summa theologica*, p. II, *tract.* 3, s. 2, q. 2, *tit.* 3 (alias q. 73, *m.* 1), *cp.* 1 : ed. Quarrachi *tom.* I, n⁰ 503, p. 714 b, ad 4<sup>m</sup>.

[46] *Ibid.* ad 2<sup>m</sup>.

[47] *Ibid.*, 714<sup>r</sup>, *solutio.* — Cf., n⁰ 499, p. 706b ; n⁰ 512, p. 732, ad 1<sup>m</sup>.

[48] N. B. sedulo hunc sensum cognitionis habitualis : non dicit cognitionem prius actu habitam et nunc per modum habitus perseverantem, sed cognitionem possibilem, quae possit haberi ex cognitione habitus operativi producti in anima.

esse vel fuisse, quoties aliquid factum est, ex quo possent homines deduci ad illius cognitionem :

« Ecce quid est missum esse Filium Dei. Quaecumque, propter
faciendam fidem, qua mundaremur ad contemplandam veritatem,
in rebus ortis ab aeternitate prolatis et ad aeternitatem relatis, tem-
poraliter gesta sunt, aut testimonia missionis hujus fuerunt aut ipsa
missio Filii Dei» (*De Trinit.*, IV. 19, 25 ; PL 42. 905).

Postea vero explicat cognitionem ideo esse de ratione missionis seu Filium ideo dici mitti quando cognoscitur, quia missio
non est mera illius aeterna processio, sed dicit praeterea illius
aliquam manifestationem, qualis fuit quando incarnatus est
vel quando ab aliqua mente percipitur[49]. Patet autem illum,
quando incarnatus est, eo tantummodo sensu cognitum esse
quod tunc aliquid factum est, in quo et per quod postea cognosceretur et re vera cognitus est. Cognosci proinde hic intellegitur
quatenus fit cognoscibilis, seu aliquid fit quo manifestus fiat.

## 452. II. Quia personae divinae sunt actu praesentes substantialiter etiam apud eos justos, quorum nulli sunt aut fuerunt actus cognitionis et amoris, quibus dicantur constitui praesentes.

1º *Contra primam formam opinionis.* — Patet, cum justificatio de se implicet substantialem praesentiam de qua agitur
et sit ejusdem rationis apud omnes justos, tres personae esse
substantialiter actu praesentes tum apud pueros baptizatos tum
apud eos omnes adultos, qui, etsi nullum actum charitatis elicuerint, vi sacramenti tamen cum sola attritione justificati sunt.
Jamvero haud minus patet, in omnibus illis casibus, non positos
esse eos actus cognitionis et amoris quibus fierent praesentes.
Ergo, in omnibus illis casibus, proindeque etiam in aliis, non
per illos actus constituitur praesentia substantialis propria
justis qua talibus.

453. Ad effugiendum argumentum, dicat quis :

A) *Tres personae*, apud pueros et justos hujusmodi, *non sunt actu*

---

[49] « Non ergo eo ipso quod de Patre natus est missus dicitur Filius, sed vel eo
quod apparuit huic mundo Verbum caro factum, vel eo quod ex tempore cujusquam
mente percipitur » (*ibid.*, 20, 28 ; 907). Hinc quod resumitur paulo postea : « Mitti
est Filio cognosci quod sit a Patre ... Spiritui mitti est cognosci quod a Patre procedat » (*ibid.*, 29 ; 908).

*sed tamen in potentia.* — RESPONDEO : Hoc est absque ullo fundamento
in ea opinione, vel implicat essentiam justificationis aliam et aliam
esse prout fit in pueris aut in adultis, prout fit vi caritatis aut vi sacramenti cum sola attritione : quod nemo admittat.

B) *Actus caritatis*, in illis casibus, *adsunt habitualiter seu in habitu*, ad modum v. gr. quo scientia aut amor adest habitualiter, etsi
non actu, apud doctorem, apud amatorem, qui rem scitam aut amatam
non cogitet actu. — RESPONDEO : *Ea est mera aequivocatio, nam paritas non est ulla.* Etenim, in exemplis allatis, scientia aut amor dicuntur
perseverare habitualiter, quia antea fuerunt actu proptereaque intellegi possunt conservare eamdem vim formalem ac si actu manerent.
Sed, in casu de quo agitur, actus amoris nullatenus praecessit nec
dicitur esse jam habitu nisi quatenus jam adest habitus seu potentia,
qua, si velit justus, elicietur aliquando ; actus proinde ne necessario
quidem connectitur cum habitu ; potest enim fieri ut nunquam ponatur, v. gr., si puer aut adultus sacramento justificatus peccet antequam actum caritatis elicuerit. Vi igitur sui habitus, puer aut adultus
hujusmodi non potest dici cognoscere et caritate amare Deum nisi
potentialiter. Arbitrarium porro sit et omnino contra rationem ascribere merae potentiae agendi id quod dicitur esse effectus actus formalis ; quod fiat, si dicatur tres personas, quae de jure constituantur praesentes per actum caritatis, fieri per accidens, apud pueros et adultos
multos, praesentes vi solius habitus eis infusi seu apud eos producti.

**454.** 2º *Contra secundam formam opinionis.* — Patet a fortiori innumeros esse justos, tum pueros tum adultos, qui, *Dei
perceptionem immediatam et experimentalem, quae invocatur, non
habeant nisi post longam exercitationem raro aut imo nunquam
in statu viae.* Quod ceterum agnoscunt propugnatores opinionis
istius. Dicunt explicite justos in genere, si paucissimi excipiantur, manere, in statu viae, tantummodo capaces perceptionis
qua, in suis actibus caritatis, Deum immediate tangant. Illum
proinde non ita percipiunt nisi habitualiter, ad modum scilicet
quo anima, antequam ullum actum eliciat, dicitur se in suis actibus cognoscere habitualiter, quatenus habet potestatem se,
quando egerit, in suis actibus immediate percipiendi [50].

Jamvero, ex eadem ista opinione, missiones non dentur pro-

---

[50] Ita GARDEIL, *op. cit.* p. 139-142 coll. cum p. 123 et locis supra citatis. — Contra quem videas quae scripserunt MENENDEZ REIGADA et URDÁNOZ O. P. in suis ar-
ticulis : *La inhabitacion del Espiritu Santo en el alma*, apud *Revista española de teolo-
gia*, VI (1946).

prie nisi ubi detur actu perceptio Dei experimentalis : hoc deficiente, Deus censetur non adesse justis substantiali alia praesentia ac ea qua praesens est singulis entibus, ratione scilicet
immensitatis et causalitatis. Exinde igitur sequitur missiones
divinas seu substantialem Dei praesentiam justis tantummodo
competentem non dari proprie, in statu viae, nisi apud paucissimos et quidem rarissime seu, contra quod supra dictum est,
non esse de ratione formali omnis justificationis. Justis scilicet,
vi status gratiae qua talis, Deus nondum fiat praesens aliter
ac praesentia illa immensitatis, qua etiam peccatoribus inest :
quod quantopere contradicat Scripturae et traditioni nemo non
videt. Ergo inhabitatio seu missiones hujusmodi dantur actu
antecedenter ad actualem illam Dei perceptionem experimentalem nec proinde dici possunt in illa proprie consistere seu
ex illa proprie exsurgere.

3º Ex praemissis ceterum, haec opinio, sub utraque sua
forma, cogitur fateri justos ideo praecise habere Deum sibi
*substantialiter* praesentem quia, qua justi, instruuntur habitibus in quibus et quorum ratione possint illum, jam in via, cognoscere et amare modo illo omnibus injustis absolute impervio.
Hoc autem est abjicere assertum suum fundamentale [51], nam hoc
est admittere praesentiam divinam justis qua talibus propriam
repeti, non formaliter ex actibus cognoscendi et amandi, sed
*ex productione in anima habituum seu donorum*, ex quibus hujusmodi actus oriri possint : quae, ad verbum fere, est opinio
nostra nunc probanda.

## Pars secunda

**455. Personae divinae fiunt praesentes vi ipsius actus
justificationis, quatenus, producendo gratiam et dona consequentia, ita se communicant substantialiter simul et in
se cognoscendas et amandas ut justus, eo ipso, illas jam
habeat vere suas.**

---

[51] Nisi ludatur verbis et dicatur jam esse praesens per modum cogniti et amati
objectum, quod *posset quidem cognosci* et amari, at, *de facto*, nondum cognoscitur
nec amatur, immo *nunquam forte cognoscetur et amabitur*. Quasi, v. gr., puer neona-
tus, quia habet facultatem sui cognoscendi et est sibi praesens ut *cognoscibilis*, diceretur esse jam sibi praesens ut « *cognitum* ».

**I.** Positive, quia **productio gratiae qua talis constituit personarum divinarum praesentiam, qualem docet traditio catholica.** — Haec enim praesentia hujusmodi est ut personae divinae, etiam si, per impossibile, non adessent ubique titulo immensitatis, tamen justis inessent : 1º substantialiter ; 2º tanquam vere possessae, seu ita ut illis, prout fert status viae, uti jam possent et frui. Ex communi enim sensu, « illud solum habere dicimur, quo libere possumus uti vel frui » [52]. Jamvero *is ipse modus est, quo* personae divinae *constituuntur praesentes eo ipso quod producunt gratiam.*

**456.** 1º **Constituuntur substantialiter praesentes,** nam, juxta traditionem catholicam, gratiam producunt *actione alius omnino rationis ac actiones proprie et simpliciter efficientes, quae praesentiam non exigunt nisi titulo immensitatis.* Producunt scilicet eam *actione proprie assimilativa,* seu quatenus animae ita se communicant et conjungunt ut in ejus essentia simul et potentiis imprimant suam ipsarum imaginem [53]. Actio porro hujusmodi praesentiam substantialem implicat ratione sui, proindeque personae divinae, *etiamsi non deberent adesse titulo efficientiae seu immensitatis,* tamen constituerentur praesentes *ratione modi specialis quo producunt in anima gratiam* [54].

**457.** 2º **Fiunt vere justorum,** seu ita jam in eorum possessione constituuntur ut **illas habeant jam vere suas.** Ratio est *ipsa natura effectus in eis producti.* Personae enim, illa sui communicatione et conjunctione, animam non tantum ornant

---

[52] 1, q. 43, a. 3 c. Idem per modum fundamenti habetur apud S. Bonaventuram : *in* 1, *dist.* 14, a. 2, q. 1 ; Alexandrum Halensem (ed. Quarrachi, nº 512, p. 732ª) ; Lessium : *de perf. div.*, l. XII, cp. 11, nº 78.

[53] I. II, q. 110, a. 4 c et cf. a. 3 c ; *item* III, q. 62, a. 2 ; *de verit.* q. 27, a. 5, ad 17. Hinc etiam haud pauci theologi dicunt Sp. S., per appropriationem vi justificationis, se habere in justo ad modum formae assistentis et analogae (cf. Pesch, t. II, nº 684). S. Thomas ipse haud timet eamdem adhibere vocem, ubi explicat, in adoptione nostra, Filium se habere tanquam causam formalem exemplarem, Spiritum vero tanquam causam formalem inhaerentem (*in* 3, *dist.* 10, q. 2, a. 1, *sol.* 3). — In hoc enim dona gratiae differunt ab omnibus entibus creatis quod relatio ad Deum est de eorum essentiali ratione seu, definitione : ne concipi quidem possunt nisi ut a Deo impressa animae et ad Deum assimilativa. Quod de nullo alio ente verum est (I, q. 44, a. 1, ad 1ᵐ).

[54] Ita, praeter Chambat et Urdánoz supra citatos, Reteilleau : *La Sainte Trinité dans les âmes justes,* ch. VIII, p. 223 ; Joret O. P. : « *Seigneur, ou habitez-vous* » apud *La vie spirituelle,* janvier 1931, p. 23. Juxta Zielinski, apud *Divus Thomas* (Piacenza), XIX (1942), p. 373-394, ea fuerit etiam opinio salmanticensium.

sua imagine sed etiam instruunt habitibus caritatis et aliis, quorum ope possit, prout fert status viae, illas ut in se sunt percipere et amare. Jam igitur ab ipso justo pendet ita per fidem, caritatem et donum sapientiae adhaerere Deo ut illum percipiat et quasi experiatur sibi substantialiter praesentem vereque sibi donatum. Ad hunc enim finem personae divinae se illi communicant et illum movent ut per illa dona se moraliter conjungat Deo, quem jam habet sibi physice adhaerentem. Vi proinde solius status gratiae habetur *mutua justi et personarum divinarum possessio*, quae vere inchoet mutuam status gloriae possessionem.

**458.** II. Negative. — Contra eam non valet objectio, quae contra opinionem Vasquezii urgeri solet, productione scilicet gratiae et donorum non implicari praesentiam alius rationis ac praesentiam immensitatis, quae communis est omnibus entibus.

1° **Valde differt enim haec opinio ab opinione Vasquezii,** nam vis in ea fit, non jam in hoc simpliciter quod gratia et dona producantur a personis divinis, sed in haec duo : a) quod producantur per ipsam personarum *conjunctionem et sui sigillationem* [55] ita ut productio, ratione modi quo fit, inducat in anima similitudinem cum Trinitate, quae est praeter rationem omnium actionum simpliciter efficientium ; b) haec productio sit *collativa verae possessionis personarum*, seu sit hujusmodi ut, ratione illius, justus habeat vere suas personas, quas peccator, etsi ratione praesentiae immensitatis habet sibi substantialiter praesentes, habet tamen sibi alienas.

Jamvero haec duo conjuncta praesentiam exigunt titulo adeo diverso a titulo praesentiae immensitatis ut, si, per impossibile, haec non daretur, seu *Deus non adesset entibus conservandis, tamen adesset justis* : justi enim esse nequeunt nisi eum habeant sibi conjunctum, se sigillantem et conformantem, sibi vera possessione donatum.

2° Differt etiam ab opinione Joannis a S. Thoma, nam : A). Negat praesentiam substantialem, quam Patres docent, esse tantum aut proprie in ordine cognitionis. — B). Dicit praesentiam specialem consistere proprie in eo quod J. a S. Th. et Gar-

---

[55] Cf. dicta S. Cyrilli de eorum impressione et quomodo non sit per meram picturam.

deil negant esse illius constitutivum et volunt esse tantummodo praerequisitum. — C). Admittit quidem ex illa praesentia fieri possibilem cognitionem experimentalem qua illi volunt eam constitui ; at aliud est ordinari ad hujusmodi cognitionem, aliud in ea consistere.

**459.** 3º Etsi illa praesentia non sit ordinis tam specifice diversi quam praesentia per modum cogniti et amati, tamen **constituit modum praesentiae vere diversum.** Modi enim praesentiae, ait S. Thomas, diversificantur ex parte creaturarum, pro modo diverso quo ordinantur in Deum eique conjunguntur (*in* 1, 37, q. 1, a. 2 c et ad 2ᵐ ; cf. *dist.* 14, q. 1, a. 1 c coll. cum q. 2, a. 2, ad 2ᵐ). Jamvero, ex sola productione gratiae et donorum, justi ordinantur ad Deum eique conjunguntur modo specifice diverso, siquidem : a) *ordinantur ad Deum attingendum in seipso* seu percipiendum perceptione specifice diversa ab omni alia perceptione ; b) *ei conjunguntur tum vi communicationis assimilativae qua ad illum conformantur, tum vi habituum quorum ratione dicuntur illum jam habere vere suum.*

**460. 4º Gratuito, seu absque ulla auctoritate, requiratur diversitas praesentiae repetita ex ipso actu cognoscendi et amandi,** nam : a) Nova praesentia divina, de se, *non requirit novum modum specifice diversum praesentiae*, ut patet ex eo quod, post justificationem seu ad justos jam possidentes Spiritum Sanctum, admittitur posse dari novam missionem proindeque novam praesentiam Spiritus [56]. — b) *Traditio,* ex dictis, tacet missionem seu praesentiam personarum apud justos fieri forma-liter quatenus actu cognoscantur et amentur. — c) S. Thomas ipse docet praesentiam apud justos, quae fit per missionem invi-

---

[56] Cf. supra nº 409. Difficultatem contra hoc ductam ex hoc quod, in illo casu, Spiritus non fiat praesens modo novo specifice diverso, doctores solvunt distinguendo simpliciter modos plus minusve perfectos. Sic, v. gr., S. Thomas : « Quamvis non sit alius modus, *accipiendo generales modos*, tamen est secundum aliquem specialem modum, in quantum secundum specialem usum gratiae assimilat sibi [Spiritus] illum ad quem fit missio. Vel etiam est in eo pleniori modo ; et hoc sufficit ad missionem, quantum ad secundam opinionem, [quam ipse prius dicit] « posse facile sustineri » (*in* 1, *dist.* 15, q. 5, a. 1, *sol.* 2, ad 1ᵐ).

Item S. Bonaventura : « Ad illud quod objicitur, quod non est ibi alio modo essendi, dicendum, quod, etsi hoc non sit alio modo essendi, est tamen perfectiori modo inhabitandi et alio modo utendi, et ideo novo modo » (*in* 1, *dist.* 15, p. 2, a. *un.,* q. 3, ad 1ᵐ). — Cf. eodem sensu Suarez : l. XII, cp. 5, nº 17-18.

sibilem, non requirere actum sed adesse eo ipso quod productus
est habitus, quo actus fiat possibilis. Sic locis n⁰ 450 citatis ex
1, *dist.* 15, q. 4, a. 1 c et ad 1ᵐ, ubi explicite dicit missionem
non requirere actum cognitionis sed fieri eo ipso quod p*roducitur
in anima habitus assimilativus* ad personam missam.

Quod confirmat *dist.* 17, q. 1, a. 1, *contra* 3⁰, ubi ait : « Oportet
quod illa creatura, in qua speciali modo Deus esse dicitur, habeat
in se aliquem effectum Dei, quem aliae non habent. Iste autem non
potest esse tantum actus, quia, sic, in justis dormientibus non esset
alio modo quam in aliis creaturis » ; in *ad* 1ᵐ, distinguit, in justificatione animae, « duplicem Spiritus Sancti operationem : *unam*, quae
terminatur ad esse secundum actum primum, qui est *esse gratum
in habendo habitum caritatis* ; *aliam*, secundum quam operatur *actum
secundum* ». Habitum porro seu sigillationem sui, quam divinae personae in nobis relinquunt dicit explicite esse id per quod Deo tanquam
fruibili conjungimur : « Persona divina habetur a nobis secundum fructum imperfectum ... per donum gratiae gratum facientis .. sicut ...
*per quod fruibili conjungimur*, in quantum ipsae personae divinae,
*quadam sui sigillatione* in animabus nostris relinquunt dona, quibus
formaliter fruimur, scilicet amore et sapientia» (*dist.* 14, q. 2, a. 2,
ad 2ᵐ).

Hinc ejusdem expositio in 1 *Cor.* 3. 17.

« Spiritualiter dicitur Deus inhabitare tanquam in familiari domo,
in sanctis, quorum mens est *capax* Dei per cognitionem et amorem,
etiamsi in actu non cognoscant et diligant, dummodo habeant, per
gratiam, habitum fidei et caritatis, sicut patet de pueris baptizatis ».

**461.** Scholion. — Ad hanc igitur opinionem redit verus
sensus, quo S. Thomas dicit Deum justis inesse « sicut cognitum
in cognoscente et amatum in amante ».

1⁰ Ex dictis enim constat hoc ejus assertum intellegendum esse,
prout ipse explicat (in 1, d. 15, q. 4, a. 1, ad 1ᵐ), non de cognitione
aut amore actuali sed de « habituali, *quatenus scilicet, in dono collato,
quod est habitus, repraesentatur proprium divinae personae sicut in
similitudine* ». Cognitio porro hujusmodi haud aliud est ac entitativa
animae ad personas divinas assimilatio per habitus illarum repraesen-
tativos, in quibus et per quos possimus illas percipere illisque frui.

Justos proinde hoc sensu vocat Dei « cognitores » et « amatores »[57]
quod in eis producuntur habitus in quibus et per quos eum possint

---

[57] « Cum aliquis per Spiritum Sanctum amator Dei efficitur, Sp. S. est inhabitator
ipsius » (*C. G.* IV. 23 et cf. 21 : « Deus nos constituit sui amatores per Sp. Sanctum »).

speciali modo cognoscere et amare ; sed, in hoc, rationem non habet
actuum hujusmodi quos jam elicuerint. Eodem sensu dicit Deum
jam apud eos esse per modum cogniti et amati, quatenus scilicet in
illis habitibus fit apud eos cognoscibilis et amabilis : « Aliquis [enim]
dicitur se manifestare vel facere cognitionem de se, in quantum *se
repraesentat in sui similitudine*» (*in* 1, *dist.* 15, q. 4, a. 1, ad 1ᵐ).

2° Modus igitur praesentiae proprius justorum non dicit praecise ullum actum cognitionis aut amoris quo formaliter constituatur ;
*denominatur tantummodo* ex cognitione et amore, et ratio est quia,
totus quantus est, ordinatur ad Dei fruitionem, quae est per cognitionem et amorem. Personae scilicet divinae, se justis communicando,
*illos sibi per gratiam et dona assimilant* ut possint ab eis percipi et amari actu, cujus ipsae sint objectum simul et principium ⁵⁸. Illa enim
Dei a justis perceptio et amor, ubi elicietur, *non erit perceptio et amor
alicujus absentis, quem justi suis actibus quasi ad se trahant et faciant
sibi praesentem*, sed *alicujus jam praesentis et diligentis*, qui *se ipsum
animae jam ex amore conjunxerit et substantialiter insederit.*

3° Sic etiam intellegitur justos, quo magis in Dei cognitione et
amore proficiant, eo magis Deum sibi jam praesentem percipere et
quasi persentire. Deus enim ipse est qui, illis inhabitans, illos ad se
trahit illosque movet ut per habitus ad hoc infusos magis ac magis sibi
cognitione et affectione conjungantur. Perfecta quidem et consummata
erit illa Dei in sanctis habitatio seu Dei a suis possessio, ubi, quem sibi
habent a prima sui justificatione substantialiter praesentem, jam in-
tuebuntur in aeternum beantem. Interim tamen, quamvis ipsi igno-
rant, Deus apud illos habitat eosque vivificat et suo impulsu movet
ut magis in dies accedant ad perfectiorem illam cum eo conjunctionem,
qua eum non tantum habitu sed etiam actu cognoscent et amabunt.
« Et in talibus habitat, quia in eis occulte agit, ut sint templum ejus,
idque, in proficientibus et proficiendo perseverantibus, perficit »
(S. Augustinus : *Epist.* 187. 8 ; PL 33. 842).

**462.** Corollarium. **De momento hujusmodi inhabitatio-
nis in vita supernaturali.** — Per istam igitur divinarum personarum praesentiam substantialem ratio datur ultima dicti S.
Pauli : « *Vivo, jam non ego, vivit vero in me Christus*». Non tantum enim Christus Deus vivit, apud justos, vita sua divina
personali, sed etiam, quidquid eis inest vitae divinae, hoc totum
est ab illo apud eos vivente. Ab ipso enim et a Sp. Sancto se iis
communicante et suam in eis formam exprimente sunt habitus

---

⁵⁸ Huc bene referantur quae habet Scheeben (*Dogmatik*, t. I, § 125, n° 1069-
1071) de conformatione animae ad personas immissas ac de mutua Dei et animae
possessione. Quod ille de sola Spiritus persona, nos de singulis simul admittimus.

gratiae et donorum, quibus illis simul assimilantur et per cognitionem et amorem conjunguntur seu ad Deum reducuntur.

« Secundum acceptionem horum [donorum : sapientiae scilicet et
amoris], ait S. Thomas, efficitur in nobis similitudo ad propria personarum ; ideo, secundum ... modum essendi prout res est in sua
similitudine, personae divinae dicuntur in nobis esse secundum quod
novo modo eis assimilamur ... [Praeterea vero], sicut praedicta [dona]
originantur ex propriis personarum, ita etiam effectum suum non consequuntur nisi virtute divinarum personarum ... Unde, in receptione
hujusmodi donorum, habentur divinae personae ... *quasi ductrices in
finem*» (*In* 1, *dist.* 15, q. 4, a. 1 c).

Per missiones igitur creaturam, quam ad suam suique Filii
similitudinem esse voluit, Deus ipse sibi conformat et ad se
reducit, ita ut illa sui ipsius in ipsam effusione opus suum ad
extra concludat et ad se, tanquam ad finem suum ultimum,
deducat [59]. Haud mirum igitur attentionem et docilitatem ad
motiones, quae dicuntur, Spiritus Sancti tantopere conferre ad
profectum in vita supernaturali. Quo magis quis Deum sibi inhabitantem percipit et amat ope donorum sapientiae et amoris,
eo firmius illi assimilatur, donec occurrat ad eam plenitudinem
aetatis, in qua jam non quidquam studere aut amare poterit
praeter eum quem intuebitur, gratiae, gloriae et beatitudinis
auctorem, substantialiter sibi praesentem.

CAPUT TERTIUM

## DE MISSIONIBUS VISIBILIBUS

**THESIS XXVII. — Personarum divinarum missiones
dantur, quae possunt esse singularum propriae. Una est, et
quidem solius Filii, substantialis ; aliae sunt mere repraesentativae et solius Spiritus Sancti** (q. 43, a. 7 ; cf. Suarez :
l. XII, cp. 4, no 16-19 et cp. 6).

**463.** 1o **Dari personarum divinarum missiones visibiles
quasdam,** est *de fide*, nam, in ipsa Scriptura narratur : A) Fi-

---

[59] Cf. DE RÉGNON, *op. cit.*, t. IV, p. 574-575 ; GARDEIL, in *La vie spirituelle*,
juillet 1932, *supplément*, p. [1]-[3].

lium missum esse, factum ex muliere seu in carne visibili ; B)
Spiritum Sanctum apparuisse sicut columbam in baptismo
Christi ; datum esse a Christo discipulis suis insufflante ; sedisse
supra singulos discipulos die Pentecostes in forma linguarum
ignearum. Sic porro manifestari est incipere esse alicubi modo
novo, id est, visibiliter, quod, ex dictis de missionibus in genere, pro personis procedentibus, est mitti.

**464.** 2º **Definitio.** — Ex his porro factis conficitur definitio missionis visibilis: Dici potest **personae procedentis praesentiae manifestatio per signum sensibile ad hoc specialiter factum.** Quae definitio explicatur. Est :

A) *Personae procedentis* : a) personae, quia mitti dicitur :
non signum manifestans, sed persona manifestata ; b) procedentis, quia persona non procedens, etsi manifestaretur praesens,
dici nequiret missa. Ita ex dictis.

B) *Praesentiae manifestatio,* quia missio visibilis, qua talis,
seu qua distinguitur a missione simpliciter, non dicit personam
simpliciter incipere esse alicubi sed *incipere esse alicubi visibiliter seu manifestatam* ... Attamen, ut patet, missio visibilis
connotat semper missionem invisibilem vel jam factam vel saltem
faciendam aut procurandam. Sic, v. gr., Filius missus est ad homines per gratiam seu per missionem invisibilem sanctificandos.
Item Sp. S. descendit super Christum baptizatum, non ut apud
illius animam inciperet esse, sed ut cognosceretur jam adesse.
Missiones seu adventus Spiritus Sancti in discipulos fuerunt ad
jam sanctificatos vel ad eos instruendos potestate aut donis,
quorum ope possent homines sanctificare.

C) *Per aliquod signum sensibile,* quod proinde habeat ad
personam missam relationem saltem signi ; eam enim manifestare debet, quod non potest nisi eam significet. Haec autem relatio, ut signi qua talis ad rem significatam, potest esse tantummodo rationis ... Hinc excluditur missiones fuisse : a) in prophetarum visionibus imaginariis, nam eae non dicuntur sensibiles ;
b) in apparitionibus angelorum, qui, sub forma humana, in
Veteri Lege, nomine Dei locuti sunt. In illis enim apparitionibus,
forma humana manifestabat, non personam divinam, sed angelum.

D) *Per signum ad hoc specialiter factum,* quia, secus, persona divina non inciperet esse *de novo* praesens sensibiliter. Hinc

excluditur collationem Spiritus Sancti per signa sacramentalia
esse missionem visibilem.

E) *Per* et non *ad* signum, nam missio fit, non ad signum
ipsum, sed ad homines a) vel in quos tendit signum : sic, in
baptismo Christi, ad Christum ipsum ; alias ad discipulos Christi;
b) vel qui vident signum veniens : sic, in Incarnatione, Filius
missus est visibiliter, non ad carnem suam, sed ad homines,
quibus in carne et per carnem manifestaretur. — In baptismo
Christi, missio dici possit facta non tantum ad Christum, in
quem descendit columba et qui eam viderit, sed etiam ad ad-
stantes, si forte et ipsi viderint eam descendentem.

**465.** 3⁰ **Missio visibilis potest esse propria singularum
personarum,** seu manifestari potest praesentia unius quin
manifestetur, etsi forte adsint, praesentia aliarum. Ratio enim
signi, qua talis, cum, de se, sit rationis tantum et quidem saepe
orta ex sola consuetudine adhibentium aut interpretantium
signum, restringi potest, pro arbitrio eligentium signum, ad
alterutram personam.

Hoc autem recte intellegi nequit nisi, in missione visibili,
distinguatur *efformatio signi, signi ordinatio ad rem manifestandam, ipsa tandem rei significatae manifestatio.* Sic, in Incarnatione,
aliud est efformatio humanitatis Christi, aliud unio illius ad
solam Verbi personam, aliud manifestatio Verbi per carnem
illi unitam ; item, in missione Spiritus Sancti supra Christum
aut apostolos, aliud est efformatio columbae aut linguarum,
aliud columbae aut linguarum ordinatio ad Spiritum manifestandum; aliud tandem ipsa Spiritus per columbam et linguas
manifestatio.

Ex his porro tribus, duo priora, cum sint aliquid ad extra
reale, sunt opus commune trium personarum : tres efformant
Christi carnem eamque uniunt Verbo ; tres efficiunt columbam
aut linguas et libere hoc reale signum ordinant ad manifestandum solum Spiritum ; at ea nondum est formaliter missio visibilis ; per haec ea tantummodo praeparatur, nam consequenter
tantum ad illam trium operationem et ordinationem voluntariam,
solus Filius manifestatur in carne solusque Spiritus per columbam
aut per linguas igneas [1].

---

[1] N. B. — Si, prout accidit in efficientia Incarnationis, ipsa signi efformatio ascribitur per appropriationem Spiritui Sancto, tunc visibili missioni dici potest praeivisse

**466.** 4º **Divisio.** — Pro natura relationis signi ad personam
manifestatam, missiones visibiles sunt aut esse possent **aliae substantiales, aliae mere repraesentativae.** Quod ut intellegatur,
adverte, ex dictis de efformatione signi manifestativi et de manifestatione formali per ipsum, duplicem posse distingui relationem
signi ad personam divinam : 1º *Alia, necessario realis*, consequitur ad ipsam signi efformationem, et haec, ut patet, terminatur
ad tres simul personas : tres enim signum unica operatione effe-
cerunt. Sub hoc respectu, natura humana vel columba eamdem
habent relationem ad Patrem et ad Filium et ad Spiritum. Sed
ea relatio, cum sit eadem in omnibus missionibus, non attenditur
in statuenda distinctione missionum visibilium. — 2º *Alia,
proprie repraesentativa*, consequitur ad ipsam ordinationem signi
ad personam manifestandam, eaque est unde desumitur distinctio missionum visibilium. Haec enim ordinatio potuit esse talis
ut signum ad personam ordinaretur non tantum per modum
signi sed etiam realiter et substantialiter, quatenus personam non
tantum manifestaret sed etiam haberet realiter in se subsistentem : sic ordinatio seu unio naturae humanae ad personam
Verbi ; et tunc missio dicitur substantialis. Substantialis pariter diceretur, si qua alia persona unquam incarnaretur.

Sin autem signum ad personam non ordinatur nisi per modum signi, seu, si non unitur personae nisi ad modum quo omne
signum unitur rei significatae, tunc illa relatio non est nisi rationis et missio est mere repraesentativa. Ita porro sunt omnes
missiones Spiritus Sancti. In illis igitur, signum visibile, etsi
manifestat unam tantummodo personam, quia non ordinatum
est nisi ad unius repraesentationem, tamen haud magis realiter
unitur illi quam aliis, siquidem ad illam non habet aliam relationem realem ac eam quae consequitur ad signi efformationem.

### 467. 5º Quot sint missiones visibiles.

1º **Filii una** est, et substantialis quidem, in Incarnatione.
Ratio porro convenientiae cur ea fuerit substantialis datur quia,
cum Filius deberet esse Redemptor, debebat non tantum repraer-
sentari sub forma humana sed etiam esse vere homo, ut posset
satisfacere et mereri ... Sic etiam facilius poterat revelare Patrem
et apparere ut auctor sanctificationis hominum.

---

Spiritus missio invisibilis, qua fieret virginea Christi conceptio : isque, re vera, sensus
est quo Filius Dei dicitur conceptus de Sp. S. ex Maria Virgine.

2º **Spiritus Sancti** missiones visibiles referuntur imprimis quatuor : a) duae ad Christum : in baptismo sub forma columbae ; in transfiguratione, sub forma nubis lucidae : duae ad apostolos, una sub forma flatus Christi, quando facta est eis potestas remittendi peccata ; alia sub forma linguarum ignearum, die Pentecostes. Utrum et ad primos fideles missus sit visibiliter, v. gr. *Act.* 8. 17-18 ; 11. 15, hoc pendet ab interpretatione hujusmodi locorum, utrum scilicet Spiritus Sanctus visus sit sub aliqua forma sensibili in eos descendens an tantummodo ex donis collatis deductus sit in eos descendisse.

GLORIA PATRI ET FILIO ET SPIRITUI SANCTO.

AMEN.

# INDEX [1]

## 1° SCRIPTURAE SACRAE

[1] Indicantur numeri marginales. Crassiori signo notantur loca latius exposita

## 2° ONOMASTICUS

*(Crassiori signo notantur loca latius exposita).*

## 3° ANALYTICUS

ABSOLUTUM : quid, 267 ; in divinis, commune, 244, 304, 320 ; quo sensu relativum ? 284, 287 ; absoluta subsistentia utrum unica, 317-323, an ulla, 325-334.

ACCIDENS in Deo nullum, 198, 207 ; quid ergo processio ? 263, relatio ? 268.

ADOPTIANISTAE, 7, 80.

ADOPTIVUS filius Dei Christus juxta Monarchianos, 7, Samosatensem, 86, Arianos, 8, 113 ; adoptivi nos solius Patris, 334-335.

AEQUALITAS personarum, 288, 292-293, 375-380.

AMOR : implicat processionem, 240 ; nomen Sp. Sancti, 340 ; quis Patris et Filii, 374 ; amore Deus non fit sed percipitur praesens, 443-444, 446-455.

ANALOGIA in conceptu Trinitatis, 187, 191.

ANOMAEI, 8, 121.

ANTENICAENAE Ecclesiae fides, 68-86 ; antenicaeni scriptores, qua in conditione, 87-88 ; damnant Arii asserta capitalia, 90-99 ; multi non recte tractant de Verbi aeternitate, 101-104, 107-108, aequalitate, 105-106, 109-112 ; utrum fons arianismi 113-115.

APPARITIONES personarum in Vet. Test., 25-27.

APPROPRIATIO quid sit, 381, 383 ; qualis in Scriptura, 382, apud Patres, 383 ; quae magis consuetae, 384.

ARIANISMUS : origo, 8, 113-117 ; asserta capitalia 84, 90, 113, negata ab antenicaenis, 68-86,

tates ejus personales, 339, quid ei approprietur, 382, 384.

PATERNITAS : relatio realis, 285, quomodo distincta a spiratione activa, 295 ; notio, 329.

PERFECTIO : utrum sit relationum, 288-291, utrum distincta a perfectione essentiae, 292, utrum aequalis in personis, 137, 159, 293.

PERSONA : notio vulgaris, 2 ; in quo dignoscitur, 36 ; aequivocatio primaeva, 122, 296 ; notio philosophica, 297 ; significatio formalis et materialis, 298 ; quo sensu in Trinitate, 296-301 ; vocatur etiam hypostasis, 296, subsistentia, 313-314; quo constituatur in divinis, 302-312 ; personarum in Deo distinctio ab invicem, 310, ab essentia, 272-287, ab originibus, 263, 311 ; utrum dicant perfectionem, 288-291, distinctam, 293 ; an aequales, 288, 292-293 ; quo sensu similes, 137-141 ; qualis unio cum justis, 414, utrum personae ad personam, 414, 434.

PHOTIANI : 344-346, 367 bis ; negant missiones personales, 401.

PNEUMATOMACHI : 8, 156-158.

POSSESSIO personarum a justis : 445, 447, 461-462.

PRAECISIO quotuplex, 273 ; qualis relationum et essentiae, 272-273.

PRAESENTIA Dei quotuplex : 391, 442 ; mutua non explicat circumincessionem, 388 ; psychologica, 442 ; substantialis apud justos, 414, 442 est de ratione justificationis, 413, 452, 455-457, antecedens ad ullum actum cognitionis, 346-352, 461.

PRINCIPIUM et causa in Trinitate, 216, 332 ; quod et quo, 2, 226 ; processionum formale proximum, 227-242, immediatum, 243-253 ; principium totius deitatis Pater, 332, Spiritus Sancti, 372.

PRIORITAS originis non est temporis, 259 ; Patris prae Filio, 101-104, 107, 108, 159 ; processionum prae relationibus, 263, 311.

PROCEDERE : sensus generalis, 204 ; sensus specialis apud Graecos, 348.

PROCESSIO : notio generalis, 204 ; nulla in Deo operationis sed operati ad extra, 206 ; utrum et quomodo concipi possit apud Deum, 206-207 ; non repugnat absolute, 213-217 ; quot et quae in Deo, 209-213 ; in quo sit earum mysterium, 207, 211 ; implicant distinctionem, 205, sed non accidens, 213, aut compositionem, 214 ; una per intellectum, 227-238, altera per voluntatem, 239-241 ; cur non plures, 218-224 ; cur una tantum generatio, 256-264 ; quomodo fundant relationes, 263, et ab eis distinguuntur, 263, 311 ; processio Sp. S. a Patre cur et quo sensu definita prius, 342, 349, non a solo Patre, 347-349, a Patre principaliter, 348, 367 ; processio a Filio, quo sensu admissa a Latinis, 347-348 et a Graecis, 357-363, negata a Pneumatomachis, 341, 349, a Graecis, 365-367, in libris liturgicis, 346, a Photianis, 344-346 ; implicatur missione Sp.

# SYNOPSIS GENERALIS

PARS PRIMA

## DE SS. TRINITATE IN SE

### SECTIO I

### DE TRINITATIS COGNITIONE SEU EXISTENTIA

CAPUT I

## DE TRINITATIS INSINUATIONE IN VETERI TESTAMENTO

CAPUT II

## DE REVELATIONE TRINITATIS

*Artic. I.* DE DIVINITATE CHRISTI

*Artic. II.* DE SP. SANCTI PERSONALITATE DISTINCTA

§ 1

*In scriptis apostolicis*

Caput IV

DE RATIONIS AD MYSTERIUM IMPROPORTIONE

*Artic. I.* De mysterii prae ratione transcendentia

*Artic. II.* De non repugnantia mysterii

SECTIO II

DE MYSTERII EXPOSITIONE THEOLOGICA

Caput I

DE PROCESSIONIBUS

*Artic. I.* De processionum existentia

*Art. II.* De modo quo fiunt processiones seu
DE EARUM PRINCIPIIS FORMALIBUS

24 - P. Galtier — *De Trinitate.*

Pars secunda

# DE SS. TRINITATE IN NOBIS

## Caput I

### MISSIONUM DIVINARUM NOTIO GENERALIS

## Caput II

### DE MISSIONIBUS INVISIBILIBUS SEU DE INHABITATIONE

*Artic. I.* Utrum et quarum personarum sit inhabitatio

§ 1

*Utrum sit*

§ 2

*Quarum personarum sit inhabitatio*

*Artic. II.* De modo quo personae inhabitant justis

## Caput III

## DE MISSIONIBUS VISIBILIBUS